普通高等教育新文科经济管理与航空复合型创新人才培养数字化精品教材

编委会

主 任

郭正华　孙延鹏

副主任

王龙锋　高长银　王国富　宋　斌

委 员　（以姓氏拼音为序）

邓砚谷　胡剑芬　黄　蕾　计宏伟　雷　轶

李文川　刘元洪　陆　音　麦思超　梅晓文

潘建树　邱国斌　舒长江　吴桂平　严　红

于锦荣

AVIATION CUSTOMER RELATIONSHIP MANAGEMENT

航空客户关系管理

主 编 ◎ 张丹平 雷轶

华中科技大学出版社
http://press.hust.edu.cn
中国·武汉

内 容 提 要

本书立足于民用航空企业与客户的相互资源投入与资源匹配的视角，从前沿理论与企业的成功实践入手，以客户与客户关系作为研究的逻辑起点，对民用航空企业客户关系管理的内涵、构成、特征、作用及相关技术进行了符合行业特点的诠释，系统分析了我国航空企业实行CRM的可行性、潜在风险、实施步骤和效果评价等问题，并通过翔实的案例与数据分析对民用航空企业客户关系管理实践进行了实证研究。全书各部分内容循序渐进、紧密衔接，为读者构建了一个框架完整、结构合理的航空企业客户关系管理综合体系。全书共十一章，力求用科学、精准的语言阐述民用航空企业的客户管理理念与过程，以整合的观点探讨我国民用航空企业客户关系管理的实际问题，为民用航空企业建立稳固、融洽、协调的客户关系，提升企业盈利能力提供借鉴和参考。本书可作为本科类院校客户关系管理课程教材，并供航空企业客户关系管理从业者、民航企业营销服务人员和航空企业中高层管理人员阅读和参考。

图书在版编目（CIP）数据

航空客户关系管理/张丹平，雷轶主编．—武汉：华中科技大学出版社，2023.1
ISBN 978-7-5680-8931-9

Ⅰ.①航… Ⅱ.①张… ②雷… Ⅲ.①航空公司-供销管理 Ⅳ.①F560.6

中国版本图书馆CIP数据核字（2022）第249107号

航空客户关系管理 张丹平　雷　轶　主编
Hangkong Kehu Guanxi Guanli

策划编辑：陈培斌　周晓方　宋　焱	
责任编辑：刘　凯	
封面设计：廖亚萍	
版式设计：赵慧萍	
责任校对：张汇娟	
责任监印：周治超	

出版发行：华中科技大学出版社（中国·武汉）　　电话：(027) 81321913
　　　　　武汉市东湖新技术开发区华工科技园　　邮编：430223

录　排：华中科技大学出版社美编室
印　刷：武汉开心印印刷有限公司
开　本：787mm×1092mm　1/16
印　张：19　插页：2
字　数：451千字
版　次：2023年1月第1版第1次印刷
定　价：59.90元

本书若有印装质量问题，请向出版社营销中心调换
全国免费服务热线：400-6679-118　竭诚为您服务
版权所有　侵权必究

总　序

INTRODUCTION

　　当前,我国高等教育进入了内涵发展、提质创新的新阶段。党的十九届五中全会明确了"建设高质量教育体系"的政策导向和重点要求,并提出到2035年建成教育强国的目标。2019年,教育部、中央政法委、科技部、工业和信息化部等13个部门联合启动"六卓越一拔尖"计划2.0,全面振兴本科教育,大力推动新工科、新医科、新农科、新文科建设。2020年11月,由教育部新文科建设工作组主办的新文科建设工作会议在山东大学威海校区召开,会议发布了《新文科建设宣言》,明确了新文科建设的共识,并对新文科建设作出了全面部署。经济管理类专业作为文科的重要组成部分,其专业点数和在校学生数在新文科中占比最高、覆盖面最广,应主动在新文科建设中承担历史使命,履行时代责任,培养适应经济社会高质量发展需要的"新经管"人才。

　　航空产业是国家综合国力的集中体现和重要标志,是推动国防建设、科技创新和经济社会发展的战略性领域。加强航空类专业教育,培养一大批具有航空报国精神、创新意识和创新能力的专业人才,特别是经济管理类人才,服务于航空类企业管理创新,是推动我国航空事业高质量发展的重要保障和基础。从20世纪50年代到70年代,我国航空类企业逐步建立和完善了企业管理基础框架;20世纪70年代末到90年代,开始学习借鉴发达国家的先进管理理念和方法,并开展了多种管理创新活动;进入21世纪以来,为应对经济全球化、数字经济等挑战,提升企业竞争力,持续推进了管理创新工作,各种先进的管理理念、方法和工具在企业得到了更深入、更全面的应用,涌现出了各具特色的管理创新活动和实践。整体来看,经过70余年的发展,我国航空类企业的创新意识、创新能力和管理水平不断提升并达到较高水准。与此同时,国内航空类高校及职业院校纷纷创办了经济管理类学院,为我国航空类企业管理创新和航空事业快速发展输送了充裕的经管类人才。为适应"十四五"时期开启全面建设社会主义现代化国家新征程对高等教育、落实新文科建设的教材内容创新等新要求,南昌航空大学等高校立足新阶段、贯彻新理念、服务新格局,围绕新文科背景下经济管理与航空复合型创新人才的培养出版本套教材,旨在打造沟通交流平台,与业内同仁探讨、分享切实提高新文科经管类人才培养质量和水平的教材体系。

本套教材力求体现四个特色：一是立足中国高等教育质量革命大背景，紧扣新文科建设要求，以教材为载体，实现课程知识体系的重构；二是把握数字经济发展趋势和规律，在教材内容设计上体现航空类企业数字化转型升级和管理创新对学生知识和能力的新需求；三是将航空元素、思政要素有机融入课程知识体系和课程资源建设中，深入挖掘其中思想价值和思想内涵，落实立德树人根本任务；四是打破传统纸质教材的局限，建设富媒体内容，加强学生与学习内容、学习资源的互动，提高学习效率和教学质量。

参与本套教材编写的有南昌航空大学、沈阳航空航天大学、郑州航空工业管理学院、桂林航天工业学院、张家界航空工业职业技术学院等院校的教师，他们具有经济管理和航空类企业管理创新领域丰富的教学和科研经验，深刻理解高等教育内涵发展和新文科建设要求；同时得到所在高校教务处的大力支持，共同确保本套教材高质量地完成编写。

2022 年 8 月

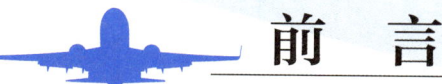

前　言　PREFACE

　　当前以全球化和动态环境等为特征的动态竞争，不仅改变着企业的竞争本质和竞争规则，勾勒着新的竞争蓝图，党的二十大报告中也提出，我国正在加快构建以国内大循环为主体、国内国际双循环相互促进的新发展格局。这不仅谱写着新的成功定律，还从根本上改变了客户的角色，一个以市场为导向，以客户为中心的时代正在来临。顾客不再仅仅是产品或服务的被动接受者，而是主动地表达自己需求和愿望并参与产品或服务设计过程的共同开发者、共同生产者和共同创造者。然而，相关行业客户关系管理研究的不足与滞后，使企业经营受到了一些困扰，导致许多企业在苦苦摸索、反复试验和求证的过程中，历经各种失误、挫折，甚至付出了人力、物力、财力各方面的代价。鉴于此，本书从前沿理论与航空企业的成功实践入手，以客户与客户关系作为研究的逻辑起点，在剖析客户、客户关系的内涵和分类的基础上，解读客户满意度与客户忠诚度的关系，并对航空企业客户关系管理的内涵、构成、特征、作用及相关技术进行了符合行业特点的诠释。

　　通过研究，我们基本实现了客户关系管理与航空企业管理在理论上的对接，但在实际应用中显然还有很长的路要走。客观地讲，以客户为中心的时代的来临和日益加剧的全球竞争使得权力逐渐从企业内部向企业外部转移，日渐转移到客户手中。同时，营销管理重心的转移和互联网等通信基础设施的蓬勃发展，彰显出航空企业客户关系管理的研究和实践正步入一个新的阶段。

　　本书借鉴了多门学科的思想、理论和方法，立足于全球竞争的视角，以整合的观点论述和探讨了民用航空企业客户关系管理理论和实践中的相关问题；结合客户关系管理与民用航空企业的特点，系统分析了民用航空企业实行客户关系管理的可行性、潜在风险、意义、实施步骤和效果评价等问题；并通过翔实的案例与数据分析，对民用航空企业客户关系管理实践进行了实证研究。全书各部分内容循序渐进，紧密衔接，为读者构建了一个框架完整、结构合理的航空企业客户关系管理综合体系。

　　全书共十一个章节，力求用科学、精准的语言阐述民用航空企业的客户关系管理基本理念、管理技术与管理过程；引用航空企业的运作案例，系统地分析我国民用航空企业常旅客计划的特色、数据管理思路与方法的更新、呼叫中心技术

i

与管理水平的提升，以及客户关系管理战略与管理能力的多样化；并通过对大型航空公司客户关系管理实践的跟踪调研进行定性或定量的实证分析，为民用航空企业建立起稳固、融洽、协调的客户关系，提升企业的盈利能力提供借鉴和参考。

  本教材由南昌航空大学张丹平和雷轶编写，本教材的编写得到了南昌航空大学教材建设基金资助，在编写过程中很多高校教师和学生给我们提出了很多很好的建议！另外，特别要感谢我的研究生助理徐清清、邹鹏、张艳、黄琳琳同学在书稿筹备中的积极参与和文字编辑工作，感谢安德普翰人力资源服务（上海）有限公司余灏然女士为本书的案例与数据所做的细致工作。

  由于学识的限制，书中仍然不可避免地会出现错漏、不妥之处，恳请各位读者批评赐教，以使其日臻完善。

编 者

2022 年 10 月

目 录 CONTENTS

第一章　客户关系管理绪论 ························· — 001
　　第一节　客户关系管理产生的背景 ················· — 002
　　第二节　客户关系管理产生的原因 ················· — 003
　　第三节　客户关系管理的定义与内涵 ··············· — 007
　　第四节　国内外客户关系管理的研究现状 ··········· — 009
　　第五节　客户关系管理的发展趋势 ················· — 010
　　第六节　航空公司实施客户关系管理的作用与必要性 ·· — 013

第二章　客户关系管理的理论构成 ··················· — 22
　　第一节　客户 ····································· — 023
　　第二节　客户满意 ································· — 025
　　第三节　客户忠诚 ································· — 030
　　第四节　客户价值 ································· — 033
　　第五节　客户的生命周期 ··························· — 038
　　第六节　客户关系管理价值链 ······················· — 039

第三章　民用航空客户关系管理概述 ················· — 50
　　第一节　民用航空的定义、分类和组成 ··············· — 051
　　第二节　民用航空市场的发展 ······················· — 054
　　第三节　民用航空市场的特点 ······················· — 060
　　第四节　航空公司的架构与运行 ····················· — 067
　　第五节　客户关系管理在民用航空业的应用趋势 ······· — 074
　　第六节　常旅客计划的发展 ························· — 079

第四章　客户关系管理系统 ························· — 90
　　第一节　客户关系管理系统的概念 ··················· — 091
　　第二节　CRM 系统的一般模型 ····················· — 094
　　第三节　航空客户关系管理系统的分析与设计 ········· — 101
　　第四节　航空企业客户关系管理的发展趋势 ··········· — 109

第五章　客户关系管理系统的数据管理 —— 115
第一节　客户关系管理系统与数据仓库 —— 116
第二节　OLAP 在数据仓库中的应用 —— 127
第三节　航空客户关系管理系统与数据挖掘 —— 130
第四节　商业智能 —— 139

第六章　呼叫中心的应用 —— 146
第一节　呼叫中心概述 —— 147
第二节　呼叫中心的发展历程 —— 149
第三节　呼叫中心在国内航空公司的应用 —— 153
第四节　呼叫中心应用的主要技术 —— 157
第五节　呼叫中心的设计与建设 —— 159
第六节　呼叫中心绩效标准 —— 161

第七章　客户关系管理战略 —— 169
第一节　客户关系管理战略概述 —— 170
第二节　客户关系管理战略的分类 —— 171
第三节　客户关系管理战略模型 —— 173
第四节　客户关系战略管理过程 —— 178
第五节　中国航空业的客户关系管理战略 —— 182

第八章　客户关系管理能力 —— 188
第一节　客户关系管理能力的界定 —— 189
第二节　客户关系管理能力评价体系 —— 198
第三节　客户关系管理能力对企业经营绩效影响因素 —— 209

第九章　客户关系管理项目实施 —— 214
第一节　客户关系管理项目的实施 —— 215
第二节　客户关系管理项目实施评价体系 —— 228

第十章　客户关系管理运行绩效与成本效益分析 —— 249
第一节　客户关系管理绩效评价的内容 —— 250
第二节　客户关系管理实施成本 —— 256
第三节　客户关系管理系统的效益体现 —— 260

第十一章　国内外 CRM 供应商及其解决方案 —— 268
第一节　CRM 产品发展现状及特点 —— 268
第二节　我国 CRM 系统供应商概况 —— 270
第三节　著名供应商之——用友 TurboCRM —— 274
第四节　著名供应商之——WiseCRM —— 282

参考文献 —— 290

第一章 客户关系管理绪论

重点：
1. 客户关系管理产生的背景。
2. 客户关系管理的定义以及发展趋势。

难点：
航空公司实施客户关系管理的作用及必要性。

新加坡航空优秀的客户服务

据CNN报道，2013年初美国知名杂志 Global Traveler 按惯例进行了年度读者调查，并评选出了70多项与旅游相关的奖项，超过28000位商务舱及头等舱常旅客参与了调查。结果显示，新加坡航空摘得2012最佳航空公司桂冠。

Global Traveler 杂志称，参与调查的读者是一群高要求、高收入的人群。据 Global Traveler 杂志估计，读者的家庭年平均收入为36.89万美金，平均每人每年分别乘坐16次国际及国内往返航班，并且76%的读者通常都选择商务舱出行。

新加坡是一个城市国家，所以新加坡航空以樟宜机场为基地，主要经营国际航线，公司的客运航线网络覆盖35个国家的65个目的地。新加坡航空自1947年成立以来，赢得了创新市场领先者的荣誉，同时可提供优质服务和高质量产品。新加坡航空品牌在航空界中已广为人知，尤其是在安全、服务质素和革新风格方面。新加坡航空一直被誉为最舒适和最安全的航空公司之一[1]。新加坡航空

---

[1] 资料来源：http://baike.so.com/doc/5391282-5628001.html. 360百科，新加坡航空公司。

的核心竞争力在于"低成本高效益的卓越服务",旗下拥有超过20个附属公司,业务范围涵盖整个航空相关事业,从航空货运到空厨,从行李托运作业到引擎维修等。

优秀的客户服务成就了新加坡航空,其出色的机上服务是客户关系管理享有盛名的基础。新加坡航空已逐渐成长为业内的新潮领导者,行业领先的创新举措包括于1970年代在经济舱内首次提供免费的耳机、用餐选择和免费饮料,以及在1990年代首次提供基于人造卫星的客舱内电话。2001年首先向所有乘客开通全球舱内电子邮件系统。2006年底,新加坡航空展现了下一代座舱产品,包括业内最宽的头等舱和商务舱座位(拥有十分平坦的床位)、增强的Kris World机上娱乐系统(拥有1000多种娱乐选择和全面的办公应用套件)。

新加坡航空通过"新加坡女孩"计划给其客户提供无微不至的关怀和服务,赢得了许多航空业和旅游业的大奖,包括被全球最受尊重和认可的专业航空研究认证机构Skytrax评为2004年度最佳航空公司;2007年被评为五星级航空公司(全世界只有六家航空公司获此殊荣)及年度最佳航空公司。新加坡航空是《财富》杂志评选的"全球最受赞赏的公司"之一。在20年间19次获得康泰纳仕集团旗下的*Traveler*杂志颁发的"最佳国际航空公司"奖①。2018年5月15日,在中国香港举行的第九届世界航空公司排行榜新闻发布会暨第八届世界空姐节颁奖典礼上,新加坡航空在"世界十大最安全航空公司"排名中列第二位②。2021年9月23日,新加坡航空位列2021年"亚洲品牌500强"排行榜第65位③。

第一节 客户关系管理产生的背景

客户关系管理(Customer Relationship Management,CRM)是随着市场经济的发展和企业管理理念的变化而产生和发展的。在早期,企业面对的是一个需求巨大而供给不足的卖方市场,提高产品产量自然成为管理的中心,企业管理基本是产值的管理。随着产品越来越丰富,企业生产出的产品如果卖不出去就无法实现资本循环和价值增值。为了实现商品到货币的转换,销售中心论在企业管理中占了主导地位。企业单纯追求销售额使得销售费用越来越高,质量竞争又使得产品的成本也越来越高,导致企业的销售额虽然不断增

---

① 资料来源:http://www.singaporeair.com/zh_CN/about-us/sia-history/. 新加坡航空公司网站。
② 资料来源:http://www.worldbrandlab.com/world/2018/brand/brand.html. 2018年世界品牌500强榜单。
③ 资料来源:http://www.nipso.cn/onews.asp?id=52962. 2021年亚洲品牌排行榜。

长，但实际利润却不断下降。为此，企业开始研究在生产和营销各环节上最大限度地削减生产成本和压缩销售费用来实现利润最大化，企业管理进入利润中心论时代。但是，成本不可能无限制地被削减，于是企业将目光由内而外转向了客户，通过努力把握客户的需求来增加利润。这就使得企业开始从内部挖潜转向争取客户，企业管理由此进入了以客户为中心的管理。在市场上需求的最佳状态是满意，客户的满意就是企业效益的源泉，因此，客户中心论进入更高境界，转变为客户满意中心论，这是当今企业管理的中心和基本观。企业最重要的指标也从成本和利润转变为客户满意度。客户关系管理应运而生。

如表 1-1 所示，为了提高客户满意度，企业必须大量掌握客户信息，准确把握客户需求，快速响应客户的个性化需求，提供便捷的购买渠道、良好的售后服务和经常性的客户关怀等。

表 1-1 企业管理理念的演变过程

演变阶段	企业关注的重点	企业采取的相应活动
产值中心论	产量	扩大生产规模
销售中心论	销售额	大型促销、质量控制
利润中心论	利润	成本控制
客户中心论	客户满意度、忠诚度	客户关系管理

尽管客户关系管理的思想由来已久，但直到近年来借助先进的信息技术，其实现才有了较大的进展。最早开展客户管理的国家是美国，其在 1980 年年初便提出了所谓的"接触管理"，专门收集、整理客户与公司联系的所有信息。到 1990 年，"接触管理"演变为包括电话服务中心与客户资料分析的客户关怀服务。

20 世纪 90 年代后期，互联网应用的迅猛发展激励了客户关系管理的进一步发展，随着电子商务时代的到来，WEB 站点、在线客户自助服务和基于销售自动化的电子邮件让每一个客户关系管理解决方案的采纳者进一步扩展了为客户服务的能力。为适应新的市场竞争，企业需要建立完善的电子商务解决方案，以达到大幅度增进客户满意度、有效降低经营成本、显著提高经营管理效益等目的，进而提高企业适应市场、满足市场和开拓市场的能力。

第二节 客户关系管理产生的原因

现代客户关系管理产生的原因可以归纳为以下三个方面：客户资源价值的重视、客户价值实现过程需求的拉动及技术的推动。

一、客户资源价值的重视

获得和维护竞争优势是企业生存与发展的基础，企业的竞争优势从内容看包括规模优势、绝对的低成本优势、差别化优势等。资源能力学派认为：当今企业再也不能从那些有形的机器设备、厂房、资本、产品等物质资源中形成企业竞争优势和核心竞争力，因为竞争对手也很容易从市场中得到这些资源；而管理、人才、技术、市场、品牌形象等无形资源属于不易流动、不易被复制、交易频率低的资源，其他企业不容易从市场中得到，可以产生一定的"垄断"优势。客户资源就是这样一种重要的市场资源，它对企业具有重要的价值。

客户资源对企业的价值除了市场价值，即客户购买企业的产品和服务使企业的价值得以实现外，主要体现在以下几个方面。

1. 成本领先优势和规模优势

其一，有事实表明，客户能够提供成本优势，从而提供收入优势。为新客户服务比为老客户服务所需的费用要高得多，也就是说，为新客户服务需要更高的初始化成本。如果公司能够增加回头客的比例，那么总成本会呈现戏剧性的下降趋势。其二，如果企业的忠诚客户在市场中占据相对较大的份额，那么就会为企业带来相应的壁垒，形成规模优势，从而降低企业的成本。一般客户的从众心理很强，大量的客户群也会成为其考虑的重要因素。

2. 市场价值和品牌优势

从战略的角度讲，客户不仅是承兑收入流的资金保管者，而且是能够提高市场价值的宝贵财富。这主要是通过商标价值表现出来。商标价值是一个企业与其消费者（或起决定性作用的客户）之间相互发生联系的产物，商标不能孤立地存在，它们因客户的认可而存在。没有客户的认可，企业便不能创造或维持商标的价值。

较大的市场份额本身代表着一种品牌形象。另外，客户的宣传对企业的品牌形象也有重大的作用，特别是客户中的舆论领袖起的作用更大。不过，客户的宣传有两种价值取向，一种是客户对企业的产品、服务很满意，就会从正面宣传企业的品牌；另一种是不满意企业的产品、服务，对企业进行负面宣传。两方面的影响都非常大。企业只有提供高质量的、令客户满意的产品服务，树立良好的企业形象，才能获取客户的正面宣传。

3. 信息价值

客户信息对企业来说具有重要的价值，它会直接影响企业的经营行为和对客户消费行为的把握。比如，沃尔玛连锁超市会通过分析会员客户的购买行为、消费行为等信息，来制定面向客户的产品服务组合，并提供相应的企业关怀。亚马逊通过会员资料、浏览网页的习惯和程序等信息分析客户的消费特点与个人喜好，来制定不同客户的不同服务策略。

4. 网络化价值

客户的网络化价值是指某商业客户使用一种产品、服务，该商业客户的客户为了便于与其进行商业行为，也会使用同一种产品、服务，从而形成一种网络化的消费行为。

基于以上对客户的认识，企业十分重视客户资源价值，通过转变经营管理理念和利用现代科学技术为客户提供更满意的产品或服务，以维持和发展与客户的关系。一些先进企业的管理重点正在从以产品为中心向以客户为中心转移。

二、客户价值实现过程需求的拉动

与客户产生业务关联几乎涉及所有的部门，但在很多企业中，营销部门、销售部门和服务部门的信息化程度越来越不能适应业务发展的需要，营销人员、销售人员、服务人员、企业经理和客户通常存在各种抱怨。越来越多的企业要求提高销售、营销和服务等日常业务的自动化和科学化水平，这是客户关系管理产生的需求基础。下面列举具体事例加以说明。

1. 来自营销人员的声音

从市场部提供的客户线索中很难找到真正的客户，营销人员常在这些线索上浪费大量时间，是不是该自己来找线索？出差在外，如何才能便捷地获得公司电脑里的客户信息和产品信息？如果营销人员面对的是一个老客户，应该怎样报价才能留住他呢？

2. 来自销售人员的声音

去年在营销上的开销为2000万元，销售人员怎样才能知道2000万元的回报率？在展览会上一共收集了4700张名片，怎样才能利用好这些名片？展览会上，向1000多人发放了公司资料，这些人对我们的产品有何看法？其中有多少人已经与销售人员接触了？销售人员应该和那些真正的潜在购买者多多接触，怎样才能知道其他部门的同事和客户的联系情况，以防止重复地给客户发放相同的资料？有越来越多的人访问我们的站点，但我怎么才能知道这些人是谁？公司的产品系列很多，他们究竟想买什么？

3. 来自服务人员的声音

其实很多客户的投诉和抱怨都是因其自身对产品的不了解或者误操作引起的，很多情况下都可以避免出现这类问题或者能自助解决问题，但回答这类客户电话占了服务人员很多时间，工作枯燥且无聊，而其他部门的同事则认为客户服务部门只是花钱而不挣钱。

4. 来自企业经理的声音

有个客户半小时以后就要来谈最后的签单事宜，但一直跟单的人最近辞职了，而我作为销售经理，对于联系这个客户的来龙去脉还一无所知，真着急！有三个销售员都和这个客户联系过，我作为销售经理，怎么知道他们都给客户承诺过什么？现在手上有个大单子，我作为销售经理，该派哪个销售员去对接我才放心呢？这次的产品维修对技术要求很高，我是一个新经理，该派哪一个维修人员呢？

5. 来自客户的声音

我从企业的两个销售人员那里得到了同一种产品的不同报价,哪个才是可靠的?一个月前,我向企业发了一封电子邮件,要求销售人员和我联系,怎么到现在还是没人理我?我已经提过不要再给我发送大量的宣传邮件了,怎么情况并没有改变?我报名参加企业网站上的一场研讨会,但一直没有收到确认信息,研讨会这几天就要开了,我是去还是不去?为什么我的投诉提出一个月了,还是没有等到上门服务?

对于这些抱怨,我们都不陌生,甚至可能已经习惯对这些问题采取无动于衷的态度。这些问题可归纳为两个方面:其一,企业的销售部门、营销部门和服务部门难以获得所需的客户互动信息;其二,来自销售部门、营销部门和服务部门等部门的信息分散在企业内,这些零散的信息使得企业无法对客户有全面的了解,各部门难以在统一的信息的基础上面对客户。这需要各部门对面向客户的各项信息和活动进行集成,打造一个以客户为中心的企业,实现对面向客户的活动的全面管理。

三、技术的推动

信息技术的飞速发展使得上述需求的实现成为可能,主要体现在以下七个方面的应用。

(1) 企业的客户可以通过电话、传真、网络等方式联系企业,进行业务往来。

(2) 任何与客户打交道的员工都能全面地了解本企业与客户的关系,根据客户需求进行交易,了解如何对客户进行纵向营销和横向营销,记录自己获得的客户信息。

(3) 能够对市场进行规划、评估,对整个活动进行全方位的了解。

(4) 能够对各种销售活动进行追踪。

(5) 系统用户可不受地域限制,随时访问企业的业务处理系统,获得客户信息。

(6) 拥有对市场活动、销售活动的分析能力。

(7) 能够从不同角度提供成本、利润、生产率、风险率等信息,并对客户、产品、职能部门、地理区域等进行多维分析。

这些功能都是围绕客户展开的。与"顾客是上帝"这种可操作性不强的口号相比,这些功能把对客户的尊重落到了实处。办公自动化程度、员工计算机应用能力、企业信息化水平的提高都有利于客户关系管理的实现。电子商务的流行改变了企业的经营方式,企业通过互联网开展营销活动,向客户销售产品,提供售后服务,收集客户信息。重要的是,应用这些功能的成本较低。

客户信息是客户关系管理的基础。数据仓库、商业智能、知识发现等技术的发展,使得收集、整理、加工利用客户信息的效率大大提高。在可以预期的将来,我国企业的通信成本将会降低,这将进一步推动信息技术的发展和应用。

第三节 客户关系管理的定义与内涵

一、客户关系管理的定义

目前，关于客户关系管理的定义众说纷纭，综合现有的客户关系管理概念，大致上可以分为三种。

第一种可概括为：客户关系管理是遵循客户导向的战略，对客户进行系统化的研究，通过改进对客户的服务，提高客户的忠诚度，不断争取新客户和商机；同时以强大的信息处理技术确保企业业务行为的实时进行，力争为企业带来长期稳定的利润。这一概念的主要特征是从战略和理念的宏观层面对客户关系管理进行界定，但这种概念往往缺少实施方案层面的内容。

1-1 视频：
CRM 的定义

第二种可概括为：客户关系管理是一种旨在改善企业与客户之间关系的新型的管理机制，它在企业的市场营销、销售、服务与技术等与客户相关的领域实施，一方面通过对业务流程管理来优化资源配置、降低成本；另一方面通过提供优质的服务吸引和保持更多的客户，增加市场份额。这一概念的主要特征是从企业管理模式、经营机制的角度来对客户关系管理进行定义。

第三种可概括为：客户关系管理是企业通过技术投资，建立能搜集、追踪和分析客户信息的系统，或增加客户联系渠道、客户互动以及对客户渠道和企业后台整合的功能模块。这一概念主要从微观的信息技术、软件及其应用层面对客户关系管理进行定义，但这种定义与实际发展情况往往存在偏差。

上述三种关于客户关系管理的定义，如果就特定问题或在特定环境下对客户关系管理予以界定，都有它特定的价值，但就对客户关系管理进行整体、系统、完备和深入认识的要求来说，它们都只涉及对该概念的个别部分的描述和界定。

对客户关系管理的完整定义应该包括以下三个基本要求：第一，比较全面地概括目前企业界和理论界对客户关系管理的各种认知和思考；第二，比较系统地反映客户关系管理的思想、方法等层面的内容；第三，比较科学地界定客户关系管理的应用价值。

在这些要求的基础上，本书对客户关系管理的定义为：客户关系管理是企业为提高核心竞争力，达到竞争制胜、快速成长的目的，树立以客户为中心的发展战略，并在此基础上开展的包括判断、选择、争取、发展和保持客户所需实施的全部商业过程；是企业以客户关系为重点，通过开展系统化的客户研究，优化企业组织体系和业务流程，提高客户满意度和忠诚度，提高企业效率和利润水平的工作实践；也是企业在不断改进与客户关系相关的全部业务流程，最终实现电子化、自动化经营目标的过程中，所创造并使用的先进信息技术、软硬件和优化的管理方法、解决方案的总和。

二、客户关系管理的内涵

综合所有客户关系管理的定义,我们可以看到,客户关系管理是一个牵涉到企业方方面面的系统工程,可以将其理解为由客户关系管理理念、客户关系管理技术、客户关系管理实施三个层面组成。理念是客户关系管理的关键,它是客户关系管理实施应用的基础和土壤;技术是客户关系管理成功实施的手段和方法;实施是决定客户关系管理效果的直接因素。

这三部分构成客户关系管理稳固的三角,如图1-1所示。

客户关系管理是一种先进的经营管理理念。客户关系管理理念源于关系营销学,其核心思想概括为"为提供产品或服务的企业找到、留住并提升价值客户,从而提高企业的盈利能力(经济效益、社会效益)并加强竞争优势",因此,对客户关系管理理念的理解是企业能够向建立"以客户为中心,以市场为导向"经营管理模式转变的第一步。企业中的工作人员在心理、潜意识和工作习惯方面都有一个惯性,业务单元和机构也有既定的处事流程,

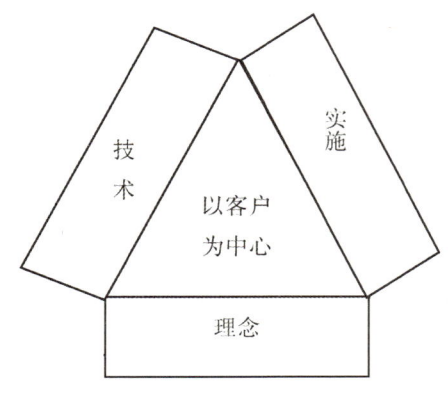

图1-1　客户关系管理的内涵

调整和转变有一个适应期。但这个适应期又不能太长,愿不愿意接受、能否接受、如何接受客户关系管理理念,这都是因企业而异的,并不是每一个企业都能顺利过关,要充分考虑到各个阶层的利益及他们的需求,同时企业要有配套改革的规章制度并能够长久地执行。客户关系管理万能论或客户关系管理无用论都是不可取的,企业应该考虑到所面对市场主体及发展阶段,在合适的时间、地点,以合适的手段引入客户关系管理理念。

客户关系管理技术集合了很多先进的科技手段,它们包括:互联网和电子商务、多媒体技术、数据仓库和数据挖掘、专家系统和人工智能、呼叫中心等。这些技术体现在客户关系管理软件中。客户关系管理软件不等于客户关系管理理念,它是理念的反映和体现,吸纳了当今先进的软件开发技术、企业经营管理模式、营销理论与技巧等。客户关系管理软件是将客户关系管理理念具体贯彻到企业并体现其目标的高效集成平台,同时客户关系管理软件不是一种交付即用的工具,需要根据企业的具体情况进行系统实施。

客户关系管理是一整套解决方案。在实践中,客户关系管理是一种旨在改善企业与客户关系的新兴管理机制,主要集中在市场营销、销售实现、客户服务和决策分析等企业与客户发生关系的业务领域。它一方面通过企业对业务流程的全面管理来优化资源配置,降低企业成本,缩短销售周期;另一方面通过提供更快捷、周到和优质的服务来吸引和保持更多的客户,增加市场份额。

企业客户关系管理中,理念、技术、实施,一个都不可少。企业只有借助先进的理念和技术,合理地实施,才能优化资源配置,在激烈的市场竞争中获胜。

第四节　国内外客户关系管理的研究现状

在 Springer、IEEE、Elsevier、Wiley 和 Emerald 等文献数据库中，以 CRM、Customer Relationship Management 和 Customer Relations 作为关键词，搜索 2010 年以来的研究文献，得到文献 1901 篇；在中国知网（CNKI）的"中国期刊全文数据库"中，用主题词 CRM 搜索 2010 年以来的 EI 源期刊文献，得到 90 篇（截至 2021 年）。

依据上述方法的统计和分类，对 CRM 的研究成果大致可以分为两类：一类是学术界和实业界的探讨；另一类则是以 SAP、SAS 和 IBM 等为代表的 CRM 方案平台开发商的实践。其中，前一类关注的主要是客户关系的有效性与运用，主要包括以下四种。

（1）客户关系管理是一种经营理念，是企业处理其经营业务及客户关系的一种态度、倾向和价值观，要求企业全面地认识客户，最大限度地发展客户与企业的关系，思考客户价值的最大化。

（2）客户关系管理是一套综合的战略方法，可以有效地使用客户信息，培养与老客户和潜在客户之间的关系，为企业创造大量价值。

（3）客户关系管理是一种基本的商业战略，企业是利用完整、稳固的客户关系，而不是某个特定产品或业务单位来传递产品和服务的。

（4）客户关系管理通过一系列过程和系统来支持企业总体战略，以建立与特定客户之间长期的、有利可图的关系，其主要目标是通过更好地理解客户需求和偏好来提升客户价值。

后一类强调的是从技术角度来定义客户关系管理，将其视作一个过程，强调庞大而完整的数据库和数据挖掘技术等高级支持技术，目的是使企业能够最大化地掌握和利用客户信息，增强客户忠诚度和实现客户的终身挽留，并通过客户关系管理应用软件的形式加以实现。德国的 SAP 公司还提出了 CRM 最佳实践（Best Practice）的思想。

良好的技术架构有利于客户关系管理作用的高效发挥，但技术架构作为媒介只是提供一个客户关系管理的平台，提高其有效性。然而，即使是再先进的技术，也只不过是媒介的一种拓展，只能起到支撑和实施管理理念的作用。

关于客户关系管理有待于进一步研究的问题包括以下几点。

（1）统一客户关系管理的定义，使这个定义简明地反映客户关系管理的本质，同时对企业的客户关系管理系统的开发以及实际应用具有一定的指导意义。

（2）要对客户让渡价值、客户关系价值以及延伸出来的客户忠诚进行全面的研究，特别是在网络经济条件下，传统意义上的概念出现很大的改变。同时，要建立一个动态均衡模型，使企业收益和客户利益最大化，找出均衡条件，从而使客户关系可持续发展。

（3）研究组织结构与客户关系管理的关系。客户关系管理理念会促使组织结构发生怎样的改变？有些学者提出组织中应设立首席客户主管（CCO）这一职位，但这还有待考量。

（4）需要给企业实施客户关系管理实践指导原则以及实施模型，同时要建立一个有效的测评体系对客户关系管理有效性进行评价。

（5）研究企业文化对客户关系管理的影响，特别是组织成员之间的客户知识共享，对组织文化会产生怎样的冲击。

（6）关于技术实现的研究工作。一方面，探讨 CRM 实现的技术问题；另一方面，探讨具体的应用架构及其相关问题，如考虑信息技术与知识管理的融合，找出新的切入点。

总之，CRM 的研究工作应该站在系统的角度，基于开阔的视野进行，既要做 CRM 的理论研究工作，又要研究 CRM 的应用。

第五节　客户关系管理的发展趋势

最近几年，客户关系管理的概念已经渗透到各个领域。实施客户关系管理可以提高客户满意度、维持较高的客户保持率，对客户收益和潜在收益产生积极影响，这些收益对企业来说有很大的诱惑力。调查显示，在接受调查的企业中，三分之二以上的企业期望在未来五年内改变其客户关系的管理模式，四分之三以上的企业计划集成"面向客户"的信息管理系统及其组织的其他部分。无论从技术方面还是从市场方面看，客户关系管理都具有很大的发展空间。

一、从技术方面来看客户关系管理的发展趋势

客户关系管理的广泛运用必须建立在与企业新的管理理念充分整合的基础上。近几年来，供应链管理（SCM）、企业资源计划（ERP）等新的管理理念不断出现，许多企业都将客户关系管理能力视为一种重要的竞争资源。ERP 系统所反映的系统管理思想得到了越来越多企业的肯定。在这种形势下，CRM 只有与 SCM、ERP 充分整合，才会增加企业的核心竞争力，为企业有效利用自身资源、在市场竞争中取胜奠定良好的基础。从技术方面来看，未来 CRM 的发展趋势主要体现在以下几个方面。

（一）客户关系管理与数据仓库、数据挖掘技术的融合

随着数据仓库技术的应用，越来越多的企业拥有大量的客户数据，当这些数据的规模变成海量时，数据挖掘技术在客户关系管理中的应用就成为必然。如果说过去是企业掌握的客户数据太少而对客户行为无从把握，那么今天则是企业获得的客户数据太多而无所适

从。很显然,在今天浩如烟海的数据中淘金,仅靠人力是无法做到的。数据挖掘就是从客户数据的"矿山"中挖掘出潜在的、尚不为人知的趋势或模式,从而使企业能更好地进行客户关系管理。数据挖掘能帮助销售人员更准确地定位销售活动,并使活动紧密结合现有客户和潜在客户的需求、愿望和状态。数据挖掘软件能自动地从庞大的数据库中找出更好的预测客户购买行为的模式。统计、邻近、聚类、决策树、神经元网络、规则归纳等数据挖掘技术能在客户盈利能力分析、客户获取、客户保持、客户细分、交叉营销等方面体现出重大的商业价值。

在客户关系管理中,数据挖掘技术起着导向作用,只有应用数据挖掘技术,企业才能将客户数据库的大量数据转变为描述客户特征的一些图像。数据仓库和数据挖掘都是客户关系管理中不可缺少的重要内容,没有二者的结合应用,客户关系管理系统就不可能发挥其全部功效。

(二)客户关系管理与电子商务的结合

电子商务的发展将客户关系管理统称为"电子客户关系管理"或"E-CRM"。E-CRM是一种把跨渠道、跨事物功能和跨用户的客户关系统一在一起的网络中心方法。从表面上看,电子商务与客户关系管理并没有必然联系,二者似乎是两个不同层面的问题,事实上,电子商务与传统的商务模式有诸多不同,电子商务是建立在现代信息技术之上的"非接触经济",交易双方越是"非接触",客户关系管理就显得越重要。而且,电子商务环境下客户访问企业的时间是随机的。空前的客户规模和及时对客户行为形成反应,这一切要求电子商务必须有良好的客户关系管理系统提供支持,因此,客户关系管理应用在企业电子商务应用架构中承担着关键角色,即客户关系管理的成功与否直接决定企业电子商务实践的成败。客户关系管理与电子商务整合可以实现快捷性、廉价性、普及性、可塑性、自动记录、低边际成本、个性化等优势。

(三)客户关系管理与ERP、SCM的集成

随着客户关系管理理论的逐渐成熟及在商业中日渐广泛的应用,关于CRM与ERP、SCM集成问题的相关研究也引起人们的关注。CRM注重改进企业和客户的关系,ERP注重企业的内部作业流程,SCM注重企业间协调和上下游的供应链关系,三者的结合将更有利于提高企业的核心竞争力。

一方面,在CRM诞生之前,很多北美大中型企业实施了ERP,而且,正是在独立依靠ERP已无法取得独特竞争优势的大背景下,CRM才在这些国家盛行起来。亚历克斯·本森(Alex Benson)等人认为,CRM与ERP的相互渗透十分重要,任何资源分配最终都将成为重要的约束条件,融入客户关系管理系统,进而提升客户的价值。著名的管理咨询公司Yankee Group指出,CRM与ERP通过不同途径去实现客户的价值,能把企业前台管理完全融合在一起的公司将最终取得成功。

另一方面,CRM与SCM的集成范围一般包括销售管理、采购管理、客户管理等多方面,能使企业更有效地管理供应链,从而实现成本的节约和服务改善,进而使大规模

定制成为可能，实现需求和供应链的资源最优化配置，获得长久的竞争优势。CRM 与 SCM 的整合，能真正实现企业实时响应客户的需求，为企业提供创造高附加值的方法和途径。

二、从市场方面来看客户关系管理的发展趋势

自 1997 年起，全球的客户关系管理市场处于爆炸性的快速增长之中，年增长率一直保持在 50% 以上。我国客户关系管理市场的启动基本与国际接轨，从 1999 年下半年开始，客户关系管理就首先在中国 IT 业流行起来。不管是投资商、用户还是国外软件厂商都开始关注客户关系管理。经过这些年的发展，我国的客户关系管理市场已经呈现出自身独有的特点。

（一）国内客户关系管理市场从萌芽走向成熟

国内市场无论是从产品结构、区域结构、行业结构，还是从销售渠道来看，整个市场形态都还不健全。市场区域主要集中在北京、上海等经济发达地区。

客户关系管理的应用行业以邮电、金融等经济实力较强、信息化程度较高的行业为主，这些用户一般都是国家重点行业，拥有强大的资金后盾，而且信息化建设已经初具规模。我国进入 WTO 后引发的经济格局的变化，给这些行业带来了巨大的冲击，它们在感受新机遇的同时也感受到了竞争的压力。在这种机遇与竞争的背景下，很多颇具发展眼光的企业选中了能提高营业额、扩展新商机的客户关系管理产品。

（二）提供 CRM 产品的厂商由少变多

目前国内厂商已经能够提供功能比较全面的 CRM 产品，大多企业能实现客户关系系统的"以客户为中心"的理念。

（三）市场需求量由小变大

对客户关系管理系统的认识，在国内已存在很长一段时间，它所遵从的"一对一个性化服务"的企业管理理念，逐渐被国内众多的企业所熟悉和接受。在竞争激烈的信息化时代，客户关系管理系统提出的"帮助提高本产品用户营业额、扩大市场占有率以及提高客户忠诚度"等功能，使得很多企业用户成为客户关系管理系统的拥趸，市场需求不断增加。在市场上呈现出适合国情的产品供不应求的现象。

总之，我国的客户关系管理市场正在迅速发展和壮大，其中孕育了较大的商机，已经成为投资商、软件开发厂商和用户共同关注的对象，客户关系管理的市场前景十分广阔。

第六节 航空公司实施客户关系管理的作用与必要性

 一、航空公司实施客户关系管理的作用

企业通常可以从以下三个方面来获取竞争优势：改善业务流程、提高效率；留住现有客户；开拓新市场。其中，留住现有客户主要依靠服务水平的提高，开拓新市场关键在于营销。随着消费个性化、服务化的趋势越来越明显，只有快速满足消费者多变的个性化需求，才能争取新客户、留住老客户，才能在激烈的航空市场竞争中赢得主动权，使客户为企业创造更多的价值。客户关系管理给航空业带来的好处主要包括以下几点。

1-2 案例：航空企业的 CRM

（一）提高销售额

利用客户关系管理系统提供的多渠道的客户信息，销售人员可以确切地了解客户的需求，增加销售的成功概率，进而提高销售收入。

（二）增加利润率

由于对客户有更多的了解，业务人员能够有效地抓住客户的兴趣点进行销售，避免盲目地以价格让利来获取交易成功，从而提高销售利润。

（三）提高客户满意度

客户关系管理系统能够给客户提供多种形式的渠道沟通，同时又确保各类沟通方式中数据的一致性，利用这些数据，销售部门可以对客户做出迅速而正确的反应，使客户在对购买产品或服务满意的同时愿意与企业保持有效的沟通。

（四）降低市场销售成本

对客户进行具体甄别和群组分类，并对其特性进行分析，使得市场推广和销售策略的制定与执行避免了盲目性，可以达到降低成本的目的。同时，通过客户关系管理系统的实施可以促进航空公司缩短销售渠道、降低分销成本。

（五）有利于个性化服务的设计和推广

个性化服务的重视和推广已经引起各航空公司的高度重视，并将此作为服务创新的一项重大内容。

（六）有利于销售服务系统的改进和有效沟通

客户关系管理是建立在良好的沟通基础之上的，而且这种沟通必须是双向的、及时的和有效的。通过对客户信息的记录、更新、归类和统计分析，可提供满足客户需求的个性化服务，并建立与客户的有效沟通。

（七）有利于加强企业内部管理，提高企业竞争力

网上客户需要的并不只是信息交换，最后仍然要落实在产品和服务上，这就要求企业流程要能够在制造、运输、售后服务等各方面与加速流通的客户信息相匹配。通过互联网和电话与企业进行交流的客户往往对即时性的要求更高，他们要求电子邮件能够立刻收到回复，订单可以随时查询、更新和修改。

二、航空公司实施客户关系管理的必要性

随着中国加入WTO，企业面临的市场竞争越来越激烈。中国民航正处在体制变革之中，为了迎接加入WTO后国外航空公司的挑战，为了提升中国民航的总体竞争力，2001年中国民用航空局正式宣布成立三大集团，即以国际航空、东方航空和南方航空三大集团为主，兼并和联合民航原来的直属企业。另外，成立了中国航空油料集团公司和中国民航信息集团公司。中国民用航空局根据现代企业制度的要求，改变自己的角色，切断与原来直属企业的资产纽带，从原来的资产管理人，变为游戏规则的制定者和裁判员。这是顺应潮流的改革，但是，民航重组后三大集团的整合有一个过程。

民用航空业一直被认为是高投入、高风险、低回报的行业，特别是中国民用航空业历来规模小、效益较低，自从20世纪90年代，航空市场从卖方市场转向买方市场后，中国民航企业的竞争日趋激烈，尽管中国民用航空局一直进行票价管制，但是航空公司之间的价格大战不断。为抢占市场份额，低价恶性竞争、明折暗扣的竞争战略使航空公司的利益进一步受到伤害，加上航空代理市场秩序混乱，少数大代理商几乎垄断了代理市场，甚至影响到航空公司的价格政策。这种市场竞争的格局，导致中国民用航空业的发展极为不健康，中国民航市场的客户满意度不高，旅客的投诉不断。尤其是占中国民航市场客户比例较高的公务客和商务客，在航线相同的情况下，往往选择票价相对较高的国外航空公司，而舍弃国内航空公司，其根本原因就是中国民航企业的服务水平较低、服务产品单一、无差异化，不能从客户的角度出发，以客户为中心来制定产品策略和服务策略。客户的满意度不高，更谈不上忠诚度，导致民航企业危机四伏，这种危机不仅来自国外航空公司，而且来自中国的铁路和高速公路运输业。总之，在这样的情况下，民航企业的效益低下不足为奇。

可见，现代经济与科技的迅猛发展，既为航空运输企业的发展创造了新的机遇，同时也给航空公司的生存与发展带来了前所未有的挑战，这在客观上要求航空公司大力发展客户关系管理。

(一) 竞争环境压力

加入 WTO 后，我国将按照《服务贸易总协定》(General Agreement on Trade in Service，GATS) 航空运输服务附件的要求，逐步开放飞行维修服务、航空运输营销服务和计算机订座系统服务。国内航空运输市场也将根据实际情况，通过各种形式，有步骤地适度开放，国家对民航业的保护程度将会逐渐减弱。市场的开放，加上国家保护程度的降低，使得我国航空运输业直接面对激烈的国际竞争。

在国内运输市场上，铁路提速、高速公路的迅速发展给航空运输带来极大的竞争压力。在国际市场上，已具有相当经营规模且经历了成熟市场经济竞争的跨国航空企业也对国内航空企业构成威胁。国内同行业之间，航空产品的差别越来越小，旅客面对众多的产品，比如，航空公司、航班、时刻、机型、票价、服务等，选择度越来越大，这种反差对国内各民航企业的市场占有极为不利。民航企业要想赢得市场，获取利润，必须树立新型市场营销观念，正确把握竞争形势及市场走向，确定目标市场，依据自身的条件和优势，推出多层次、多品种的航空服务产品，创造特色及品牌服务，充分体现航空运输固有的"快捷""舒适""安全""高品位"等特征。

通过实施客户关系管理，民航企业可以根据市场资源状况和竞争情况，调整竞争战略，突出产品或竞争优势，在拥有良好而稳定的长期客户关系的基础上不断地获得市场。就现状来说，目前国内民航缺乏明显的国际竞争优势，尚不具备与发达国家航空企业竞争的实力，具体表现是产业规模小、市场结构分散、管理粗放、资产负债率较高、市场占有率低等。国内民航能否经受住航空运输全球化的巨大冲击，并在全球航空运输市场占据一定的地位，事关中国民航的发展前景和国家的竞争地位。综上，积极采取应对措施，尽快提高国际竞争力，以迎接航空运输全球化的挑战，是摆在国内民航企业面前的一个十分重要而迫切的任务。

(二) 企业内部管理的需求

由于极易受到国内外政治经济环境的影响，民航业无论是在我国还是在全球其他国家和地区，都是一个非常不稳定的行业。2003 年，由于受到非典的影响，中国民航业遭受了沉重的打击，全行业全年亏损 30 亿元，这还是在国家对民航业进行大量税费减免的前提下；2004 年，民航业恢复性高速增长，全行业盈利 86.9 亿元，相当于过去 10 年的利润总和；由于外部环境恶化，特别是国际油价接连上涨导致的航空煤油上涨，2005 年上半年，民航全行业亏损 3.5 亿元。此外，由于航空油料供应的垄断体制，造成中国航空油料高出国际市场 20% 以上。恐怖事件对航空运输业也产生了严重的影响，"9·11"事件发生后，中美航线被迫停飞 4 天，国际、南方、东方航空公司减少收入近亿元，至欧洲、大洋洲和东南亚、西亚、东非地区及日、韩等国的国际航线客运量也出现下降。飞机及运输服务费也是不小的一笔运营成本，全国不分大小机场，收费标准几乎相同，导致航空公司该项成本加地面服务费占主营业务成本的 17%。其他如维修、备件等相关供应链企业由于受到严格管制和高关税政策，产品价格居高不下，造成民航单飞变动成本处于较高水平。面对种种压力，民航企业不得不整合外部市场资源和内部人、财、物资源，积极参与以信息技术为手段的全方位竞争，通过先进的管理理念，以防范和化解风险。

（三）网络技术进步的压力

随着信息技术的发展和网络化经济的到来，航空业传统的商业模式发生了根本性的变化。网络改变了客户的信息提交方式，大大加快了信息的提交速度，简化了航空企业的客户服务过程，在资讯发达的今天，客户可以通过网络等获得多种信息，轻松方便地掌握众多航空公司的服务，完全可以"足不出户"地实现自助消费，这导致民航航空公司网点的优势逐渐被削弱，迫使国内航空公司站在了全球化的舞台上。客户对航空公司的服务要求更高，对质量、个性化和价值的要求更挑剔。在这种逐渐形成的买方市场的环境下，客户的满意度和忠诚度出现了许多不稳定因素，建立和维持客户关系成为航空公司获得竞争优势的最重要的基础。客户关系管理系统可以使民航公司逐步实现由传统的运营模式转变为以电子商务为核心的服务过程。这些因素客观上要求航空业大力发展客户关系管理。

客户关系管理是以企业的客户为切入点，强调企业的经营要始终围绕客户的需求进行，通过与客户保持长期的互动互利的关系来实现企业利润的最大化。客户关系管理不仅顺应了一般企业发展的潮流，而且在以差异化的客户服务取胜的民用航空业，显得尤为关键。

三、航空公司实施客户关系管理的重要性

在航空业，服务利润链管理正在改变市场营销的外观。以忠诚旅客的占有份额定义的市场份额质量代替简单的最大市场份额，成为企业的主要目标。达到这一目标意味着应当更多地通过倾听、提供优质的旅客服务，以及依靠旅客向旅客的推荐来进行营销工作；意味着较少依赖成本昂贵的推销和广告进行说教；意味着听取旅客对产品和服务的要求，产品开发过程的管理也应当在跨职能的基础上进行。

如果说航空公司服务利润链是其营销服务的指导思想的话，那么客户关系管理就是其具体的实施方案。客户关系管理的运用直接关系到航空公司的销售业绩，它可以重新整合企业的用户信息资源，使原本"各自为战"的销售人员、市场推广人员、电话服务人员等开始真正地协调合作，成为围绕"满足客户需求"这一宗旨的强大团队。客户关系管理的实施成果经得起销售额、用户满意度、用户忠诚度、市场份额等"硬指标"的检测，它为企业新增的价值是看得见摸得着的。

在航空公司的信息系统中，有两类典型的订座系统 ICS 和 CRS。ICS 全称是 Inventory Control System，即航空公司人员使用的航空公司订座系统，是一个集中式、多航空公司的系统，每个航空公司享有自己独立的数据库、独立的用户群、独立的控制和管理方式，各种操作均可加以个性化，包括航班班期、座位控制、运价及收益管理、航空联盟、销售控制参数等信息和一整套完备的订座功能引擎；CRS 全称是 Computer Reservation System，即代理人机票售票系统，其主要功能是为代理人提供航班可利用情

况查询、航段销售、订座记录、电子客票预订、旅游产品等服务。在订座系统（ICS、CRS）稳定的前提下，收益管理系统已经逐渐成为新的核心系统，因为任何信息系统建设都是围绕相同问题进行的，那就是能否提高收益。而收益管理模式发展到如今的个体市场，客户关系管理已经成为收益管理最重要的数据源及解决途径。

航空公司已经发现，如今的旅客已经将自己视为控制点，并且希望得到个性化服务以及航空公司的快速响应。在众多航空公司采取的服务策略中，位于前几位的策略均是与客户联系在一起的。航空公司已经把降低单位成本的概念演化为稳定与客户之间的信任度，从而降低客户风险。对收益的控制已经从航线、航班销售逐渐发展为对VIP客户群的研究及市场促销。从主要航空公司的市场策略优先级来看，以客户为中心的策略明显排在前面：改善客户服务（58%）；改善客户忠诚度（56%）；增长市场占有率（44%）；优化市场联盟共享（43%）[1]，如图1-2所示。

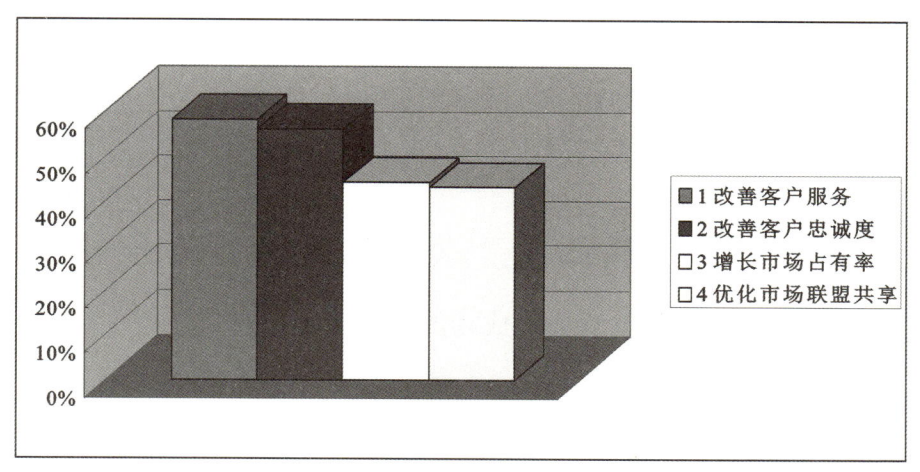

图1-2　航空公司市场策略优先级

这反映出这样一个事实：在放松管制和不断竞争的市场条件下，客户是中心。如果航空公司能够改善客户满意度并采取正确的措施提高重要客户的忠诚度的话，改变的将是市场最终目的——提高收益。

当前我国的航空市场正处于航空管制期的目标市场销售阶段，仍然没有进入以个体客户为中心的服务阶段。但是，我们应当看到，随着航空管制尤其是运价管制放松，以及进入WTO后给航空公司带来的国际、国内竞争的压力，航空公司必须把以客户为中心的服务概念作为核心的新经营理念。

在目标市场定位中，乘客在航空公司眼中依然是记录编号，只是出现了增强的特定群体的记录编号，如常旅客卡号、VIP卡号等。客户数据分散在不同的系统中，缺乏一个统一的乘客信息源及相应的管理平台，在这个阶段仍然存在以下需要注意的问题。

---

[1]　乔蒂·郝福·吉特尔. 西南航空案例——利用关系的力量实现优异业绩［M］. 熊念恩，译. 北京：中国财政经济出版社，2004.

(1) 经常飞的乘客并不代表其对航空公司的忠诚度高。
(2) 最常飞的乘客并不代表利润最大。
(3) 如何对乘客提供特色化服务。
(4) 航空公司与乘客众多的接触点中如何采取一致的服务策略。
(5) 不同服务部门如何共享乘客信息。

在这些问题中实际上体现了由目标市场向个体市场转变中存在的问题,针对这些问题,可采取以下解决措施。

(1) 确认航空公司的真正高收益旅客而不是简单的常客或高收入旅客。
(2) 采集并集成个体市场旅客的相关信息。
(3) 在与旅客众多的接触点中提供个性化的特色服务。
(4) 给旅客提供方便、集中的航班前服务、航班后服务及非正常航班服务。

总而言之,民航业市场竞争同中国整体市场开放一样,需要经历从单一到复杂,从粗放到集约的过程。从国外航空公司的发展经验来看,在不同的历史阶段,航空公司为保证自己的航空产品销售采取了不同的手段。同样地,国内航空公司也会在竞争特点不同的阶段采取不同的服务及竞争方式。

经典案例分析

美国航空公司成功的客户关系管理

美国航空公司(American Airlines)是美国五大航空公司之一,是全世界载客量和机队最大的航空公司。它的总部位于得克萨斯州的沃斯堡,紧邻达拉斯-沃斯堡国际机场,执行的航班遍及整个美国,还有飞往加拿大、拉丁美洲、西欧、日本、中国和印度的航班。它拥有超过12万名员工和800多架飞机,经营着美国国内和国外4000多条航线。2013年,美国航空公司原母公司AMR与全美航空原母公司全美航空集团完成合并,美国航空公司自此成为合并后的美国航空集团的子公司,从而成为全球最大的航空运营商[①]。

为了提升竞争力,美国航空公司一直对其经营战略进行调整和优化,将服务目标设定为让顾客拥有引以为傲的飞行体验,获得优质的服务和世界级的娱乐设施,以及有求必应的服务态度。早在1981年美国航空公司就效仿得克萨斯航空推出了名为AAdvantage的常旅客计划,将贵宾会员分为银卡、金卡、铂金卡、1K会员4个级别。银卡会员需要每年至少累积2.5万英里里程或飞行30个航段,并至少花费2500美元,他们得到的优惠包括经济舱免费升舱和会员里程奖励,

---

① 资料来源:http://wiki.mbalib.com/wiki/%E7%BE%8E%E5%9B%BD%E8%88%AA%E7%A9%BA%E5%85%AC%E5%8F%B8. MBA智库百科,美国航空公司。

而1K会员的门槛要比银卡会员高4倍，相应的优惠也更多①。时至今日，常旅客计划已成为航空公司竞争的主要手段，各大航空公司设计了日益复杂的常旅客计划，这使得第三方追踪软件如AwardWallet广受欢迎，这种应用程序可以装在智能手机或平板电脑上，旅客能够实时监控不同常旅客计划带来的好处。常旅客系统发展的另一个方向是与酒店、租车、银行、零售等行业联合，交换会员或积分，互通有无。

为了适应网络经济和电子商务的需要，进一步降低成本，提高效率，增强竞争力，美国航空公司在重新设计业务流程的基础上，将客户关系管理（CRM）作为新的利润增长点。为了提高客户忠诚度，保留老客户，吸引新客户，采取了如下具体措施。

一、改造网站，让客户知道得更快、更多

1994年之前，美国航空公司主要通过免费电话开展订票业务。但在电话订票发挥巨大作用的同时，当时负责监督电脑订票系统业务的规划主任约翰·塞穆尔（John Samuel）无意中注意到公司的网站上内容很少，只有公司年报一项内容。约翰·塞穆尔敏锐地感觉到公司的网站没能发挥应有的作用，如果能通过网络吸引订票者来查询航班、票价，以及进行行程规划，将可以为公司省下一大笔费用；他设想如果公司拿出一小部分资金用于网络系统的建设，乘客就可以在网上预订行程，这样做实际的收益将远超开支。进一步地，只有与经常搭乘航班的老客户建立更加紧密的关系，增加用户黏性，公司才可在竞争越来越激烈的航空业站稳自己的脚跟。

同时美国航空公司的调查发现，近90%的乘客在办公室会使用电脑，近70%的乘客家中有电脑，于是美国航空公司成立了以约翰·塞穆尔为首的六人网络小组，在1995年，这个小组首先对公司的网站加以改造，将其定位为以传播资讯为主的站点。经营到当年10月时，他们将美国航空公司逐渐打造成第一家在网上提供飞机起降、航班行程变更、登机门等诸多航班资讯的航空公司，这些甚至是每隔30秒就更新一次的准确、快捷的资讯，极大地方便了乘客②。

二、实行会员制——"雪球"越滚越大

美国航空公司在改造网站内容等简单的网络应用时，把对自己的老主顾的关注，同样加入了电子商务的内容。通过对常旅客的调查，美国航空公司发现，有70%以上的A级会员有进行电子化交易的意愿，且这些会员还有一项关注点，那就是能否自由地安排旅行计划，他们甚至希望视需要随时取消原来的行程与班机。

---

① 资料来源：http://news.carnoc.com/list/266/266624.html. 常旅客计划："忠诚度"过时了？
② 资料来源：http://www.hrtl.com.cn/News_394.aspx. CRM的成功实践：美国航电子商务案例。

于是，作为第一项对策，美国航空公司从1996年起推出了一项新的服务——每周三定期发电子邮件给愿意接收的会员订户，提供"本周特惠"促销活动服务。这项服务才推出一个月，就发展到两万名订户，一年内，订户就突破了77万人。尽管后来其他航空公司也纷纷仿效，但美国航空公司始终都是领先者。第二项对策是在同一年，美国航空公司为A级会员开通了网络订票系统，使他们可以直接上网查询特价班次、订机位，这再次带动了A级会员人数的激增。新的互动服务是美国航空公司紧接的第三项对策，A级会员可以直接上网订票并更改，然后公司将机票寄给订户，订户甚至可以在飞机起飞前临时更改订位，无须到换票中心换票。

在这些举措的实施过程中，美国航空公司发现大多数乘客对于最后能否拿到机票仍不放心，通过网络订票的乘客远比通过传统方式订票并拿到机票的乘客需要更多的保障。基于此，每当乘客订位或变更订位时，美国航空公司就会主动寄发一封确认电子邮件，让乘客放心。通过这一系列手段，到1997年，美国航空公司网上订票的收入比年度计划高出98%[1]。再后来，美国航空公司推出了电子机票的服务，真正实现了无纸化操作。

三、系统升级——满足个性化需求

1998年6月，美国航空公司又发布了新网站，新网站浏览界面更加友好、功能更加强大，可以完成如"从我住处所在机场到有海滩的地方票价低于500美元的班次有哪些"等复杂查询工作。新网站通过连接后台数据库中会员的个人资料，对客户进行分类并向A级会员提供更加个人化的服务，如果乘客将自己对座位位置的偏好和餐饮习惯等列入个人基本资料，就可享受到公司提供的各种体贴入微的服务。新网站的系统甚至还记录下乘客首次输入的信用卡号，乘客再次使用信用卡时，将不用再麻烦地输入卡号。

随着网络经济的不断发展，美国航空公司开始整合各种订票渠道，使乘客通过网站、电话和旅行社都可以订票。对于乘客的电子邮件，美国航空公司开始进行个人化的回复，优先处理A级用户的邮件，同时建设了更加全面的个性化的自动回复系统，以处理大量的电子邮件。更为周到的是，美国航空公司还发行了A级会员智能卡，使乘客订票、预订客房和租车等都可以用这张卡支付，免去乘客记忆各种卡号与密码之苦[2]。

美国航空公司敏锐地利用高速发展的网络与计算机技术，获得了发展的先机，在客户关系管理上，该公司注意掌握乘客的背景资料，为他们提供量身定制的服务；该公司对A级会员提供的诸多个性化创新服务，不但保留住了大批常旅客，而且产生口碑效应，吸引了大量新客户的加入。

思考题：
美国航空公司通过哪些措施推进其CRM？

---

[1] 资料来源：http：//www.hrtl.com.cn/News_394.aspx.CRM的成功实践：美国航空电子商务案例。
[2] 资料来源：http：//wenku.baidu.com/.美国航空公司案例。

本章小结

1. 客户关系管理产生的背景。客户关系管理是随着市场经济的发展和企业管理理念的变化而产生和发展的。

2. 客户关系管理的定义与发展趋势。客户关系管理是企业为提高核心竞争力，达到竞争制胜、快速成长的目的，树立以客户为中心的发展战略，并在此基础上开展的包括判断、选择、争取、发展和保持客户所需实施的全部商业过程。企业客户关系管理中，理念、技术、实施，一个都不可少。企业只有借助先进的理念和技术，合理地实施，才能优化资源配置，在激烈的市场竞争中获胜。最近几年，客户关系管理的概念已经渗透到各个领域。实施客户关系管理可以提高客户满意度、维持较高的客户保持率，对客户收益和潜在收益产生积极影响，这些收益对企业来说有很大的诱惑力。我国的客户关系管理市场正在迅速发展和壮大，其中孕育了较大的商机，已经成为投资商、软件开发厂商和用户共同关注的对象，客户关系管理的市场前景十分广阔。

3. 航空公司实施客户关系管理的作用。随着消费个性化、服务化的趋势越来越明显，只有快速满足消费者多变的个性化需求，才能争取新客户、留住老客户，才能在激烈的航空市场竞争中赢得主动权，使客户为企业创造更多的价值。

中英文专业名词对照

1. Customer Relationship Management（CRM） 客户关系管理
2. General Agreement on Trade in Service 服务贸易总协定
3. Inventory Control System（ICS） 库存控制系统
4. Computer Reservation System（CRS） 计算机订座系统

复习思考题

1. 阐述客户关系管理产生的原因以及对企业的影响。
2. 什么是客户关系管理？
3. 航空公司实施客户关系管理有哪些作用？
4. 如何看待客户关系管理的发展趋势？

第二章
客户关系管理的理论构成

学习重难点

重点：
1. 客户的再定义及分类。
2. 客户满意、客户忠诚的影响因素。
3. 客户生命周期的含义。

难点：
客户价值与客户关系管理价值链。

本章引例

上海航空公司的常旅客服务

上海航空公司对客户的划分别具特色，公司将常旅客服务项目的重点放在认识和区分对公司具有重要价值的金卡客户、银卡客户上，将开展"上航假期"和家庭式温馨服务等项目作为客户关系管理的主要对策，设置的常旅客奖励项目包括免费机票、住宿、高尔夫、汽车租赁等项目，吸引了大量的常旅客消费里程。上海航空公司还采取差异化、个性化的特殊服务，建立经常性的、周期性的信息发布制度，邀请金卡客户、银卡客户参与公司客户关系管理的工作，主动听取意见，并将改进方案及时告知常旅客等。同时，在网上开辟"常客俱乐部"，实行会员制，推出网上订票赠送常客里程业务计划；实施网上订票频数和排名与常旅客会员升级等挂钩的政策，鼓励旅客通过网上订票与公司建立紧密的互动关系，进一步推动B2C、B2B业务的开展，并使之成为发展高价值的金卡、银卡客户的有效渠道。"常客俱乐部"还能动态地、及时地宣传和推广公司的服务产品，为电子商务时代的旅客提供便利的联络方式，在服务产品的大众化推广方面，上海航空公司对不同类别的客户提供服务，如客运服务、货运服务和销售服务，提供了统一的、简明扼要的、醒目的宣传资料，并按照服务产品的类别，分发给上海航空公司的各个销售网点和服务场所，从客户的需求出发，方便客户（包括潜在客户群体）了解公司的各项服务，从而提高公司服务产品的知名度。多年来，上海航空公司以良好的安全记录、高质量的服务水准、先进的企业文化和卓有成效的经营管理，取得了良好的经济效益和社会效益，曾先后荣获"中国企业500强、全国用户满意企业、全国民航用户满意度优质奖、上海市质量金奖企业、上海市著名商标、上海市文明单位"等称号①。在 2011 年 6 月 21 日，上海航空公司跟随其母公司中国东方航空公司一同加入天合联盟，得益于联盟及其他 13 家成员公司的航线网络的衔接，上海航空公司的旅客可通过一票到底、行李直挂和无缝隙中转到达世界 168 个国家的 921 个目的地。

第一节　客　户

一、对客户的重新认识

对企业而言，客户是对本企业产品和服务有特定需求的群体，它是企业生产经营活动得以维持的根本保证。客户资源是企业生存、发展的战略资源，它的价值体现在"所有客户未来为企业带来的收入之和，扣除产品、服务以及营销的成本，加上满意的客户向其他潜在客户推荐而带来的利润"。

2-1 视频：
客户的定义

传统的观点认为，客户和消费者是同一概念，两者的含义可以不加区分。但是，对企业来说，客户和消费者应该是加以区分的，它们之间的区别表现在以下几个方面。

（1）客户是针对某一特定细分市场而言的，他们的需求具有一定的共性。比如，某电脑公司把客户分成金融客户、工商企业客户、教育客户、政府客户等，而消费者则是针对个体而言的，他们处于比较分散的状态。

（2）客户的需求相对较为复杂，要求较高，购买数额也较大，而且交易的过程延续的时间比较长。比如，客户购买了电脑以后，牵涉到维修、耗材的供应、重复购买等问题，而消费者与企业的关系一般是短期的，也不需要长期的、复杂的服务。

---

① 资料来源：由 http://www.ceair.com 上海航空公司网站整理得到。

（3）客户注重与企业的感情沟通，需要企业安排专职人员负责处理他们的事务，还需要企业对客户的基本情况有深入的了解；而消费者与企业的关系相对比较简单，即使企业知道消费者是谁，也不一定与其发生进一步的联系。

（4）客户是分层次的，不同层次的客户需要企业采取不同的客户策略，而消费者则可看成一个整体，并不需要进行严格区分。

二、客户的分类

按照分类标准的不同，可把客户分成不同的类型。

（一）按客户重要性分类

在客户关系管理中，企业常常按照客户的重要性进行分类，如采用 ABC 分类法进行划分，可把客户分成贵宾型客户、重要型客户和普通型客户三种。如表 2-1 所示。

表 2-1　客户分类表[①]

客户类型	客户名称	客户数量比例	客户为企业创造的利润比例
A	贵宾型	5%	50%
B	重要型	15%	30%
C	普通型	80%	20%

表 2-1 对客户的划分，较好地体现了二八定律，企业的 80% 的收益来自 20% 的客户，企业要想获得更高的利润，就必须对不同的客户采取不同的策略。航空业、旅游业、金融业、电信业等行业已有很多企业通过价值区分来对客户进行分类管理，从而更有效地分配销售、市场和服务资源，以巩固企业与最重要的客户的关系。

（二）按客户忠诚度划分

按照客户对企业的忠诚程度来划分，可把客户分为潜在客户、新客户、常客户和忠诚客户等。潜在客户是指对企业的产品和服务有需求，但尚未开始与企业进行交易，需要企业花大力气争取的客户；新客户是指对那些刚开始与企业开展交易，但对产品和服务还缺乏全面了解的客户；常客户是指经常与企业交易，且有较长的交易史，对企业的产品和服务有较深入的了解，但同时还与业内其他企业有交易往来；忠诚客户则是指对企业高度信任，并与企业建立了长期、稳定的关系的客户，他们在同行业内基本上只在本企业消费。

一般来说，客户的忠诚度与客户和企业交易的时间长短及频次相关，只有忠诚的客户才能长时间、高频率地与企业发生交易。而客户的忠诚度是不断变化的，只要企业对客户的服务得法，能赢得客户的信任，潜在客户就可以变成新客户，新客户就可以变成常客

---

① 雷轶，张丹平. 客户关系管理［M］. 上海交通大学出版社，2012.

户，常客户就可以转化为忠诚客户。反过来也是如此，如果企业不注意提高客户服务水平，随意损害客户的利益，就有可能使新客户、常客户和忠诚客户中止与企业的交易。

民航业客户群体消费层次高，有进行客户关系管理的知识条件和物质条件，是非常适合进行客户关系管理的。中国民航业处于新旧市场规则交替的状态，越早开展客户关系管理，越有利于企业在竞争中立于不败之地。

2-2 视频：上航的客户分类

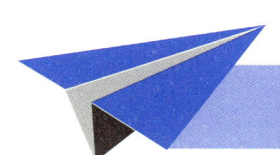

第二节 客户满意

一、客户满意的概念

客户满意（customer satisfaction）是 20 世纪 80 年代后期出现的一种经营思想，其基本内容是：企业的整个经营活动要以客户满意为宗旨，要从客户的角度、客户的观点而不是企业自身的利益和观点来分析客户的需求，尽可能全面尊重和维护客户的利益。

以前营销领域认为客户的需求是"便宜、便宜、再便宜"，企业应该去设法满足他们的这种需求，而营销的实践证明，客户需要一种感觉：企业在真正关心自己。

客户满意是客户对一个产品可感知的效果（或结果）与期望值相比较后，形成的感觉状态，即客户对某种产品或服务可感知的实际体验与他们对产品或服务的期望值之间的比较。客户满意度是对客户满意的度量。由此可见，客户的满意度是由客户对产品或服务的期望值与客户对购买的产品或服务所感知的实际体验两个因素决定的。

企业首先必须有为客户提供服务的基本素质，比如，大型航空公司必须有相应型号的飞机和配套的空中、地面服务员工支持，这个素质只要达标即可，过分好的素质是一种浪费，不存在飞机越先进客户就越多的现象。那么，与自己的客户充分互动（让其参与企业的部分管理、得到他们对服务的建议等）将十分有助于公司调查并发现客户的需求，而且客户的需求是随时间不断变化的，企业需要与自己的客户不断沟通交流。

企业还要具备满足客户特殊需求的能力，这样才能使客户达到深层次的满意，成为忠诚客户；否则，客户十分容易被竞争对手抢走。

但对于企业的某些服务，不管你做得怎么样，客户的感觉可能也是无所谓的。这是由于他们没有意识到或者并不关心这些服务。比如，飞机上的配餐，经济型的客户较少关心餐盒的印刷是精美的还是普通的，只要配餐适合自己的口味就可以了。

客户愿意花费时间和金钱的东西依次是：需要的东西＞认为有价值的东西＞感兴趣的东西＞无用但经常影响自己的东西。他们追求的是时间、金钱的价值最大化，也就是"顾客让渡价值"最大化。"客户让渡价值"最大化是客户需求的首选。在追求让渡价值的过程中，客户期望购买成本，包括货币成本、时间成本、精神成本、体力成本最低，而所得到的产品价值，包括服务价值、人员价值、形象价值等最高。

二、影响客户满意度的因素

影响客户满意度的因素是多方面的，涉及企业形象、产品、营销和服务体系、企业与客户沟通以及客户关怀等因素。其中任何一个方面给客户创造了更多的价值，都有可能增加客户的满意度；反之，其中任何一个方面价值的减少或缺乏，都将降低客户的满意度。

影响客户满意度的因素可归纳为以下五个方面。

（一）企业因素

企业是产品和服务的提供者，其规模、效益、形象、品牌和公众舆论等在内外部的表现都影响消费者的判断。如果企业给消费者一个很恶劣的品牌形象，很难想象消费者会考虑选择其产品。

（二）产品或服务因素

产品或服务因素包含四个层次的内容：首先是产品或服务与竞争者同类产品在功能、质量、价格方面的比较，如果有明显优势或个性化较强，则容易获得客户满意；其次是消费属性；再次是服务的好坏，如果服务质量好，则易获得客户满意；最后是产品或服务的外在因素，如果产品或服务设计得细致，有利于客户使用并能体现其地位，会使客户更满意。

（三）营销与服务体系

企业的营销与服务体系是否有效、简洁，能否为客户带来方便，服务人员的态度、响应时间，投诉与咨询的便捷性等都会影响客户满意度。同时，经营商作为中间客户，有其自身的利益与处境。企业通过分销政策、良好的服务赢得经销商的信赖，提高其满意度，能使经销商主动向消费者推荐产品，解决消费者的一般性问题。

（四）沟通因素

企业与客户的良好沟通是提高客户满意度的重要因素。很多情况下，客户对产品特性的不了解，造成使用不当，需要企业提供咨询服务；客户因为质量、服务中存在的问题要向企业投诉，如果缺乏与企业联系的必要渠道，或者渠道不畅，容易使客户不满意。

（五）客户关怀

客户关怀是指不论客户是否咨询、投诉，企业都会主动联系，对产品、服务等方面可能存在的问题主动向客户征求意见，帮助客户解决以前并未解决的问题，倾听客户的抱怨、建议，通常客户关怀能大幅提高客户满意度。值得一提的是，客户关怀不能太频繁，否则会造成客户反感，适得其反。

三、客户满意度的测评

"以顾客为关注焦点"，是 ISO9000 族标准 2000 版对 1994 版标准的重大改进。当前，市场的竞争主要表现在对顾客（客户）的全面争夺，而是否拥有顾客取决于企业与顾客的关系，取决于顾客对企业产品和服务的满意程度。顾客满意程度越高，企业竞争力越强，其市场占有率就越大，企业效益就越好，这是不言而喻的。"顾客是上帝""企业依存于顾客"已成为企业界的共识，"让顾客满意"也成为企业的营销战略。

ISO 9001：2000 的 8.2.1 条指出："组织应监控顾客满意和或不满意的信息，作为对质量管理体系业绩的一种测量"。ISO 9001：2000 的 8.2.1.2 条对顾客（客户）满意程度的测量和监控方法以及如何收集顾客的信息提出了具体的要求。凡已获得 ISO 9001 质量管理体系认证的企业或潜在的将要贯彻 ISO 9001：2000 族标准的企业，都应积极开展顾客对产品和/或服务满意和不满意因素的研究，确定顾客满意程度的定量指标和/或定性描述，划分好顾客满意级度，并对顾客满意度进行测量、分析，改进质量管理体系。确定顾客满意度的指标和顾客满意级度是对顾客满意度进行测量控制的关键问题。

顾客（客户）满意度是评价企业质量管理体系业绩的重要手段。为此，要科学确定客户满意度的指标和客户满意度的级度，并对客户满意度进行测量监控和分析，才能进一步改进质量管理体系。

要建立一组科学的客户满意度的指标，首先要研究客户的需求结构。经过对客户的大量调查分析，可将客户需求的基本结构大致分为以下几个方面。

1. 品质需求

包括性能、适用性、使用寿命、可靠性、安全性、经济性和外部美观性等。

2. 功能需求

包括主导功能、辅助功能和兼容功能等。

3. 价格需求

包括价位、质价比、价格弹性等。

企业在提供产品或服务时，均应考虑客户的这 3 种基本需求。但是，由于不同国家和地区、不同的消费人群对这些需求有不同的需求强度，在消费后又存在一个满意水平的高低。当顾客需求强度高时，产品或服务稍有不足，他们就会不满或强烈不满；当需求强度低时，只需低水平的满足即可。

由于人们收入水平和消费心理的不同，对商品或服务的性能、水平、价格有不同的需求强度。收入丰厚的人，对品质和功能的需求强度较高，而对价格的需求不强烈。也就是说，当品质和功能不满足他们的要求时，他们就会产生不满或强烈不满。低收入者的消费心理是追求价廉物美，以实惠为原则，因此对价格和服务的需求强度高，价格高、服务差是他们产生不满的主要因素，而对功能需求不强烈。

综上，企业应该根据不同的顾客需求，确定主要的需求结构，以满足不同层次客户的要求，使客户满意。

客户满意度的指标是对需求是否满足的一种界定尺度。当客户需求被满足时，便会体验到一种积极的情绪反馈，否则体验到的是一种消极的情绪反馈。客户满意度的指标，是用以测量客户满意度的一组项目因素。

要评价客户满意度，必须建立一组与产品或服务有关的、能反映客户对产品或服务满意程度的评价指标。由于客户对产品或服务的需求强度不同，而产品或服务又由许多部分组成，每个组成部分又有许多属性，产品或服务的某个部分或属性不符合客户要求时，他们都会给出否定的评价，产生不满意感。

因此，企业应根据客户需求结构及产品或服务的特点，选择那些既能全面反映客户满意状况又有代表性的项目，作为客户满意度的评价指标。全面就是指评价项目的设定应既包括产品的核心项目，又包括无形的和外延的产品项目，否则，就不能全面了解客户满意程度，也不利于提升客户满意水平。另外，由于影响客户满意或不满意的因素很多，企业不能把它们都用作评价指标，应该选择那些具有代表性的主要因素作为评价指标。

要评价客户满意度，我们可以在客户消费相应的产品或服务之后，将他们所产生的满足程度分为不同的客户满意级度。

如前所述，客户满意度是一种心理状态，是一种自我体验。对这种心理状态也要进行界定，否则就无法对客户满意度进行评价。心理学家认为情感体验可以按梯级理论划分为若干层次，相应地可以把客户满意度分成七个级度或五个级度。

七个级度为：很不满意、不满意、不太满意、一般、较满意、满意和很满意。

五个级度为：很不满意、不满意、一般、满意和很满意。

管理专家根据心理学的梯级理论对七个级度给出了相应的参考指标。

1. 很不满意

指征：愤慨、恼怒、投诉、反宣传。

分述：很不满意状态是指客户在购买某种商品或服务后感到愤慨、恼羞成怒、难以容忍，不仅企图找机会投诉，而且还会利用一切机会进行反宣传以发泄心中的不快。

2. 不满意

指征：气愤、烦恼。

分述：不满意状态是指客户在购买某种商品或服务后所产生的气愤、烦恼状态。在这种状态下，客户尚可勉强忍受，希望通过一定的方式进行弥补，在适当的时候，也会进行反宣传，提醒自己的亲朋不要去购买同样的商品或服务。

3. 不太满意

指征：抱怨、遗憾。

分述：不太满意状态是指客户在购买某种商品或服务后所产生的抱怨、遗憾状态。在这种状态下，客户虽心存不满，但想到现实就这样，说服自己不要要求过高，于是认了。

4. 一般

指征：无明显正面或负面情绪。

分述：一般状态是指客户在购买某种商品或服务的过程中所形成的没有明显情绪的状态。也就是说，对商品和服务的感受既说不上好，也说不上差，还算过得去。

5. 较满意

指征：好感、肯定、赞许。

分述：较满意状态是指客户在购买某种商品或服务时所形成的好感、肯定和赞许状态。在这种状态下，客户内心还算满意，但按更高要求来看，还差之甚远，而与一些更差的情况相比，又会感到安慰。

6. 满意

指征：称心、赞扬、愉快。

分述：满意状态是指客户在购买某种商品或服务时产生的称心、赞扬和愉快状态。在这种状态下，客户不仅对自己的选择予以肯定，还会乐于向亲朋推荐，自己的期望与现实基本相符。

7. 很满意

指征：激动、满足、感谢。

分述：很满意状态是指客户在购买某种商品或服务后形成的激动、满足、感谢状态。在这种状态下，客户的期望不仅完全达到，没有任何遗憾，而且可能还大大超出了自己的期望。这时客户不仅为自己的选择而自豪，还会利用一切机会向亲朋宣传、推荐，希望他人都来购买。

五个级度的参考指标类与客户满意级度的界定是相对的，因为满意虽有层次之分，但是，从一个层次到另一个层次并没有明显的界限。之所以进行客户满意级度的划分，目的是供企业进行客户满意度的评价。

为了能定量地评价客户满意度，可对客户满意七个级度，给出相应的分值，并根据每项指标对客户满意度影响的重要程度确定不同的加权值，这样即可对客户满意度进行综合的评价。

例如，某企业对其产品的质量、功能、价格、服务、包装、品位进行客户满意度调查，按七个级度，最高分是60分，最低分是－60分，从很不满意到很满意的分值分配表如表2-2所示。

表2-2 七个级度的分值分配表

级度	很不满意	不满意	不太满意	一般	较满意	满意	很满意
分值	－60	－40	－20	0	20	40	60

调查结果如表 2-3 所示。

表 2-3 某企业客户满意调查表

产品属性	质量	功能	价格	服务	包装	品位
满意级别	满意	较满意	很满意	满意	不太满意	一般
分值	40	20	60	40	−20	0
综合分值	$\sum X/N = (40 + 20 + 60 + 40 + (-20) + 0)/6 = 23.3$					

从计算结果可以看出,该产品的客户满意度得分是 23.3,属于"较满意"的产品。但是,由于客户对每个属性的需求强度不同,应根据客户对评价指标的重要程度进行分值加权,这样才能更科学地反映出客户满意度。该企业根据质量、功能、价格、服务、包装、品位对客户满意度的影响大小所确定的加权值分别为 0.3,0.1,0.4,0.1,0.05,0.05,客户满意度 = $\sum x_i \cdot k_i$,见表 2-4。

表 2-4 企业客户满意度得分表

产品属性	权值	分值	综合值
质量	0.3	40	12
功能	0.1	20	2
价格	0.4	60	24
服务	0.1	40	4
包装	0.05	−20	−1
品位	0.05	0	0
总计	1	140/6	41

显然两种方法计算的结果是不同的,加权法为 41,处于满意水平,而简单分值法仅为 23.3,处于较满意水平。事实上,客户对产品的总体感受应是满意水平,因此,加权法能更准确地反映客户的满意状态。而加权法的加权值,企业可以根据经验、专家评定或调查等方法确定。

第三节 客户忠诚

很多公司提供促销折扣、里程卡等服务项目,期望通过"贿赂"客户,得到自己需要的客户忠诚度,但客户真正因此"忠诚"了吗?根据从民航社区、贴吧等渠道的观察,许多经常乘坐飞机的人拥有两种以上的航空公司里程卡,也确实有很多人关心如何取得更多航空公司的里程卡，并且专门为此进行过讨论。但是，现实中还存在这种现象：没有复杂、频繁的促销折扣，旅客仍然要乘坐航班，而且高收入阶层对促销活动最为反感。也就是说，客户的忠诚度是无法直接用金钱买来的。

许多时候客户需要的是一种特别的对待。他们希望在乘坐飞机或进行其他消费时可以根据自己以前提供给公司的资料，得到个性化的服务。想象一下，如果一位乘客在自己的生日那天乘机时，公司的客户关系管理系统通过身份证等信息识别出今天是该乘客的生日，在航行服务中提供一个亲切的问候和小礼物，这一定很受欢迎，并且增加客户对该航空公司的忠诚度。

客户还期望得到这样的特别对待，比如，自己在消费时，能凭借一个证明，受到高规格的待遇，如经理的接待等。

信息在未来将比产品本身更重要，必须不断地对数据进行分析，发现更新的对自己企业有价值的信息，也就是要发现客户与企业保持关系的真正原因，以及他们还需要什么。客户关系管理就是充分地分析客户数据并把客户需求告诉企业经营者，以最大限度地提高客户的忠诚度，并建立长期的客户关系。

一、客户忠诚的概念

客户忠诚度（Customer Loyalty）指客户忠诚的程度，是一个可量化的概念。客户忠诚度是指受质量、价格、服务等诸多因素的积极影响，客户对某一企业的产品或服务产生感情，形成偏爱并长期重复购买该企业产品或服务的程度。

客户忠诚实际上是一种客户行为的持续性，而客户满意度只是一种态度。客户忠诚是指忠诚于企业的程度。客户满意度与客户忠诚度的不同在于，客户满意度是测量过去的交易中满足客户期望的程度，而客户忠诚度则是衡量客户再购及参与活动的意愿。根据统计，当企业挽留客户的比率增加5%时，获利便可提升25%到100%。许多学者更是直接表示，忠诚的客户将是企业竞争优势的主要来源。由此可见，保有忠诚的客户对企业经营者来说，是相当重要的任务。

客户忠诚表现为两种形式，一种是客户忠诚于企业的意愿，另一种是客户忠诚于企业的行为。一般的企业往往容易将两种形式混淆，其实这两者具有本质的区别，前者对企业来说本身不产生直接的价值，而后者对企业来说非常具有价值。如果客户只有意愿，却没有行动，对企业来说没有意义，企业要做的，一是推动客户把意愿转化为行动，二是通过交叉销售和追加销售等途径进一步提升客户与企业的交易次数及额度。

二、影响客户忠诚的因素

影响客户忠诚的因素主要有以下四点。

（1）产品的服务和特性。企业长期提供的是价格合理、质量可靠、合乎客户使用要求的产品和服务，已经赢得了客户的高度认同。

（2）免风险购买。当客户面临众多新选择时，往往会选择自己熟悉的品牌和企业，以降低购买风险。所以，企业要从竞争对手中夺得一个长期客户是十分困难的。

（3）降低客户的购买成本。客户寻找一个新的企业，要花费相当的时间、精力和金钱。为了降低这些代价，客户宁愿选择熟悉的企业。

（4）迎合客户的心理。客户对某一品牌或某一企业的产品和服务忠诚，可能是为了体现自身的价值，或是认同对方的价值观，也可能是因为对企业的承诺放心等。

 ## 三、提高客户忠诚度的要点

忠诚客户所带来的收益是长期并具有累积效果的。一个企业的忠诚客户越多，客户对企业保持忠诚的时间越久，客户为企业产生的价值就越大，企业所获得的收益也就越多。现代企业不仅要使客户满意，还要努力培养客户的忠诚度，使更多的满意客户提升为忠诚客户。

（1）选择培养目标。并不是所有的客户都能发展成忠诚客户，因此企业在培养忠诚客户之前，必须首先确定自己培养的对象，通过对客户资料的分析，寻找那些具有潜力成为忠诚客户的客户群。

（2）提供特色服务。客户的忠诚主要建立在非常满意因素的基础上，因此，企业除了要提供高质量的产品和无可挑剔的基本服务，还要选择最吸引客户的方式，提供与众不同的特色服务，以增加客户的价值。

（3）加强与客户的沟通。企业要保证畅通的沟通渠道，让客户发表自己的意见和建议，在客户需要的时候，随时与之交流，及时了解客户的需要，不断增进与客户的情感。通过与客户进行交流而获得的信息将成为企业宝贵的资产，为企业的经营注入活力。

（4）客户抱怨的妥善处理。任何企业都难免出现不尽如人意的地方，因此客户抱怨随时都有可能发生。客户抱怨会对企业产生负面影响，企业要尽力避免客户抱怨的产生。但在客户抱怨已经发生的情况下，企业应该认真听取客户抱怨，真诚地接受客户的批评，这样更容易得到客户的谅解，使其成为忠诚客户。总之，企业应该把妥善处理客户的抱怨作为企业提高客户忠诚度的一个重要途径。

 ## 四、客户忠诚度的衡量指标

客户忠诚度的衡量指标主要有以下三点。

（1）整体的客户满意度（可分为很满意、比较满意、满意、不满意、很不满意）。

（2）重复购买的概率（可分为70%以上，70%～30%、30%以下）。

（3）推荐给他人的可能性（很大可能、有可能、不可能）。

第二章 客户关系管理的理论构成

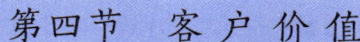

第四节 客户价值

鉴于客户在企业经营中地位的凸显，企业之间的竞争已由市场份额的竞争转移到客户份额的竞争。为此，企业在决定改进哪些管理手段时，要考虑客户的因素。其中，客户价值在营销学术界中正式研究的历史虽然不长，但其研究范围之广，研究成果之多，使得客户价值成为营销学中的一个热点话题，成为目前营销学科的一个崭新的研究领域。

一、客户价值的含义

国内对于机票打折的问题一直存在争议，打折真的那么有效吗？机票打折吸引的客户只关心交易时的价格，也就是说，这样的客户基本只在机票便宜的航空公司消费。根据美国西北大学教授 Paul Wang 的分析：客户可分为交易客户（Transaction Buyer，TB）和关系客户（Relationship Buyer，RB）两种。对于航空公司而言，采用机票打折的方法真正能够吸引的是 TB，这类客户希望了解所有航空公司的机票价格并进行比较，购买的一般是折扣机票，所以从他们身上获取的利润是十分有限的。

而 RB 则是一种可以与之建立长期关系的客户，企业可从他们身上获取长期利润，前提是企业必须与他们之间建立长期关系，并提供最快、最好的个性化服务。这类客户期望找到一家可靠的、能提供稳定服务的供应商，建立一种友好的关系，他们甚至可以放弃一定的小利（折扣），只要求不断得到个性化的服务。企业只要能与 RB 建立长期关系，他们必将成为常客，长期为企业带来稳定的收益。

根据帕累托定律（二八定律）：20％的客户给企业带来 80％的销售利润。企业争取客户的目标应该定位于能为企业带来大量利润的 40％-50％的客户群体，从而可以实现 90％左右的利润，让他们成为公司的 RB，由此可以节省争取其他客户的成本。

以联邦快递（Federal Express）为例，他们计算从每一位客户那里得到的消费记录，剔除那些每天业务量加起来不足 15 万箱的客户，而将公司营销的重点转移到那些可以带来较高利润的客户群体上，以争取他们更多的业务量。也就是说，分析谁是企业的 RB 十分重要。客户关系管理的一项重要功能就是完成这个工作，让客户价值最大化。

近年来西方学者对客户价值的观点如下。

弗林特（Flint）、伍德拉夫（Woodruff）和加蒂尔（Gardial）于 1997 年共同提出，价值被定义为集中的、长期持有的核心观念、期望目标，或者消费者个人或组织的更高的能指导他们行为的目标。

理查德·L. 奥利弗（Richard L. Oliver）在 1998 年提出价值就是顾客为了完成某种目的而获取特定产品的愿望。

阿希姆·沃尔特（Achim Walter）、托马斯·里特（Thomas Ritter）、汉斯·G. 格明

登（Hans G. Gemunden）在 2001 年提出，价值就是通过供应组织中的关键决策者所建立的客户关系或取得多重利益和利失间被感知的权衡，简单地说，价值就是收益与贡献的差额。

为了将这些观点融合在一起，许多学者做了大量的实证研究，在营销领域，客户价值已经成为一个非常时髦的术语。许多企业也将客户价值视为一种基本的战略导向，企业界普遍认为，增加客户价值是实现利润增长和提高企业总体价值的关键。但是，对于价值概念的理解，目前营销界和学术界存在多种不同的看法。归结起来，客户价值更多地被认为是企业为客户创造的价值或提供的价值，即客户对企业提供的产品与服务给他带来的价值和判断。

客户价值是客户对产品属性、属性效能及使用结果的感知偏好的评价。这个定义不仅综合考虑了客户的期望价值和实现价值，而且强调了价值来源于客户感知、偏好和评价，同时也将产品和服务与使用环境和相应的客户感知效果紧密地联系起来，抓住并反映了客户价值的本质。

二、客户价值的分析

并不是每位客户都值得保留，不同的客户对企业的价值不一样，在实施客户关系管理之前，企业要对客户进行价值分析。要判断客户的价值，可以采用以下占主导地位的客户价值测量方法，从客户感知等方面来分析客户价值。

（一）客户对价值的感知

客户价值具有很强的主观性，客户价值的大小不是由企业来决定的，它取决于客户对价值的感知。对于从客户感知分析客户价值，盖尔（Gale）在《管理顾客价值》一书中提出了几种客户价值分析工具，包括市场感知质量水平、市场感知价格水平、客户价值图、客户价值分析对照图、关键时间表、What/Who 矩阵。

客户价值图（如图 2-1）是盖尔的客户价值分析模型中最为直观的工具，它是由以客户为中心的经济实体或管理机构提供价格和质量的重要属性，用客户调查的方法得到每种属性的权重。

客户的价值 = $\sum$（质量感知水平 * 质量权重）+ $\sum$（价格感知水平 * 价格权重）

客户价值图就是将质量和价格构成的二维坐标图分为四个部分，通过计算之后，客户价值会落在图中的不同象限里，通常是以图中的 45°对角线来定义公平价值线，它提供了平均价值水平的品牌。价值高的品牌就是那些在相对更低的价格上提供更高质量的品牌，在图中位于Ⅲ象限的品牌在相对较低的价格提供较高的质量，是最高价值；位于Ⅰ象限的品牌在相对较高的价格上提供较低的质量，是最低的价值。品牌客户价值如果落在在Ⅱ、Ⅳ象限，表明企业可以扩大市场份额，保持价格不变。

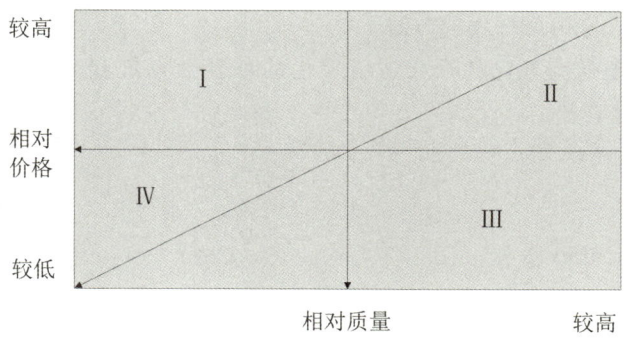

图 2-1　盖尔的客户价值图

(二) 价值观与生活方式 (VALS)

20 世纪 80 年代早期,斯坦福国际研究所的米契尔 (Mitchell) 提出基于价值观和生活方式 (VALS) 的方法来对价值进行衡量。

米契尔运用马斯洛需求层次理论和社会特征的概念,完成了一个由 24 个问题构成的调查问卷,这些问题包括各种具体的或笼统的价值陈述问题和一些人口统计问题,然后用此问卷对美国公民进行调查。通过统计学原理和一些理论方法对调查结果进行识别,从而把美国人群细分为九种不同生活方式的群体。

1. 幸存者 (占总人群的 4%)
2. 维持者 (占总人群的 7%)
3. 拥有者 (占总人群的 35%)
4. 竞争者 (占总人群的 9%)
5. 赢得者 (占总人群的 22%)
6. 我行我素者 (占总人群的 5%)
7. 经验主义者 (占总人群的 7%)
8. 社会关注者 (占总人群的 9%)
9. 综合者 (占总人群的 2%)

米契尔提出 VALS 方法之后,很多研究者开始把这种价值衡量的方法应用于客户价值测量领域。通过 VALS 方法对目标客户群体进行细分,然后从中识别出一种或几种重要的价值。VALS 是一种非常实用的工具,很多企业都使用 VALS 来对客户群体进行细分,但 VALS 模式不可通用的根源是很明显的,针对不同的群体对象,得到的结果也不同。例如,欧美"猎手民族"与东方"农耕民族"的文化底蕴及价值观都存在显著的差异,因而在中国研究 VALS 就不可能简单地套用美国模式。

(三) 价值清单

在提出 VALS 的同一时期,价值方法论的另一个发展就是由密歇根大学调查研究中心的研究人员阿尔温和克罗斯尼克（Alwin and Crosnick）所提出的价值清单（LOV）方法。这是一种可以与 VALS 相互替代的方法。

LOV 是在对价值研究理论和社会适应理论的基础上发展起来的，其主体是一个由九种价值组成的价值清单。

1. 拥有感
2. 兴奋
3. 与他人良好的关系
4. 自我实现
5. 被很好地尊重
6. 生活中的趣味和娱乐
7. 安全感
8. 自我尊重
9. 成就感

LOV 采用了登记排序或对各种价值进行两两评价的评估方法，从而识别最重要的价值，或者对价值的重要性等级进行排序。同时，LOV 也评价偏好替换物，与 VALS 相比，LOV 有三个优点：一是大量研究发现，LOV 比 VALS 在预测消费者行为趋势方面的效果更好；二是其操作更加简便；三是在广告研究中，LOV 比 VALS 更容易保持价值调查中选项的精确含义。

三、客户价值管理

客户价值管理的根本目的是使企业的经营理念、能力、过程及组织结构与客户感知的价值因素相适应，以向客户传递最大化的价值。换句话说，客户价值管理就是为客户准确地提供所需要的产品或服务。

客户价值管理的内涵必须从以下几个方面来把握。

（一）客户导向型过程

在客户价值管理中，过程的概念十分重要，必须系统地管理企业内部的业务流程，消除各部门之间的界限和壁垒。在当今激烈的竞争环境中，经营者必须确保企业的每一个流程都是"客户导向型"的，并能不断地根据客户的需求变化做出调整。

（二）战略性任务

客户价值管理是战略性的任务，而不仅仅是涉及营销的局部问题。客户价值管理必须应用在战略层面上，考虑到客户价值创造和传递过程中的方方面面，这样才能培养客户的忠诚，实现客户的目的。

（三）盈利性

通过为客户创造超凡的价值，客户价值管理的最终目的是实现企业利润最大化。客户价值管理对企业盈利性的贡献主要如下：采用客户价值管理，企业可以更有效地为客户创造价值，实现企业目标；通过价值传递，提高客户愿意支付的价格，拉大收入与成本之间的差距，从而增加通过产品或服务提供而实现的利润；通常获得价值满足的客户更容易表现出忠诚度，因而有助于客户挽留的实现，减少企业的客户获取成本和因客户流失引起的损失。

（四）竞争性

竞争的成败取决于各企业客户价值的效率和有效性。采用客户价值管理，可以确保企业正确地投入和配置适当的资源和能力，最大化地发挥效率，吸引和获取新客户，挽留老客户，进而发展稳固的客户关系。越是在竞争环境中，越体现差别化的客户价值竞争优势。

（五）整合能力

整合能力指的是如何整合企业的过程、组织结构和基础设施，以有效地向目标市场传递超凡的价值。通常，产品或服务的提供依靠跨部门的协作过程，因此，整合能力必须能够涵盖整个企业的经营范围——所有职能部门、所有的地域和所有的产品和服务，以使企业的价值创造活动满足客户的价值需求。

（六）价值链

客户价值管理可能会跨越传统的企业边界。任何企业都只是价值链上的一个环节，接受上游企业的输出，实现价值增值后，再传递给下游企业，最终抵达消费者。

采用客户价值管理，必须实现与价值链上其他参与者的紧密合作。客户价值链也有利于帮助企业理解和优化与各种客户、供应商的关系。

（七）满足客户当前或未来的需求

客户价值管理不同于传统的市场研究方法，不仅要重视现有产品、服务、过程和关系的特性，还要满足客户未来的需求。

由此可见，客户价值管理是一系列"以客户为中心"的管理活动，通过对活动需求和偏好的分析和理解，来调整和安排企业的业务流程，以有效地为客户提供能满足需求的产品或服务，提高客户的感知价值，赢得客户的忠诚，最终营造持续的竞争优势。

客户价值管理给企业带来的好处包括提高销售额，增加利润率，提高客户满意的程度，降低企业营销成本，更好地完成"客户让渡价值"目标。

第五节 客户的生命周期

客户生命周期是指从一个客户开始对企业进行了解或企业对某一客户进行开发开始，直到客户与企业的业务关系完全终止且与之相关的事宜完全处理完毕的这段时间。客户的生命周期是企业产品或服务生命周期的演变，但对企业来讲，客户的生命周期比企业的产品或服务的生命周期要重要得多。客户的生命周期可分为潜在客户期、客户开发（发展）期、客户成长（维系）期、客户成熟期、客户衰退期、客户终止期共6个阶段。在客户生命周期不同阶段，企业的投入与客户对企业收益的贡献是大不相同的。

一、潜在客户期

当客户对企业的业务进行了解，或企业对某一区域的客户进行开发时，企业与客户开始交流并建立联系，此时客户已进入潜在客户期。因客户对企业的业务进行了解需要企业对其进行相应的解答，某一特定区域内的所有客户均是潜在客户，企业投入是对所有客户进行调研，以便确定可开发的目标客户。此时企业有一定的投入成本，但客户尚未对企业做出任何贡献。

二、客户开发期

企业对潜在客户进行了解后，对已选择的目标客户进行开发时，便进入客户开发期。此时，企业要进行大量的投入，但客户为企业所做的贡献很小甚至没有。

三、客户成长期

当企业对目标客户开发成功后，客户已经与企业发生业务往来，业务在逐步扩大，此时已经进入客户成长期。企业的投入比客户开发期要小得多，主要是发展投入，目的是与客户发展融洽的关系，提高客户的满意度、忠诚度，进一步扩大交易量。此时，客户已经开始为企业做贡献，企业从客户交易获得的收入已经大于投入，开始盈利。

四、客户成熟期

当客户与企业相关联的全部业务或大部分业务均有交易时，说明客户已经进入成熟期，成熟的标志主要看客户与企业发生的业务占总业务的份额。此时，企业的投入较少，客户为企业做出的贡献较大，企业与客户交易量处于较高的盈利时期。

五、客户衰退期

当客户与企业的交易量逐渐下降或急剧下降，客户自身的总业务量并未下降时，说明客户已进入衰退期。此时，企业有两种选择，一种是加大对客户的投入，恢复其与企业的关系，确保忠诚度；另一种是不再进行更多的投入，渐渐放弃这些客户。

六、客户终止期

当企业的客户不再与企业发生业务关系，且企业与客户之间的债权债务关系已经理清时，意味着客户生命周期的完全终止。此时，企业有少许成本支出而无收益。

客户的整个生命周期受到各种因素的影响，企业要尽可能地延长客户的生命周期，尤其是成熟期。客户成熟期的长度可以充分反映出一个企业的盈利能力。面对激烈的市场竞争，企业要掌握客户生命周期的不同特点，提供相应的个性化服务，进行不同的战略投入，使企业的成本尽可能低，盈利尽可能高，从而增强企业竞争力。

第六节 客户关系管理价值链

一、价值链的发展

理论上，价值链这一概念是哈佛大学商学院教授迈克尔·波特（Micheal Potter）于1985年提出的。

波特认为："每一个企业都是在设计、生产、销售、发送和辅助其产品的过程中进行种种活动的集合体。所有这些活动可以用一个价值链来表明。"企业的价值创造是通过一系列活动构成的，这些活动可分为基本活动和辅助活动两类，基本活动包括内部后勤、生产作业、外部后勤、市场和销售、服务等；而辅助活动则包括采购、技术开发、人力资源管理和企业基础设施等。这些互不相同但又相互关联的生产经营活动，构成了一个创造价值的动态过程，即价值链（value chain）。

价值链在经济活动中是无处不在的，上下游关联的企业之间存在行业价值链，企业内部各业务单元的联系构成了企业的价值链，存在价值链联结。价值链上的每一项价值活动都会对企业最终能够实现多大的价值造成影响。

波特的价值链理论揭示，企业与企业的竞争，不只是某个环节的竞争，而是整个价值链的竞争，而整个价值链的综合竞争力决定企业的竞争力。用波特的话来说，消费者心目中的价值由一连串企业内部物质和技术上的具体活动与利润构成，当你和其他企业竞争时，其实是内部多项活动在进行竞争，而不是某一项活动的竞争。

二、价值链基本模型

迈克尔·波特提出的"价值链分析法"（如图2-2），把企业内外价值增加的活动分为基本活动和支持性活动。价值活动是企业所从事的物质上和技术上的界限分明的各项活动，这些活动是企业创造对买方有价值的产品的基石。利润是总价值与从事各种价值活动的总成本之差。

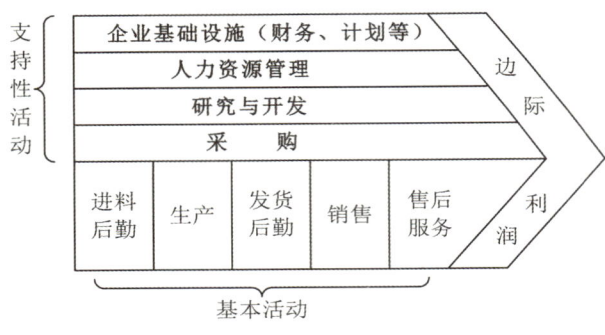

图2-2　波特价值链

价值活动分为两大类：基本活动和支持性活动。基本活动是产品的物质创造及其销售，转移给买方和售后服务的各种活动，涉及企业进料后勤、生产、发货后勤、销售、售后服务。支持性活动是辅助基本活动的，涉及企业基础设施（财务、计划等）、人力资源管理、研究与开发、采购等，并通过提供各种企业范围内的职能支持基本活动。基本活动和支持性活动构成了企业的价值链。不同的企业参与的价值活动中，并不是每个环节都创造价值，实际上只有某些特定的价值活动才真正创造价值，这些真正创造价值的经营活动，就是价值链上的战略环节。

企业要保持的竞争优势，实际上就是企业在价值链某些战略环节上的优势。运用价值链的分析方法来确定核心竞争力，就是要求企业密切关注组织的资源状态，要求企业特别关注和培养在价值链的战略环节上获得重要的核心竞争力，以形成和巩固企业在行业内的竞争优势。企业的优势既可以来源于价值活动所涉及的市场范围的调整，也可来源于企业间协调或合用价值链所带来的最优化效益。

价值链咨询模型（如图2-3）是在波特的基础上进行的改进。价值链咨询模型把企业的经营管理分为三个层次：决策层、管理层和运营层。决策层对企业经营的方向性和资源配置进行决策；管理层主要包括企业信息管理、人力资源管理、财务会计管理、行政后勤管理等职能，负责管理企业的效率性，以及进行费用控制；运营层则涵盖了企业从采购到服务的诸多环节，这个层次主要体现各个层次的增值性，进行收入增长和成本控制。

	战略/计划/创新/品牌价值/企业文化									
决策层 体现增值性（方向性/资源配置）	企业信息管理									
	人力资源管理									
管理层 体现支撑服务（效率性/费用控制）	财务会计管理									
	行政后勤管理									
运营层 持续经营与发展（增值性/收入增长/成本控制）	采购	仓储	计划	调度	车间	质检	成品	分销	配送	服务

图 2-3　价值链咨询模型

 ## 三、价值链基本流程

客户关系管理价值链的基本流程：第一步，客户终身价值分析，就是通过分析客户数据，识别具有不同终身价值的客户或客户群；第二步，客户接触，就是了解、跟踪精选的客户，为其提供个性化服务；第三步，网络发展，就是同客户、供应商、分销商及合作伙伴等建立起一个强有力的关系网；第四步，价值主张，就是同关系网一起发展客户和企业双赢的价值观；第五步，关系管理，就是在价值观的基础上加强对客户关系的管理。

（一）客户终身价值分析

客户终身价值（Customer Lifetime Value，LTV）是指对一个新客户在未来所能给企业带来的直接成本和利润的期望净现值。简言之，就是考虑到未来客户产生的利润时，客户现在的价值。一个客户的价值由三部分构成：

首先，历史价值，即到目前为止已经实现了的客户价值；

其次，当前价值，即如果客户当前行为模式不发生改变的话，在将来会给企业带来的客户价值；

最后，潜在价值，即如果企业通过有效的交叉销售，调动客户购买积极性，或者客户向别人推荐本企业产品和服务等，从而可能增加的客户价值。

客户终身价值分析是客户关系管理价值链的第一步，也是最重要的一步，它是之后其他步骤的基础。通过 LTV 分析可以决定以下问题：其一，值得花多少资源去赢得一个新客户；其二，值得花多少资源去保持或激活已存在的客户；其三，哪些客户是最有盈利能力的长期客户及他们的特征。具体分析步骤包括以下五个方面。

1. 收集客户数据

数据是 LTV 分析的血液。企业除了自己收集客户数据外，也可从一些咨询公司或其他机构购买客户数据，需要收集的基本数据如下。

① 个人：年龄、婚姻状况、性别、收入、职业等；
② 住址：区号、房屋类型、拥有者等；
③ 生活方式：爱好、产品使用习惯等；
④ 态度：对风险、产品和服务的态度，将来购买或推荐的可能；
⑤ 地区：经济、气候、风俗、历史等；
⑥ 客户行为方式：购买渠道，更新、交易情况等；
⑦ 需求：未来产品和服务需求；
⑧ 关系：家庭、朋友等。

2. 定义和计算终身价值

影响终身价值的因素如下。
① 所有来自客户初始购买的收益流、所有与客户购买有关的直接可变成本；
② 客户购买的频率；
③ 客户购买的时间长度；
④ 客户购买其他产品的喜好及其收益流；
⑤ 客户推荐给朋友、同事及其他人的可能；
⑥ 适当的贴现率。

在计算终身价值时，只计算直接可变成本。

3. 客户投资与利润分析

可以直接基于交易成本或资金投入进行计算，或者根据过去类似客户的行为模式，利用成熟的统计技术预测客户将来的利润。根据一个客户的当前价值和潜在价值，就可以在客户价值矩阵中定位客户。

4. 客户分组

上一步骤展示了在客户终身价值中最大盈利是在哪里取得。然而，在每个矩阵单元里，可能有很多具有不同特征、不同行为模式和不同需求的组，因此，我们需要对客户进行分组，对其采取特定的措施。可以用聚类分析对客户进行分组，将客户价值矩阵和聚类分析综合起来即得到一个立方图。

5. 开发相应的客户措施

在进行客户分组之后，开发相应的措施来满足特定分组的需要。关键是识别特定的产品和客户需求，采用最好的交流方式和交流频率。

（二）客户接触

选择哪一种客户来进行服务是一回事，而如何更好地了解和服务于他们则是完全不同的。企业中每个人在各方面的能力不同，所以必须有一套良好的收集或积累客户知识的数据仓库或数据库以便进行系统的分析，并且让这些知识在每次与客户接触时都能被充分运用，其关键点在于运用这些资料更好地理解客户行为中的"谁、什么、为什么、哪里、何

时及怎样",更好地进行客户终身价值分析。根据发掘的客户信息就能对客户实施关怀,拉近客户关系,提高客户满意度。

客户关怀可采用以下方式。

1. 与客户交朋友

例如,在他(她)生日时,发电子邮件祝其生日快乐,这些细微的动作看似与商业行为无关,但是如果在客户最需要朋友时出现,就不一样了。

2. 客户提醒或建议

例如,当客户享有积分兑换时,特别提醒他(她),避免应有的权利失效。

3. 客户变动趋势追踪

针对客户的变动趋势,及时掌握客户消费地点、消费时间、客户询问或浏览、客户价值等变动。航空公司若能追踪出某一特定客户最近常浏览某一国家的机票,就可推断客户出行计划,可以向该客户推荐合适的航班。

产品关怀可采用以下方式。

(1) 购买前征求客户对产品的建议。

(2) 说明购买产品后的初期,可能遇上的问题。

(3) 产品使用一段时间后,应做一些保养、维护的工作。

(4) 在客户使用企业的某一产品后,除了了解他使用的原因、情形,在适当时候也可以根据产品关联分析,推荐他进一步购买其他适当的产品。

(5) 追踪并掌握客户消费产品的变动趋势,及早避免客户流失。

与客户接触还要有好的沟通方式。企业可以通过电话、传真、网络、电子邮件、直接接触等多种方式与客户进行交流。例如,企业可以在网上建立网络社区,进行网上社区服务,增进客户与企业之间的感情。新型的互联网呼叫中心是一个具有语音、视频和文字聊天的综合交互界面,客户随时能够看到服务者,与之进行交流,查询到所需要的各种信息,这会给被服务者一种亲切的感觉。

(三) 网络发展

企业在与其他企业竞争的同时,其企业网络也在与其他企业的网络竞争。一个企业的网络连通性是其巨大的竞争优势资源。网络包括客户、员工、供应商、分销商、业主或投资者等合作伙伴。良好的网络能将企业的产品和信息及时、快捷地传递给客户,并将客户反馈信息传给企业。企业应该积极地与客户建立关系,让客户感受到这种关系的存在,并且从这种关系中受益,从而达到企业和客户双赢的目的。员工表现直接影响客户满意度和购买欲,要将员工表现和客户满意度结合起来,需对员工进行再教育或再培训。企业的供应商也需要理解企业致力于服务的对象,以便对客户需求变化做出快速反应。企业必须与分销商合作,形成强大的、各有所长的分销网络,及时进行信息交流,提供技术支持,运输产品。

有效的网络意味着将价值传递给合作伙伴，从而帮助他们获得成功，而不是操纵。帮助合作伙伴获得成功能更好地提升合作伙伴的忠诚度。为了成功执行客户关系管理，供应商、员工、拥有者或投资者及合作伙伴必须紧密结合起来，设法满足所选客户群的需求。这不仅需要提供一种企业策略来使网络价值最优化，还需要一种以客户为中心的全新的价值观。

（四）价值主张

在我们知道要服务的客户并与其建立了网络关系后，网络成员将一起努力，给所选客户创造和传递价值观。价值观是及时有效处理客户问题的好方法。传统观点认为产品是主要价值来源，但随着产品的商品化，服务提供越来越多的价值。有关客户的事情，如何处理变得尤为重要，为此我们需要树立一种新的价值观。

1. 客户是企业的重要资产

在传统的管理理念以及现行的财务制度中，只有厂房、设备、现金、股票、债券等是资产。随着科技的发展，开始把技术、人才视为企业的资产，重视技术和人才。然而，这种划分资产的理念，是一种闭环式的，而不是开放式的。无论是传统的固定资产和流动资产论，还是新出现的人才和技术资产论，都是企业得以实现价值的部分条件，而不是全部条件，其缺少的部分就是产品实现其价值的最后阶段，同时也是最重要的阶段，这个阶段的主导者就是客户。提倡并且树立客户是企业资产的理念，在以产品为中心的商业模式向以客户为中心的商业模式转变的情况下，是尤为重要的。客户关系管理可以帮助各企业最大限度地利用其以客户为中心的资源，并将这些资源集中应用于客户和潜在客户身上。企业内部每一个员工必须了解客户是企业永恒的宝藏，而不只是本部门的一次交易。每一次与客户接触都是了解客户的过程，也是客户体验企业的机会，所以，真正地关心客户，为每位客户设计相符的、个性化的服务，才能让客户体会到企业的价值。

2. 企业生产的目的不是盈利，而是创造价值，企业不是从客户那里赚了多少利润，而

客户是价值创造的起点和终点，正是客户需求促使企业创造价值，客户消费使企业创造的价值得以实现。客户是一种特殊的资产，企业赋予客户的价值越大，企业创造的价值就越大，从而提高企业的盈利能力。

（五）关系管理

根据以上确定的价值观念，改进组织、流程、评价方式和激励机制等，最终达到管理关系的目的。企业的业务流程要按照方便客户和便于流通的原则进行重新设计，还必须根据客户需要的变化和竞争对手的变化而不断调整。过去企业组织采用的是分层结构和产品经理模式，代替它们的是更加扁平的组织结构和客户经理模式。组织中人员应享有尽可能多的自主权，频繁进行沟通。

企业内部与客户相关部门的统合：① 不同客户与部门之间业务集成，例如，网络客户有问题，电话中心要能立即提供服务；② 来源于各种渠道的信息集成共享，不同部门

接触客户后的经验要能立即分享给其他部门，才不致产生客户由电话中询问 A 方案，但客户上网时企业却建议 B 方案的情况；③ 共同遵守的互动规则，企业必须制定清楚的客户互动规则，例如，什么样的客户在何种状况下可给予特殊折扣，不论客户通过哪种途径与企业进行沟通，各部门都能提供一致的对策。

企业以客户赢得计划、客户保留计划及客户发展计划三重唱来代替单一的市场策略。以新的评测方法，比如，赢得客户所需成本、客户保留率、客户满意度、客户占有率和客户发展目标，以及其他与网络成员表现等有关的测量方法，代替原有的单纯以销售额和利润来评测的方法。同时，建立以客户为中心、以提高客户满意度为目标的员工激励措施。

✈ 经典案例分析

中国三大航空公司客户关系管理概览

一、国航（IATA 代码：CA）

2002 年，国务院实施了民航体制改革，在政府的引导下，原中国国际航空公司、中国西南航空公司、中国航空公司联合成立了中国航空集团公司。2004 年，集团公司的主业公司——中国国际航空股份有限公司（以下简称国航）正式成立，现已是中国资产总额最大的航空公司，相比于国内其他航空公司，其优势主要在国际航线上。

国航于 1994 年率先在国内推出常旅客计划国航知音卡。2013 年，"国航知音"正式更名为"凤凰知音"，英文名称沿用 "Phoenix Miles"。自此，国航及国航系成员公司深圳航空（以下简称深航）、澳门航空、山东航空、北京航空、大连航空及西藏航空实现在同一常旅客计划平台的运营，各成员公司的常旅客都能够享受"凤凰知音"常旅客计划的优惠升级。"凤凰知音"常旅客计划因其拥有多达 35 家航空公司合作伙伴而成为一项遍及世界的里程奖励活动，其中包括美国联合航空公司、汉莎航空公司等星空联盟合作伙伴，"凤凰知音"会员将可尽享星空联盟所属各成员公司航空里程累积及服务共享资源。此外，"凤凰知音"也是国内拥有最多非航空合作伙伴的航空公司，签约合作伙伴达 200 多家。服务资源遍及北京、上海、成都、广州等城市及港澳台地区，覆盖餐饮娱乐、旅游休闲、银行理财、时尚、运动健康等多个领域。"凤凰知音"会员在签约合作伙伴处消费，均可累积里程，换取机票奖励、升舱奖励、知音商城产品等多种奖励。截至 2013 年底，"凤凰知音"会员已达到 2891 万人①。

---

① 资料来源：http：//data.carnoc.com/corp/airline/ca.html. 民航资料。

同时，国航的大客户系统也是很值得关注的，国航的大客户系统开发是贯彻"重点开发商客源"的营销思路，针对高端客户而实施的一项战略工程，其致力于机构客户的开发与维护工作，涉及销售、地面、空中、乘后等环节，以及常客、收益、财务结算等方面，担负着实现高效收益、稳定渠道的任务，同时，国航也在与著名企业大客户进行互利互惠的双赢合作中，取得了持续的发展与品牌提升。针对大客户的销售特征，国航确定了五种大客户的市场开发模式。一是两方协议模式，由国航与大客户直接签订协议，并提供管理和服务的大客户协议形式。两方协议是主导模式。二是三方协议模式，由国航销售部门、大客户、服务提供商三方共同达成的购票服务协议。三方协议适用于对服务要求较高、整体票价水平也较高、年购票量较大的跨国公司、外资企业，或者有其他特殊情况的大客户。三是服务合作模式，是在公务、商务较为集中的局部市场，通过能够提供较高水准的服务商向国航指定的高票价客户提供服务，由国航支付服务费用的协议模式。四是特定产品模式，是对特殊客户采用的模式。如果客户使用航线产品较为集中，存在较为稳定的消费规律，可以特别设计航线销售政策，以满足客户的特定需求。五是公司卡模式，是对管理比较松散的大客户采取的模式。这种模式为经常出差的客户办理指定卡号段的常客卡，在给予个人常客里程奖励的基础上，根据舱位或购票量额外给大客户（公司）适当的里程奖励。

国航致力于为旅客提供放心、顺心、舒心、动心的"四心"服务，经过多年的不断努力，品牌价值逐年提升。2010 年，国航以 406.29 亿元的品牌价值再次荣列"世界品牌 500 强"排行榜，这是国航连续多年跻身世界级品牌之列，成为中国民航唯一一家进入"世界品牌 500 强"的企业。2009 年 12 月 20 日，国航入选"中国经济百强榜共和国 60 年最具影响力品牌 60 强"。该奖项体现了在新中国 60 年的发展历程中，国航作为代表国家形象的企业名片之一，在推动中国经济发展，服务百姓的生活方面的突出贡献。2011 年，国航被评为 Skytrax 四星航空公司[①]。

二、南航（IATA 代码：CZ）

2012 年 9 月 28 日，南航（中国南方航空公司）以累计安全飞行 1000 万小时，连续保证 219 个月的空防安全纪录，平安运输旅客 5.4 亿人次的成绩，在中国民航历史上率先获得"安全钻石奖"，成为国内安全星级最高、安全业绩最好的航空公司。在品牌塑造上，南航也一直是三大航空公司中比较突出的一家，南航将目标客群定位在侧重于商务出行的人群，同时兼顾休闲旅游人群，"成为顾客首选"是他们品牌发展的战略目标。在具体与消费者沟通层面，南航紧紧抓住

---

① 资料来源：http://www.airchina.com.cn/cn/about_us/company.shtml. 中国国际航空公司网站。

安全营销战略，吸引客流，通过产品、服务与消费者的情感相结合，借助新航线开通和重要的时间机会，采用上市促销、形象广告、事件行销、常客奖励、媒介公关等传播手段整合出击，力求从整体上提升南航品牌形象。在营销宣传方面，南航采取了安全营销、航线网络资源营销和特色营销等手段，加强与消费者互动、沟通，找到营销的切入点，扩大品牌知名度和市场份额。2014年，南航全年共安全运输旅客超过1亿人次，位列亚洲第一、全球第三，已连续36年居国内各航空公司之首[1]。

此外，南航还积极开展一系列特色营销，近年来南航尝试通过"空姐新人秀""全国精英总决赛"等营销活动，以期引起社会各方面的广泛关注，取得了较好的品牌效益、经济效益和社会效益。

三、东航（IATA代码：MU）

东航（中国东方航空股份有限公司）在20世纪90年代叱咤风云，是中国民航业实至名归的盈利状元。东航是在原中国东方航空集团公司的基础上，兼并了中国西北航空公司，联合云南航空公司重组而成，是中国民航第一家在香港、纽约和上海三地上市的航空公司。2014年，公司旅客运输量近8400万人次，实现了连续6年盈利，多项经营性指标进入世界前十行列。在客户宣传方面，东航采取了积极灵活的营销手段，除了在传统媒体上加大宣传力度外，还兼顾网络营销、直销等方式以吸引客户。近年来，充分发挥"东方万里行"和"东方空中文化体验之旅"在营销体系中的作用，稳定并吸收具备较高消费能力的商务客源。同时，加大力度扩大直销比例，加强对电子客票的宣传和技术更新，逐步实现在全国各主要航站的应用和推广，使其成为公司直销的主要载体，进一步提高了大客户的直销市场份额。此外，继续优化航线网络，提高飞机利用率，充分挖掘效益增长潜力。东航的客户挖掘策略很有特色，他们制定了明确的市场定位，并采取迂回战略，扬长避短。比如，北京的机场是国航的天下，东航采取了"做得更好一点，更吸引人一点"的策略，强化精细服务，增加飞往上海的航班次数，并逐步推广"东航快线"模式，在没有地域优势的地方尽量增加自己的竞争力[2]。

中国三大航空公司的关键信息见表2-5。

---

[1] 资料来源：http：//https：//www.csairgroup.cn/.中国南方航空集团公司网站。
[2] 资料来源：中国东方航空股份有限公司2014年度社会责任报告。

表 2-5　中国三大航空公司关键信息表[①]

公司名称	成立时间	总部所在地	经营特点
国航（CA）	2004 年	北京	国际与国内航线同时发展，是中国拥有国际航线最多的航空公司。以北京为枢纽，以长三角、珠三角、成渝经济带为依托，连接国内干支线，对国际航线形成全面支持
南航（CZ）	1995 年	广州	在国内航线占据明显的优势，运输飞机最多、航线网络最密集、年客运量最大，是国内基地最多、直属服务机构最多的航空公司
东航（MU）	2002 年	上海	以国内航线为主，国际航线为辅，围绕上海、北京、广州三大中心，以华东为腹地，西安、昆明为两翼，拓展西北和西南市场，在国际和地区航线上与国内大型航空公司竞争

思考题：

选择一家国内的航空公司，查找资料并描述该公司常旅客计划的发展现状。

本章小结

1. 客户的定义与内涵。客户是对本企业产品和服务有特定需求的群体，它是企业生产经营活动得以维持的根本保证。对于企业而言，客户与消费者是有所区分的。

2. 客户价值的含义。客户价值是客户对产品属性、属性效能及使用结果的感知偏好的评价。这个定义不仅综合考虑了客户的期望价值和实现价值，而且强调了价值来源于客户感知、偏好和评价，同时也将产品和服务与使用环境和相应的客户感知效果紧密地联系起来，抓住并反映了客户价值的本质。

3. 客户关系管理价值链。客户价值管理的根本目的是使企业的经营理念、能力、过程及组织结构与客户感知的价值因素相适应，以向客户传递最大化的价值。客户价值管理是一系列"以客户为中心"的管理活动，通过对活动需求和偏好的分析和理解，来调整和安排企业的业务流程，以有效地为客户提供能满足其需求的产品或服务，提高客户的感知价值，赢得客户的忠诚，最终营造持续的竞争优势。

---

① 资料来源：根据百度百科、互动百科网站资料整理得到。

中英文专业名词对照

1. Customer Satisfaction　客户满意
2. Customer Loyalty　客户忠诚度
3. Transaction Buyer（TB）　交易客户
4. Relationship Buyer（RB）　关系客户
5. Value Chain 价值链
6. Customer Lifetime Value（LTV）　客户终身价值

复习思考题

1. 总结客户与消费者的区别。
2. 影响客户满意的因素有哪些？
3. 分别阐述 VALS 和 LOV 对客户价值测量方法的优缺点。
4. 客户价值的定义。
5. 客户的生命周期分为几个阶段？

第三章
民用航空客户关系管理概述

✈ 学习重难点

重点：
1. 民用航空的概念及分类。
2. CRM在国内外常旅客计划中的应用。

难点：
航空公司与机场的关系。

✈ 本章引例

海湾国家民航业的发展

海湾各国近年来因石油价格飙升带来的雄厚财力基础和本身所处的亚欧非三大洲交汇点的战略重心地位，纷纷将目光投向民航业，这使得该地区成为全球民航业发展最快的地区之一。各国政府采取了开放天空、加大机场建设投资、发展旅游业和金融业、建立自由贸易区和物流城等政策措施，支持并刺激民航业发展；同时，又通过民航业的快速发展极大地促进旅游、金融和贸易的发展。以迪拜为例，在一定程度上可以说它是一个正在走向"民航立国"的酋长国。迪拜机场是阿联酋航空公司的主要运营基地，该公司于1985年开始运营，迅速成长为拥有飞机超过230架、飞往全球超过80个国家的140多个目的地、每周有超过1500个阿联酋航空班机从迪拜出发飞往遍布六大洲的各个目的地、2014年搭乘旅客达4900多万、全球服务一流的航空公司[①]。迪拜政府把迪拜定位为"东西方的连接者"，因而把发展民航业作为国家的重要战略成为必然的选择。正如迪拜民航局局长所言，要通过民用航空"把世界载进来，把迪拜秀出去"。

---

① 资料来源：2014—2015年阿联酋航空年度报告。

第一节 民用航空的定义、分类和组成

一、民用航空的概念

民用航空，是指使用各类航空器从事除了军事性质（包括国防、警察和海关）以外的所有的航空活动。这个定义明确了民用航空是航空的一部分，同时以"使用"航空器界定了它和航空制造业的界限，用"非军事性质"表明了它和军事航空的不同。《国内投资民用航空业规定（试行）》已于 2005 年 8 月 15 日起正式实施，这意味着，国有投资主体和非国有投资主体在内的国内资本除了可以投资航空公司外，还被允许介入机场经营和航油供给等业务，中国民航业的大门已彻底向国内资本开启。这标志着国内资本投资民航业的法规环境已基本健全。2009 年 12 月底，中国民用航空局决定将隶属于交通运输部救助打捞局的航空器的飞行运行纳入民航安全管理范围。

20 世纪 50 年代以来，民用航空的服务范围不断扩大，成为一个国家的重要经济部门。商业航空的发展主要表现在客货运输量的迅速增长上，定期航线密布于世界各大洲。由于快速、安全、舒适和不受地形限制等一系列优点，商业航空在交通运输结构中占有独特的地位，它促进了国内和国际贸易、旅游和各种交往活动的发展，使在短期内开发边远地区成为可能。

通用航空在工农业方面的服务主要有航空摄影测量、航空物理探矿、播种、施肥、喷洒农药和空中护林等。它具有工作质量高、节省时间和人力的突出优点。直升机在为近海石油勘探服务和空中起重作业中也具有独特的作用。在一些航空发达的国家，通用航空的主要组成部分是政府机构和企业的公务飞行和通勤飞行。这是由于航空公司的定期航线不能满足这种分散的、定期的和不定期的需要而兴起的飞行。此外，通用航空还包括个人的娱乐飞行、体育表演和竞赛飞行。

民用航空的基本要求是安全可靠，对商业航空的客运和通用航空的通勤、公务飞行来说，还要求准时和舒适。

二、民用航空的分类

民用航空分为商业航空和通用航空两部分。

商业航空也称为航空运输，是指以航空器进行经营性的客货运输的航空活动。它的经营性表明这是一种商业活动，以盈利为目的。它又是运输活动，这种航空活动是交通运输的一个组成部门，与铁路、公路、水路和管道运输共同组成了国家的交通运用系统。尽管航空运输在运输量方面和其他运输方式比是较少的，但由于快速、远距离运输的能力及高

效益，航空运输在总产值上的排名不断提升，而且在经济全球化的浪潮中和国际交往上发挥着不可替代的、越来越大的作用。

商业航空作为民用航空的一个部分划分出去之后，民用航空的其余部分统称为通用航空，因而通用航空包括多项内容，范围十分广泛，可以大致分为以下几类。

（一）工业航空

使用航空器进行工矿业有关的各种活动为工业航空，具体的应用有航空摄影、航空遥感、航空物探、航空吊装、石油航空、航空环境监测等。在这些领域中利用了航空的优势，可以完成许多以前无法进行的工程，如海上采油，如果没有航空提供便利的交通和后勤服务，很难想象会出现这样一个行业。其他如航空探矿，航空提供的交通便利大大提升了工作效率。

（二）农业航空

为农、林、牧、渔各行业的航空服务活动，其中如森林防火、灭火、撒播农药，都是其他方式无法比拟的。

（三）航空科研和探险活动

新技术的验证、新飞机的试飞，以及利用航空器进行的气象天文观测和探险活动。

（四）飞行训练

除培养空军驾驶员外培养各类飞行人员的学校和俱乐部的飞行活动。

（五）航空体育运动

用各类航空器开展的体育活动，如跳伞、滑翔机、热气球，以及航空模型运动。

（六）公务航空

大企业和政府高级行政人员用单位自备的航空器进行公务活动。跨国公司的出现和企业规模的扩大，使企业自备的公务飞机越来越多，公务航空就成为通用航空中一个独立的部门。

（七）私人航空

私人拥有航空器进行航空活动。

通用航空在我国主要指前面五类，后两类在我国才开始发展，但在一些航空强国，公务航空和私人航空所使用的航空器占通用航空的绝大部分。

三、民用航空的组成

民用航空由政府部门、民航企业、民航机场三大部分组成。

(一) 政府部门

民用航空业对安全的要求高，涉及国家主权和交往的事务多，要求迅速协调和统一调度，因而几乎各个国家都设有独立的政府机构来管理民航事务，我国是由中国民用航空总局来负责管理。政府部门管理的内容主要如下。

（1）制定民用航空各项法规、条例，并监督这些法规、条例的执行。
（2）对航空企业进行规划、审批和管理。
（3）对航路进行规划和管理，并对日常的空中交通实行管理，保障空中飞行安全、有效、迅速地实行。
（4）对民用航空器及相关技术装备的制造、使用制定技术标准，进行审核、发证，监督安全，调查处理民用飞机的飞行事故。
（5）代表国家管理国际民航的交往、谈判，参加国际组织的活动，维护国家的利益。
（6）对民航机场进行统一的规划和业务管理。
（7）对民航的各类专业人员制定工作标准，颁发执照，并进行考核，培训民航工作人员。

(二) 民航企业

指从事和民航业有关的各类企业，其中最主要的是民用航空企业，即我们常说的航空公司，它们掌握航空器从事生产运输，是民航业收入的主要来源。其他类型的航空企业如油料、航材、销售等，都是围绕运输企业开展活动的。航空公司的业务主要分为两个部分：一是航空器的使用（飞行）维修和管理，二是公司的经营和销售。

(三) 民航机场

机场是民用航空和整个社会的结合点，机场也是一个地区的公众服务设施，因此，机场既带有盈利的企业性质，也带有为地区公众服务的事业性质。世界上大多数机场是地方政府管辖下的半企业性质的机构，主要为民用航空服务的机场称为航空港或简称空港，使用空港的一般是较大的运输飞机，空港要有为旅客服务的区域（候机楼）和相应设施。

民用航空是一个庞大复杂的系统，其中有事业性的政府机构，有企业性质的航空公司，还有半企业性质的空港，各个部分协调运行才能保证民用航空事业的迅速发展。

美国西南航空公司以其盈利能力和优质服务著称。在航空业界，有一个广为流传的故事：美国西南航空公司的一个票务人员遇到一位误了班机的旅客，该旅客要乘坐这次航班参加本年度最重要的商务会议。票务人员将该情况报告了公司上层后，公司立即决定专门调拨一架轻型飞机，将这名旅客送往目的地。航空公司这么做的动力和原因是什么？假定

这类服务一再发生，该公司能不破产？原来这名票务人员通过公司的客户关系管理系统辨认出了这名旅客，知道他每年乘坐本航空公司飞机 300 多次，每年给公司带来 28000 美元的收入。

第二节 民用航空市场的发展

一、世界民用航空市场的发展

（一）民用航空是增长速度最快、发展潜力最大的交通运输方式

工业化以前，人与货的位移主要依靠人力、畜力和自然动力，人类扩展空间活动的范围十分有限。工业化发生后，科技进步导致新的运输方式相继诞生，1807 年在美国出现轮船运输，1825 年在英国出现铁路运输，1865 年在美国出现管道运输，1887 年在德国出现汽车运输，这大大拓展了人类水路和陆路的交通运输能力。1903 年，美国莱特兄弟发明的第一架飞机试飞成功，标志着人类进入航空时代。1919 年，法国与比利时之间开通了世界上第一条国际民航客运航线，标志着交通运输拥有了划时代的新方式、新体系。

各种运输方式的作用会伴随着工业化进程和经济社会发展水平的提高而发生重大变化。当前，在世界范围内产业结构调整和全球性经济竞争的新形势下，在综合交通运输体系中，民用航空的作用日益突出。在货物运输方面，科技含量高的新兴产业的产品一般都具有体积小、附加值大、运输时效性要求高等特点，对民用航空具有很强的依赖性。传统制造业的高级化过程也使得其产品对民用航空提出了越来越多的需求。20 世纪的最后 20 年中，航空货运以每年 7% 的速度增长，而世界经济的增长率为 3.2%。在旅客运输方面，随着人们收入水平的提高、生活节奏的加快和消费结构的升级，民用航空以其快速、便捷、舒适、安全、机动等特点，日益成为长距离客运最重要的方式。比如，美国航空客运周转量在 1957 年就超过了铁路，2006 年国内航空为铁路的 105 倍，美国的铁路主要承担国内货物运输，而飞机主要承担中长距离客运功能[①]。

伴随着航空技术的进步和运输组织管理及服务水平的提高，特别是大型民用运输机出现后，世界民航业一直处于快速增长状态。到目前，全球形成了以北美、欧洲和亚太地区为主的三大航空市场，共占全球市场份额接近 90%。从 20 世纪 80 年代以来，受经济全球化、发达国家放松航空管制以及向后工业化转变等一系列影响因素的驱动，世界民航业呈

---

① 资料来源：http://www.caac.gov.cn/XWZX/MHYW/200906/t20090619_12358.html. 中国民用航空局。

现出一些值得关注的重要特征和趋势，使得发展格局和利益获取已经和正在发生着深刻变化。

（二）大力发展民航业成为国家和地区战略的重要组成部分

鉴于民用航空在政治、经济、社会、军事、外交、文化等领域均发挥着十分重要的作用，许多国家和地区把民航业定位为战略性产业，把发展民航业上升为国家战略或地区战略，使之成为本国、本地区在全球化过程中获取最大化利益的有力工具。

美国在世界民航业中一直处于领先地位。美国政府长期以来把"保持美国在全球航空业中的领导地位、提升空中交通容量、保证飞行安全、保护环境、保证国家空防、保卫国家安全"作为发展民航业的战略目标，采取立法和建立中央政府部门之间的协调机制，对民航业发展做出规划、制定政策并给予财政支持。2001年发生"9·11"事件后，美国的多数航空公司经营陷于困境，美国政府一次性向航空公司提供的紧急援助和贷款担保达150亿美元。

3-1 视频：
美联航

欧盟把发展民航业作为提高其全球竞争力和促进欧洲一体化的重要手段和途径，逐步实现了民航业政策法规的统一制定和实施。2001年，欧盟委员会通过了《交通政策白皮书》，提出了到2010年欧洲民用航空发展行动计划，其重要战略包括构建"欧洲单一天空"，重新设计欧洲航空港的运营能力，走可持续发展道路和提高民用航空安全系数等。

20世纪被称为"亚洲四小龙"的韩国、中国台湾、新加坡及中国香港四地先后推行出口导向型战略，在短时间内实现经济腾飞，这与它们把发展民航业作为发展战略密不可分。尤其是新加坡作为一个城市国家，能够成为世界金融和旅游重地，并在全球国家竞争力排名中名列前茅，没有发达的民航业的支撑是不可能实现的。从一定程度上说，新加坡也是一个"民航立国"的典型。民用航空对中国香港的繁荣发展功不可没，据测算，每载入一名旅客平均带来8000港元的收入。以2007年为例，香港空运旅客进港约2300万人，带来的收入约为1840亿港元，占香港地区GDP的11%。

（三）民用航空自由化持续发展

民用航空自由化主要是指改革民用航空的管理体制和方法，从政府对企业经营活动的详尽管理过渡到更多地依靠市场力量予以调节，给予企业更多的经营权利和灵活性。它有紧密联系的两方面内涵：一是国内民用航空的自由化，即"放松管制"；二是国际民用航空的自由化，即"天空开放"。

20世纪70年代中期以前，各国政府对民用航空业实行严格管制的政策。70年代后期，美国率先改变严格管制的政策，在市场进入与退出、价格制定、航线资源分配等方面按市场化原则进行管理，企业经营活动基本不受限制。美国的做法，后来纷纷被其他国家仿效。目前，世界上绝大多数国家都已实行放松对民用航空经济性管制的政策。与此同时，世界各国在民用航空所涉及的安全、环境保护、应急救援等领域加大了政府管制的力度，从而使社会公共利益得到切实维护。

美国政府在推行国内放松管制的同时，致力于将自由化做法推向国际。1992年，美国提出了"天空开放"的概念，即在双边民用航空协定中，双方充分的市场准入。在美国、欧洲等国家或地区的大力推行下，国际民用航空自由化逐渐成为世界性潮流。截至2007年，全球缔结了136份"天空开放"协定，涉及91个国家。2010年3月25日，美欧初步达成"天空开放"第二阶段的协议①。

值得注意的是，目前积极推行"天空开放"的国家大致包括三类：第一类是相对具有很强民航业的国家，如美国和欧盟国家。他们凭借自己的实力把国内的一套规则推向国际，力促其他国家向其开放航空市场，进而对外扩张，取得并保持民用航空霸主地位；第二类是本国航空资源短缺或航空市场很小，但空运企业有一定实力的小国，比如新加坡、荷兰，开放天空不但于其无损，反而可以借助航空资源重新配置、航空市场重新分割的良机，走出去谋求更大的发展空间；第三类是出于本国经济发展的需要，如以旅游业为经济支柱的国家，泰国、墨西哥、智利、阿联酋等均属此类。

目前，美国和欧盟将"天空开放"确立为一项基本的对外经济贸易政策，在国际经济政治交往中将其纳入国与国之间、地区与国家之间、地区与地区之间的战略对话，其实质目的是更多地获取经济全球化过程中民用航空上下游产业利益。

（四）全球性航空战略联盟占据市场主体地位

航空联盟由来已久，最早由美国国内市场的干线航空公司与支线航空公司之间合作提供联合中转服务而产生。自20世纪80年代以来，航空联盟蓬勃发展。"1997年，加拿大航、汉莎航、北欧航、泰国国际航以及美联航共同创立全球第一家战略性联盟——星空联盟（Star Alliance），标志着世界民用航空正式进入全球联盟时代。1998年，由英航、美利坚航、加拿大国际航、中国香港国泰航和澳大利亚快达航共同创建寰宇一家联盟（oneworld）。2000年，美国达美航、法航、大韩航、墨西哥航共同组建了天合联盟（SkyTeam）。如今，全球航空客运市场70%以上的份额被星空、寰宇一家和天合三大联盟所瓜分。"②

全球性航空战略联盟的产生和发展主要根植于两个因素：一是经济全球化的进程加速了全世界范围对于国际中转、无缝隙航空旅行及货物运输的需求，单个航空公司或单纯的双边合作，不可能从技术上独立提供一致性的服务；二是航空公司的跨国投资与兼并受到各国政策的严格限制，迫使航空公司将直接投资和持有股权的"资产联盟"转为商业联盟。联盟成员通过共享航空资源，扩大市场势力，降低成本，提高竞争力和经济效益。目前，世界按销售收入排名前20位的航空公司，都是三大航空联盟的成员。

（五）枢纽辐射式航线结构成为运营的主导模式

早在20世纪60年代，美国的一些骨干航空公司因控制成本和占领市场的需要，就尝

---

① 资料来源：http://paper.people.com.cn/rmlt/html/2015-12/11/content_1645680.htm. 美国航空自由化进程思考。
② 资料来源：http://www.caac.gov.cn/XWZX/MHYW/200906/t20090619_12358.html. 中国民用航空局。

试把航线的运营模式从"点对点"飞行，改变为先向一点集中再进行中转的模式，即枢纽辐射式航线结构模式。从20世纪80年代开始，枢纽辐射式航线结构在世界范围内得到广泛重视，迅速发展并得到完善，航空枢纽随之形成，成为航空客运快速中转、集散中心和综合物流结点。

大型枢纽机场能够吸引并且聚集经济社会发展中的优势资源，形成巨大的人流、物流、资金流、技术流、信息流，对区域经济发挥积极而强大的集聚、辐射和带动效应。各国、各地区纷纷把构筑国际航空枢纽作为提升国家或区域竞争力的战略措施。自2000年以来，北京首都国际机场的旅客吞吐量排名和我国的GDP一样呈快速上升态势，2003年还排名30开外，2004年为第20位，2005年则是第15位，2006年第9位，2010年成为世界第二，此后一直稳坐老二的位置[①]。北京首都国际机场毫无疑问成为亚太地区最有潜力和竞争力的国际枢纽航空港。

（六）通用航空蓬勃发展

国际民航组织将通用航空定义为：除公共运输航班客、货运输活动外的所有使用民用航空飞行器的活动。通用航空在飞播造林种草、航空拍摄、探矿采油、抢险救灾、电力、环保等工农业领域都有着广泛的用途。利用通用航空飞机对飞行员进行培训是通用航空的另一个重要应用领域。随着经济发展水平的提高，私人飞机、公务专机、空中旅游等已成为通用航空发展最为迅速的领域。目前在世界通用航空三大类飞行中，航空作业飞行约占飞行总量的20%，教学训练约占22%，公务飞行占50%以上。

在许多国家，通用航空普遍受到重视，发展比较充分。美国现有通用航空飞机22万多架，占全球通用航空飞机的近70%，每年飞行时间超过2800万小时，有供通用航空器使用的机场、直升机起降机场17500个。加拿大约有3.1万架通用航空飞机，澳大利亚、俄罗斯、巴西等国拥有的通用航空飞机也都在1万架以上[②]。通用航空能够在这些国家得到蓬勃发展，这既与这些国家旺盛的通用航空需求有关，也与政府对通用航空大力实行扶持政策密不可分。

（七）高新科技引领民用航空发展

近年来，高新科技的研制和应用提升了民用航空的安全水平，促进民用航空持续快速发展。一是发展了超大型飞机制造技术。2008年已投入运营的载客量最大的空中客车A380，合理采用了碳纤维等新材料和新型发动机等高新技术，飞机的安全性和舒适度得到大幅提高。波音公司制造的是第一款具有远程直飞能力的中型飞机，航空公司可利用它为不适合使用大型飞机波音787的远程航线提供不经停服务。除在中型市场实现大型飞机的航程外，波音787还将达到前所未有的燃油效率，并因此具有出色的环保性能。二是在空中交通管理领域广泛应用现代通信、卫星、自动化和计算机技术，展开了以星基导航为

---

① 资料来源：http://www.bcia.com.cn/aboutus/index.shtml. 北京首都国际机场股份有限公司网站。
② 资料来源：http://news.carnoc.com/list/136/136497.html. 世界民用航空与中国民用航空发展。

主导的空管技术革命。三是兴起了绿色化的民用航空革命。从改善飞机空气动力、提高发动机燃油性能、研制新一代聚合物和复合材料等方面降低民用航空对环境的污染，引入"绿色机场"理念，把机场建成"节约、环保、科技、人性化"的机场。

（八）航空安全愈益受到世界各国的高度重视

自20世纪70年代以来，民用航空成为最安全的交通运输方式。无论从交通工具本身、交通工具维护、运营保障、驾驶员素质、政府安全标准和事故率、死亡人数等来看，民用航空的安全性远远高于铁路、水路运输，更高于公路运输。2007年，全球每百万次飞行发生有人员死亡的空难事故为0.4次，按这个概率算，250万次飞行才发生一次死亡性空难，假使有人每天坐一次飞机，要6850年才遇上一次空难。但是，随着民用航空的迅速发展，客货航班将不断增加，如果保持事故率不变，专家们预测在不久的将来，全球范围内有人员死亡的空难将平均每周发生一次。民用航空具有特殊性，飞机一旦发生事故常常会造成较大规模的人员伤亡和巨大的财产损失，并造成很大的社会影响甚至政治影响，因此航空安全是各国保障运输安全的重中之重。由于世界范围内恐怖主义抬头，尤其是"9·11"事件的发生，使得航空安全上升到国家安全的高度。

二、我国民用航空市场的发展

我国民航事业是从小到大逐渐发展起来的，大致经历了5个发展阶段，即1949年到1957年的初创时期，1958年到1965年的调整时期，1966年到1976年的曲折前进时期，1977年到2001年新的发展时期，2002年之后的高速发展时期。

1949年以前，我国大陆用于民用航空的主要航线机场仅有36个，包括上海龙华、南京大校场、重庆珊瑚坝、重庆九龙坡等机场，大多设备简陋。除上海龙华和南京大校场机场可起降DC-4型运输机外，一般只适用于当时的DC-2、DC-3型运输机。这些机场历经多年的战乱破坏，急需改造和建设。

（一）初创时期（1949—1957年）

1949年11月9日，在中国共产党的领导下，"两航"员工发动起义，回归12架飞机，加上后来修复的国民党遗留在大陆的17架飞机，构成了新中国民航事业创建初期飞行工具的主体。"一五"时期，初步更新了机型。到1957年底，中国民航已拥有各类飞机118架，绝大部分机型为苏联飞机。在这一时期，民航重点建设了天津张贵庄机场、太原亲贤机场、武汉南湖机场和北京首都机场。北京首都机场于1958年建成，中国民航从此有了一个较为完备的基地。

（二）调整时期（1958—1965年）

受历史原因的影响，中国民航在这一时期的头几年遭受了较大的冲击和挫折，1961年开始，民航系统才重新走上正轨，并取得较大的发展。到1965年，国内航线增加到46

条，国内航线布局重点，也从东南沿海及腹地转向西南和西北的边远地区。通用航空的发展在这个时期稳步上升。1965年末，中国民航拥有各类飞机355架。1959年，中国民航购买了伊尔-18型飞机，标志着从使用活塞式螺旋桨飞机，开始过渡到使用涡轮螺旋桨飞机。1963年，中国民航又购买了英国的子爵号飞机，从而结束了长期以来只使用苏制飞机的状况，并新建和改建了南宁、昆明、贵阳等机场，并相应改善了飞行条件和服务设施，特别是完成了上海虹桥机场和广州白云机场的扩建工程。

（三）曲折前进时期（1966—1976年）

在这一时期的前5年，民航受到了严重的破坏和损失。1971年9月后，中国民航将工作重点放在开辟远程国际航线上。到1976年底，中国民航的国际航线已发展到8条，通航里程达到41000公里，占通航里程总数的41%；国内航线增加到123条。1971年，中国民航从苏联购买了5架伊尔-62飞机，1973年又从美国购买了10架波音-707型飞机，此外，还从英国购买了三叉戟客机，从苏联购买了安-24型客机。这样，中国民航各型运输飞机总数达到117架，能够较好地贯彻"内外结合、远近兼顾"的经营方针。中国民航企业从1975年开始扭亏为盈，1976年共获利近3500万元，从而扭转了长期亏损和依靠国家补贴的被动局面。

（四）新的发展时期（1977年—2001年）

中国民航在管理体制方面进行了改革，到1980年，中国民航购买了波音-747SP型宽体客机，标志飞机使用已部分达到了国际先进水平。到1990年末，中国民航已拥有各型飞机421架，其中运输飞机206架，通用航空和教学校验飞机215架。1990年底，有民航航班运营的机场总数达到110个，其中可起降波音-747型飞机的机场有7个。到1995年，全行业完成运输总周转量71.4亿吨公里，旅客运输量5117万人，货邮运输量101万吨，五年年均增长率分别为23.4%、25.3%、22.2%。航线总数达到797条。民用飞机总架数达到852架，其中运输飞机416架，通用航空和教学校验飞机436架，运输飞机商载总吨位7900吨，飞机座位数6.05万个。

（五）2002年至今的高速发展时期

1. 2002年民用航空实现快速增长

全行业完成运输总周转量162亿吨，旅客运输量8425万人，货邮运输量198万吨。平均正班客座率、正班载运率分别为64%、61.1%，全行业效益有较大增长。

2. 投资范围扩大

2002年8月1日，中国民用航空局、外经贸部、国家计委联合颁布施行《外商投资民用航空业规定》。该《规定》是在对1994年国务院批准的、由中国民用航空局和外经贸部联合颁布的《关于外商投资民用航空业有关政策的通知》及其解释修改完善的基础上制定的。与原有的投资政策相比，《规定》扩大了外商投资范围，拓展了外商投资方式，放宽了外商投资比例，增加了外商管理权限。航权交换将增加，与欧、美等几个主要国际市场航权偏紧的状况将得到缓解，与东盟国家的民用航空合作将进一步发展，与南美、非洲国家的通航将积极推进，引导外商直接投资机场项目，尤其是西部机场项目。鼓励外资特别是跨国公司参与民航企业的改组改造。

3. 2022 年 12 月 9 日国产大飞机 C919 交付全球首家用户东航

今后，在党的二十大精神引领下，民航系统必将继续推进民机制造业与运输业融合发展，以实际行动为建设社会主义现代化国家和实现中华民族伟大复兴贡献力量。

第三节　民用航空市场的特点

民用航空是实现人和物空间位置变化的活动，与人类的生产和生活息息相关。航空业是商品经济发展的产物，它的形成与商品生产、商品流通的发展密切相关。航空业的产生，更是人类进步、现代文明、社会发展的结果。作为运输产业的一个分支，民航业有其特殊的生产过程和产品形态，因此具有其市场特点。

 ## 一、航空业的产业属性

民用航空和铁路、公路、内河、远洋及管道运输，都属于交通运输业，属第三产业的第一个层次，是流通领域的重要组成部分。民用航空是在国民经济和社会活动中从事运送旅客和物资的社会生产部门，它虽不直接创造新的物质产品，不增加社会的产品总量，但它是直接生产过程的继续，对保持国民经济各部门、各地区、各企业间的联系、交流及促进对外交往起着重要作用。民用航空业还属于技术密集型和资金密集型产业部门。民用航空业作为我国国民经济的重要部门，对我国社会经济发展起着十分重要的作用。

民用航空是具有多重属性的行业，它主要表现在以下几个方面。

（一）公共性

1670 年英国法官赫尔论述公共企业与私人企业的差别时指出：公共企业是指影响公众利益的企业，对此类企业政府必须进行管理和管制，以约束其权利和义务。后来，这个论点被许多国家采用，并规定公共企业应承担四种义务：服务、交付、合理收费和无差别待遇。对这四项义务，尽管一些民用航空理论的表述还不完全一致，但内涵基本相同。

1. 服务的义务

服务的义务指为所有顾客服务的义务，但遇到特殊情况时，服务义务须有所限制。如托运人要求通过航空运送煤炭，或者所运送的货物没有按规定包装或是特别危险物品，或

者旅客不交付运费,等等,承运人可以拒绝运送。除了对营业范围内的所有旅客或货主提供服务以外,公共运输业者还必须提供满足正常要求的服务和设备。正常要求是指经常性的高峰小时运输能力、业务范围内的服务项目和区域等。超过业务范围的项目和区域,运输者不提供,如需提供,则应另行商议并得到认可和付费。服务应是连续的,退出服务应经主管机关审核批准,并提前向公众公布。

2. 交付的义务

交付的义务指公共运输业有义务把被委托运输的货物交付给货主,但受自然灾害、托运人行为、战争、暴动或罢工、货物自身性质等因素影响除外。自然灾害指雷击、飓风、暴风雪等不可避免的自然事件。托运人行为指托运人没按规定或一定标准正确地包装、标记的行为及使承运人误解的行为(如运送贵重物品不向承运人申明)。战争、暴动或罢工,是指因此类事件导致的丢失、损坏、延误。货物自身性质,是指运送的动物自身伤害、糖浆发酵等情况。上述除外责任的举证属于承运人。民用航空责任人的起讫时间,各国民航主管当局或相关法规有规定,国际上没有统一。

3. 合理运价的义务

民用航空业者的运价必须合理,但什么才是"合理",界限不明确。一般由主管当局确定航空运价的合理性,近期内许多国家运价主管当局往往采取管制最高运价和最低运价的办法。

4. 无差别待遇义务

运输市场经济建立在公平竞争和价格相对稳定的基础上,因此反对变幻无常的价格和优待一部分人、歧视另一部分人的行为。反之,实行差别待遇,既不利于运输经济的增长,也偏离人人机会均等的理念。差别待遇,指相同情况下的不同对待或不同情况下的相同对待。在民用航空中,差别待遇有两种形式:服务和价格上的差别。服务差异比较好掌握,即指不同价格下的相同服务和相同价格下的不同服务。但在现实生活中,同一事物不同价格又是一个普遍的社会现象。差别待遇可以分为两类:一类是合法的和可以接受的;另一类是不合法的和不可以接受的。区别在于,价格的差别是否反映成本的差别,如果反映了则认为是合法的和可以接受的。反之亦然。这样,判断价格是否反映成本的责任又大多由物价主管部门承担,所以,现实中就会出现折扣票价,一种被运价主管部门认可的运价。累计折扣票价过去在美国被认为是差别待遇,表明它优待多次购买机票者和大托运人,但现在也被行政主管部门认可实行。总之,无差别待遇义务在实行中十分困难,因为对差别待遇很难给予明确定义,这在实践中仍是一个存在争议的复杂问题。

(二) 准军事性

民用航空的准军事性体现在它的潜在军事性和预备性。潜在军事性,即民用航空业的飞机、机场、空地勤人员都是未来战争中的军事运输实力,空中交通管制系统是国土防空作战系统的一部分。预备性,是指在和平时期,民用航空业进行商业性民用航空活动,为经济贸易发展和大众交往服务,并建立适当的组织和制度,以保证在发生战争和紧急状态时，可随时服从军事部门调遣或完全转为战时军事运输体系。各国颁布施行的《航空法》或《民航法》以及其他行政法规，都对民用航空的军事性做了规定。如美国颁布的《联邦航空法》第302条规定："局长应与国防部和其他有关的政府机关协商，草拟出联邦航空局在战时如何有效地履行职责的计划，并应于1960年1月1日前向国会提出该项立案"。此后，时任美国总统颁布第11161号令，规定联邦航空局保持有适当的应变能力，在战时由国防部接管，成为国防部的有关部门。同时美国总统颁布的第1100.2B令《美国联邦航空局组织的政策和标准》第七条，规定了美国联邦航空局的战时任务。此外，美国政府认为，为了处理"世界紧急事件"的需要，必须保持一支既适应需求而又能节约开支的空运力量，而这单靠军事空运是不够的。于是，美国国防部制订了"民运后备队计划"，将战略空军寓于民航机队之中。这项计划分三阶段。第一阶段是通过包机或正常航班运送军事空运司令部安排的任务；第二阶段是由国防部长下令抽调部分民用飞机和人员执行军事运输；第三阶段是当总统或国会宣布国家处于紧急状态时，抽调全部民用后备航空队的飞机和人员参加军事空运。1990年8月，海湾战争爆发后，美国国防部于8月17日发出命令向"民用后备航空队"（CRAF）征用远程货机和客机，先后从航空公司抽调200架大型民用运输机，一个月内从美国本土及欧洲运送20万军人及装备。对于这些参加军事运输的航空公司，美国国防部给予一定的财政补偿和政策支持。

（三）生产服务性

民用航空业属于交通业的一个分支，也是一个服务性行业。从社会再生产来看，运输业的生产过程和消费过程同一特点，运输直接参与物质生产过程，而纯服务业只属于非物质生产领域，服务过程不表现为社会再生产过程，服务劳动一般难以物化，不创造产品，如旅游餐饮业、医疗保健业、法律咨询业、修理业等。同时，民用航空业要为社会提供安全、正常、优质、经济的服务，因而又具有商业服务的性质，是生产性、服务性的结合，显现了民用航空业的安全和服务的重要性，突出了民用航空业的生产性和服务性的统一。

（四）企业性

民航的企业性是随着航空技术的发展和大众消费水平的提高逐步形成的，是一个历史进程。民用航空发展的初期乃至中期，航空公司和机场必须依赖国家和地方政府的财政补贴过日子。随着经营条件和环境的改善，尤其是航空器的大型化以及在市场经济条件下，航空公司和机场逐步走上企业化的道路，成为自主经营、自负盈亏、自我发展的法人，以减少国家财政补贴，促进民航事业发展。企业性，指航空公司和机场或机场集团公司要逐步成为自主的商品生产者和经营者。民用航空业是交通运输业的一个领域，是国民经济的基础部门和先导部门，民用航空业的企业化经营是必然的，也被证明是成功的。

（五）自然垄断性

自然垄断的概念源于西方经济学。在市场经济中，国家有时对某些行业的价格和进入实行全行业管制，只允许一家企业垄断全部生产。这是因为，在一定条件下，生产一种产品或服务，市场上只有一个供应商比有多个供应商的效率更高。经济学把这种现象称为自然垄断。这里指的是完全意义上的自然垄断，在现实经济中，自然垄断行业是指那些由于特别的技术理由或特别的经济理由而成立的垄断或寡头垄断行业。或者说，所谓自然垄断行业指的是那些由于规模经济的要求及国家利益的影响，无法竞争或不适合竞争而形成的垄断行业。

民用航空业是典型的自然垄断行业，是因为它具备了一般自然垄断行业的如下属性。一是资源稀缺。由于受到自然资源的制约，政府不得不限制企业数目而实行进入管制，我国机场建设相对落后，机场较少，机场规模相对较小。虽然有广阔的天空，但航路建设较为落后，空中交通拥挤，流量控制经常使航班延误。二是规模效应明显。航空企业的生产和服务活动的规模随市场需求量的增加而扩大，使得分散到每一份需求上的固定成本降低，从而获得规模经济效益，通常情况下，规模愈大，生产成本就愈低。三是投入易沉淀。这指的是民用航空业固定资产投资巨大，资金投入沉淀性较大，一旦投入，就很难收回，也难以改为其他用途，如果多个企业进行投资竞争，其结果很可能是两败俱伤。四是服务的公益性。这指的是民航为公众提供基本服务，利润较低，需要保证所提供服务的稳定性、可靠性和可信赖性等。五是运营依赖网络。许多自然垄断行业都具有这一特点。民用航空业的网络不同于供水、供电、供气，或者铁路、管道运输，它的网络是由连接各地城市之间的航线构成的，这一点不仅表现在运行上，而且也表现在遍布世界各地的网络销售系统上。六是产权国有。这指的是航空业关系到国家及全社会的利益，因此，航空业多数为国家所垄断，至少也是被国家所控股。七是普遍的政府管制。基于上述几个原因，决定了民用航空业必须由政府管制，世界各国普遍如此。

另外，从技术特性来看，民用航空业还具有快速性、机动性等特征。

总之，民用航空在国民经济和社会发展中具有十分重要的地位。在经济上它是社会经济生活中的一部分，反映一个国家的交通运输发展水平。它不仅能满足社会公众的需要，而且是发展旅游业、促进对外交往不可缺少的工具。一个国家国民经济的发展，需要民用航空业得到相应的发展。美国就认为"民用航空体系对于国家的公众和商业来说已成为经济进步的基础。若没有这一体系，我们的国家就无法跻身于全球正在增长的跨国集团和市场。民用航空使数以百万计的人快速往来，以价值数十亿美元的货物快速进入国际市场。我们需要在国际民用航空市场上有竞争能力，而没有其他选择。同样，竞争性的国内经济的增长也越来越依靠我们的民用航空能力"。另外，发展民用航空业还具有政治意义。各国开辟国际航线，除经济利益外，都有一定的战略考虑，无不为政治服务。一个国家的航班飞机在世界各地出现无疑体现着国家的政治声望和经济实力。同时，民用航空也是国家的军事后备力量。

二、航空市场的特性

航空市场是市场体系中的一个组成部分，除了具有一般市场的属性外，还有其特殊性。各国普遍认为，民用航空企业是经济领域中属于运输事业的一种特殊的企业形式。这种特殊的企业，和平时期承担公共运输责任，战时承担军事运输任务。

（一）民用航空市场的复杂性和主体的多元性

民用航空市场是以飞机为运输手段，实现旅客、货物发生空间位移和满足社会需求的交易领域。其构成比较复杂。一般有国内民用航空市场、国际民用航空市场，航空客运市场、货运市场、邮运市场之分。国际民用航空市场还可分为国家派对市场（如美英民用航空市场）、地区派对民用航空市场（如北美—欧洲，即北大西洋民用航空市场）、城市派对民用航空市场（如纽约—巴黎民用航空市场）、世界民用航空市场四类。从法律上分，又分为受雇运输市场（把为别人运输作为商业活动）、自身运输市场（用自己的运输工具送自己的员工、货物）；受雇运输市场又分为公共运输市场和合同运输市场，等等。

民用航空市场有各种形式的主体。航空公司是空运市场的经营主体，它们按照企业的意志决定投资、经营、机构设置、人事工资等，自主经营、自负盈亏。航空公司作为公共性企业，又必须承担政府指定的任务，并为公共利益服务。这是航空公司有别于一般商业企业的地方。因此，航空公司又必须把社会效益置于重要位置。当航空公司因执行公共任务和政府指定任务而出现亏损时，应该得到政府的扶助。扶助航空公司发展是政府的任务之一，许多国家颁布的航空法或其他法规对此有明确规定。如《美国联邦航空法》及有关政策对扶助民用航空发展就有明确的规定。我国1995年10月30日第八届人大常委会第16次会议通过的《中华人民共和国民用航空法》第四条规定："国家扶持民用航空事业的发展，鼓励和支持发展民用航空的科学研究和教育事业，提高民用航空科学技术水平。"由此，国家将采取减征所得税、设立民航基础设施建设发展基金等措施扶助我国民航事业的发展。

机场不是空运市场的经营主体。机场是民用航空的基础性设施，具有公共性、垄断性和准军事性，属空运市场非经营性主体。随着机场规模的扩大和业务量的增加，有些大型机场在建立管理型组织结构的同时，转为商业性经营企业。西方少量特大型机场在资本积累十分庞大后，正逐步对机场实行"社会化""政府商业性企业""公共政治法人"等管理，使之与"企业法人""商业企业"相区别。机场以执行政府规定目标，为航空公司、旅客货主提供良好、平等服务为首要任务，而不以盈利为首要任务。航空公司与机场的关系是被服务和服务的关系，这种关系以契约进行规范。机场出现亏损时，可按规定程序申请政府财政补助或政策支持。机场不能因财政原因关闭或宣布破产，而航空公司负债累累难以继续经营时，是可以按法律程序申请破产保护或破产的。对于机场提供的服务，航空公司、旅客、货主可以提出批评建议。航空公司、旅客、货主应按规定为机场提供的服务交纳费用，同时机场应将此类收费标准公布。机场内的商业性设施如餐饮、免税商品销售、宾馆住宿、旅客生活服务等均可独立成为商业性企业。有些大型机场，还有以盈利为目的的航空器、发动机及零附件维修等企业。许多国家针对机场收入少、支出大的实际情况，允许机场经营房地产、森林采伐、黄金开采、发行债券等盈利大的产业或企业，并且给予相关的免税政策，众多的国家采取由政府作为单独投资方或主要投资方出资修建机场，机场当局不归还修建资金的政策，改扩建也类同。尽管各国对机场的扶助不同，但有一条却是相同的——机场不能与航空公司进行营业竞争，即不能参与客货销售等民用航空竞争活动。我国的机场，国家给予财政扶助较少，在当前经济政策约束下，按规定条件开办客货销售代理也是可以的，但应有一定限度，即不与航空公司争销售利益，更不能限制航空公司的销售业务。一般情况下，值机、配载等经营性业务应移交基地航空公司，除非征得航空公司的同意。

航行管制部门也不是空运市场的经营主体。它属于国家控制的空域及飞行管理机构，并与国土防空部门相联系。它为航空公司的飞行活动提供保障服务，并担负监督航空公司飞行安全的职责。在绝大多数国家，航行管制部门属于行政序列，少数国家如英国，空中交通管制由非行政序列的民航局和空军等军事单位共同组织实施。英国等少数国家对航行部门中的通信实行了私营化和商业性经营，而航行管制部门的核心职能和性质并未改变。航行管制部门及所属单位不能直接或间接地参与运输经营活动。

为了适应空运市场的发展，还有一些为航空公司服务的企业法人，如航空油料、仪器供应企业等。此类企业属于竞争型，航空公司从中挑选服务优良、价格优惠、产品质量合格的服务者。

空运市场有众多的航空旅客和货主，它们是空运市场的消费者和民用航空产品的购买者。航空公司的产品是"客公里"和"吨公里"，这些产品往往有多种价格。

随着空运市场客货销售社会化的推进，正在形成一个可观的航空客货销售市场。西方一些区域性航空公司利用因特网销售机票又使航空客货销售市场出现新变化。

西方一些发达国家，还建立了适应空运市场的民用航空人才、金融等市场。这些国家的空运企业可以向社会的劳动力市场招收空地勤及空运经营管理人才，也可以进入融资市场筹措到购/租飞机的资金。自80年代初期起，我国民航进入加速发展时期，引进了大量国外飞机。为解决购机资金，也需要到欧、美等地飞机金融市场，通过融资租赁等方式，大量吸引外资解决购机资金。我国已建立了飞机租赁公司或融资公司。

（二）民用航空市场的统一性和开放性

国家通过民航主管当局对空运市场进行统一管理，包括空域的划分，航线的分配，航班的安排（有些国家民航局指定国旗航空公司负责全国航班安排），飞行管制，飞机适航标准，机场规划及标准，空运企业的进入和退出市场，空运企业的合并、破产及产权的转让，外国航空公司进入和退出本国空运市场，运价或运价率等。维护民用航空市场的统一性，是建立有序、公开、公平竞争秩序的需要，也是维护国家领空主权、国家利益和公众利益的需要。如《美国联邦航空法》第103条规定，民用航空政策的宣布属于联邦航空局局长；第105条规定，除阿拉斯加州外，其他各州或州际政治机关，均不得发布涉及运价、航路、民用航空业务的任何法律、规则、条例或其他规定。有了上述规定，就能有效地保护民用航空市场的统一性。

国内民用航空市场对航空公司开放，允许其按规定条件进入航线和退出航线。在有利于有效竞争原则下，空运市场半径不受地区限制，航空公司在一个城市设立飞行基地并不表明它占领了该地区空运市场。如果机场离城市远，组织客货不利，别的航空公司更容易占领该地区空运市场。航空公司必须将运价、客货运输规则公布，机场必须把收费标准及服务规则公布，航空公司、旅客、货主必须遵守规则和履行自己的义务。航空公司不能挑选"高价"旅客和货主。按国家间双边协定规定，外国航空公司可以飞往通航城市。随着世界经济、贸易、资本一体化的实施，民用航空出现全球化、区域化趋向，国内空运市场和国际空运市场的联系更加紧密。有些区域国家间已形成统一的空运市场，国内和国际空运市场的界限趋向模糊。但多数地区和国家，国际民用航空仍然依据《芝加哥公约》的原则，按国家间通过的双边航空协定进行管理，与民用航空业务有关的空中交通管制一律不对外开放；机场管理及机场服务等，多数国家也暂不对外开放，不允许实行合资合作经营，即使是实行对外开放的国家也对外资进入这些领域实施严格的限制。

（三）民用航空市场是以客运为主、点线连接的市场

民用航空最初就是基于客运而发展起来的，时至今日，航空客运仍在各国的客运中都占有重要的地位。空运快速的优点在客运上的效果尤其显著，特别适合于国土辽阔的长距离旅行。在民用航空中，客运占90%以上的比重。如果把旅客周转量折算成吨公里（1客公里 = 0.075吨公里），与货物周转量加总后，再分别求空运总周转量中客运和货运的构成，也可得到空运市场是以客运为主的市场的结论。

空运的客货市场是以点（机场）与线（航线）构成的网络，航空公司投放市场以供销售的是航班，一条航线就是一个细分市场，空运市场的灵活性和局限性都因此而产生。

1. 灵活性

空运市场活动不像水运要受海洋、河流、港口的限制，不像铁路、公路要受地面线路的限制，只要两点之间有物流或客流的需求，修两个机场就能提供空运服务，投资省、收益快。如果两地原先就有机场而未通航班，则开航班更方便、灵活。而且两点之间距离越长，投资空运的单位边际效益就越高。如果两点间物流、客流的需求增长很快，新增运力的投入也不用像地面运输那样要受地面线路通过能力的限制。

2. 局限性

地面运输在航线网上的任何点都能停靠，装卸货或上下客。民用航空的停靠只限于和航线网的结点，即机场。航空网是无形的。如果两个结点之间没有直通航班，要中转运输，旅客的中转可以自动进行；而货运网络的环节多、不灵活，货物的中转要经过多次的倒装和倒卸，并可能由几个不同的航空公司承运，增加了货物交接和运费结算的复杂性。加之航空企业完成航班绝大多数是客货两用机，客货混载以客为主。按客运的流向、流量的需求开设航线投放航班，附带投放了相应的货运能力。而铁路、公路运输都是客货分运，可以按照货运需求来投放货运能力。就货运比较而言，公路货运可以不必中转直接送达；铁路货运的中转通过车厢的重新分组即可进行而不必多次倒装，并且是由同一个承运人运送。

（四）民用航空市场需求的时间性和灵活性

民用航空的需求，实质上是对时间节约的需求。而这种需求本身又具有很强的时间

性。也就是说，这种需求存在于一个特定的时间之内，离开了这一时间范围，这种需求也就消失了，所以，空运市场的供应方应把航班的准点看作公司信誉的第一要求。

同一性质的需求，可以用多种方式满足，从而使需求指向具有灵活性。但是，由于种种因素的限制，各种需求指向是易于变换的。其中原因之一就是经济因素。航空运价高，而且需要地面运输衔接。如果空运的快速效益不能有效显现，就很容易被其他运输方式所替代。例如，上海到北京，飞机航行时间不到 2 小时，但两边的机场都远离市区；铁路直达列车需 15 小时，似乎比飞机多 13 小时，但两边的火车站都在市内，而且运力的投入远大于民用航空，所以，对于航空客货有很强的竞争力。

第四节 航空公司的架构与运行

一、航空公司的类型

总体来看，民航企业的类型可分为：国有企业、民营企业、外资企业和合资企业。

目前，国有企业有中国国际航空股份有限公司、中国南方航空股份有限公司、中国东方航空股份有限公司、中国新华航空有限责任公司、四川航空股份有限公司等 10 余家航空公司；民营企业主要有深圳航空有限责任公司、东星航空有限公司、春秋航空股份有限公司、奥凯航空有限公司等近 10 家航空公司；合资企业主要有鹰联航空有限公司、西部航空有限责任公司[①]。

我国的航空运输业从一个政企合一、高度垄断、准军事化管理的超大型民航国有企业，逐步发展到今天初步奠定市场化地位的独立产业部门。航空市场也由原来供小于求变为供大于求，由无序竞争变为有序竞争。

目前，"三强为主、地方为辅、外航渗透"可以说是目前我国航空业整体格局的真实写照。

三强为主，其中的三强是指中国国际航空股份有限公司（以下简称"国航"）、中国南方航空股份有限公司（以下简称"南航"）和中国东方航空股份有限公司（以下简称"东航"）三家国有控股航空公司。国航、南航、东航是中国规模最大的航空公司，被誉为航空业的"三巨头"，它们牢牢控制着中国国内市场。国航、南航和东航占据了中国航空运输市场近 80％ 的市场份额。它们各自占据京穗沪的枢纽，并建立起自己的战略网络与覆盖区域，目前已形成比较稳定的竞争态势。

---

① 航空公司名称多用相应的通用简称。

地方为辅，是指以海南航空股份有限公司为代表的地方性航空公司，其中包括上海航空股份有限公司、山东航空集团有限公司、厦门航空有限公司、深圳航空有限责任公司等。地方性航空公司无论在规模还是在实力上都无法与三巨头相提并论，但它们另辟蹊径，在三巨头势力薄弱的二线城市和西部地区开拓市场，在蓝海中获得属于自己的一片生存空间。地方性航空公司在向三巨头借鉴成功经验的同时，也根据自身实力进行支线战略调整，积极向支线航空发展，瓜分剩下的20%市场份额。近年来，地方性航空公司发展有声有色，如海南航空已经成功跻身中国第四大航空公司。值得注意的是，"地方为辅"还包括在生存夹缝中激烈竞争的低成本型航空公司，其中又以春秋航空为代表。2005年7月，《国内投资民用航空业规定（试行）》的颁布，标志着民营航空春天的到来，当年就有奥凯航空、春秋航空和鹰联航空多家民营航空公司实现运营。同年7月18日，春秋航空首航成功，打响了中国低成本航空市场战的第一炮，并逐渐以其节约型的形象和低价营销策略大大扩展了大众化市场。

3-2 视频：
南航机队
历史数据

外航渗透也不容小视，随着近几年航空业的开放，国内航空公司在努力地走向国际市场的同时，外国航空公司也瞄准机会渗透国内航空业的各个领域。飞速发展的中国市场无疑在向全世界昭示，中国已成为国际航空业最具增长潜力的市场。虽然我国航空业目前消费结构仍是以商务为主，和国际上存在很大差距；但近几年我国航空业消费结构正逐步向以旅游消费发展为主转型，其快速的上升趋势不容忽视。在利润的驱使下，国外航空公司通过各种方式向国内航空业渗透，如德国汉莎航空、美国大陆航空、新加坡航空等。外航凭借雄厚的资本、出色的服务，使本土的航空公司在争夺国际航线上面临巨大压力。然而，国外航空巨头更希望直接进入中国市场，获得丰厚的利润。

二、航空运输的特点

航空公司作为运输系统的一个组成部分，与其他行业相比，有如下特点。

（一）航空公司运营成本高

同样最为第三产业，与水上运输公司、公路运输公司、铁路运输公司相比，航空公司的运营成本最高。这是因为与运输量无关的某些固定成本，以及与运输量关系很小的某些变动成本，占全部输运成本的比例较大。首先，购买飞机的费用、燃油费用就很高。其次，即使飞机停泊在机场也需要花费昂贵的维修保养费用，因此，很多航空公司宁愿机票亏本打折也要让飞机飞行。

（二）航空公司运输速度快

运输速度包括空中飞行速度和地面作业速度，空中飞行速度是飞机在单位时间内飞行的距离。一般飞机飞行的速度都能达到每小时900公里左右，并且飞机是在两地之间飞行，运输里程短，航空运输方式的运输速度远高于其他运输方式。

（三）国际性

社会生产力的发展和科学技术的进步，促进了世界经济全球化的进程。国家之间、地区之间，以及国家与地区之间的商品和服务的交换活动日益频繁，国际贸易的发展带动了劳动力在国家之间的流动，国际旅游资源的开发促进了国际旅游业的蓬勃发展。这一切都迫切需要航空业的支持，也为国家航空业的发展创造了机遇，因此，航空公司具有鲜明的国际性，必将在全球化中发挥越来越重要的作用。

（四）航空公司的不可预测因素

与其他行业相比，航空公司有更多的不可预测因素，具体如下。
(1) 地区稳定性，中东地区战争频发导致油价上涨。
(2) 灾难、危害事件的影响，SARS流行期间，客流量急剧减少，航空公司也出现亏损。
(3) 恐怖事件的影响。"9·11"事件后，旅客对飞行安全的担忧更甚以往。
(4) 机场服务的变化。

（五）在一定程度上受气候条件的限制

与其他产业不同的是，航空公司的服务过程、对象及地点多半是在空中，因而受气候的影响远远高于其他产业。大雾、雷电、机场跑道积雪或积冰、低云、低能见度等都是危及飞行安全的因素。不良气候都有可能对飞机的结构、通信导航设备及飞机安全起降构成直接威胁。

（六）政策管控有所放松

国内航空公司的生存、发展都严重依赖于政府机构——中国民用航空局，航空公司尽力与中国民用航空局保持良好的关系，航空公司管理者的重要任务是向中国民用航空局争取尽可能优惠的政策和尽可能多的飞机和航线资源，因为这是公司盈利的关键。2002年民航改变管理机制后，中国民用航空局不再对航空公司的经营方式"指手画脚"，而是由市场机制来引导竞争方式。航空公司必须将注意力集中于市场，分析顾客需求，研究竞争对策，对公司而言，顾客才是真正的"衣食父母"，公司管理层已逐步认识到客户资源是影响国航核心竞争力的关键因素之一，公司管理者的经营理念发生了很大变化。

 ## 三、航空公司的运行模式和一般组织结构

航空公司的运行模式主要包括六个方面：航班计划、客货销售计划、机队维修计划、飞机排班计划、机组排班计划、和航班运营飞行计划。

航班计划和客货销售计划由市场部门负责，根据航班计划和销售情况制定出预期客货销售量。机务部负责维护控制中心，制订机队维修计划，负责飞机调度的机务部再结合航

班计划和机队维修计划制订飞机排班计划,负责机组调度的飞行部根据航班计划制订机组排班计划,运行控制中心最后根据航班计划、客货销售计划、飞机排班计划、机组排班计划制订出航班运营飞行计划。

目前我国航空公司的组织结构大致可以归类到直线职能制结构或事业部制结构,属于传统组织结构,有其优点,但存在的问题也很多。企业集团尚未形成规范的组织体制,在处理集团与所管理公司的关系,形成资产连接纽带或形成集团核心层、紧密层、松散层的母子公司体制等方面,缺乏应有的规范,核心层也缺乏强有力的控制能力。另外,有的企业混淆投资中心、利润中心、成本中心的层次,对小核算单位搞承包经营,造成管理涣散和组织瓦解。在管理结构设计中,应尽量减少管理层次和管理职能部门,突出综合管理部门的地位和作用,使管理组织结构变"扁"变"瘦"。同时,对有些职能或业务,可以不设固定的和正式的组织机构,而代之以一些临时性的、以任务为导向的团队式组织,从而促进企业组织集权化和分权化的统一,以及稳定性和变革性的统一。

四、航空公司的营销结构

航空公司诞生之初,几乎没有营销结构,客户很少,一般只有社会上层人士、政府人员及经济实力雄厚的顾客。营销方式主要是顾客直接到机场或机票代销店订购,也有电话订购。

计算机网络诞生后,迎来了电子商务的信息时代,大大地增加了营销渠道,网上订票数量迅速增长,但由于受技术障碍、消费者习惯、网络安全、电子票价等诸多因素影响,网络销售还只是民航客票销售中的一小部分。

随着20世纪90年代网络技术的普及,越来越多的公司开始建立自己的网站,并进行在线销售活动,越来越多的互联网用户将使用网络购物。与传统销售渠道相比,网络销售渠道有明显的几个优势:较低的成本、支付便捷、没有时间和地域的限制等。全球任何地方的人只要能使用互联网,就可以在任何时间、任何地点购买产品。网络的确给企业提供了一个更好的销售平台,网络销售成为最为主要的销售渠道之一。

(一)营销渠道的变化

随着20世纪60年代以后航空业个人消费者市场的开放,民航业营销渠道战略50余年来发生了巨大转变。民航业营销渠道战略大致经历了四个阶段。

第一个阶段是销售代理阶段:1960年到1970年,电话销售是全球航空业针对个人消费者的主要销售渠道。机票代理或旅行社负责帮助旅客寻找和预订机票。据不完全统计,当时全球大约80%的机票都是通过代理商电话预订的。

第二阶段是1970年到1980年末,计算机订座系统(CRS)开始在民航业营销渠道中普遍使用。早在20世纪70年代中期,欧美国家已开始使用CRS,并且欧美很多航空公司开始直接对机票代理开放CRS。到了80年代,CRS已发展成全球机票销售系统。中国民航CRS的建立也随之广泛开展起来。

第三阶段是 1990 年到 2000 年。民航业开始建立自己公司的网站。早期网站只提供航空公司的基本信息和联系方式。2000 年初，一些航空公司尝试提供增值服务，如在线预订等，但使用范围和权限仍受到技术等多方面影响。主要销售渠道还是通过民航企业建立的机票代理系统。

第四阶段是 2000 年至今。随着网络技术的普及和提高，越来越多的航空公司开始加大网络销售的力度。随着电子客票的产生，民航业网络销售更得到大力推广。在 2007 年我国民航业也结束了纸质客票向电子客票的过渡，实现了百分之百的电子客票形式。现在每天有近 600 万旅行者通过互联网订购机票。

(二) 营销战略的形成

（1）在产品/服务方面有一定特色，例如，旅客办理登机的全程陪同服务，但在市场营销方面并没有清晰的战略。

（2）定价方面，国内航空公司一般都采用随行就市的定价方法或低价渗透策略。

（3）在促销策略方面，国内航空公司的促销活动比较多，包括新开航线的低价优惠活动、节日庆典打折促销活动、里程奖励活动，等等。

总体来说，大部分航空公司新进入市场都采用传统的"价格战"和"广告战"的营销手段，在有了一定市场份额以后，逐渐采取一些客户关系营销方面的策略，包括直接营销努力、常旅客计划、呼叫中心、改良顾客服务等，但这些都是些支离破碎的销售方案，公司营销战略并没有真正建立起来，公司没有一个可持续的、长期的全面客户关系营销战略计划。

(三) 营销手段

国外航空公司的营销手段丰富多变，创意十足，而且与媒体的力量相得益彰，在媒体投放方面更是颇费思量。新加坡航空的形象广告着重宣传其品牌和优质服务，选择以人文、旅游等为主体内容的电视频道投放；而汉莎航空则选择专业性较强的媒体投放，如《财富》《商业周刊》等。投放这些媒体都具有很强的针对性，其受众多为消费力旺盛、懂得生活的商务人士。

反观国内航空公司，营销手段单一，多以低价打折为主要方式，缺乏竞争力。虽然引进了新的营销理念，但是还没有得到真正落实和普及，营销意识不强，缺乏合力，难以形成竞争优势。在媒体选择方面，国内的航空公司大多有自己的传媒公司，热衷于自办机上杂志，表面上看省掉了广告宣传费用，实际上却忽视了很多潜在消费群体，对那些习惯于以火车、高速巴士进行旅行的商务人士等潜在消费群体的影响力不大。最近几年这一现象有所改观，在中央电视台、北京电视台、东方卫视等主流频道也不时可以看到一些航空公司的形象广告，在《北京青年报》《财富》《世界经理人》等报刊上也出现了一些国内航空公司的广告。

（四）营销内容

航空服务是航空公司竞争力的主要体现，向旅客提供超过竞争对手的价值，体现在市场上就是创造有竞争力的服务产品。不论是新加坡航空还是汉莎航空，都拥有不可替代的服务内容。对比之下，国内各航空公司的一些特色服务也曾给旅客留下较为深刻的印象，如国航的知音俱乐部、奥运彩绘机、国际航线上的升级头等舱和商务舱；南方航空的明珠俱乐部、95539呼叫中心、"南航中转"等服务；海南航空的金鹏俱乐部、机上抽奖活动及网上机票拍卖等活动。

仔细比较而言，国外航空公司的品牌服务特点鲜明、差异化明显，在旅客心目中形成了持久、深刻的印象，并以此作为营销宣传的重要诉求点，加深客户的记忆度，从而稳定大批的老客户群体；而国内航空公司的特色服务则同质化比较严重，影响范围较小，持续时间较短，不能持续影响客户的长久选择。

（五）广告宣传

广告宣传的主要目的在于占据消费者独特的心灵空间，塑造品牌独特的定位，即创造鲜活的品牌个性、树立独特的市场形象，并在消费者头脑中形成积极、持久、独特的品牌联想。

说到汉莎航空，人们便能第一时间联想到精密、严谨而厚重的德国人，汉莎航空的广告宣传也传达了可靠、严谨、厚重、高质量的品牌定位；说到新加坡航，人们便不由得联想到长相甜美、举止优雅的空姐，正如新加坡航广告宣传所传递的温馨感觉和优质服务，这些都是独特的、具有人性化的品牌定位。正是独特的广告宣传，铸就了它们不同的人性化品牌定位。

对比国外的航空公司，中国的航空公司也注意到了利用广告宣传塑造不同品牌定位这一点，如南航提出的"中国南方航空，您的空中之家"品牌定位，国航也确立了"做主流旅客认可、最有价值、盈利能力最强的航空公司"的目标。但不可否认的是，一提到国内民航，我们脑海中出现的是"不同的公司，同一个画面"：笑容可掬的漂亮空姐、宽大舒适的飞机客舱、字体醒目的客服热线。至于究竟是哪家航空公司的广告，却没有特别的印象，难怪有人戏称"中国民航是一家"。

国内航空公司的广告宣传过于直观，流于浅显且千篇一律，这些相似的广告只会使消费者熟视无睹，甚至无意中为竞争对手做了嫁衣。国内各航空公司应该努力挖掘自身的品牌特点、清晰的品牌形象，追求高差异化的准确定位，这样才能凸显品牌的基本区分功能，抢占消费者心智。

五、航空公司与机场的关系

航空公司是指从事和民航有关的各类企业，其中最主要的航空运输企业，即我们常说的航空公司，它们掌握航空器从事生产运输，是民航业收入的主要来源。其他类型的公司如油料、航材、销售等企业，都是围绕运输业开展活动的。航空公司的业务主要分成两个部分：一是航空器的使用（飞行）维修和管理，二是公司的经营和销售。

民航机场亦称飞机场、空港，较正式的名称是航空站，为专供飞机起降活动之飞行场，是民用航空和整个社会的结合点，机场也是一个地区的公共服务设施，因此，机场既带有盈利的企业性质，也带有为地区公众服务的事业性质，因而世界上大多数机场是地方政府管辖下的半企业性质的机构。空港要有为旅客服务的地区（候机楼）和相应设施，除了跑道之外，机场通常还设有塔台、停机坪、航空客运站、维修厂等，并提供机场管制服务、空中交通管制等其他服务。

机场是航空事业中的一个重要组成部分，是飞机起降、停驻、维护的场所。机场的演变过程反映着民航事业的发展过程。机场与航空公司存在紧密的联系。首先，航空公司是机场的合作伙伴，通过机场和航空公司各司其职、共同协作，为旅客、货主提供服务，完成旅客、货物从一个地方到另一个地方的转移；其次，航空公司是机场的客户，机场为航空公司提供服务并收取相应的费用，国内的机场高度依赖航空公司的航空业务主营收入，如果航空公司减少航班航线，机场的运营收入也会直接受到影响。

3-3 视频：
空港经济

除了北京、上海等大型枢纽机场外，我国许多机场在与航空公司关于航权、定价权的对话中缺乏话语权，很多正常的诉求和需要也不被航空公司理解，从这个角度上可以说机场和航空公司的关系是不平等的。造成这一现象的根源在于双方在航空产业链中的关系以及各自的定位。

首先，机场与航空公司之间可以理解为上下游、供应需求关系。机场是航空运输的上游，为航空公司提供服务，航空公司则是这种产品的需求方。国内绝大多数机场的客货吞吐量、保障飞机的起降架次等低于其设计能力，这时作为需方的航空公司就拥有讨价还价的优势；航班量很少的中小机场往往有求于航空公司开通新航线、加密航班，机场往往提供很多的优惠条件，包括提供航线补贴、签订包销协议等。

其次，在 2003 年的机场属地化改革后，机场被定位为自负盈亏的企业，对机场企业来说，想方设法增加收入无可厚非。机场的收入包括航空主营业务收入和非主营业务收入。主营业务收入是指飞机起降费、飞机停场费、旅客服务费等；非主营业务收入主要来自机场有关设备设施的租用费和停车、配餐、餐饮、住宿等费用。由于大多数机场缺乏开发非主营业务的能力，过于依赖航空主营业务收入的提升，必然会与作为收入主要提供方的航空公司产生矛盾。

近年来国内大型枢纽机场的收入逐年提高也是事实。在业务繁忙，高峰期保障能力趋于饱和的枢纽机场，客货运市场需求旺盛，航空公司从发展战略的角度考虑，会不惜代价开辟航线，加密航班，航空公司在与这类大型机场谈判中往往处于劣势地位，缺乏讨价还价权。

再次，一些航空公司出于不断强化收益管理的需要会拖欠机场费用。从航空公司的角度来说，拖欠应付款等于无偿使用这笔资金，相当于使用无息贷款，航空公司缺乏归还的主动性，加上目前国内航空业遭遇了需求暂时放缓和成本上升的双重压力，在航空全行业面临亏损的困境下，消极应对交纳机场费用是航空公司无奈的选择。

航空公司拖欠的应付款会使得机场资金无法正常周转，正常的航空营运活动被梗阻，会严重影响中小机场的发展。加强航空公司拖欠款的管理，避免或减少损失的发生，保证机场企业经营活动的正常进行，提高机场的经济利益，是必须且重要的。

最后，民航管理部门应该用政策法令的形式规定，对于应付给机场企业的款项，除机场主动放弃权利外，航空公司应将其作为一项借款，按一定的利率向机场支付占用资金的利息。这样做能让航空公司为拖欠的费用付出一定代价，从整体上减少拖欠资金的数量，缩短拖欠周期，用于弥补机场企业的损失，缓解机场的资金占压状况，加速资金循环，使机场的权益得到保障。

从机场经营者角度分析，大型枢纽机场应该主动帮助国内航空公司渡过难关，给予国内航空公司各种形式的收费减免和航班补贴。中小机场可以通过提高对航空公司的服务质量，也可以通过中国民航局、机场协会等途径与航空公司加强沟通。

第五节　客户关系管理在民用航空业的应用趋势

一、对客户进行分析

航空公司营销要想真正取得成功，必须建立在适当的客户分析上。企业想与哪些客户建立关系？建立何种关系？这是营销需要思考的第一步，也是最为关键的一步，因为它在很大程度上决定了所建关系能为企业带来多大的价值。只有正确地进行客户分析，才能有效地指导公司在客户关系营销上进行投资。通过市场细分，企业能够向目标市场提供独特的服务产品及其相关的营销组合，从而使客户需求得到满足，并维持客户的忠诚度。

据了解，航空公司通常收集的数据有：全球分销系统收集的旅客订座信息，离港系统记录的旅客登机信息，财务系统收集的旅客飞行航段与收入信息，此外，更主要的是公司常旅客系统中较为全面的关于旅客特征统计的描述。一般来说，常旅客数据较为可靠，在相关系统中可以找到匹配的数据，能够以全方位的视角来对客户进行分析。

（一）细分方法介绍

旅客分析是根据旅客对航空公司贡献额的大小进行划分，针对高价值的旅客开展特别的营销活动，提供更个性化的服务，使航空公司以最小的投入获得最大的回报。旅客细分可以帮助航空公司回答以下问题。

(1) 根据价值可以将旅客分成几类？
(2) 谁是最有价值的旅客，他们具有怎样的特征及行为趋势？
(3) 某一种促销活动应针对哪一类旅客？

基于价值的旅客细分是根据旅客历史记录挖掘旅客的旅行偏好、行为特征，从而预测旅客的贡献额的一种方法。具体细分方法有以下几种。

(1) 按照地域划分——根据旅客旅程的起始点和结束点划分。
(2) 按照市场划分——根据旅客所处市场划分。
(3) 按照旅行行为划分——根据旅客旅行记录中长航段与短航段的比率或高额票价与低额票价的比率等划分。

本节以第三种方法为例进行详细分析。

（二）数据准备

随机从某航空公司的常旅客数据库中抽取旅客记录 500 条，规定选取其中至少 1 年飞行一次的旅客的记录，最后的样本容量为 400 条记录，作为训练集。各个库中的表结构如表 3-1 和表 3-2 所示。

表 3-1 常旅客数据库属性

姓名	卡号	性别	出生年月	证件名称	证件号码	联系地址	邮编	联系电话	手机号码	电子邮箱	职业	座位选择	餐饮选择	会员级别	备注

表 3-2 旅客飞行航段与收入数据库属性

卡号	乘机日期	航班号	票号	航段	航程	舱位级别	票价

以常旅客卡号作为关键词关联两个库中的表，做出描述全貌的统计特性表，如表 3-3 所示。

表 3-3 描述全貌的统计特性表

姓名	卡号	性别	出生年月	证件名称	证件号码	联系地址	邮编	联系电话	手机号码	电子邮箱	职业	座位选择	餐饮选择	会员级别	乘机日期	航班号	票号	航程	舱位级别	票价	备注

(三) 数据整理

航空公司可以根据所经营的航线,将收集到的数据样本中旅客记录按照如下规则进行整理。

(1) 乘机日期→旅行次数。
(2) 乘机日期、航段→来回程次数、一周内往返的次数、超过一周往返的次数。
(3) 乘机日期→最近一次乘机日期距离统计日期的月份数。
(4) 航段→航段种类。
(5) 航程、票价→每公里票价。

整理结果为体现旅客旅行行为特征的常旅客统计表 (表 3-4)。

表 3-4　常旅客统计表

姓名	卡号	旅行次数	航段种类	来回程次数	一周内	超过一周	距今月份数	统计票价	每公里票价

(四) 基于价值的旅客细分

我们常常采用统计学中的聚类分析 (Cluster Analysis) 方法进行基于旅客价值的旅客细分,它的原则是同一类的个体有较大的相似性,不同类的个体差异较大。目的是区分旅客的盈利能力。我们可以通过计算旅客带来的收入作为评价盈利能力的指标:假定每个旅客的成本是相同的,将各细分类旅客实际支付的机票价格分别累加,得到票价总额,作为旅客贡献额的等价指标,再分别除以各类累计飞行里程,得到每公里票价。此方法的局限性是:一个旅客可能可以带来许多营业收入,但是他需要许多细致的服务,甚至需要很高的花费。

通过使用基于价值的旅客细分来理解不同的客户群体的特征,航空公司可以做出有助于提高航线收益与服务质量水平的决策,其实现途径如下。

1. 收益管理与定价

航空公司可以通过旅客分析来提高收益管理和定价,确定所经营航线中因价格而对旅客具有吸引力的航线,计算每条航线的旅客可承受的最高价位。为了保持高价值的旅客,航空公司必须保证在每位高价值旅客飞行的航线上以其乐意接受的价位向他们提供机位。更深入的分析能产生定价策略,简化票价等级,提高收益。通过使用基于价值的客户细分能帮助解决这些基本的操作问题,航空公司可以在增加旅客收益的同时降低相关航线的成本。

2. 差别服务与特色化

航空公司通过旅客价值的细分，可以针对性地开展差别服务与特色服务，对高价值旅客和低价值旅客分别实行不同的服务策略，增强旅客满意度，如鼓励低价值旅客使用网上订票、自助 check-in 等服务，这不仅可以降低航空公司的旅客服务成本，提高服务效率，而且通过给予旅客旅行控制权来提高旅行体验，增强旅客满足感。另外，高价值旅客也需要航空公司格外的关注并提供特殊的礼遇。现在有许多航空公司的常旅客计划提供这样的服务，如自动升舱，特殊机上服务，候机楼常客休息室。航空公司还可通过深入了解旅客的需求来扩展这种关怀，如对时间宝贵的商务旅客提供 Internet 等服务。总之，为了保持高价值旅客的忠诚，航空公司必须随时了解高价值旅客的需求。

基于价值的旅客细分实现了航空公司把旅客作为宝贵资产来管理的目标，从而决定对于当前现实的和未来潜在的旅客价值的理想投资水平。在旅客细分的基础上，航空公司使用直接或间接的旅客反馈或满意度调查，并结合先进的旅客分析技术，能够形成每一细分旅客群的需求和偏好视角，这样，旅客价值细分变成客户关系管理定义与执行的有力工具。

二、了解客户的需要

航空公司需要理解主流消费者的消费倾向和影响其满意度的主要因素，以便把握市场机会和改善旅客对本航空公司的忠诚度。例如，航空公司需要在以下几个方面理解旅客的行为和满意度。

（一）理解消费者行为

航空公司应该给旅客提供更熟悉和方便的技术，通过互联网提供更多的信息和透明的票价，在休闲的旅客和商务旅客之间转换不同的购买方式，增加商务旅客选择航空的可能性。

（二）理解消费者选择航空公司的因素

客户在选择航空公司时，价格仍然是压倒性的因素，而且客户仍然对飞机准点和安全可靠抱有很高的期待，并且"9·11"事件之后，安全因素对于旅客来说更为重要。

（三）理解客户对信息安全的需求

越来越多的客户选择网上订票、网上支付的手段进行购票、交易，因此，保护客户网上安全和个人隐私安全显得尤为重要。网上客户最担心的问题，是他们的信用卡、密码、身份证号等被泄露或盗用，因此企业要投入足够的资源以保证网上支付的安全。

通过很好地理解旅客的行为和满意度以及依据统计学调查的结果，航空公司能够识别出哪些客户服务领域是航空业的发展趋势，哪些新的服务具有潜在的成长机会。

三、了解客户的忠诚度

前文已经提到，客户忠诚是指客户对某一特定产品或服务产生了好感，形成了偏爱，进而重复购买的一种行为趋势，客户忠诚实际上是一种客户行为的持续性。

客户忠诚是企业发展、受益，并最终盈利的关键因素所在。一般来说，客户忠诚给航空公司带来的效应，表现在以下几个方面。

（一）机票销售量的上升

忠诚客户都是良性消费者，大多数情况下不会刻意追求价格上的折扣。

（二）竞争地位的提高

忠诚客户会排斥企业竞争对手的产品、服务，这使企业在市场上的地位变得更加稳固。

（三）营销费用的减少

忠诚客户常常会以口碑进行推荐，给企业带来新客户，从而降低企业开发新客户的成本。

（四）有利于新航线、新业务、新服务的推广

忠诚客户会很乐意尝试企业的新航线、新业务、新服务并向周围的人介绍，这有利于企业拓展新航线、新业务、新服务。

客户忠诚度可以采用多种指标进行评价。航空公司客户忠诚度可以从以下几个方面进行衡量。

（一）客户重复选择该航空公司的次数

在一段时间内，客户对某一航线、某一舱位、某一价位的票价重复购买的次数越多，说明客户对该航空公司的忠诚度越高；反之，则越低。对于航空公司而言，客户重复选择公司的不同服务，也是一种忠诚度高的表现。

（二）客户购买次数占其飞行总次数的比例

这个比例越高，表明客户对航空公司的忠诚度越高。

（三）客户对公司服务、业务、品牌等的关心程度

客户通过购买或非购买的形式，对公司的业务、品牌予以关注的次数、渠道和信息越多，其忠诚度也就越高。但是，客户关心的程度与购买机票次数并不完全相同，有些客户关心航空公司的票价，只是为了与其他航空公司的票价进行比较。

(四) 客户购买时的挑选时间

一般而言，客户挑选服务所用的时间越短，表明其忠诚度越高。

(五) 客户对产品或服务的价格敏感程度

客户对价格的敏感程度越低，忠诚度越高。客户对价格的敏感程度可以通过侧面来了解，例如，公司在对机票价格调整以后，客户的购买量的变化、其他反应等。此外，在运用这一标准的时候，需要结合机票、航线的供应状况，机票、航线对客户的必需程度及机票、航线的竞争程度等因素进行综合考察。

(六) 客户对竞争者产品或服务的态度

客户对某航空公司的态度的变化，大多是通过与竞争者产品或服务的比较而产生的，如果客户对竞争者产品或服务表现出越来越多的偏好，表明客户对企业的忠诚度下降。

(七) 客户对服务质量、飞行事故的承受能力

客户对企业的忠诚度越高，对企业的服务、飞行事故也就越宽容。

(八) 客户对服务的认同度

客户对服务的认同度是通过向身边的人推荐企业及其服务，或间接地评价企业的服务表现出来的。如果客户经常向身边的人士推荐某航空公司，或在间接的评价中表示认同，则表明忠诚度越高。

客户忠诚度的衡量标准非常丰富，这里无法穷尽，以上列举的各种因素的重要程度也不一样，企业可以根据自身实际情况选择合适的因素，给予不同的权值，设计适合企业的指标体系，采取相应的客户忠诚度的解决方案。

第六节　常旅客计划的发展

 一、国内、外常旅客计划的产生与发展

20世纪80年代初，美国西南航空公司推出了常旅客计划，在一定程度上避免了航空市场的恶性竞争。90年代，中国民航成立七大航空公司，经过几年的发展和在世界航空市场的大气候影响下，国内航空公司竞争的压力越来越大，票价大战也一发不可收拾。在国内被称为暴利企业的航空公司也突然到了亏本的边缘。各家航空公司也纷纷效仿国外航

空公司建立起自己的常旅客俱乐部。可以说常旅客计划的实施给国内航空公司带来了两方面的好处。首先，在一定程度上遏制了愈演愈烈的票价大战。其次，也让初下商海的国内航空公司认识到在市场中区分旅客群体的重要性，而非以往只注重人头不注重效益的情况。有人把常旅客计划称作"拣起金苹果，甩掉烂苹果"。

进入21世纪以后，国内航空市场又有了很大的变化。一些新成立的航空公司后来居上，近两年又出现了低成本航空公司，市场格局发生了很大的变化。

一方面，新成立的航空公司要在市场中分一杯羹，而原有的航空公司要生存也把票价降到了最低点，竞争进入白热化阶段，手段的接近已没有优劣可言。航空公司无不为市场的发展忧心忡忡。另一方面，随着科学技术的快速发展，Internet网络功能扩展以及电子客票的出现，买机票乘飞机的原有概念已发生很大的改变。旅客可以足不出户查询航班信息和购买机票。

以上两方面的原因，给航空公司的常旅客管理带来了不少的问题。

（一）旅客的忠诚度已很难把握

一些低成本航空公司也建立了自己的常旅客计划，因此，在航空公司间出现了通过折扣机票和里程优惠政策互相争夺常旅客的现象，违背了常旅客计划是为了提高旅客的忠诚度和增加公司利润的初衷。这样不但没有很好地吸引旅客，还使本来就不多的利润更加捉襟见肘。

（二）管理成本正在增加

据一些国内航空公司的统计，一年中每月新加入常旅客俱乐部的会员平均能达到几百人，有的航空公司的会员总数在200万人以上，数字庞大。而北京一家常旅客俱乐部统计会员乘机的次数却表明，一年内4~5次乘机的常旅客为60%，7次以上的只占26%，购买8折以上机票的常旅客只占36%多一点，可见拿着折扣机票又挣里程的常旅客之多。这些数字表明一年的常旅客的乘机人数与全部旅客乘机人数相比都相差甚远[①]。

于是，也有人提出疑问：航空公司费了这么多的人力、物力和精力建立常旅客中心，是否真的抓住了能给航空公司带来高收益的旅客？现有数据表明，常旅客的人数只占全部旅客的10~20%，如果其中能给公司带来高收益的旅客不多的话，确实无法给航空公司带来明显的收益增加。

从航空公司常旅客管理的视角来看，常旅客计划发展到今天，其自身已经有了一套管理的系统：旅客档案的管理、里程积累系统、机场服务设施、机票销售、电话服务系统等，如果常旅客计划不能给航空公司带来旅客乘机次数和收益的增加，这套系统将成为航空公司沉重的成本，但在常旅客管理中，任何一项管理的缺失都不能使这项工作正常地开展。

---

① 资料来源：http://news.carnoc.com/list/142/142348.html. 国内目前常旅客计划的发展情况和趋势。

(三) 利润的下降必然带来服务质量的下降

对航空公司而言，利润给航空公司带来了发展的动力，但利润的下降不仅影响发展，还会导致服务质量的下降。对于常旅客计划而言，也是同样的道理。

分析未来发展的趋势，如果把"常旅客计划"作为航空公司的一项品牌，那么按品牌定位的策略定义是：随着时间的推移，消费者的偏好发生了变化，或者竞争者推出了新的品牌，使企业需求减少，这时企业应重新评价原品牌与市场细分，对品牌进行重新定位。

如果把"常旅客计划"看成是企业的产品，根据常旅客目前的状况，可以说已是"产品成熟期"，其特点如下。

(1) 产品销量增长缓慢，逐步达到最高峰，然后开始缓慢下降。

(2) 市场竞争十分激烈，各种产品的同类产品和仿制品不断出现，企业利润开始下降。

(3) 绝大多数客户的重复购买，只有少数迟缓购买者未进入市场。成熟期的营销重点是延长产品的生命周期，巩固市场占有率。这时需要采取以下策略：提高原来用户的使用率；努力改进产品质量性能和品种款式，以适应消费者的不同需求；改进市场营销组合，积极开展促销活动，采取价格竞争手段；准备产品的更新换代。

无论从品牌还是从产品的角度看，随着国内航空市场竞争的加剧和市场的变化，常旅客计划都面临着重新定位和产品改进的问题，该产品的改进已经成为一种发展的趋势，一些国外航空公司已经在以下两方面进行了尝试。

(一) 把大客户的管理纳入常旅客计划之中

大客户一般是指能够给航空公司带来高收益的客户群体，把他们纳入常旅客计划中不仅充分利用了常旅客管理的资源，使航空公司不必再设立专门的管理人员和设备，而且能使航空公司通过档案记录了解到大客户的爱好、习惯和偏好等有价值的旅客旅行情报，更好地提供针对性的服务。

(二) 通过与其他商户企业的联合以达到方便旅客的目的

原来的常旅客会员卡只能用于常旅客身份证明和里程积累，比较单一，容易被仿效。现在一些国外航空公司已经把它扩展到与银行、购物中心、酒店、旅行社和出租车公司结合在一起，通过存款、消费、住旅店、搭乘出租车都可以积累里程；另外，积累的里程使用范围也扩大到了消费、住旅店、旅游、搭乘出租车和领取奖品，而不仅仅是只能换取机票升舱和免票。这对旅客有着很强的吸引力，尤其是经常乘机的旅客。

试想，航空公司能记录大客户和经常乘机的旅客的情况，对他们的一些出行情况有所了解，那么航空公司就能针对他们制定相应的销售政策。这样的销售各航空公司肯定也都有自己的特点，也不易为其他航空公司所效仿，更能使旅客和航空公司都受益。这样的常旅客管理方式不仅使航空公司改变了过去被动地接受旅客加入常旅客俱乐部的情况，而且能主动掌握旅客的相关信息，抓住真正能给航空公司带来高收益的旅客。目前国内许多航空公司都有自己的常旅客部门，而且也投入了很多的人力、物力和资金，如果不能很好地运作，势必给航空公司带来很大的资源浪费。

从目前发展的趋势看，国内航空公司这方面的业务有待拓展和完善，也可以根据国内市场的情况，开创出自己的常旅客管理模式。国内一些大的航空公司常旅客俱乐部也有与银行和酒店合作的项目，比如：银行卡与常旅客会员卡结合，存钱可以积累里程；住酒店出示常旅客会员卡可以享受优惠，等等。但这都是很初步的，使用范围也有限，没有达到预期的效果，还有待进一步开发。

二、中国常旅客计划实施中存在的问题

常旅客计划是一种非价格的市场竞争策略，国外自20世纪80年代开始出现，国内常旅客计划自国航1994年开始推行。常旅客计划的推行与发展在一定程度上遏制了愈演愈烈的票价大战，也让国内航空公司认识到在市场中区分旅客群体的重要性，不再同以往一样只注重人头不注重效益。随着时间的演变，国内外航空业都经历了一些革命式的变化，伴随航空业的变化，常旅客计划也在逐渐发生着蜕变。并且，如航空主业演化的多种模式一样，常旅客计划的形式也变化得丰富多彩，但是华彩表面之下确是隐藏着许多问题。

（一）目前国内航空公司的常旅客计划都面临着重新定位的问题

常旅客计划究竟是什么？这是许多常旅客计划管理者面临的一大难题。正是由于模糊的定位和航空公司内部不断的争论，各个航空公司常旅客计划的推进步履维艰。最后国内常旅客计划的管理者不得不求助于咨询公司，让咨询公司帮助自己定位并规划未来，国内请过咨询公司的国航、海航的常旅客计划已经初见成效。但是，下一步该怎么走，是利润中心还是独立的子公司？哪种模式才能增强常旅客俱乐部的竞争力？怎样做才能更好地对航空主业起到支撑作用？国内航空公司基本都还处在彷徨阶段，没有自己的答案。

（二）国内常旅客计划同质性严重

随着航空市场的进一步开放和发展，一些低成本航空公司也建立了自己的常旅客计划，在激烈的较量中，各航空公司间出现了依靠折扣机票和里程等优惠政策争夺常旅客的现象。同时竞争手段的接近也使得常旅客计划已日益贬值为一种对最终用户的销量折扣促销模式，甚至沦为一种记账系统，简单地记录下（而且经常还会有遗漏）关于某一个常旅客号码的飞行里程数和邮寄账单的地址。

（三）常旅客计划运行成本激增

常旅客计划因大量的开支（印刷、制卡、邮寄费用、高端服务费用、IT系统开发、维护费用、积分、礼品反馈费用等）变成公司巨大的成本负担，以至于有些航空公司被迫在常旅客计划中增加收入的同时又降低成本，取消了很多客户服务和优惠，例如，深航就曾经计划在常旅客规则中取消金卡升舱，在节假日减少免票等。成本的不断增加使得航空

公司骑虎难下，投入是个无底洞，不投入又会损害公司原有客户的利益，究竟应该如何在降低成本的基础上增加额外收益是常旅客管理者遇到的又一问题。

（四）旅客的忠诚度已很难把握

互联网的普及、功能的扩展以及电子客票的出现，使得买机票乘飞机的原有概念发生了很大的改变。如果旅客想查询航班信息和预订机票，可以足不出户做到，办理一个航空公司常旅客会员的申请更是轻而易举。于是，很多旅客选择航空公司常旅客计划的随意性很大，其忠诚度也就很难把握。很多旅客手上都有三到四个航空公司的常旅客卡，同时是多家航空公司的常旅客会员。而最为糟糕的是航空公司自身并不知道，也并不关心自己的常旅客在其他航空公司的消费情况，其实很多在本公司较少飞行的常旅客会员，往往在竞争对手那里是经常性飞行的常旅客。

（五）单枪匹马的作战方式

综观国内各航空公司，常旅客计划的执行部门无一不是单枪匹马作战且力量单薄，常旅客的管理者不得不奔波于繁杂的部门（乘务、地服、IT部门、销售等）沟通、协调，新服务或新产品的推出频繁受到掣肘。其他部门在很大程度上影响着常旅客计划。这种体制上的弊端深刻地影响了常旅客计划的推行与发展。

（六）国内各航空公司的常旅客计划不可衡量与评估

由于财务模型的缺失，航空公司计算不出实施常旅客计划给主业带来多大支持，给公司带来多少收益；由于几个重要指标（产品满意度、价值驱动力、忠诚驱动力和忠诚指标）无法统计，常旅客计划的执行部门不知道朝哪个方向努力；由于对于多年来积累的客户数据（这些积累的数据带有很大误差）没有充分分析利用，航空公司在设计产品和渠道时还存在盲目性。

（七）客户关系管理人才的缺乏

客户关系管理要求营销与服务相结合，常旅客计划作为客户关系管理的先锋者，缺少探索性和开拓性的人才，国内各航空公司对常旅客计划的研究都没有深入。管理人才的匮乏是常旅客计划定位模糊、同质性严重等问题的根源。

（八）基础业务的不足与基础设施的不到位

与国外的常旅客计划相比，国内的常旅客计划基础业务和基础设施还有很大差距。除国航外，其他航空公司的航空与非航空合作伙伴少，而且品牌不够、配套服务少、奖励品不够丰富、会员沟通单一、会员活动少、参与面狭窄、积分联盟没有形成或太弱、贵宾服务设施少等问题也影响着常旅客计划的发展。

三、国内各航空公司常旅客计划发展分类及评价

（一）一级阶梯常旅客计划（厦航、川航、深航、上航、东航）

一级阶梯常旅客计划最重要的手段是价格刺激，或用额外的利益奖励旅客。奖励的形式包括折扣、累计积分、赠送礼品等，使旅客的财务利益增加，从而增加他们购买的频率。但是，这个级别的常旅客计划是非常不可靠的。第一，竞争者容易模仿。如果多数竞争者加以仿效，就会成为所有实施者的负担（新兴的航空公司也日益跟进）。第二，客户容易转移。由于只是单纯积分吸引，客户易于受到竞争者类似促销方式的影响而转移购买。第三，可能降低服务水平。单纯价格竞争容易忽视客户的其他需求。厦航是这一阶段的突出代表，七折以上基本为五返一，慷慨度高而不注意其他的客户关系维护。川航、深航、上航和东航则在由一级阶梯向二级阶梯过渡。

（二）二级阶梯常旅客计划（国航、南航、海航）

二级阶梯常旅客计划主要形式是建立旅客组织，包括建立旅客档案和正式的、非正式的俱乐部等，通过更好地了解旅客个人的需要和欲望，使我们提供的产品或服务个性化和人性化，更好地满足消费者个人的需要和要求，使旅客成为忠实的客户。这些形式增加了旅客的社会利益，同时也附加财务利益。国航、南航与海航属于二级阶梯常旅客计划，且国航在向第三阶梯常旅客计划转变。

（三）三级阶梯常旅客计划

三级阶梯常旅客计划为旅客提供有价值的资源，而这个资源是旅客不能通过其他来源得到的，借此提高旅客转向竞争者的机会成本，同时也将增加旅客脱离竞争者而转向本公司的收益。主要是增加与客户之间的结构性纽带，同时附加财务利益和社会利益。在三级阶梯常旅客计划中，其表现形式往往也以俱乐部等组织形态存在，但与二级阶梯常旅客计划中的顾客组织有着关键的不同点。首先，它往往会花大力气为会员提供不能通过其他来源得到的资源，以此来显示会员的特权，这对会员的吸引力是非常大的。其次，这类俱乐部往往会延伸、演变为一个"社区"，让志趣相投的一部分客户可以在这个"社区"中交流情感、分享生活，最终成为一些小的分子俱乐部。

四、解决国内常旅客计划面临问题的建议

（一）建立起以客户为中心的企业战略

如果没有这一点，任何常旅客计划都有可能成为一个增加成本的摆设，也注定还要单枪匹马作战。只有确立了以客户为中心的企业战略，通过业务流程和功能的重新定义，以

及信息系统的建设来优化航空公司经营模式，重新定义各个职能部门的工作流程和考核模式，才能带动航空公司转变经营观念和管理模式。

（二）正确定位常旅客计划

只有定位清晰才能制定战略目标，从国外航空公司发展常旅客计划的经验来看，加航的独立的公司与汉莎的利润中心模式都是值得借鉴的，但是汉莎的独立利润中心更适合国内各国有航空公司的常旅客计划，而加航的模式则是常旅客计划的最终发展模式，加航的发展模式在中国只会出现一到两家，并非每个航空公司都可以做到。加航常旅客计划背后是加航在加拿大的相对垄断地位，这使加航常旅客公司也很容易获得垄断地位。对于国内各航空公司的常旅客计划来说，怎样依赖企业的快速发展，并且最终能够超越航空公司发展，脱颖而出成为在国内具有垄断性质的积分联盟的带领者是我们需要进一步思考的问题。

（三）全力培养客户关系管理的人才

在人才匮乏与后继人才不足的情况下，任何常旅客计划都不会成功。常旅客计划是市场营销和客户服务方面的一项巨大进步，是一门新兴而带有开拓性的研究，需要关键人才的创造性思维与超越的眼光。

（四）正确评价常旅客计划的作用

建立财务模型与确立关键指标，做到能够正确地预测常旅客计划的成本与收益、分析旅客的行为、提供个性化的产品与服务。

（五）增加旅客其他利益

在逐步缩小基础业务与硬件设施差距的基础上增加旅客在其他地方得不到的利益。这是跨越二级阶梯到三级阶梯的必由之路，也是让旅客由行为忠诚、意识忠诚到情感忠诚的捷径。

（六）创造性地盈利

在常旅客计划正确定位的基础上，对常旅客计划的各项成本实行精益管理。通过对外合作建立积分联盟和树立区域内自身积分领袖地位，使积分成为"通用货币"，并使这一业务成为常旅客计划的主营业务。

五、CRM在国内外常旅客计划中的应用

以往，我们一直以品牌、市场份额、销售额来衡量企业的成败，以往的市场营销行为属于交易型市场营销。而现代企业，尤其作为国内的航空服务企业，更应该尽早以"客户保持度""客户终身价值""数据资产收益"等作为衡量企业成功与否的标准，即建立关系型市场营销体系。

高的市场份额不一定能长期带来高的利润，关键不是看你拥有的曾经消费过的客户量，而是看你拥有多少适合自己发展的客户，并留住这些客户。客户的终身价值将对公司的长期利益有巨大影响。终身价值的定义是：随着时间的延续，从客户那里获得的收益超过公司为吸引这个客户，向这个客户出售商品、提供服务等所有支出成本的一个可接受的量。应该把终身价值测量法运用到持续的营销活动中去，因为增强客户关系的任何措施都是以不断地提高盈利水平为目标的。

有民航业"廉价航空公司"经营模式的鼻祖之称的美国西南航空公司每次航班的盈亏平衡乘客数为74.5人，这意味着只要有75位乘客乘坐该公司的班机，就能盈利。研究结果还表明：对于每次航班每年的利润而言，只有5位乘客最重要，如果失去这5位乘客中的任何一位，就意味着那一次航班将损失20%的利润，可见常旅客的重要性。通过客户关系管理可以提升最好的客户维持率，而且这种提升幅度是非常可观的。如果可与经常搭机的老主顾建立更加紧密的关系，在航空业越来越激烈的竞争中，公司就可以站稳自己的脚跟。

在未来，企业整体商业设计将比单一的市场份额更重要，管理层应该明白公司真正的利润地带并不断扩展那些能够带来利润的业务，过去的营销模式不一定适用于将来。

2009年3月30日，作为国内第五大航空集团的深圳航空有限责任公司（以下简称"深航"）在南京成立了江苏分公司，成为在南京禄口国际机场运营的第二家基地航空公司，这标志着深航在"长三角"的发展进入一个崭新的阶段。

深航江苏分公司正式挂牌成立后，深航增加飞机运力投放，新开和加密部分航线航班，挂牌当天就增加一班南京至深圳的航班，实现了"城际巴士化"雏形，为长三角、珠三角两大经济圈的旅客往来提供更加便捷的方式。深航江苏分公司的成立促使深航与江苏省、南京市及南京机场的合作迈向了更高的层次[1]。

海航借力金鹏俱乐部完成对海航集团旗下七家航空公司常旅客奖励计划的整合。将金鹏俱乐部作为西部航空、海南航空、大新华航空、大新华快运航空、祥鹏航空、香港航空、香港快运航空共用且唯一的常旅客奖励计划，金鹏会员可以选择任意一家航空公司累积里程并兑换免票权益。截至2015年12月，海航集团拥有飞机逾820架，旗下航空运输企业开通国内外航线近700条，通航城市200余个，年旅客运输量7742万人次。运营管理海南航空、天津航空、金鹿公务、祥鹏航空、首都航空、西部航空、福州航空、乌鲁木齐航空、北部湾航空、扬子江航空、桂林航空、myCARGO航空、加纳AWA航空、法国蓝鹰航空等航空公司。航空产业持续保持高水平运营品质，旗下海南航空第五次荣获Skytrax五星航空公司荣誉称号，创造连续安全运营23年的记录[2]。

一个公司能够真正地成功，不是看它一年的收益如何，而是看他一贯的长期利润。为了保持这种长期的利润，就必须建立起一套有效的客户关系管理综合体系，建设高的客户保持度。

---

[1] 资料来源：http：//jipiao.kuxun.cn/zixun-16786.html. 掘金"长三角"的深航江苏分公司。
[2] 资料来源：http：//www.hnagroup.com/index.php/about/index/about/. 海航集团官方网站。

总之，所有工作的结果评价都必须以增加更多收益来衡量，公司必须充分认识到市场的本质。只有在利润来源上进行研究，并进行有效的业务设计，才能决定一家公司能否在21世纪生存下去。

传统的企业以生产为中心，未来企业需要以客户为中心。促销、折扣等传统手段并不能在未来建立起商业壁垒，这种方式将极容易被对手模仿，采用这种方式的最终结果是：最舍得花钱公司将"战胜"对手赢得微薄的利润，实际上，这对双方都是损失。明显这种方法不可取。而更有效的就是CRM系统，CRM系统一旦建成，将不易被对手模仿，客户的资料都掌握在自己手里，其他公司想建设一个类似的数据库，需要很长的时间和更高的成本，而且不可能与某个公司完全一样。只要CRM能充分有效地为常旅客提供个性化服务，即提供的是一对一的服务。客户的忠诚度也将大大提高，因为客户如果转向其他公司的话，就得将自己的信息全部从头重复告诉新公司，转移成本是相当大的。这样就能吸引并牢牢地掌握自己的RB，为公司带来长期的巨大利润。

二八定律告诉我们，公司应该更加注重吸引能让自己成功的客户群。在未来，公司运营的成本将影响其在竞争中的成败，因此企业为了节约成本，会把原来花费在公布折扣票价信息、无目的的宣传等方面的资金用于更需要的地方，如为RB提供更有效的服务，并吸引更多的人成为RB。

✈ 经典案例分析

CRM在国内航空公司常旅客计划运作的成功案例

2009年8月6日，中国东方航空股份有限公司（简称"东航"）在上海举行了主题为"燕舞东方，快E畅行"的大型新闻发布会，正式推出国内首个面向高端采购人群的奖励计划——"畅行e卡"。来自上海市政府、东航、快钱、航空界合作伙伴的领导等嘉宾及媒体一百余人共同见证了此次盛会。

东航推出的这种畅行e卡分为面值2000元、1万元、5万元及10万元四种。购买10万元卡，东航除给予最高达8%的前期折扣优惠之外，同时奖励采购人三张东方万里行金卡、赠送30000点东方万里行积分，免收退票费等奖励方案，持卡人通过东航的订票热线95530或登录官方网站使用此卡购买机票，立享此卡给客户带来的超值奖励[①]。

东航打造的畅行e卡是国内航空业界首次创新推出的面向高端采购人群的奖励产品。卡面以典雅尊贵的中国传统祥云图案作为主画面，体现了畅行e卡希望带给客户的深厚文化底蕴、贵宾航旅体验，并呈现东航以客为尊的人文理念和服务精神。传统航空公司建立的客户奖励计划只针对乘坐飞机的旅客，即常旅客奖

---

① 资料来源：http://news.carnoc.com/list/140/140653.html 东航将独家推出面向高端采购人群的畅行e卡。

励计划，但都忽视对航空公司贡献价值更高的采购人群。作为一家面向客户、注重客户关系营销的航空公司，东航对客户群体进行了重新审视与细分，为了满足快速增长的高端采购人群的需求所推出的畅行e卡使客户在获得东方万里行奖励积分的同时，还可享受到超值优惠购票折扣、免退票费、对账服务，并获得公务头等舱柜台服务和航空公司精英会员等多种贵宾级待遇。

畅行e卡面向高端采购人群所拥有的巨大而独特的市场需求进行设计，大大降低高端采购人群的商旅成本，以国内领先的独立第三方支付公司快钱公司作为技术服务商和支付合作商，优化了支付流程，很好地消除了电子支付购买机票的安全顾虑。同时，畅行e卡融合了电子商务及东航最优质服务功能，为商务、旅游人士的出行带来极大便利，大大提升客户的购票体验，其特别优惠如常旅客精英会员卡赠送、常旅客积分赠送等很好地体现了对客户的吸引力。

除了联合推出畅行e卡外，东航还联手快钱，共同加快航空机票B2C、B2B及B2G领域的建设。快钱将为东方航空提供电话订票和网上订票等多种支付服务，覆盖东方航空的机票直销和分销平台。无论消费者、企业团体客户还是代理人，借助东航客服热线95530或登录东方航空官方网站，都可以通过快钱提供的大额网银、信用卡无卡支付、快钱账户等多种支付方式轻松购买东航的机票，享受便捷的电子商务服务。这对东航提升信息化水平，实现信息化战略具有积极意义。

在当前航空业竞争空前激烈的形势下，畅行e卡作为东航牵手快钱共同向市场推出国内航空公司第一款面向高端采购人群的奖励计划，将大大提升东航的电子商务应用水平，增强其服务客户和开拓市场的能力，为众多高端采购人群带来更多便捷。

思考题：

从本案例着手基于提升客户满意度及客户忠诚度提出一项东航常旅客计划的改进策略。

本章小结

1. 民用航空的概念及分类。民用航空，是指使用各类航空器从事除了军事性质（包括国防、警察和海关）以外的所有的航空活动。民用航空分为商业航空和通用航空两部分。

2.航空公司与机场的关系。机场与航空公司之间可以理解为上下游、供应需求关系。机场是航空运输的上游,为航空公司提供服务,航空公司则是这种产品的需求方。

3.CRM在国内外常旅客计划中的应用。CRM能充分有效地为常旅客提供个性化服务,即提供一对一的服务。客户的忠诚度也将大大提高,因为客户如果转向其他公司的话,就得将自己的信息全部从头重复告诉新公司,转移成本是相当大的。这样就能吸引并牢牢地掌握自己的RB,为公司带来长期的巨大利润。

中英文专业名词对照

1. Civil Aviation　民用航空
2. Air Transport　航空运输
3. Airline Company　航空公司
4. Frequent Flyer Plan（FFP）　常旅客计划

复习思考题

1. 什么是民用航空？它的分类有哪些？
2. 民用航空市场的特点和产业属性分别是什么？
3. 浅析我国民用航空未来的发展趋势。

第四章
客户关系管理系统

学习重难点

重点：
1. 客户关系管理系统定义与特点。
2. 航空客户关系管理系统基本功能。

难点：
客户关系管理系统一般模型。

本章引例

美国东北航空公司的倒闭

美国东北航空公司曾经是一家规模颇大的航空公司，拥有多条航线和飞机等固定资产，但在 20 世纪 80 年代不得不宣布破产。其倒闭不是因为服务质量或别的什么原因，而是因为当其他航空公司纷纷采用计算机信息系统让全国各地的旅游代理商可以实时查询、订票和更改航班的时候，美国东北航空公司没有这么做。很快他们就发现在价格和服务方面无法与其他航空公司竞争。别的航空公司通过订票系统及时向客户提供折扣，或在更改航班的时候通知客户，保持每次飞行的客满率，而美国东北航空公司仍然要用昂贵的长途电话进行人工运作，等他们决定投资订票系统的时候为时已晚，最后倒闭。

第一节 客户关系管理系统的概念

一、客户关系管理系统的产生

当今企业管理进入了以客户为中心的管理,在市场上需求运动的最佳状态是满意,客户的满意成为企业效益的源泉,因此,"客户中心论"升华并进入更高境界,转变成"客户满意中心论",这是当今企业管理的中心和基本观。企业最重要的指标也从"成本"和"利润"转变为"客户满意度"。为了提高客户"客户满意度",企业必须大量掌握客户信息,准确把握客户需求,快速响应客户个性化需求,提供便捷的购买渠道、良好的售后服务和经常性的客户关怀等。一方面计算机通信和网络技术的发展使电子商务在全球范围内广泛应用成为现实;另一方面,数据仓库、数据挖掘、商业智能和知识管理等新兴技术的发展,使得收集、整理、加工和利用客户信息的质量大大提高。在这样的背景下,客户关系管理软件系统得到蓬勃的发展。

运行良好的企业实际上也面临着这样的战略决策,如今青少年获得信息的渠道往往是以网络、无线通信为主,当他们成长为消费主体的时候,他们是否会对不提供网上订购的商家不屑一顾?要适应这样的消费者,要在竞争中保持优势,投资信息系统常常不是锦上添花,而是维持企业生存的必要手段。

二、客户关系管理系统的定义

客户关系管理系统有多种名称,比如客户关系管理软件、CRM 管理软件、CRM 客户管理软件。这些都是指客户关系管理系统,只是叫法不同。

客户关系管理系统是一项综合的 IT 技术,也是一种新的运作模式,它源于"以客户为中心"的新型商业模式,是一种旨在改善企业与客户关系的新型管理机制。系统通过向企业的销售、市场、服务等部门和人员提供全面及个性化的客户资料,并强化跟踪服务和信息分析能力,使他们能够协同建立和维护一系列与客户以及商业伙伴之间卓有成效的"一对一关系",从而使企业得以提供更快捷和周到的优质服务,提高客户满意度,吸引和保持更多的客户,从而增加营业额,并通过信息共享和优化商业流程有效地降低企业经营成本。通俗地说,客户关系管理系统就是利用软件、硬件和网络技术,为企业建立一个客户信息收集、管理、分析、利用的信息系统。

三、客户关系管理系统的主要特点

一个完整的客户关系管理系统应当具备以下特点。

（一）综合性

客户关系管理系统首先综合了大多数企业的客户服务、销售及销售行为优化和自动化的要求，其标准的营销管理和客户服务功能由支持多媒体的联络中心处理来实现，同时支持通过现场服务和数据仓库提供服务。销售功能由系统为现场销售和远程销售提供客户和产品信息、管理存货和定价、接受客户报价和订单来实现。在统一的信息库下开展有效的交流管理和服务支持，使得交易处理和流程管理成为综合的业务操作方式。无论在新兴行业还是传统行业，客户关系管理系统都使得企业拥有了基于畅通有效的客户交流渠道、综合面对客户的业务工具和竞争能力，从而能帮助企业顺利实现由传统企业模式到以电子商务为基础的现代企业模式的转化。

（二）集成性

企业资源规划（ERP）等应用软件系统的实施给众多企业带来了内部资源的优化配置，CRM则将从根本上改革企业的管理方式和业务流程。同时，更为重要的是，CRM系统在电子商务背景下，将努力实现企业级应用软件尤其是与企业资源规划、供应链管理、集成制造和财务等系统的最终集成。CRM系统解决方案因其具备强大的工作流引擎，可以确保各部门各系统的任务都能够动态协调和无缝衔接完成。以CRM系统与后台ERP的集成为例，CRM的销售自动化子系统，能够及时向ERP系统传送产品数量和交货日期等信息，营销自动化和在线销售组件，可使ERP的订单与配置组件功能发挥到最大，客户可以真正按需要配置产品，并现场进行订购。事实上，企业都明白，如果它们不能把销售和服务部门的信息与后台联系在一起，那就会导致许多潜在营业额的流失，只有CRM与ERP集成、前后端应用软件完全整合才可能成为未来的赢家。而且，CRM与ERP的集成还可确保企业实现跨系统的商业智能，这将是CRM系统的下一个特点。

（三）智能化和精简化

CRM系统还具有商业智能的决策和分析能力，不光能实现商业流程的自动化，而且能为管理者提供分析或代为决策。CRM系统中获得并深化了大量有关客户的信息，CRM通过成功的数据仓库建设和数据挖掘，对市场和客户需求展开了完善和智能的分析，并为管理者提供决策的参考。CRM的商业智能还可以改善产品定价方式，提高市场占有率，提高客户忠诚度，发现新的市场机会。一个优化的CRM系统在整合ERP系统后，其商业智能将大大增强。同时，商业智能要求对商业流程和数据采用集中管理的办法，这样可简化软件的部署、维护和升级工作；而基于Internet部署的CRM解决方案，通过Web浏览器可以实现用户和员工随时随地访问企业的应用程序和知识库，节省了大量的交流成本。

（四）高技术和复合性

客户关系管理应用系统设计种类繁多的信息技术，如数据仓库、网络、语音、多媒体等多种先进技术，同时为实现与客户的全方位交流，在方案布置中要求呼叫中心、销售平台、远端销售、移动设备和基于 Internet 的电子商务站点有机结合，这些不同的技术和不同规则的功能模块及方案要被结合为一个统一的 CRM 客户管理环境，就要求不同类型的资源和专门的先进技术的支持。以多媒体的企业客户联络中心为例，在 CTI 技术支持的呼叫中心中，要能让 Web 用户通过 Internet、在线聊天系统或视频会议系统来实时进行交互式交流，就要求有关人员具备呼叫中心和 Web 环境等多方面的技术知识。此外，客户关系管理系统为企业提供数据知识的全面解决方案中，要通过数据挖掘、数据仓库和决策分析工具的技术支持，才能使企业理解统计数据和客户关系模式、购买行为等，在整合不同来源的数据并以相关的形式提供给业务管理者或客户方面，IT 技术的影响是巨大的。不过，技术终归是使商业目标实现的工具。除非一个企业了解实现客户管理策略的业务驱动力量和影响力，否则拥有多少专门技术都不能保证企业取得成功。

四、CRM 系统的创新与作用

客户关系管理的新营销范畴包括各种不同层次的内容，如一对一营销、数据库营销、促销预测分析、专柜评价等新理念。为赢得顾客的高度满意，建立与客户的长期良好关系，客户关系管理系统在客户管理中可开展多方面的工作。

（一）客户资料的管理

详细地管理每个客户的个人资料，并结合客户的消费历史，可以精确把握客户的消费习惯、消费能力，从而细分客户，对不同类型客户提供不同类型的服务，这就是"一对一的个性化服务"，这样才能真正提高客户关怀和客户满意度。

（二）企业对客户的承诺

承诺的目的在于明确企业提供什么样的产品和服务，不同等级的客户所得到的服务有所区分，才能体现 VIP 客户的价值，才能促进企业发展会员的源动力。

（三）客户信息交流

它是一种双向的信息交流，其主要功能是实现双方的互相联系、互相影响。从实质上说，客户关系管理的过程就是与客户交流信息的过程，实现有效的信息交流是建立和保持企业与客户良好关系的途径。呼叫中心是一个比较不错的客户信息交流平台。

（四）以良好的关系留住客户

为建立与保持客户的长期稳定关系，首先需要良好的基础，即取得顾客的信任，同时要区别不同类型的客户关系及其特征，还可以通过建立顾客组织等途径，保持企业与客户的长期友好关系。同等类型的客户作为一个群体进行管理，建立客户群组织关系，可以保持与原有客户的稳定联系，同时，对各种类型的客户群体进行深层次的发掘分析，还有利于企业发展新客源。

（五）客户反馈管理

客户反馈用于衡量企业承诺目标实现的程度，及时发现在为顾客服务过程中的问题，及时处理客户投诉及客户意见，充分体现客户至上的行业服务标准。为降低客户投诉率，提高客户满意度提供依据。

（六）有别于传统的客户关系管理

新型的客户关系管理不仅仅在客户信息管理分析上发挥了更全面的依据，同时，在促销分析预测及专柜管理上提出了新的管理理念。促销分析预测在为企业进行促销宣传、选择促销手段、投放广告、针对目标客户上能起到指导作用，专柜分析在为企业对专柜优胜劣汰、选择有效产品上提供有利评定标准。

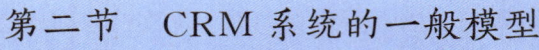

第二节　CRM系统的一般模型

一、CRM系统的一般模型

客户关系管理（CRM）软件系统以最新的信息技术为手段，运用先进的管理思想，通过业务流程与组织上的深度变革，帮助企业最终实现"以客户为中心"的管理模式。客户关系管理软件系统的一般模型反映了客户关系管理最重要的一些特性，如图4-1。

这一模型阐明了目标客户、主要过程以及功能之间的相互关系。客户关系管理系统采用闭环设计，主要过程由市场、销售和服务构成，可显著改善企业在客户关系、业务交易执行、完成客户预期和在供服务等方面的处理能力。

首先，在市场营销过程中，目标消费者居于中心地位，企业识别总体市场，将其划分为较小的细分市场，选择最有开发价值的细分市场，并集中力量满足和服务于这些细分市场。企业设计由其控制的四大要素（产品、价格、渠道和促销）所组成的市场营销组合。为找到和实施最好

4-1视频：
CRM的
一般模型

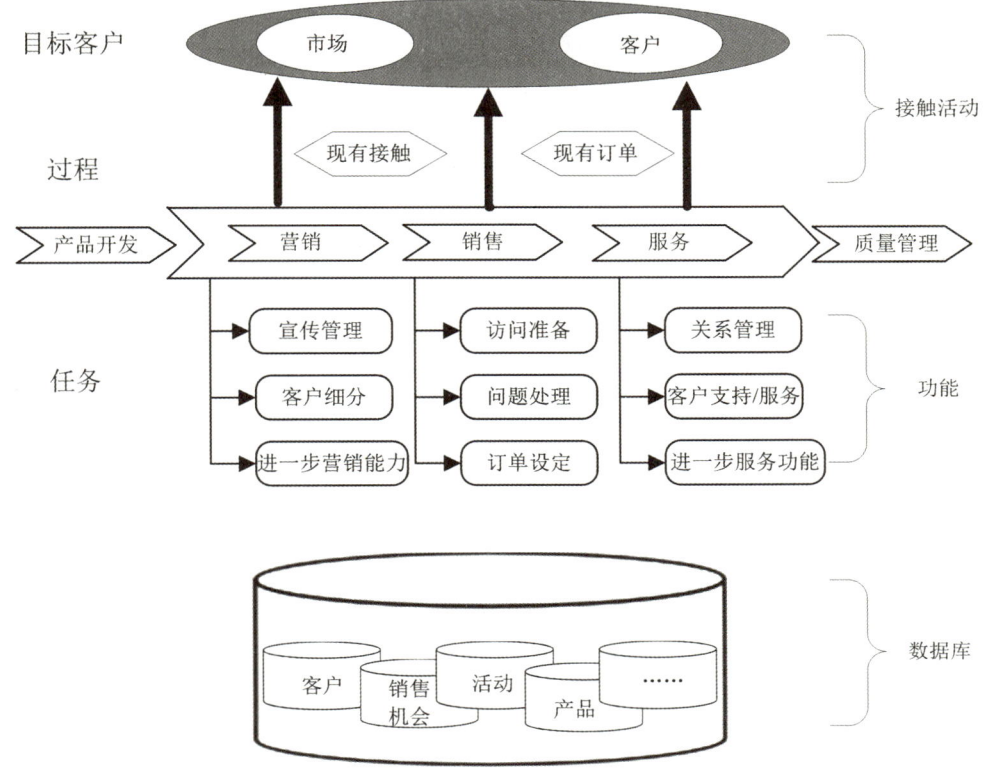

图 4-1　CRM 软件系统的一般模型[①]

的营销组合，企业要进行市场营销分析、计划、实施和控制。通过这些活动，企业观察并应变于市场营销环境。销售的任务是执行营销计划，包括发现潜在客户、信息沟通、推销产品或服务、收集信息等，目标是建立销售订单，实现销售额。在客户购买了企业提供的产品或服务后，还需对客户提供进一步的服务与支持，这主要是客户服务部门的工作。产品开发和质量管理过程分别处于客户关系管理过程的两端，提供必要的支持。

　　在客户关系管理软件系统中，各种渠道的集成是非常重要的。CRM 的管理思想要求企业真正以客户为导向，满足客户多样化和个性化的需求。而要充分了解客户不断变化的需求，必然要求企业与客户之间要有双向的沟通，因此拥有丰富多样的营销渠道是实现良好沟通的必要条件。

　　CRM 改变了企业前台业务运作方式，各部门间信息共享，密切合作。位于模型中央的共享数据库作为所有客户关系管理过程的转换接口，可以全方位地提供客户和市场信息。过去，前台各部门从自身角度去掌握企业数据，业务割裂。而对于 CRM 模型来说，建立一个相互之间联系紧密的数据库是最基本的条件。这个共享的数据库也被称为所有重要信息的"闭环"（Closed-loop）。由于客户关系管理系统不仅要使相关流程实现优化和自动化，而且必须在各流程中建立统一的规则，以保证所有活动在完全相同的理解下进行。

---

① 邵兵家，于同奎，等. 客户关系管理——理论与实践［M］. 清华大学出版社，2004.

这一全方位的视角和"闭环"形成了一个关于客户以及企业本身的一体化蓝图，其透明性更有利于与客户之间的有效沟通。这一模型直接指出了面向客户的目标，可作为构建客户关系管理系统核心功能的指导。

二、CRM 系统的组成

根据 CRM 系统的一般模型，可以将客户关系管理软件系统划分为接触活动、业务功能及数据库三个组成部分。

（一）接触活动

客户关系管理软件应当能使客户以各种方式与企业接触，典型的方式有 Call Center、面对面的沟通、传真、移动销售（mobile sales）、电子邮件、Internet 以及其他营销渠道，如金融中介或经纪人等，客户关系管理软件应当能够或多或少地支持各种各样的接触活动。企业必须协调这些沟通渠道，保证客户能够采取其方便或偏好的形式随时与企业交流，并且保证来自不同渠道的信息完整、准确和一致。今天，Internet 已经成为企业与外界沟通的重要工具，特别是电子商务的迅速发展，促使客户关系管理软件与 Internet 进一步紧密结合，发展成为基于 Internet 的应用模式。

（二）业务功能

企业中每个部门必须能够通过上述接触方式与客户进行沟通，而市场营销、销售和服务部门与客户的接触和交流最为频繁，因此，客户关系管理软件主要应对这些部门予以支持。然而，并不是所有的客户关系管理软件产品都能覆盖所有的功能范围。一般地，一个软件最多能够支持两至三种功能，如营销和销售，因此，在软件评价中，功能范围可以作为决定性的评判依据。表 4-1 给出了客户关系管理软件各业务功能子系统较为详细的描述。

表 4-1　CRM 软件各业务功能子系统

营销	销售	服务
宣传管理，直接营销 • 选择判据的确立 • 定义接触渠道 • 设计、计划、展开一项宣传或活动 • 反馈处理 • 生成进度计划	访问准备 • 获得信息，需求分析 • 制作演示和样本 • 客户接触计划 • 提取客户信息 • 投资建议，样本组合或行情信息	关系管理 • 附加服务的识别和了解 • 识别和了解进一步的潜在客户需求 • 知道客户考虑新的产品或服务

续表

营销	销售	服务
客户评价 • 打分 • 客户等级评定 • 客户潜力分析 • ABC 分析 • 措施计划	问题处理及方案提供 • 客户数据控制 • 咨询系统 • 针对特定客户提供产品方案 • 进度计划的理解与形成	客户支持与服务 • 问题处理（支付路径） • 答复 • 客户状态控制 • 投诉管理 • 掌握客户愿望 • 整体的费用结算
进一步的市场营销功能 • 广泛收集有关投资策略、市场研究结果、市场分析、竞争者及外部数据来源的信息 • 客户及市场的细分 • 市场机会的早期识别	订单设定 • 订单的识别掌握 • 客户联系方式 • 客户反应 • 形成报告	进一步的服务功能 • 外部行动 • 宣传册、广告文章的订购方式 • 产品和销售培训 • 客户帮助台 • 问题及解决方案的数据库
客户数据库系统		
客户历史 潜在客户管理 客户评价	客户的关系范围 个人情况 感兴趣者、客户数据的理解	产品使用 报告管理 客户合同关系
过程转换功能		
产品管理 产品设计、模拟及生产 产品组成管理	进度及日程管理 进度管理 人员及项目转换日程安排 销售计划管理	销售支持 销售指导（目标、渠道、产品、过程） 预测、销售计划、销售分析 客户计划 投入计划

客户关系管理软件系统的业务功能通常包括营销管理、销售管理、客户服务和支持三个组成部分。

营销管理的主要任务是：通过对市场和客户信息的统计和分析，发现市场机会，确定目标客户群和营销组合，科学地制定出市场和产品策略；为市场人员提供制定预算、计划、执行和控制的工具，不断完善市场计划；同时，还可管理各类市场活动（如广告、会议、展览、促销等），对市场活动进行跟踪、分析和总结以便改进工作。

销售管理部分则使销售人员通过各种销售工具，如电话销售、移动销售、远程销售、电子商务等，方便及时地获得有关生产、库存、定价和订单处理的信息。所有与销售有关的信息都存储在共享数据库中，销售人员可随时补充或及时获取，企业也不会由于某位销售人员的离去而使销售活动受阻。另外，借助信息技术，销售部门还能自动跟踪多个复杂的销售线路，提高工作效率。

客户服务和支持部分具有两大功能，即服务和支持。一方面，通过计算机电话集成技术（Computer Telephony Integration，CTI）支持的呼叫中心，为客户提供每周 7×24 小时不间断服务，并将客户的各种信息存入共享的数据库以及时满足客户需求；另一方面，技术人员对客户的使用情况进行跟踪，为客户提供个性化服务，并且对服务合同进行管理。

其实，上述三组业务功能之间是相互合作的关系，如图 4-2 所示。

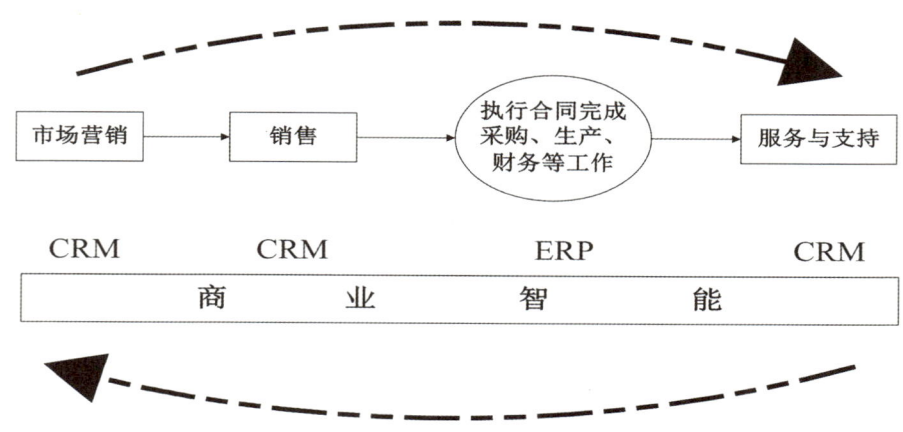

图 4-2　三组业务功能之间是相互合作的关系

（三）数据库

一个富有逻辑的客户信息数据库管理系统是客户关系管理系统的重要组成部分，是企业前台各部门进行各种业务活动的基础。从某种角度来说，它甚至比各种业务功能更为重要。其重要作用体现在以下几点：帮助企业根据客户生命周期价值来区分现有客户；帮助企业准确地找到目标客户群；帮助企业在最合适的时机以最合适的产品满足客户需求，降低成本，提高效率；帮助企业结合最新信息和结果制定出新策略，塑造客户忠诚；运用数据库这一强大的工具，可以与客户进行高效的、可衡量的、双向的沟通，真正体现了以客户为导向的管理思想；可以与客户维持长久的甚至是终身的关系来保持和提升企业短期和长期的利润。可以这样说，数据库是客户关系管理思想和信息技术的有机结合。

一个高质量的数据库包含的数据应当能全面、准确、详尽和及时地反映客户、市场及销售信息。数据可以按照市场、销售和服务部门的不同用途分成三类：客户数据、销售数据、服务数据。客户数据包括客户的基本信息、联系人信息、相关业务信息、客户分类信息等,它不但包括现有客户信息,还包括潜在客户、合作伙伴、代理商的信息等。销售数据主要包括销售过程中相关业务的跟踪情况,如与客户的所有联系活动、客户询价和相应报价、每笔业务的竞争对手以及销售订单的有关信息等。服务数据则包括客户投诉信息、服务合同信息、售后服务情况以及解决方案的知识库等。这些数据可放在同一个数据库中,实现信息共享,以提高企业前台业务的运作效率和工作质量。目前,飞速发展的数据仓库技术(如 OLAP、数据挖掘等)能按照企业管理的需要对数据源进行再加工,为企业提供了强大的分析数据的工具和手段。

(四) 技术功能

客户关系管理系统除了上述三个组成部分外,在技术上需要实现其特有的一些功能(如图 4-3 所示)。与其他标准软件相类似,主要必须遵循以下几点原则。

(1) 易转换——适应性及强大的参数设置功能。

(2) 在已有的 IT 环境下,对所定义的各个部分具有强大的一体化功能。

(3) 强大的数据复制及同步功能。

(4) 独立于开发平台(与核心部分以 C++还是 JAVA 编写无关)。

(5) 通过 COM/DCOM 以及 CORBA 与 E-Business 构成一体化结构,以及以网页为基础的组合结构。

(6) 界面友好。

(7) 关系 DBMS 以及通常的开发环境(C++,JAVA)。

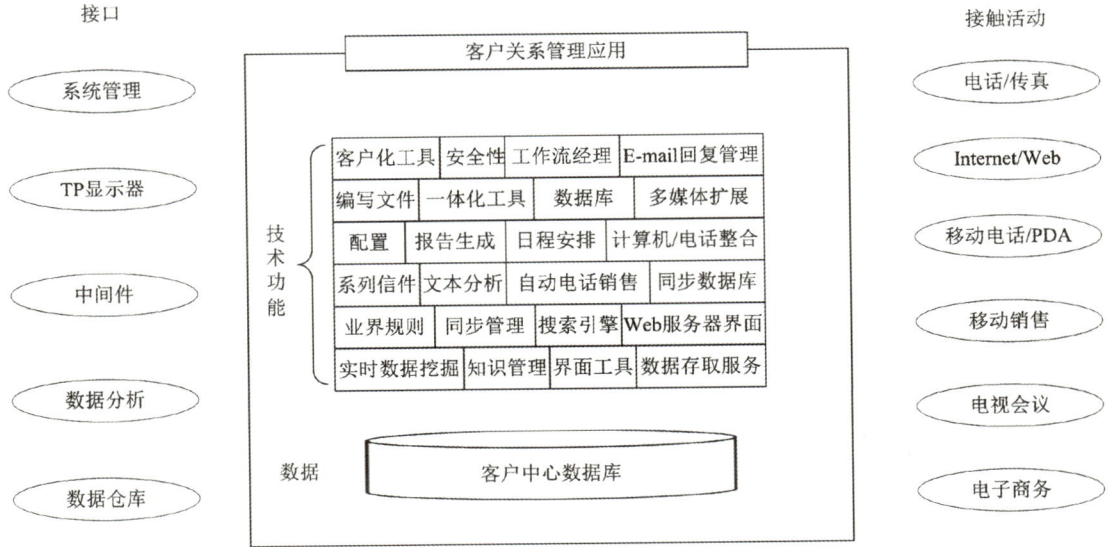

图 4-3 CRM 软件系统的技术功能

目前,客户关系管理标准软件系统在技术上还处于日趋成熟的阶段。根据研究公司 Forrester Research 的报告估计,目前只有 10% 的标准软件产品在引入前不需要做相应的调整,30% 的产品则必须做全面的修改,导致引入成本非常高,而这些产品以后可能仍不能与现实相适应。软件厂商正试图通过向客户提供通用的开发工具、公共开放的接口以及对大型数据模型和组成结构的详细文档来改变上述现状。

客户关系管理的主要目的就在于在适当的时间通过适当的渠道将合适的产品提供给合适的客户。通过客户关系管理软件系统的应用,企业提高了前台业务的运作效率。客户信息可以从中央数据库完整地获取,而不依赖于销售渠道;产品及客户分析结果以及产品销售、地区销售等的预测能够非常容易且实时地得到利用;同时企业可以通过客户关系管理软件系统来对销售进行管理,使得能在有很多决策部门的大型组织中实现复杂的销售过程;客户关系管理软件还能简化识别目标客户的工作,加强与目标客户的联系;能够更为合理地分配营销资源,提高反馈率,并加强宣传的作用,从而减少市场营销成本。

总之,客户关系管理软件系统支持营销、销售和服务过程,使得对客户和所谓的"闭环"过程有一个全方位的视角。其作用是由业务功能和技术功能两方面共同决定和完成的。

三、 CRM 系统的分类

按照目前市场上流行的功能分类法,美国的调研机构 Meta Group 把 CRM 分为操作型、分析型和协作型三类,这一分类已得到业界的认可。

操作型 CRM(Operational CRM)主要实现流程管理功能。主要设计目的是让销售、营销、客户服务、技术支持等部门的业务人员在日常工作中能够共享客户资源,减少信息流动滞留点,同时具有一定的分析能力。很容易通过多个渠道快速、全面的获得客户的信息,以及相关的联系等,使得与客户的联系变得连续,呈现给客户的信息一致。目前也有许多国内外厂商推出了具有 SFA、MA、CSS 功能的系统,如 Siebel、Oracle、CA、IBM 等,这些产品大多将流程管理和分析方法一起进行了封装,这样虽然屏蔽了分析方法的细节,但由于不同的问题领域有不同的适用方法,因此这些系统的灵活性不可避免受到一定的影响。

协作型 CRM(Collaborative CRM)主要实现接入功能。能够让企业销售、客户服务人员同客户一起完成某项活动。协作型目前主要应用于呼叫中心、多渠道联络中心、帮助台,以及自助服务帮助导航等。思想上基本是要实现多途径接入功能(自动应答、人工座席、传真、电子邮件、互联网接入等)的整合和一部分的客户服务功能。

分析型 CRM(Analytical CRM)主要利用大量的客户数据,从中提取有用的信息进行分析,以及对将来的趋势做出预测,协助企业制订市场计划、规划发展方向,实现基础数据、操作数据存储、数据仓库的组织与管理,知识的获取、管理与提供,分析方法的管理等。分析型 CRM 应该提供开放的分析方法的接口,便于使用者自主选择、配置,甚至修改、添加分析方法,使分析具有最大的灵活性和适应性。

三种 CRM 在企业级信息系统中的内涵及关系如图 4-4 所示。

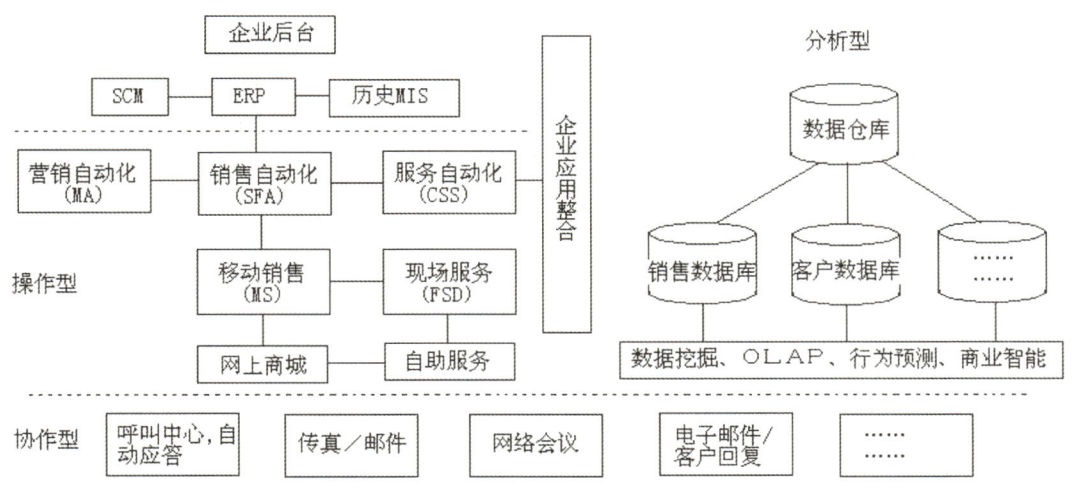

图 4-4　三种 CRM 在企业级信息系统中的内涵及关系

　　CRM 类型的划分并没有严格的界限，它们之间是互相交叉、重叠的，很多操作性 CRM 也包含了统计分析和协助决策的能力，分析型也会包含操作性的功能。协作型 CRM 也会包含分析功能。提供灵活的分析方法配置，并提供业务逻辑的整合，形成专门的分析型 CRM，是目前发展的一个趋势。

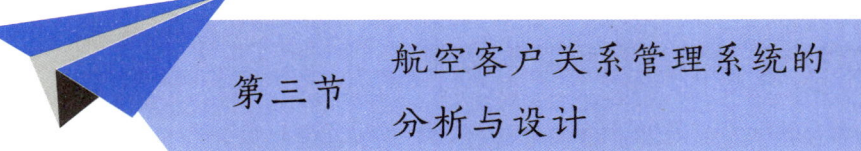

第三节　航空客户关系管理系统的分析与设计

一、航空客户关系管理系统的产生背景

　　就目前的世界经济来说，企业的经营已进一步打破了地域的阻隔，向企业生存数字化、商业竞争国际化、竞争对手扩大化等方向发展，互联网、知识经济、高新技术特征明显，如何在全球贸易体系中占据一席之地，如何赢得更大的市场份额和更广阔的市场前景，如何开发和保持相对稳定的客户资源，已成为影响企业生存和发展的关键问题。在这样的背景下，新型营销理念层出不穷，例如，关系营销、一对一营销、直接营销、互动营销、对话营销，并基于网络技术的数据库营销、网络营销、电子商务和技术驱动的营销等。

　　这些营销新理念和新方法非常强调企业与消费者、供应商、分销商、竞争者、政府机构和其他公众保持良好关系，尤其是与客户保持良好互动状态，并基于现代信息技术、数据技术和网络技术，实现企业传统业务再造，降低营销成本，缩短响应周期，提高营销效率，满足客户定制化个性需要，增强客户服务能力等。国内的企业很少能够认识到客户以及客户关系的重要程度，在对产品进行定位时，对国内客户需求变化的把握不准，对客户长期、动态价值的关注以及与客户沟通不够，导致企业不能很好地根据客户的需求来生产产品，提供服务，而只是以产定销使得产品滞销，企业资金周转速度减慢。企业为了能尽快缓解这种情况，就不得不采取降价销售等销售手段，从而使企业陷入残酷的价格战之中。

民航是我国打破垄断和修改价格政策较晚的行业之一，长期以来，我国对民航运输价格实行严格的管制政策，中国民用航空局对航空企业制定统一运价，严格限制航空企业降低运价进行竞争。由于运价过高和工作中的低效率，民航系统遭到了来自各方面的批评。长期以来我国民航都是以票价打折来获取客户，各航空公司都在通过各种优惠的折扣来吸引客户，但是通过价格的竞争使得企业的利润在不断减少，效益逐年下降且容易产生恶性循环。虽然一定范围内的打折不失为企业竞争的一个有效手段，但这种手段真正吸引的是交易客户，这些客户总是不断比较不同公司机票的价格，取其最低的进行购买，这样就导致航空公司新一轮的降价，对公司的发展毫无益处。公司要想真正赢得客户，保住自己的老客户，逐步发展新客户，保持竞争优势，必须提供一流的服务，树立良好的形象，针对客户并不喜欢被无差别对待，期望公司能"单独"对他们提供服务的心态，尽可能地掌握客户的资料，提供个性化服务，这样就能吸引并牢牢地掌握住关系客户，为公司带来长期的巨大利润。客户关系管理系统在航空公司营销管理的应用可以为航空公司提供一种实现这种目的的工具。

二、航空客户关系管理系统基本功能

客户关系管理系统的兴起，使得企业能够通过对企业数据的整理和分析，为销售、市场和服务等部门提供全面、个性化的客户资料，使他们能够协同建立和维护一系列与客户以及生意伙伴之间卓有成效的"一对一关系"，从而使企业得以提供更快捷和周到的优质服务，提高客户满意度，吸引和保持更多的客户。航空公司由于在售票运作过程中，较早地实现了计算机管理，并且员工也有一定的计算机基础，再加上航空售票的要求，客户在进行购票的时候，可以尽量多地了解客户有关的信息，这就为客户关系管理系统的运行提供了原始的数据。在人工处理阶段航空公司中客户、联系人的信息资料分散而凌乱，数据容易丢失，数据的访问权限不易控制，并且不能有效地对这些信息进行统计分析来辅助决策，这些原因都促使航空公司迫切需要引入客户关系管理系统。

目前客户关系管理系统的基本功能包括客户管理、联系人管理、时间管理、潜在客户管理、销售管理、电话销售、营销管理等，有的软件还包括呼叫中心、合作伙伴关系管理、商业智能、知识管理、电子商务等。航空公司实现客户关系管理系统一般主要有客户管理、机票管理、送票人员管理、统计分析和投诉管理等功能模块，具体的功能要求如下。

（1）由于航空公司的主要客户就是购票的客户，所以客户管理的主要功能就是对客户基本信息和购票信息进行记录，通过记录这些信息，来实现对客户信息进行统计分析，实现前面提到的客户细分。

（2）机票管理主要是要通过对公司已有航线的基本信息和运营能力，设定具体到每张机票的具体信息，包括航班、起飞地、目的地、起飞时间、到达时间、经济舱单价等信息。

（3）送票人员管理的主要功能是监控送票人员的状态，可以合理地安排送票业务，并进行记录，可以用来考核送票人员的工作量。

（4）统计分析主要就是要实现对记录下来的信息进行各种统计分析，能够对公司的下一步营销策略的制定起到一定的辅助作用，其中包括机票价格浮动分析、客户细分、航班分析等。最主要的就是客户细分，能够实现对客户进行分类，帮助企业找到真正带来效益的客户，使得营销策略更有针对性。

（5）投诉管理主要是实现为客户服务提供第一手信息，包括客户投诉的种类、时间、内容等信息。

航空公司实施客户关系管理系统就能够对航班管理、机票管理、客户基本信息、客户购票信息、送票人员管理、统计分析和投诉管理整个过程进行跟踪，以此来实现企业运作过程中对信息的有效管理，并通过分析这些信息来对企业下一步的决策提供支持。如其中在对信息进行统计分析的过程中要能够实现通过分析客户的信息来对客户进行二次细分，能够在了解客户价值类别的基础上，区分处于不同类别的客户在其他属性的差异性，这样有针对性地对不同客户制定相应的销售策略，减少企业不必要的开销。

三、航空客户关系管理系统分析

（一）系统业务流程分析

对系统进行分析的一个很重要的方面是对系统业务流程的分析，其目的是在对企业业务流程有充分了解的基础上，结合对系统功能的要求，明确系统要实现的功能，在系统中对原先存在的比较合理的业务流程进行保留，对那些不适应管理信息系统的需求或者不适应计算机进行管理的业务流程进行重组或者更改，使整个系统的功能更加完善。业务流程分析是在对航空公司进行系统的分析过程中，是通过与公司的管理人员和基层员工进行交流和沟通而得出的。如图4-5所示。

4-2 案例：
票务系统数据
处理的逻辑

可以看出，航空公司的业务流程主要是围绕客户管理来进行的。在客户管理中，包括客户基本信息、客户购票信息和统计分析三个主要处理过程，航班管理主要是管理公司所有的航班信息，包括航班编号、

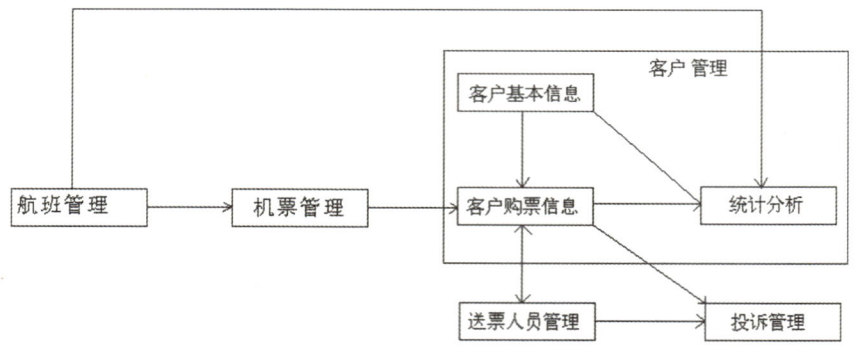

图 4-5 运营过程的基本流程

航班起飞时间、到达时间、起飞地点、到达地点等信息，而机票管理则除了航班管理中航班的信息外，还包括机票的等级、价格等。送票人员管理，就是在客户完成购票行为以后，对于在购票过程中需要送票的客户，可以通过系统了解送票人员的信息及其所处的状态，为需要送的机票指定送票人员。所有的交易完成以后，还有对客户的反馈信息进行管理的过程，这就是投诉管理，航空公司可以在这个环节了解客户对交易过程中的意见，可以对交易过程中出现的问题及时进行改正。

（二）系统的功能结构分析

在系统的设计过程中，系统的结构设计是其中重要的一环，其主要功能就是要确定程序各个主要部件之间的关系，产生一个模块化的程序结构并明确各个模块之间的控制关系。它类似于建筑工程中的总体规划，后续的工作都要在总体结构设计的基础上进行，只有很好地搭建了框架，才能较好地进行每个模块的具体细节的设计。

在众多的系统结构设计方法中，结构化设计方法的应用比较普遍，其基本思想是使系统模块化，即利用一些标准的设计准则和图表等工具，逐层地将系统分解为多个大小适当、功能单一、具有一定独立性的模块，把一个复杂的系统转换成易于实现、易于维护的模块化结构系统。模块划分所要遵循的总的原则，就是要尽量把密切相关的子问题划归到同一模块；把不相关的子问题划归到不同模块，即模块之间的关联度要弱，而模块内部各个组成部分之间的黏合度要强。当然，除了要考虑这两个因素以外，还要考虑模块的层次数和模块结构的宽度。如果一个系统的层数过多，则系统的控制和协调关系就比较复杂，系统的模块也要相应地增大，结果就导致系统设计和维护的困难加大。因此，建设航空公司客户关系管理系统必须在了解航空公司流程的基础上进行，再结合对系统的要求进行功能结构图的设计，图 4-6 为航空公司客户关系管理系统的功能结构图。

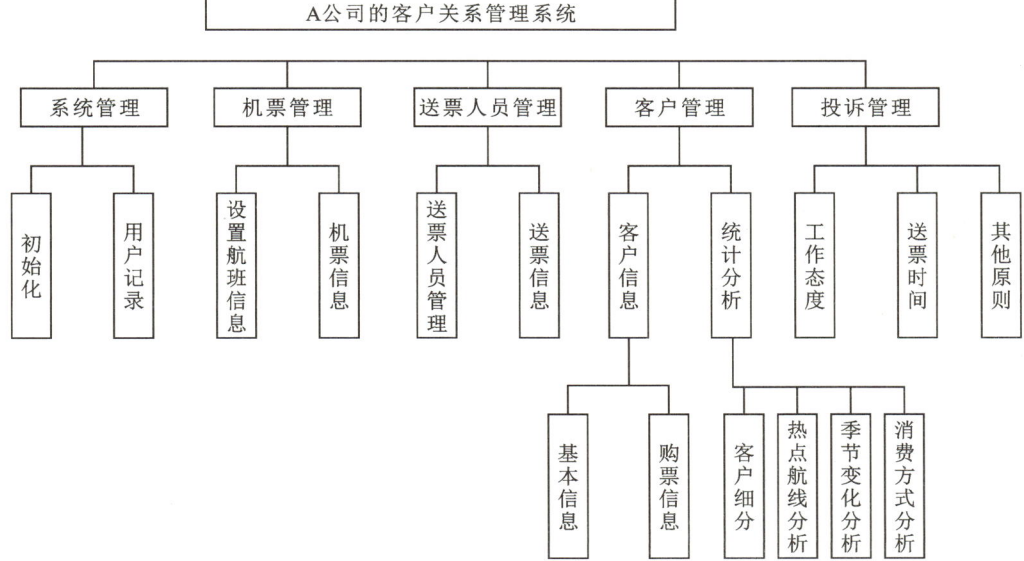

图 4-6 航空公司客户关系管理系统的功能结构图

四、航空客户关系管理系统的设计

（一）业务分析

航空客户关系管理系统的用户主要包括五类：系统管理员、管理者、决策者、会员、非会员。所以航空客户关系管理系统主要处理以下几个方面的业务。

（1）系统管理员是总部的 IT 人员，负责系统的日常管理和维护及人员权限的管理。

（2）管理者是公司总部、分公司及经营部门的相关人员，执行航空客户关系管理系统的大部分业务操作，涉及信息处理和查询。主要任务是管理常旅客信息，跟踪常旅客乘坐航班情况及对常旅客进行里程累积和奖励。

（3）决策者是企业的高层管理人员，一般为进行企业决策执行查询统计操作。决策者查看系统对常旅客数据进行数据挖掘得到的分析结果，如常旅客构成分析、常旅客的特征分析、里程积累政策的执行情况分析等。

（4）会员是航空公司的常旅客，他们使用系统查询和修改与自己相关的个人情况，如查询个人信息、乘机信息、补登乘机信息等，还可以查询一些服务信息，如航班、酒店、租车等，机票的预订。

（5）非会员是该航空公司的普通客户或潜在客户，他们通过系统可以查询一些服务信息，如了解本航空公司的里程积累政策，查询航班信息等；非会员还可通过系统进行常旅客会员的注册。

(二)数据流程分析

航空客户关系管理中主要有以下几类的数据：常旅客基本信息、乘机记录、里程累积记录、奖励记录、奖励消费记录、里程累积政策，以及系统辅助信息（机场代码、国家代码等）、分析统计信息、服务信息（航班信息、酒店旅馆信息、租车信息）等。

常旅客的基本信息用来描述一个常旅客的基本情况，如姓名、性别、年龄、会员级别等。

业务相关的信息包括乘机记录，里程累积记录和奖励记录、奖励消费记录，主要用来描述常旅客乘坐航班情况和对常旅客进行里程累积和奖励的情况。数据流程如图4-7。

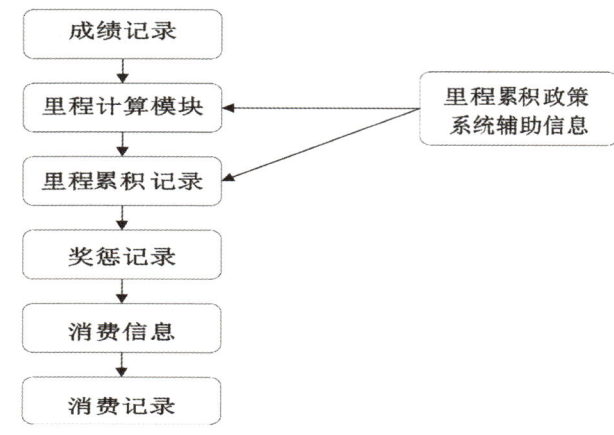

图 4-7 业务数据流程图

分析统计信息是利用数据挖掘技术从常旅客数据中获取的供决策者查询的信息。服务信息主要是供会员和非会员查询使用的。

(三)基本功能模块

1. 非会员查询、注册模块

该模块向非会员提供航班信息的查询、机票的预订、里程累积政策的查询等服务；该模块还提供会员注册的功能。功能结构图如图4-8所示。

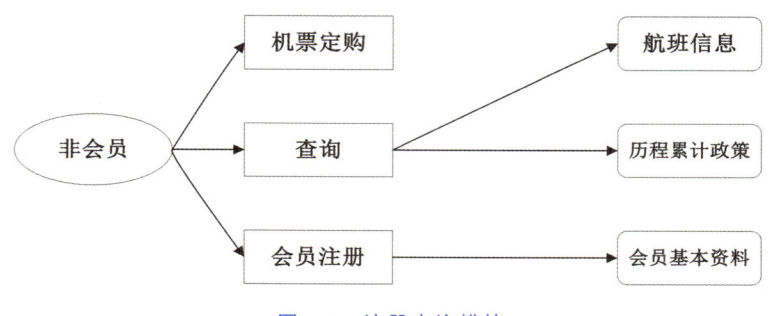

图 4-8 注册查询模块

2. 会员自助查询模块

该模块向会员提供机票订购、基本资料的查看与修改、业务信息的查询、乘机记录补登、查询服务信息及意见反馈等功能。功能结构如图 4-9。

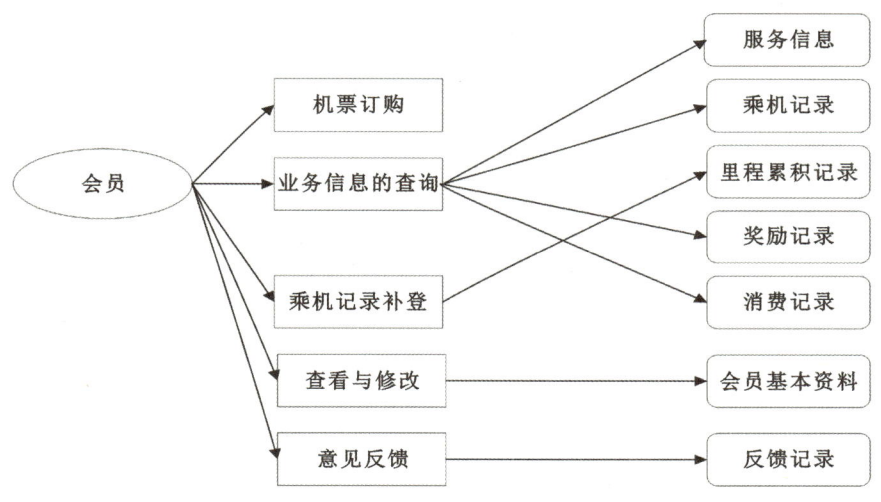

图 4-9　会员自助查询模块

其中业务信息的查询包括乘机记录、里程累积记录、奖励记录和消费记录的查询，服务信息主要包括航班信息和合作伙伴的一些服务信息，如酒店旅馆、租车、旅游等。乘机记录的补登是指会员在乘坐航班后里程没有累积的情况下为会员提供的进行重新积累的功能。上述的几个功能都是针对会员个人的，会员只能对自己的信息进行查询和修改。机票订购则需要连接航空公司的售票系统来实现。

（四）业务管理模块

这个模块的用户主要是管理者，为管理者管理常旅客信息，跟踪常旅客乘坐航班情况及对常旅客进行里程累积和奖励提供相应的功能。常旅客里程累积和奖励方法的流程如图 4-10 所示。

该模块主要功能归纳为会员信息管理、乘机信息管理、会员里程累积管理、会员奖励管理、查询报表、里程累积政策管理、辅助信息管理 7 个部分。业务管理模块功能结构如图 4-11 所示。

（1）会员信息管理：增加、删除会员，会员基本信息录入、修改，会员乘机、里程、奖励、总里程等相关信息的查询。

（2）乘机信息管理：从其他系统中读取常旅客乘机信息或根据会员自助查询模块中会员的补登情况，确认后加入乘机记录里。

（3）会员里程累积管理：根据会员的乘机记录和其他消费记录计算会员的基本里程和额外里程分数。

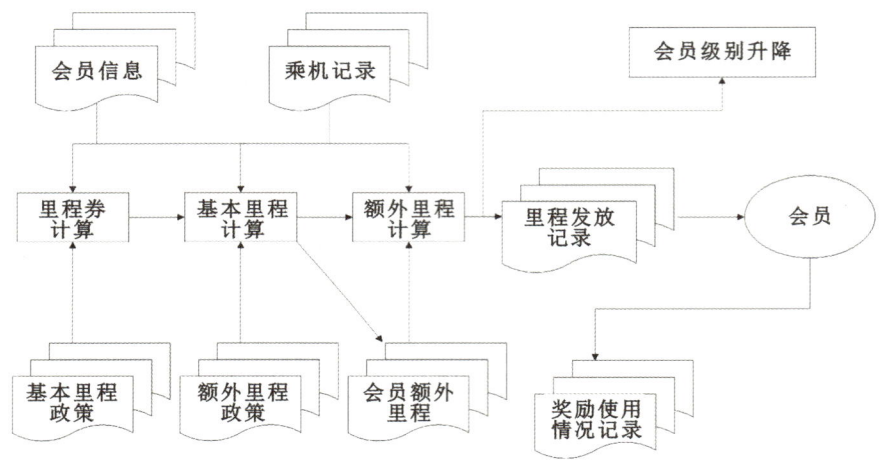

图 4-10 常旅客里程累积和奖励方法的业务流程

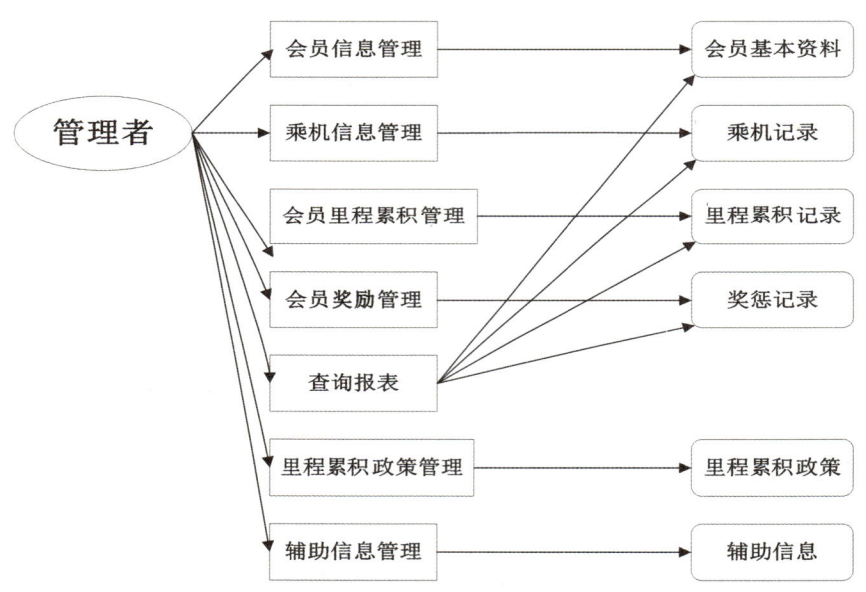

图 4-11 业务管理模块功能结构图

（4）会员奖励管理：根据常旅客会员的里程积累分数判断是否达到奖励标准，如达到则增加一条奖励记录，记录常旅客奖励里程券使用情况。

（5）查询报表：按不同的信息或多个信息项的组合查询会员列表、乘机信息、消费信息等。

（6）里程累积政策管理：包括基本里程累积政策和额外里程累积政策管理。基本里程累积政策对应会员乘机所累积的单程数累积办法；额外里程与基本单程相对，是对常旅客乘机所累积的里程之外的额外奖励，并给予累积。

（7）辅助信息管理：包括合作伙伴信息、航班信息、国家代码等的录入和查询。

(五)决策者查询模块

决策者查询模块的主要功能是分析业务数据,把分析的结果展现给公司的决策者。数据分析需要对业务数据进行大量的查询和插入操作,为了使数据分析不影响具体的业务功能,在航空客户关系管理系统中设计两个数据库,一个是业务数据库,主要为会员自助查询模块和业务管理模块提供数据管理和存储;另外一个数据库则是因数据分析的需要定期从业务数据库中抽取数据并做一定的数据预处理和数据集成后构成的主题数据库。决策查询模块的功能如图 4-12 所示。

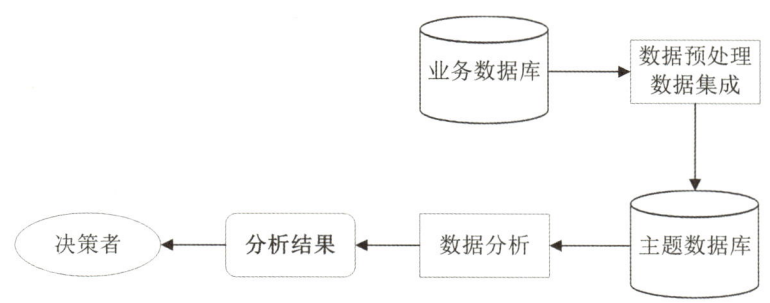

图 4-12　决策查询模块的功能结构图

在这个模块中有两个关键步骤,一是对业务数据库中数据的提取和组织;二是根据需求对主题数据库中的数据应用数据挖掘算法,在后面的章节里,还将详细讨论数据挖掘的需求和关键技术。

(六)系统管理模块

主要完成对本系统的各项资料进行维护,实施拥护管理、系统数据维护、系统资料备份等功能。

第四节　航空企业客户关系管理的发展趋势

随着信息技术和网络技术的发展,航空企业的发展呈现以电子信息技术为发展趋势的主要特点。国际航空业市场经历了几次大的信息技术应用变革,第一次是美利坚航空公司和 IBM 公司于 1959 年联合开发了世界上第一个计算机订座系统(SABRE),这是航空业信息化萌芽的标志;第二次是 1978 年美国推出航空管制取消法案,游客购买机票的选择范围变大,电脑预订系统延伸到旅行代理商,到 1982 年,几乎有 82% 的代理商都在使用计算机预订系统。到 1985 年,电脑预订系统业务进一步得到发展,包括订购机票,预定客房,租车等,;信息高速公路出现后,民航旅游界又研究利用互联网来取代 CRS 并最终取代 BSP，使之以极快的速度完成查询、预订和支付等全部流程。相应地，一些传统的经营管理方法也因信息技术革新而改变，逐渐向高智能化、网络化、集团化转变。如 1994 年底，美国开始出现新式的"电子机票"，实行"无票旅行"方式。旅客通过网上订票系统，直接在网上订票，并打印登机牌，许多大型航空公司通过收集、分析、整理旅客信息，为旅客量身定制航空产品或者航线。以常旅客计划为纽带的航空公司与酒店、度假村、游船公司以及各种俱乐部和租车公司等结成的销售联盟，为常旅客提供了各种优惠。

现代信息技术的应用，使航空公司可以更好地了解旅游者的个性特征及需求偏好，更好地对客源市场进行统计分析和市场细分，这些无疑都对航空业发展具有深远的意义。在 20 世纪 70 年代末、80 年代初，美国政府放弃对机票的定价权，让航空公司自己去定价。收益管理系统发挥了重大作用，收益管理系统根据实际的订票量和需求量，实时调整机票价格，使得航空公司能够最大限度地获取利润，当时美国大型航空公司 70%～80% 的利润来自这个系统。然而在网络应用兴起以后，旅客开始热衷于网上订票。很多旅客，尤其是非商务旅客，往往在买票之前通过网络货比三家，最后选择票价最低的航空公司，价格优势成为航空公司的主要优势。削减开支、降低成本，成为航空公司获取利润的主要方式。收益管理系统渐渐失去原来的作用。与此同时，大型航空公司忽视了把信息化作为其重要手段的战略，间接导致美国几大航空公司陷入财政危机。很多不明内情的人都以为，这是受国内外政治经济的影响，乘客不再将飞机作为出行的首选工具，或者是受航空油料价格上涨的影响，航空公司运营成本上升。事实上，导致航空公司业绩不佳的最主要原因是运营模式缺乏创新。与此形成鲜明对比的是，很多中小航空公司充分利用信息技术作为他们以小胜大、赢得竞争的重要手段。航空业有一个重要的衡量航空公司盈利水平的数据，那就是每个座位每英里的运营成本。据统计，那些中小航空公司的每个座位每英里的运营成本要比大航空公司低 7.2 美分，其中 65% 的差额来自信息化。

常旅客的销售方式是航空市场竞争的产物。20 世纪 80 年代，美国民航管理当局开始放松了对航空公司的管制，此后，航空市场竞争日益加剧，机票价格战硝烟不断。当时，一些小的航空公司凭借灵活的经营手段，不断调低价格，从而使旅客源源不断地挤进自己的航班。对此，大型航空公司也被迫调整自己的营销战略：有的调整了自己的航空基地，选择最佳的地理位置，配置利润率更高的航线；有的重新制定航班时刻表，改善航班衔接。为了重新开辟市场，在 1995 年美国航空公司创立了美国航空业界第一个网站。美航的目的是希望通过个性化的网上服务吸引更多的顾客，并最终使顾客更频繁地乘坐该公司航班。

借助电子商务的手段，美国航空公司不仅能与客户更好地沟通，还能从网上预订机票。美洲航空公司的个性化服务始于对客户信息的收集：当客户拨打免费电话或注册其网站的时候，个人信息就会被记入公司个人数据库，当客户再次登录公司的网站时，网站服务器便可利用软件根据历史信息向客户提供特定的访问页面。此外，个性化的网页还为美洲航空公司提供了进行市场调查的全新手段。

美国航空公司从 1999 年开始在全公司范围内推广客户关系管理（CRM），在全公司范围内实现客户信息共享。为了进一步培养客户的忠诚度，美航 2000 年 1 月宣布，与美国

第四章　客户关系管理系统

在线联手，推出世界上最大规模的网上计划。客户可以直接登录美国在线的网站预订航班，同时在美洲航空的里程累积则会相应地增长。在美国航空公司的网站推出之前，该公司拥有3500万个"A级顾客"（经常乘坐美国航空公司班机的顾客），在网站建立的同时，公司将那些相对最有价值的常旅客分离出来，给他们更多的优惠，如免费升舱、更大的里程奖励等服务，从而巩固其对公司的忠诚度。2006年，美国航空庆祝AAdvantage计划启动25周年，这项世界上第一个面对飞行常客的计划，为航空界带来了革命性的变化，并为很多其他类似业务机制设定了标准。AAdvantage由开始时的30万成员发展到2006年已超过5000万成员[1]。美国航空公司通过客户关系管理，增加了客户满意度和忠诚度，达到市场价值最大化。

目前，航空业面临复杂的生存环境，国际战事不断、低成本航空公司大量涌现等，了解目标客户的需求，提供有针对性的服务，是各航空公司提高竞争力的法宝。英航于2000年推出了"21世纪航空旅行"的理念，投入巨额资金对公务舱、经济舱进行了大规模的革新，这项创新得到了英航乘客的支持，即使是在经济下行的环境下，他们也愿意乘坐英航的飞机，英航让乘客享受到了超值服务，也体会到了优质服务所带来的价值。英航积极推行机票电子化，通过电子机票、"自助登机"、自主选择座位等服务，大大地节省了乘客的时间。这些看来简单的事情，却在很大程度上满足了客户的个性化需求。对留学生的关注也是英航关注客户最大的特色之一。在中国，英航非常重视学生市场的发展和需求，针对留英学生提供各种特殊服务。英航每年会负责运送几万名中国学生赶赴英国就读，同时再运载几万名留学生返回中国。这些学生首选乘坐英航飞机，很重要的原因便是英航的客户特色服务[2]。

经典案例分析

金鹿公务机有限公司的TurboCRM软件应用

TurboCRM公司是专业从事CRM（客户关系管理）产品研发、咨询和服务的国际企业，致力于为客户提供全面的CRM软件、应用方案及专业服务。2008年11月6日起，TurboCRM业务整体并入用友软件股份有限公司。

TurboCRM客户关系管理系统，以客户为主要管理对象，基于客户生命周期的发生、发展，以"一对一营销"和"精细营销"的方法，帮助企业建立"以客户为中心"的经营理念、组织模式、业务规则及评估体系，全面提升企业核心竞争力。同时，系统采用互联网应用模式，支持企业全面的电子商务。TurboCRM不仅为客户提供完整的软件系统，更是基于"知识、方法、经验"为客户提供高

---

[1] 资料来源：http://www.americanairlines.cn/intl/cn/aboutUs/aboutUs.jsp. Corporateresponsibility 2007 report.
[2] 资料来源：http://finance.sina.com.cn/jygl/20040829/1750983602.shtml. 英航：创新可以带来高回报。

附加值的应用服务，包括：CRM 应用咨询、CRM 方案规划、CRM 系统实施、基于业务规则的人员培训和其他服务①。

通过 TurboCRM 的网络应用，金鹿公务机有限公司分布在上海、深圳、北京、香港等地的办事处实现了各办事处由北京统一下达任务、管理分配与跟踪的业务模式。同时，通过 TurboCRM 客户关系管理软件的分析挖掘模块，金鹿公务机有限公司更好地实现了客户特征分析，从而辨别出有价值的客户，寻求到更多的销售机会。

一、应用背景

成立于 1995 年的金鹿公务航空有限公司，是海航集团的控股子公司，是国内从事专业公务机租赁、私人飞机托管、公务机地面代理和维护、空中医疗救援以及私人飞机购买咨询等服务的专业运营商，是中国公务航空业的开创者和引领者。金鹿公务机有限公司在 1999 年获得由中国民用航空总局颁发的 AOC（航空器营运许可证），成为国内第一家也是最大的专门从事公务机业务的航空公司。迄今为止拥有亚洲最大的公务机队及全球最先进的中型公务机②。

二、应用需求

随着业务量的迅速增长，金鹿公务机有限公司先后在上海、深圳、北京、香港等地开设了办事处。以前公司内部信息通过"口说笔记"的方式在部门之间、员工之间相互传递，在传递的过程中经常发生信息丢失或产生误差的情况，这使得公司的内部沟通混乱无序，各地员工无法及时获得急需的信息，客户的要求或信息变动之后不能够及时通知给相关员工，客户资源由销售代表分散存放，由于员工流动造成这些宝贵资源的流失，公司管理者无法了解工作的具体开展情况等因素均显示出公司的 CRM 系统需求。

三、解决方案

根据金鹿公务机有限公司面临的现状和对业务发展的需要，TurboCRM 公司为其量身定制了一套对应的实施计划。第一，跨越区域障碍。面对多办事处的情况，TurboCRM 公司为金鹿公务机有限公司提供了 Internet 模式的网络应用，该应用方式是利用现有的域名资源，采用主机托管的方法，让处于全国各地的员工只要登录内部网，就可以在同一平台上办公，共享客户信息和业务的进展情况，从而实现跨越区域的一体办公，这一方案充分发挥了 TurboCRM 的 B/S 结构的优势。第二，信息资源统一整合，将原来分散在各个业务员中的客户信息、业务信息进行整合，建立了统一的数据仓库，把各办事处和北京本部的所有数据信息

---

① 资料来源：http://www.yonyouup.cn/yyup/product/crm.html. 用友优普信息科技公司网站。
② 资料来源：http://www.deerjet.com/about/advantage.html. 金鹿公务航空有限公司网站。

建立在同一个数据库中，整合了客户、销售、市场等方面的数据信息。第三，构建业务管理平台，让需要多人、多部门协调完成的工作在同一个系统平台中实现，让主管人员能够及时了解下达到各个办事处和部门的任务的执行完成情况，对不同的工作任务及时进行有效的调配。为了做到这一点，TurboCRM 的实施顾问与金鹿公务机有限公司的项目负责人紧密合作，反复探讨实施方案，讨论市场、销售和服务的流程中跨越部门和接口的信息传递，并把这些流程作为金鹿公务机有限公司的内部管理规范固定下来[①]。

四、应用评价

借助 TurboCRM 客户关系管理软件的流程化管理，顺利搭建了一套非常符合公司工作流程的新管理体系，为解决迅速膨胀的企业中信息管理混乱的问题提供了有效的解决方案。

1. 系统实施后，金鹿已将各地的资源和管理任务的下达都集中在统一的平台上，信息传达和更改是统一的和实时的，消除了以前混乱的沟通状态。

2. TurboCRM 系统中的客户分配功能，使部门主管可以为业务人员及时分配客户资源，避免多位销售代表联系一位客户带来的业务冲突。

3. TurboCRM 系统中的任务管理模块，使上层领导随时了解员工的工作状态，同时员工的工作也变得更有计划性，各地主管之间也能随时了解相互间的业务开展情况，加强了彼此的交流。

4. 通过 TurboCRM 系统的各项分析模块，领导不需要依赖其他员工就可以随时自主地查阅公司的销售情况、有价值的客户上升或下降的趋势、客户构成等分析图表，领导的分析自由度随之上升了。

TurboCRM 系统提供的规范化业务环境已经成为公司快速发展的有力保障，应用 TurboCRM 系统后，在公司人员增长 300% 的情况下，整体工作丝毫没有混乱，仍然能够有序、高效地进行。

思考题：

根据案例信息分析 TurboCRM 有哪些功能模块，分别起到什么作用？并尝试画出金鹿公司 CRM 系统的功能模块图。

---

① 资料来源：http://www.ctiforum.com/factory/f12/www.turbocrm.com/turbocrm02_0503.htm. 海南航空金鹿公务机有限公司 CRM 应用案例。

本章小结

1. 客户关系管理系统是一项综合的IT技术，是利用软件、硬件和网络技术，为企业建立一个客户信息收集、管理、分析、利用的信息系统。系统通过向企业的销售、市场、服务等部门和人员提供全面及个性化的客户资料，并强化跟踪服务、信息分析能力，使他们能够协同建立和维护一系列与客户以及商业伙伴之间卓有成效的"一对一关系"，从而使企业得以提供更快捷和周到的优质服务，提高客户满意度，吸引和保持更多的客户，从而增加营业额，并通过信息共享和优化商业流程有效地降低企业经营成本。

2. CRM系统的一般模型，可以将客户关系管理软件系统划分为接触活动、业务功能及数据库三个组成部分。客户关系管理的主要目的就在于在适当的时间通过适当的渠道将合适的产品提供给合适的客户。通过客户关系管理软件系统的应用，企业提高了前台业务的运作效率。

3. 目前客户关系管理系统的基本功能包括客户管理、联系人管理、时间管理、潜在客户管理、销售管理、电话销售、营销管理等，有的软件还包括呼叫中心、合作伙伴关系管理、商业智能、知识管理、电子商务等。

中英文专业名词对照

1. Operational CRM　操作型CRM
2. Collaborative CRM　协作型CRM
3. Analytical CRM　分析型CRM
4. Computer Telephony Integration（CTI）　计算机电话集成技术
5. Call Center　呼叫中心
6. Ticketless Travel　无票旅行

复习思考题

1. 什么是客户关系管理系统？
2. 客户关系管理系统的主要功能和作用有哪些？
3. 客户关系管理系统的主要特点有哪些？
4. 航空公司运用客户关系管理系统后，功能得到哪些改进？
5. 浅谈随着我国经济的快速发展，民用航空公司该如何运用客户管理系统落实提高经济效益。

第五章 客户关系管理系统的数据管理

重点：
1. 数据仓库的定义。
2. OLAP 在数据仓库中的应用。
3. CRM 中常用的数据挖掘算法。

难点：

理解商业智能。

我国航空公司的信息化建设

我国航空公司经过多年来在信息化建设方面的努力，尤其是自 1986 年中国民用航空局相继建立了定座、离港与货运系统以来，根据自己的业务特点和办公的需要，建立了一批业务处理系统和企业办公自动化系统，积累了大量的业务数据。其中，涉及旅客各方面的资料有：订座系统中的旅客订座信息、离港系统中旅客乘机信息、客舱乘务员随机收集旅客信息、财务系统中的销售财务数据、常旅客系统中的常客统计信息等信息。而这些信息分别储存在不同的数据库和操作系统中，这些分布于不同应用系统并且逐日增加的数据为各级工作人员的日常访问、管理和决策支持带来了相当大的不便。因此，有必要将这些分布在不同操作系统、不同数据库平台上的数据进行加工、汇总和重组，形成一套高效而方便的分析、决策系统，以满足各级用户越来越多、越来越复杂的统计分析需求。

第一节 客户关系管理系统与数据仓库

企业在不断的发展过程中,长年累月积累下来的商业数据也在不断地增加,几乎每一项事务都会产生一条记录,尤其是在交易过程中和客户相关的数据记录,这些记录企业日常交易细节的数据,数量庞大,虽然看上去杂乱无章,但它们当中蕴藏着企业内部运作的"晴雨表"。如何利用这些数据,对它们进行必要的分析以获得重要的决策依据成为企业在市场竞争过程中提高自身竞争力的一个重要手段。

由于数据库中包含的数据量非常庞大,数据量的爆炸性增长使得传统的手工处理方法变得不切合实际,不可能为了获得有价值的决策支持信息而进行人工分析。而且因为人们希望在这些数据之上进行商业分析和科学研究,所以需要能够对数据进行较高层次处理的技术,从中找出规律和模式,帮助人们更好地利用数据进行决策。随着数据仓库和数据挖掘技术的出现,为企业提供了一种有效的、可行的途径来解决上述问题。

数据仓库是计算机和数据应用发展到一定阶段的必然产物,它建立了一种体系化的数据存储环境,将分析决策需要的大量数据从传统的操作环境中分离出来,使分散、不一致的操作数据转换成集成、统一的信息。

一、数据仓库的定义

数据仓库的产生将企业的数据处理分为两部分:传统的关系数据库处理企业的日常事务;数据仓库则用于分析数据中隐含的信息,以支持决策。

数据仓库是决策支持系统和联机分析应用数据源的结构化数据环境,数据仓库研究和解决从数据库中获取信息的问题。数据仓库的特征在于面向主题、集成性、稳定性和时变性。

数据仓库之父荫蒙(Inmon,W. H.)在1991年出版的《数据仓库》(Building the Data Warehouse)一书中所提出的定义被广泛接受——数据仓库(Data Warehouse)是一个面向主题的(Subject Oriented)、集成的(Integrated)、相对稳定的(Non-Volatile)、反映历史变化(Time Variant)的数据集合,用于支持管理决策。该定义指出了数据仓库的四个特性。

(一)面向主题

在数据仓库中,所有的数据都是围绕一定的主题进行组织的。在关系数据库中,针对同一主题的数据分布在相关的各个数据表中,而在数据仓库中,针对同一主题的数据存放在同一数据表中,这样,在分析数据时,管理者可以在数据仓库中方便地找到包含所关心的主题的所有数据。这就是数据仓库面向主题的特性。

（二）集成性

数据仓库中的数据都是经过清洗、过滤、转换的，它们有统一的格式、表示方式、代码含义、相同的单位表示。消除了源数据中结构、表示方式、含义的不一致性，数据仓库中的数据具有集成性。

（三）非易失性

关系数据库中的数据是实时更新的，需要经常进行添加、更改，而且它只能保存短期内的数据。对于支持决策，历史数据是非常重要的。而数据仓库中的数据一旦写入，几乎就不再更改了，除非数据有错误，而对数据仓库进行的主要操作只是数据追加，因此数据仓库中的数据是相对稳定的，而且提供了足够的数据。因此说数据仓库中的数据是非易失的，或者说是稳定的。

（四）时变性

数据存储从历史的角度（例如，过去的 5 到 10 年）提供信息，数据仓库中的关键结构，隐式或显式的包含时间维度。

数据仓库的四个特性也从各自的角度反映了数据仓库利于决策分析的特点。

二、数据仓库与数据库的区别

数据仓库与传统数据库在许多方面有很大的差异。通过对数据仓库和数据库的对比也更易理解数据仓库的含义。表 5-1 体现了数据仓库和数据库的区别，从表中我们可以看到，数据库只存储当前数据，而数据仓库存放历史数据；数据库主要面向业务操作，而数据仓库面向数据分析和决策支持；数据库中的数据是动态变化的，随时刷新，而数据仓库中的数据是静态的，一般不会改变；数据库的使用频率比数据仓库的使用频率高，数据访问量少，且要求的响应时间短。

表 5-1　数据仓库和数据库的区别

特性	数据库	数据仓库
数据	当前数据	历史数据
面向	业务操作	数据分析
存取	读写操作	多为只读
使用频率	高	较低
数据访问量	少	多
要求的响应时间	较短	可以很长
关注	数据输入	信息输出

三、数据仓库的体系结构

数据仓库的体系结构可以用图 5-1 来表示。由于数据库和数据仓库应用的出发点不同，因此数据仓库与业务数据库系统是相互独立的，但是数据仓库又同业务数据库密切相关。

从数据仓库的体系结构图中可以看到，数据仓库不是简单地对数据进行存储，而是对数据进行"再组织"。

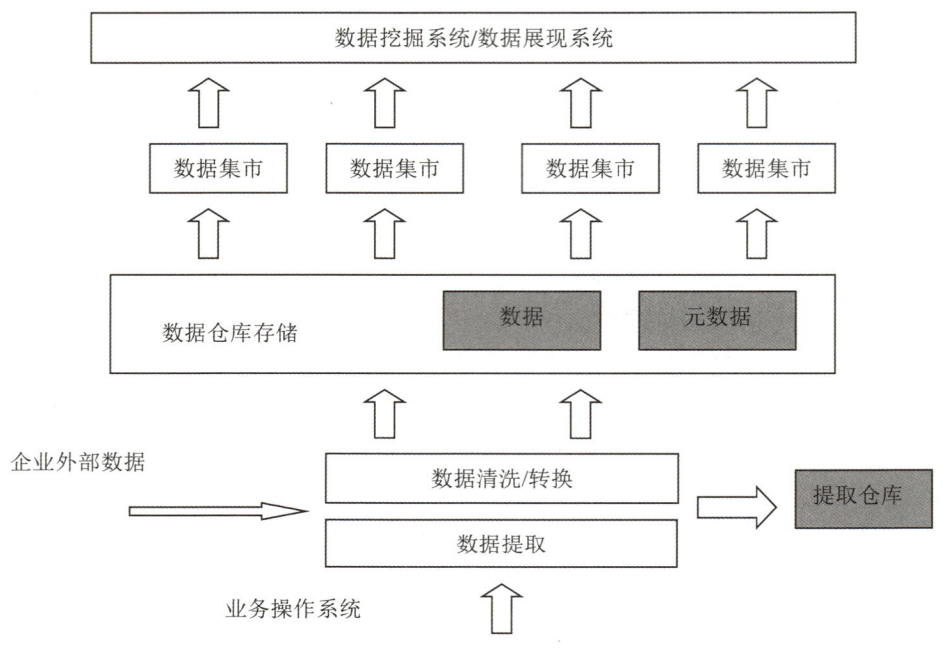

图 5-1　数据仓库的体系结构

（一）数据抽取

数据抽取是指从外部数据源中收集数据，它提供建立数据仓库所需要的数据。数据仓库是在数据库的基础上建立起来的，但数据仓库的建立并不需要数据库中的所有数据，它只是针对相应的主题选取与主题相关的所有数据。这个数据选取过程被称为数据抽取。

从数据仓库的角度来看，并不是业务数据库中的所有数据都是决策支持所必需的。通常，数据仓库按照分析的主题来组织数据，我们只需提取出系统分析必需的那一部分数据。例如，一旦确定以分析客户的购买行为为主题建立数据仓库，则我们只需将同客户购买行为相关的数据提取出来，而其他数据就没有必要放进数据仓库。现有的数据仓库产品几乎都提供各种关系型数据接口，并提供提取引擎，从关系型数据中提取数据。

（二）数据清理

将提取出来的数据进行检测，并修正数据中的错误的过程被称为数据清理。数据清理首先要检测抽取的数据中存在错误或不一致的数据，比如由于录入时的失误造成同一记录在不同表中的信息不一致，或者有的数据已经进行了更新，在其他表中没有同时更新。然后将错误或不一致的信息进行修正、统一，有的数据被检测出来却无法确定不一致的两个数据哪个是正确的，此时如果数据不是特别重要的话，可以将该数据删除。数据清理对于保证数据仓库中数据的真实性是必要的，进而也决定了决策的准确性。

由于企业常常为不同的应用对象建立不同的业务数据库，比如一个航空公司的运营部门拥有航班数据库、账务数据库、客户数据库、客户投诉数据库等业务系统，这些业务系统中可能包含重复的信息，比如客户数据库中的部分客户基本信息也在客户投诉数据库中存在。由于不同的数据库可能使用不同数据库公司的产品，不同的业务系统可能由不同的软件开发商提供，这使得各个业务数据库中的数据存在不一致现象，数据库使用人员的操作失误也会造成数据的不一致。对于决策支持系统来说，最重要的是决策的准确性，因此确保数据仓库中的数据的准确性是极其重要的。从多个业务系统中获取数据时，必须对数据进行必要的清洗，从而得到准确的数据。所谓"清洗"就是将错误的、不一致的数据在进入数据仓库之前予以更正或删除，以免影响决策支持系统决策的正确性。

（三）数据转化

将不同格式的数据转换成相同格式的过程被称为数据转化，比如对于时间的描述常用的表示方式有 yyyy-mm-dd、mm-dd-yyyy、yy/mm/dd 等多种形式，而在数据仓库中，数据必须有统一的格式。因而，要将所有的时间数据按照规定的格式进行转化。数据转化和数据清理一样，都可以提高数据质量，也是建立数据仓库必须进行的数据操作。

（四）外部数据

外部数据是从系统外部获得的与分析主题相关的数据。对于一个问题的分析，外部数据的使用可以更好地反映事实的本质。比如对于价格变化、消费变化，加上通货膨胀率、消费指数等外部数据可以增加分析结果的准确性和可用性。对于经济问题的分析，只运用历史数据是不够的，还应该参考当时的经济政策，这里的经济政策也是外部数据。外部数据中有很多是非结构数据，它包括声音文件和图像文件等。

对于一个好的决策，不但需要系统内部的信息，还需要来自系统外部的相关信息。比如，航空公司的机票定价部门，不但要了解本公司机票的销售情况，还需要了解其他航空公司机票的价格水平、质量水平、服务信息等。因此一个好的决策支持系统必须综合考虑系统内部和外部的相关数据。

（五）历史数据

历史数据是指企业在长期的信息处理过程中所积累下来的数据，这些数据在业务数据库中进行脱机处理或保持在其他存储设备中，一般对业务系统的当前运行不起作用。但这些历史数据对于数据仓库有着重要价值。因此，数据仓库具备加载和保存历史数据功能。

（六）元数据

数据是对事物的描述，"元数据"就是描述数据的数据，它提供有关数据的环境。比较常见的可能是数据库系统的元数据，它包含数据库系统的所有存储信息、各个数据库和数据表中的字段信息、数据表之间的关联信息、数据索引约束等。它是数据仓库中数据综合的一种类型。元数据的存储包括了数据仓库的结构、数据存储信息、数据提取、清洗和转换的规则、数据存取和检索的索引和配置等数据信息。外部数据也要存入数据仓库，外部数据的元数据应包括数据进入仓库时间、内容描述、信息来源、归属类别、索引、物理存储位置、文件大小、相关引用、清理时间等信息。在数据仓库中会建立专门的元数据库存放元数据。基于元数据的重要作用，元数据应当持久存放。

数据仓库的元数据主要包含两类数据：第一类是为了从操作型环境向数据仓库环境转换而建立的元数据，它包括所有源数据项的名称、属性及其在提取仓库中的转化；第二类元数据在数据仓库中是用来与最终用户的多维商业模型和前端工具之间建立映射的，这种数据成为决策支持系统（DSS）元数据，它包括以下内容。

（1）数据仓库中信息的种类、存储位置、存储格式。
（2）信息之间的关系、信息和业务的关系、数据使用的业务规则。
（3）数据模型。
（4）数据模型和数据仓库的关系。通常，数据仓库将建立专用的元数据库来存放和管理元数据。

（七）数据集市（Data Market）

数据仓库中存放的是整个企业的信息，并且数据是按照不同的主题来组织的。比如市场发展趋势的分析主题主要由市场部门的人员使用，我们可以将这部分数据逻辑上或者物理上分离出来，当市场不使用数据时，不需要到数据仓库的巨量数据中检索，而只需在这些数据上进行分析，因此从效率和处理速度的角度出发，这种划分是合理的。我们把这种面向企业中的某个部门（主题）在逻辑上或物理上划分出来的数据仓库中的数据子集称为数据集市。数据仓库面向整个企业，而数据集市则是面向企业中的某个部门。数据仓库中存放了企业的整体信息，而数据集市只存放了某个主题需要的信息，其目的是减少数据处理量，使信息的利用更快捷、灵活。

（八）数据粒度

数据粒度有两种形式。第一种形式的数据粒度是面向 OLAP（联机分析处理）的。粒度的大小反映了数据仓库中数据的综合程度。粒度越小，数据越详细，数据量也就越大，具体见表 5-2。

表 5-2　数据粒度的相关指标

粒度级别	综合程度	数据量	数据细节（详细度）
高	高	小	低
低	低	大	高

数据粒度的划分是数据仓库设计中最重要的工作。在数据仓库中确立数据粒度要考虑数据仓库能接受的分析类型、可接受的数据最低粒度、能存储的数据量。选择一个合适的数据粒度是一个复杂的过程，由于数据仓库中进行的数据分析是不同方面、有不同要求的，一般数据仓库都选择多重粒度的结构。

第二种形式的数据粒度是面向数据挖掘的，它反映的是抽样率。在进行数据挖掘时，如果数据量很大，执行挖掘算法的代价太大，因此通常按照从数据中抽取样本进行挖掘的具体要求来确定。一般来说，数据量越大，抽样率就越低。

四、客户关系管理和数据仓库的关系

数据仓库是客户关系管理的基础。在电子商务时代的今天，信息及信息技术在企业发展中的关键地位得到越来越多的关注，赢家往往是那些能成功收集、分析、理解并根据信息做出正确决策的企业。

随着数据技术的发展和数据库管理系统的广泛应用，许多公司收集和存储了关于客户的宝贵数据。大量的数据背后隐藏着许多重要的信息，虽然目前的数据库系统可以高效地实现数据的录入、查询和统计等功能，但是由于缺乏发现隐含在数据中有用信息的能力，这些企业无法将客户数据转化为有用信息，无法发现客户数据中隐含的、潜在的知识，无法根据现有的客户数据有效地预测未来的发展趋势，因此导致了"客户数据爆炸但客户知识贫乏"的现象。所以，企业希望从庞大的数据库中抽取有效的、未知的和能理解的信息，用来提高效益。

数据仓库技术则可以帮助企业解决这一问题，因为数据仓库本身就是一个海量数据库，它将企业内所有来自业务系统的历史数据，通过清洗转换等过程，加载在一个超大型的数据仓库中，这个数据仓库包括了整个企业中所有的历史数据，只需根据不同用户的不同需求提取相应的数据就可以完成整个分析过程。因此它保证了整个企业中信息的顺畅，为客户关系管理的准确分析提供了数据保障。

五、数据仓库在航空公司客户关系管理中的应用

数据仓库以数据库为基础，但绝不等同于大规模数据库。传统数据库存储的是最基本的细节性数据，主要用于快速处理各部门的日常事务。随着市场竞争的激烈和管理过程的复杂化，单纯的事务处理远不能满足企业需求，企业对分析和决策的要求越来越高。然而在事务处理环境中运行数据分析功能，不仅会影响实时性的事务处理效率，而且在分散的

数据存储中很难找到有价值的信息，而在数据仓库环境中进行数据的分析和决策则是十分有效的。

在应用系统中，数据仓库主要由数据源、仓库管理和分析工具三部分组成。数据仓库的资料来源比较复杂，可以是 ERP 系统，也可以是 CRM 系统。正是由于数据源的多样性，才使得数据的 ETL（Extraction、Transformation、Load）工具成为必然。ETL 工具将原始数据进行抽取，将多余的数据删除，给必要但缺乏的数据提供默认值，然后将数据转换，保持数据的一致性，最后将数据加载到数据仓库中。

数据仓库的管理平台是系统管理员进行日常维护和管理的环境，其主要管理任务包括批处理作业管理、数据安全管理、数据冲突管理、数据质量核查、元数据管理和数据的备份与恢复等。数据管理平台为数据仓库的正常运行提供了基本保障。

借助于数据仓库实施 OLAP 多维分析和数据挖掘技术，CRM 可以制定市场策略、产生市场机会，并通过销售和服务等部门与客户交流，从而提高企业的利润。数据仓库在 CRM 中的业务流程如图 5-2 所示。

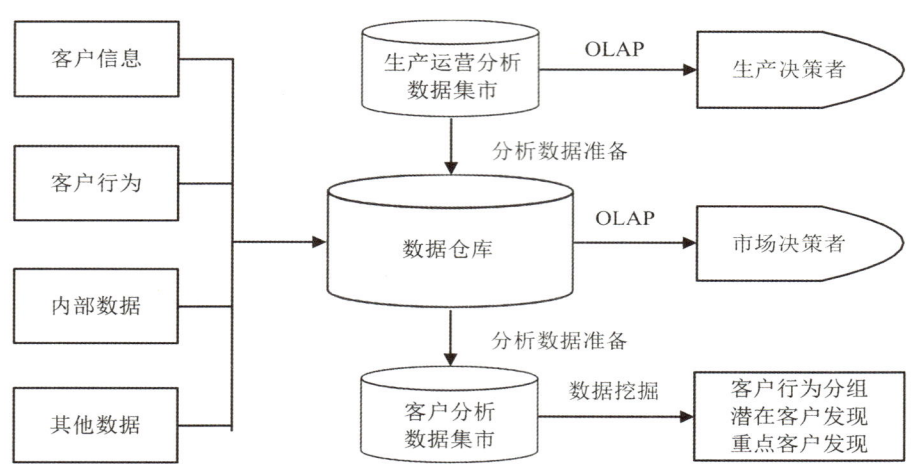

图 5-2　数据仓库在 CRM 中的业务流程

首先，数据仓库将客户行为信息和其他相关的客户数据抽取、集成、转换并加载到数据仓库中，为市场分析提供数据准备并生成相应的数据集市；其次，数据仓库将生产分析结果以 OLAP 或报表形式传递给生产决策者，对客户信息进行数据挖掘，发现潜在客户和重点客户，将发现结果和客户行为的在线分析结果传递给市场专家，市场专家利用这些分析结果，制定准确、有效的市场策略。具体而言，数据仓库在客户关系管理中有以下三个方面的作用：客户行为分析、重点客户发现和市场性能评估。客户行为分析包括整体行为分析和群体行为分析。

整体行为分析用来发现企业所有客户的行为规律，群体行为分析根据客户行为的不同将客户划分为不同的群体，分别分析各个群体的行为特征。群体行为分析又称为"行为分组"，通过行为分组，CRM 企业可以更好地理解客户，发现群体客户的行为规律。在行为分组完成后，还要进行客户理解、客户行为规律发现和客户组之间的交叉分析。

重点客户发现就是找出对企业具有重要意义的客户,重点客户发现主要包括:发现有价值的潜在客户;发现有更多的消费需求的同一类客户;发现更多使用同一种产品或服务的客户,保持客户的忠诚度。根据二八定律(即20%的客户贡献80%的销售额)以及开发新客户的费用是保留老客户费用的5倍等营销原则,重点客户发现在客户关系管理中具有举足轻重的作用。

市场性能评估是用来评价市场活动能否达到预定的目标的,它是评价客户行为分析和改进市场策略性能的重要指标。同时,重点客户发现过程也需要对其性能进行分析,然后在此基础上修改重点客户发现过程。性能评估以客户所提供的市场反馈为基础,通过数据仓库的数据清洗与集中过程,将客户对市场的反馈自动地输入到数据仓库中,从而进行客户行为跟踪。性能分析与客户行为分析和重点客户发现是交迭的过程,这样才能建立良好的客户关系,保证企业的客户关系管理达到既定的目标。

数据仓库所存放的数据主要定位在客户的层次上,这是一个恰当的定位。然而,这一定位经常需要汇总更详细的数据,例如电话的每条记录、线路接通的细节或者个人在银行的每笔交易。即使在数据库中存有详细的数据,要想获得标准化的数据也不容易,需要很强的查询功能。

数据仓库的主要目标是向最终用户"揭示"数据库,展现用户最感兴趣的问题。它是针对最终用户的分析和决策的。

下面我们以旅客信息数据仓库的设计为例进行分析。

当前国内航空公司的经营现状充分地说明了这一点:一个航班的主要利润不是来自数量相对较多而票价打折也较多的经济舱,而是来源于数量不多的商务舱。可见,从收益管理的角度,并非所有的旅客对企业都是同等重要的。那么航空公司需要做的就是能够把握住给航空公司带来更多利益的重要旅客,这就要求企业对旅客进行细分,能够有目的性、

5-1 视频:
航空业的
大数据分析

针对性地把更多的投入放到特定的旅客身上,减少因为盲目投入造成的不必要的浪费,寻找特定旅客的过程本身就是一个对旅客进行分类的过程,而这个过程也是市场营销的基础。

数据仓库是一个面向主题、集成、时变、非易失的数据集合,是支持管理部门的决策过程。有关旅客背景和细节资料的数据仓库的建立,能够为航空公司做到为旅客提供符合个人偏爱和需求的服务创造条件。数据仓库的目的不只在处理增加、删除和异常情况,其设计理念是强调迅速地获得数据,对大量数据具有分析能力。研究旅客运输的过程,相关的分析领域主要包括两个主题域:旅客和收益。这两个主题域有各自独立的逻辑内涵,各自对应一个分析对象。这两个主题域所包含的具体内容如下。

(一) 旅客

旅客统计信息:旅客 ID、姓名、姓名拼音、出生日期、性别、联系地址、邮编、联系电话、手机号码、Email、工作单位、职业类别等。

旅客购票信息:航班 ID、舱位、票价、乘机日期等。

旅客航程信息：旅客 ID、姓名、航班 ID、航段 ID、乘机日期等。

旅客奖励兑换信息：奖励兑换 ID、姓名、奖励发放方式、发放时间、发放人工作号等。

（二）收益

销售收入信息：航班 ID、日期、舱位种类数、种类名称、各舱位票价、各舱位旅客数、航班总收入等。

航空旅客数据仓库事实表模式如图 5-3，旅客事实表对应旅客主题，航班收益事实表对应收益主题。

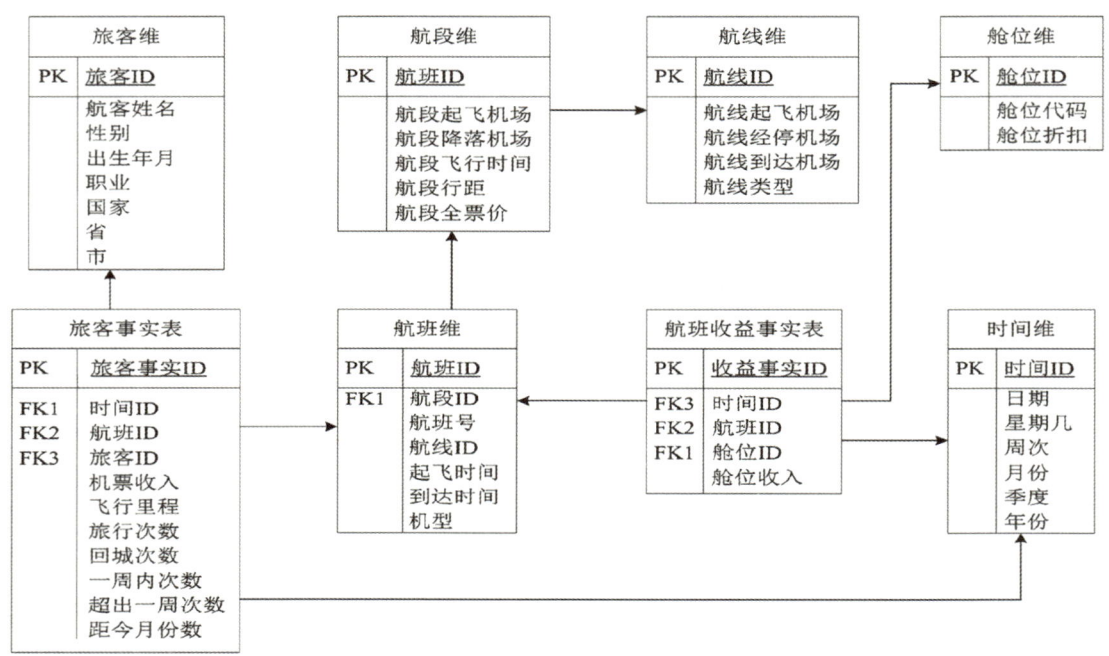

图 5-3　航空旅客数据仓库事实表模式

以在 A 航空公司备有相关资料的旅客作为研究对象。为了更直观地进行分析，需要对数据仓库的字段进行转换，转换过程如下。

① 乘机日期→旅行次数；

② 乘机日期，航段→来回程次数，往返周期为一周内的次数，超过一周的次数；

③ 乘机日期→最近一次乘机日期距离统计日期的月份数；

④ 航段→航段种类数；

⑤ 航程，票价→每公里票价。

初步选择旅客 ID、姓名、旅行次数（次）、来回程次数（次）、往返周期在一周内（次）、超过一周的次数（次）、航段种类（个）、距今月份数（月）、累计里程（公里）、累计票价（元）、每公里票价这 11 个最体现旅客旅行特征的属性字段，先对旅行次数等 7 个变量进行聚类，再结合财务指标进行分析。确定了细分旅客的判别依据，即样本集的列字段，接着随机从所有的旅客记录中选取 125 个样本，即样本集的行字段，以旅客 ID 为序进行排列。

应用 SPSS 的非系统聚类 K-means Cluster 过程对 125 个样本进行聚类，最后的聚类结果为六组，各组的样本容量及最后的聚类中心见表 5-3 和表 5-4 所示。

表 5-3　各组的样本容量

聚类类别	人数（人）
类别 1	1
类别 2	4
类别 3	16
类别 4	24
类别 5	29
类别 6	51
有效的样本数	125
缺省的样本数	0

表 5-4　各组的聚类中心

题项	聚类					
	类别 1	类别 2	类别 3	类别 4	类别 5	类别 6
旅行次数（次）	104.00	86.75	43.81	26.00	13.21	4.53
回城航段（次）	48.00	27.25	14.31	7.29	3.76	1.00
一周内次数（次）	48.00	24.25	10.94	4.96	2.45	0.73
超过一周内次数（次）	0.00	2.75	3.38	2.33	1.31	0.25
航段种类（个）	7.00	5.50	4.69	6.83	6.00	3.00
距今（月）	0	1	1	2	4	9
实际航程（公里）	111650.00	90062.50	49450.75	29399.71	14963.65	5345.47

在聚类中，如果引入了无关的变量，则会降低聚类的效果。以下方差分析用来检验 7 个变量能否区分组间的差异。结果如表 5-5 所示。

表 5-5　方差分析表

题项	组间		组内		假设检验的 F 值	F 值的显著水平
	均方和	自由度	均方和	自由度		
旅行次数（次）	9652.510	86.75	28.020	119	344.458	0.000
回城航段（次）	1225.963	27.25	10.760	119	113.936	0.000
一周内次数（次）	993.471	24.25	11.529	119	86.170	0.000

续表

题项	组间		组内		假设检验的 F 值	F 值的显著水平
	均方和	自由度	均方和	自由度		
超过一周内次数（次）	31.920	2.75	2.740	119	11.807	0.000
航段种类（个）	62.606	5.50	5.158	119	12.138	0.000
距今（月）	248.831	1	27.192	119	9.151	0.000
实际航程（公里）	111650.00	90062.50	1575213.6	119	735.979	0.000

从方差分析表中可知，7个变量中任意一个变量造成的组间均方和均远远大于组内的均方和。从概率值来看，7个变量使组间无差异的假设成立的概率均小于0.1%（在SPSS的方差分析中，F值的显著水平小于0.001的均记作0.000）。方差分析结果表明，参与聚类分析的7个变量能很好地区分组间的差异。因此可以确定，这7个变量对聚类分析均有一定的贡献。基于旅客行为特征划分的6个组各自的特征描述如下表5-6所示。

表5-6　6个组各自的特征描述

类别	特征描述	比例（%）
类别1	频繁乘机，飞行次数最多，全部为一周内的来回程	0.8
类别2	经常乘机，飞行次数半数以上为一周内的来回程	3.2
类别3	较多的乘机次数，但来回程次数不多	12.8
类别4	不经常乘机，航段种类较多	19.2
类别5	很少乘机，近半年未乘机	23.2
类别6	乘机次数最少，很少来回程，已有很久未再乘机	40.8

假定每个旅客的成本是相同的，将每个细分旅客实际支付的机票价格分别累加，得到票价总额，作为旅客贡献的等价指标。根据旅客总票价的高低和前面的数据转换过程，得出以下结论。

（1）1、2类旅客的总票价与每公里票价都将是最高的，因而价值较大，可以成为航空公司的高价值旅客。尤其是第2类旅客每公里所支付的票价是6类旅客中最高的，可以判断他们是经常乘坐头等舱的核心价值旅客。

（2）5、6类旅客的每公里票价也较高，原因是这部分旅客只是偶尔乘机所以不大关心票价，尽管这两类旅客创造的总票价金额不高，但航空公司应该看到这部分旅客的潜在价值，通过向他们提供细致入微的关怀来争取他们的好感，从而销售舱中的高价舱位。

（3）3、4类旅客的每公里票价明显低于其余四类，从而证明了他们的旅行目的是休闲旅游，所以对票价较敏感，虽然经常乘机导致累计票价金额不低，但航空公司从这部分旅客身上取得的利润的空间是很小的，可以认为他们是航空公司的低价值旅客。

第二节　OLAP 在数据仓库中的应用

建立了数据仓库以后，需要对数据仓库中所存储的数据进行一定的处理并给用户显示出来，联机分析处理（On-line Analytical Processing，简称 OLAP）技术和数据挖掘技术就是在数据仓库的基础上形成的有效的分析工具。

一、联机分析处理的概念

联机分析处理（OLAP）的概念最早是由关系数据库之父埃德加·弗兰克·科德（Edgar Frank Codd）于 1993 年提出的。当时，科德认为联机事务处理（OLTP）已不能满足终端用户对数据库查询分析的需要，SQL 对大数据库进行的简单查询也不能满足用户分析的需求。用户的决策分析需要对关系数据库进行大量计算才能得到结果，而查询的结果并不能满足决策者提出的需求。因此科德提出了多维数据库和多维分析的概念，即 OLAP。

根据 OLAP 产品的实际应用情况和用户对 OLAP 产品的需求，人们提出了一种对 OLAP 更简单明确的定义，即共享多维信息的快速分析。联机分析处理是共享多维信息的、针对特定问题的联机数据访问和分析的快速软件技术。它通过对信息的多种可能的观察形式进行快速、稳定一致和交互性的存取，允许管理决策人员对数据进行深入观察。决策数据是多维数据，多维数据就是决策的主要内容。OLAP 专门设计用于支持复杂的分析操作，侧重对决策人员和高层管理人员的决策支持，可以根据分析人员的要求快速、灵活地进行大数据量的复杂查询处理，并且以一种直观而易懂的形式将查询结果提供给决策人员，以便他们准确掌握企业（公司）的经营状况，了解对象的需求，制定正确的方案。

联机分析处理具有灵活的分析功能、直观的数据操作和分析结果可视化表示等突出优点，从而使用户对基于大量复杂数据的分析变得轻松而高效，以利于迅速做出正确判断。它可用于证实人们提出的复杂的假设，其结果是以图形或者表格的形式来表示对信息的总结。它并不将异常信息标记出来，是一种知识证实的方法。

包括 OLAP 在内的诸多应用牵引驱动了数据仓库技术的出现和发展；而数据仓库技术反过来又促进了 OLAP 技术的发展。OLAP 委员会对联机分析处理的定义为：使分析人员、管理人员或执行人员能够从多种角度对从原始数据中转化出来的、能够真正为用户所理解的、并真实反映企业维特性的信息进行快速、一致、交互地存取，从而获得对数据的更深入了解的一类软件技术。OLAP 的目标是满足决策支持或多维环境特定的查询和报表需求，它的技术核心是"维"这个概念，因此 OLAP 也可以说是多维数据分析工具的集合。

二、OLAP 的特点

（一）快速性

用户对 OLAP 的快速反应能力有很高的要求，系统应能在 5 秒内对用户的大部分分析要求做出反应。如果终端用户在 30 秒内没有得到系统响应就会变得不耐烦，因而可能失去分析主线索，影响分析质量。对于大量的数据分析要达到这个速度并不容易，因此就更需要一些技术上的支持，如专门的数据存储格式、大量的事先运算、特别的硬件设计等。

（二）可分析性

OLAP 系统应能处理与应用有关的任何逻辑分析和统计分析，尽管系统需要事先编程，但并不意味着系统已定义好了所有的应用。用户无须编程就可以定义新的专门计算，将其作为分析的一部分，并以用户理想的方式给出报告。用户可以在 OLAP 平台上进行数据分析，也可以连接到其他外部分析工具上，如时间序列分析工具、成本分配工具、意外报警、数据开采等。

（三）多维性

多维性是 OLAP 的关键属性。系统必须提供对数据分析的多维视图和分析，包括对层次维和多重层次维的完全支持。事实上，多维分析是分析企业数据最有效的方法，是 OLAP 的灵魂。

（四）信息性

不论数据量有多大，也不管数据存储在何处，OLAP 系统应能及时获得信息，并且管理大容量信息。这里有许多因素需要考虑，如数据的可复制性、可利用的磁盘空间、OLAP 产品的性能及与数据仓库的结合度等。

三、多维数据模型上的 OLAP 操作

OLAP 技术的核心是多维分析。OLAP 通过对多维数据集中的数据进行切片、切块、聚合、钻取和旋转等方式分析数据，使用户能够从多种角度观察、分析数据仓库中的数据。下面我们具体介绍一下 OLAP 的分析操作。

（一）切片和切块

在多维数据结构中，按二维进行切片，按三维进行切块，可得到所需要的数据。如在"账款、产品、时间"三维立方体中进行切块和切片，可得到各时间、各产品的销售情况（如图 5-4 所示）。

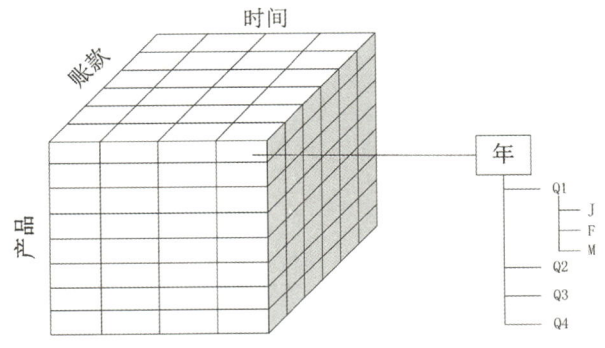

图 5-4　三维立方体切片、切块示意图

（二）钻取

钻取包含向下钻取和向上钻取操作。以 2014 年某企业各部门销售收入情况为例（见表 5-7）。

表 5-7　销售收入情况表（单位：万元）

部门	销售额
部门 1	90
部门 2	60
部门 3	80

在时间维进行下钻操作，获得新表如下（见表 5-8）。

表 5-8　钻取后销售收入情况表　　　　　　　　　　　　　　　　　　　　（单位：万元）

部门	2014 年			
	一季度	二季度	三季度	四季度
部门 1	20	20	35	15
部门 2	25	5	15	15
部门 3	20	15	18	27

相反的操作为上钻。钻取的深度与维所划分的层次相对应。

（三）旋转

通过旋转可以得到不同视角的数据，如将表 5-9 旋转后得到表 5-10。

表 5-9　旋转后销售收入情况表（1）　　　　　　　　　　　　　　　　　　（单位：万元）

部门	2014 年				2015 年			
	一季度	二季度	三季度	四季度	一季度	二季度	三季度	四季度
部门 1	20	20	35	15	12	20	25	14

续表

部门	2014 年				2015 年			
	一季度	二季度	三季度	四季度	一季度	二季度	三季度	四季度
部门 2	25	5	15	15	20	18	23	12
部门 3	20	15	18	27	18	20	17	25

表 5-10　旋转后销售收入情况表（2）　　　　　　　　　　　　（单位：万元）

部门	一季度		二季度		三季度		四季度	
	2014 年	2015 年	2014 年	2015 年	2014 年	2015 年	2014 年	2015 年
部门 1	20	12	20	20	35	25	15	14
部门 2	25	20	5	18	15	23	15	12
部门 3	20	18	15	20	18	17	27	25

随着 CRM 等企业 IT 支持系统建设步伐的不断加快，企业内部积累了大量的客户行为和企业运营的历史数据。这些海量数据在原有的操作型数据库系统中难以提炼并升华为有用信息，使得信息资源无法在更广更深的范围内共享和利用。利用 OLAP 技术对 CRM 等管理系统数据进行深层次挖掘，自动快速获取其中有用的决策信息，可帮助企业深入全面地分析业务数据，为企业提供快速、准确和便捷的决策支持。

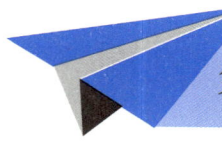

第三节　航空客户关系管理系统与数据挖掘

一、数据挖掘的定义

（一）技术上的定义及含义

数据挖掘（Data Mining）就是从大量的、不完全的、有噪声的、模糊的、随机的实际应用数据中，提取隐含在其中的、人们事先不知道的、但又是潜在有用的信息和知识的过程。与数据挖掘相近的同义词有数据融合、数据分析和决策支持等。这个定义包括几层含义：数据源必须是真实的、大量的、含噪声的；发现的是用户感兴趣的知识；发现的知识要可接受、可理解、可运用；仅支持特定的发现问题。

何为知识？从广义上理解，数据、信息也是知识的表现形式，但是人们更把概念、规则、模式、规律和约束等看作知识。人们把数据看作是形成知识的源泉，好像从矿石中采

矿或淘金一样。原始数据可以是结构化的，如关系数据库中的数据；也可以是半结构化的，如文本、图形和图像数据；甚至是分布在网络上的异构型数据。发现知识的方法可以是数学的，也可以是非数学的；可以是演绎的，也可以是归纳的。发现的知识可以被用于信息管理，查询优化，决策支持和过程控制等，还可以用于数据自身的维护。

（二）商业角度的定义

数据挖掘是一种新的商业信息处理技术，其主要特点是对商业数据库中的大量业务数据进行抽取、转换、分析和其他模型化处理，从中提取辅助商业决策的关键性数据。

简而言之，数据挖掘其实是一类深层次的数据分析方法。数据分析已经有很多年的历史，只不过在过去数据收集和分析的目的是用于科学研究，另外，由于当时计算能力的限制，对大数据量进行分析的复杂数据分析方法受到很大限制。现在，由于各行业业务自动化的实现，商业领域产生了大量的业务数据，这些数据不再是为了分析的目的而收集的，而是由于纯商业运作而产生的。分析这些数据也不再是单纯为了研究的需要，更主要是为商业决策提供真正有价值的信息，进而获得利润。但所有民航企业面临的一个共同问题是：民航企业数据量非常大，而其中真正有价值的信息却很少，因此从大量的数据中经过深层分析，获得有利于商业运作、提高竞争力的信息，就像从矿石中淘金一样，数据挖掘也因此而得名。

二、数据挖掘的环境

数据挖掘是指一个完整的过程，该过程从大型数据库中挖掘先前未知的、有效的、可实用的信息，并使用这些信息做出决策或丰富知识，数据挖掘环境如图 5-5 所示。

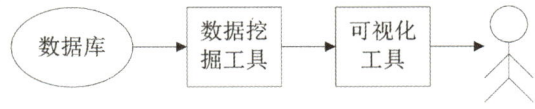

图 5-5　数据挖掘环境框图

三、数据挖掘过程图

图 5-6 描述了数据挖掘的基本过程和主要步骤，以及过程中各步骤的大体内容。

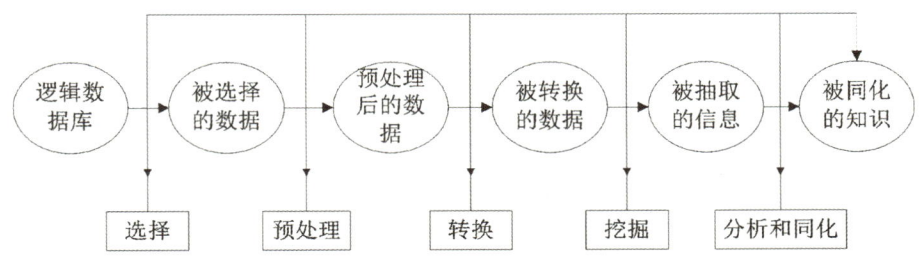

图 5-6　数据挖掘过程

（一）确定业务对象

清晰地定义出业务问题，认清数据挖掘的目的是数据挖掘的重要一步。挖掘的最后结构是不可预测的，但要探索的问题应是有预见的，为了数据挖掘而数据挖掘则带有盲目性，是不会成功的。

（二）数据准备

数据准备包括数据的选择、数据的预处理及数据的转换。数据的选择搜索所有与业务对象有关的内部和外部数据信息，并从中选择出适用于数据挖掘应用的数据。数据的预处理研究数据的质量，为进一步的分析做准备，并确定将要进行的挖掘操作的类型。数据的转换将数据转换成一个分析模型，这个分析模型是针对挖掘算法建立的，建立一个真正适合挖掘算法的分析模型是数据挖掘成功的关键。

（三）数据挖掘

对所得到的经过转换的数据进行挖掘，除了完善及选择合适的挖掘算法外，其余一切工作都能自动地完成。

（四）结果分析解释并评估结果

其使用的分析方法一般依据数据挖掘操作而定，通常会用到可视化技术。

（五）知识的同化

将分析所得到的知识集成到业务信息系统的组织结构中去。

四、客户关系管理和数据挖掘的关系

随着客户关系管理系统的不断完善，前、后台系统从接触中心所得到的数据日益增加，民航企业积累了大量的客户和产品销售数据．这些海量的数据使用传统的查询或分析工具往往不能识别其中有价值的信息，进而就不能为民航企业指定营销策略、开展营销活动提供决策支持，难以针对具体的客户开展一对一的服务。而数据挖掘恰好能够解决上述问题，所以数据挖掘在 CRM 中如何应用已经成为客户关系管理领域一个非常热门的话题。

（一）数据挖掘在 CRM 中的作用

数据挖掘可以应用到客户关系管理的各个不同领域和阶段。具体来说，在 CRM 中它可以应用在以下几个方面。

一对一营销。一对一营销需要了解每一位客户，并同其建立起持久的关系。民航企业内部员工必须首先认识到客户是民航企业永恒的宝藏，而不是本部门的一次交易。所以，

每一次与客户的接触都是了解客户的过程，也是客户体验民航企业的机会。因此，真正的关心客户就应该为每位客户设计相符的、个性化的建议，让客户体会到民航企业的价值。近年来，一对一营销正在被众多的民航企业所青睐。通过特征化和分类，数据挖掘可以把大量的客户分成不同的类，在每一个类里的客户具有相似的属性，而不同类里的客户的属性也不同。通过数据挖掘了解不同客户的爱好，提供有针对性的产品和服务，可以大大提高各类客户对民航企业和产品的满意度。

5-2 案例："航空社交"功能的使用

1. 客户盈利能力分析

在客户群中，客户的盈利能力有很大的区别。如果不知道客户的盈利能力，就很难制定有效的营销策略以获取最有价值的客户或者提高有价值客户的忠诚度。数据挖掘技术可以用来预测不同的市场活动情况下客户盈利能力的变化，它从客户的交易历史记录中发现一些行为模式，并使用这些行为模式来预测客户盈利能力的高低，或者发现盈利能力较高的新客户。

2. 交叉销售

企业与客户之间的商业关系是一种持续的不断发展的关系。当客户与企业建立起这种双向关系之后，可以使用很多方法使这种客户关系趋于完善。包括：延长这种关系的时间，在维持这样的关系期间增加互相的接触，在每一次互相接触中获得更多的利润。所有这些都可以通过交叉销售来实现。交叉销售就是指企业向现有客户提供新的产品和服务的营销过程。交叉销售是建立在双赢原则上的，对客户来讲，要得到更多更好满足他需求的服务且从中受益；对民航企业来讲，也会因销售额的增长而获益。

通过关联分析，数据挖掘可以帮助企业分析出最优的合理的商品匹配相关分析的结果，可以用在交叉销售的两个方向：一方面是对于购买频率较高的商品组合，找出那些购买了组合中大部分商品的客户，向他们推销"遗漏的"商品；另一方面是对每个客户找出比较适用的相关规律，向他们推销对应的商品系列。通过聚类分析，可以确定属于某一类的客户经常购买的商品，并向没有购买的此类客户推销这些商品。

3. 客户的获取

在大多数商业领域中，业务发展的主要指标中都包括新客户的获取能力。新客户的获取包括发现那些对企业的产品不了解的客户，也可能是以前接受竞争对手服务的客户。通过对这些用户的细分，可以帮助企业完成潜在客户的筛选工作。

4. 客户的保持

随着各个行业的竞争越来越激烈，企业获得新客户的成本不断地上升，因此保持原有客户就显得越来越重要。

一个民航企业的客户一般可分为三类：第一类是无价值或低价值的客户；第二类是不会轻易走掉的有价值的客户；第三类为不断地寻找更优惠的价值和更好服务的有价值的客户。传统的市场活动是针对前两类客户的，而现代客户关系管理认为，特别需要用市场手段维护的客户是第三类客户,这样做会降低民航企业运营成本,数据挖掘可发现易流失的客户,民航企业就可以针对客户的需求采取相应措施。

(二) 在 CRM 中实施数据挖掘应用

数据挖掘是一个比较复杂的应用,所以在 CRM 中实施数据挖掘需要经过审慎的考虑,这样才能够实施一个成功的数据挖掘应用,从而有利于客户关系管理。在 CRM 中创建和实施一个数据挖掘应用需要很多步骤,具体步骤如下。

1. 确定如何使用数据挖掘

数据挖掘是用来优化 CRM,提高民航企业运营效率的,所以数据挖掘应用必须能够与民航企业现有 CRM 流程或 CRM 的人工处理过程集成。因此,首先需要理解现有的 CRM 流程 (包括已经实现的客户关系管理系统的流程和人工处理过程),以确定在哪里可以使用数据挖掘来进行优化。

通常在一个客户关系管理系统中实施数据挖掘应用时,我们不是同时针对 CRM 流程的各个环节开发数据挖掘应用,而是首先针对关键环节,或者需求较为强烈的环节优先进行部署。

2. 定义数据挖掘应用的用户

数据挖掘应用的用户组成通常比较复杂,他们包括经常使用系统但是仅使用一些简单功能的日常工作人员,也包括很少使用系统但是每次使用系统都需要完成大量分析、挖掘任务的民航企业高端决策者;既包括精通数据挖掘技术的专业人员,也包括毫无技术背景的普通用户,所以系统中用户的定义需要经过细致的用户需求分析。充分了解每一种用户的详细信息 (技术背景、使用系统的频率、是否具有数据挖掘技术相关知识等)、需求和愿望。

3. 定义所使用的数据并进行数据预处理

数据挖掘是否能够获得有价值的信息,很大程度上取决于输入数据的数量和质量。实施一个数据挖掘应用,首先应该针对数据库或数据仓库中的大量数据建立完善的数据字典,或称为元数据。用数据字典,可以准确地从数据或数据仓库中找到数据挖掘应用所需的数据。但是,存储在数据库中的数据通常存在数据的不完整、不一致等情况,而且通常包含了许多挖掘时用不到的多余属性。所以,在真正使用这些数据之前,需要对他们进行清理、转换、集成和属性归约。

4. 反复验证

数据挖掘是一个复杂的应用,对一个大型数据挖掘应用的验证需要花费大量的时间,所以验证应该从较小的系统开始。对系统的验证可以纠正其中发生的错误,而且有利于用户对数据挖掘应用的理解,帮助他们提出更合理、更有创见性的建议。

5. 用户培训

这也是非常重要的一环,因为用户才是最终真正使用客户关系管理系统和应用数据挖掘的人。对用户的培训必须让他们知道对所使用的客户关系管理系统的整体流程、功能以及数据挖掘应用在其中所起的作用，了解系统中所使用的数据的具体含义，最后指导他们对挖掘结果进行有效的访问和可视化。

在 CRM 中实施数据挖掘应是一个持续的过程，不可能一蹴而就。随着客户关系管理系统的不断扩展和数据资源的积累，很可能需要重新建立其中的数据挖掘模型或者创建新的数据挖掘应用。我们相信，数据挖掘和客户关系管理的结合必然会推动民航企业的发展，同时也为客户提供更优质的服务。

五、CRM 中常用的数据挖掘算法

（一）关联分析

1. 关联规则定义

数据关联是数据库中存在的一类重要的可被发现的知识。若两个或多个变量的取值之间存在某种规律性，就称为关联。关联可分为简单关联、时序关联、因果关联。关联分析的目的是找出数据库中隐藏的关联网。有时并不知道数据库中数据的关联函数，即使知道也是不确定的，因此关联分析生成的规则带有可信度。关联规则挖掘可发现大量数据中项集之间有趣的关联或相关联系。阿格拉沃尔（Agrawal）于 1993 年首先提出了挖掘顾客交易数据库中项集间的关联规则问题，之后诸多的研究人员对关联规则的挖掘问题进行了大量的研究。研究工作包括对原有的算法进行优化，如引入随机采样、并行的思想等，以提高算法挖掘规则的效率，以及对关联规则的应用进行推广。

2. 关联规则挖掘的过程

关联规则挖掘过程主要包含两个阶段：第一阶段必须先从资料集合中找出所有的高频项目组（frequent item sets），第二阶段再由这些高频项目组中产生关联规则（association rules）。

关联规则挖掘的第一阶段必须从原始资料集合中，找出所有高频项目组。高频的意思是指某一项目组出现的频率相对于所有记录而言，必须达到某一较高水平。一个项目组出现的频率称为支持度（support），以一个包含 A 与 B 两个项目的 2-item set 为例，我们可以求得包含 {A, B} 项目组的支持度，若支持度大于等于所设定的最小支持度（minimum support）门槛值时，则 {A, B} 称为高频项目组。一个满足最小支持度的 k-item set，则称为高频 k-项目组（frequent k-item set），一般表示为 Large k 或 Frequent k。算法并从 Large k 的项目组中再产生 Large k＋1，直到无法再找到更长的高频项目组为止。

关联规则挖掘的第二阶段是要产生关联规则。从高频项目组产生关联规则，是利用前一步骤的高频 k-项目组来产生的，在最小信赖度（minimum confidence）的条件门槛下，若一个规则所求得的信赖度满足最小信赖度，称此规则为关联规则。

使用关联规则挖掘技术，对交易资料库中的纪录进行资料挖掘，首先必须要设定最小支持度与最小信赖度两个门槛值，我们常常假设最小支持度 min_support 为 5%，最小信赖度 min_confidence 为 70%。经过挖掘过程所找到的关联规则必须同时满足以上两个条件。

从上面的介绍还可以看出，关联规则挖掘通常比较适用与记录中的指标取离散值的情况。如果原始数据库中的指标值是取连续的数据，则在关联规则挖掘之前应该进行适当的数据离散化（实际上就是将某个区间的值对应于某个值），数据的离散化是数据挖掘前的重要环节，离散化的过程是否合理将直接影响关联规则的挖掘结果。

3. 关联规则的分类

按照不同情况，关联规则可以进行如下分类。

第一种情况，基于规则中处理的变量的类别，关联规则可以分为布尔型和数值型。布尔型关联规则处理的值都是离散的、种类化的，它显示了这些变量之间的关系；而数值型关联规则可以和多维关联或多层关联规则结合起来，对数值型字段进行处理，将其进行动态的分割，或者直接对原始的数据进行处理，当然数值型关联规则中也可以包含种类变量。例如，性别＝"女"⇒职业＝"秘书"，是布尔型关联规则；性别＝"女"⇒avg（收入）＝2300，涉及的收入是数值类型，所以是一个数值型关联规则。

第二种情况，基于规则中数据的抽象层次，可以分为单层关联规则和多层关联规则。在单层的关联规则中，所有的变量都没有考虑到现实的数据是具有多个不同的层次的；而在多层的关联规则中，对数据的多层性已经进行了充分的考虑。例如，IBM 台式机⇒Sony 打印机，是一个细节数据上的单层关联规则；台式机⇒Sony 打印机，是一个较高层次和细节层次之间的多层关联规则。

第三种情况，基于规则中涉及的数据的维数，关联规则可以分为单维的和多维的。

在单维的关联规则中，我们只涉及数据的一个维，如用户购买的物品；而在多维的关联规则中，要处理的数据将会涉及多个维。换成另一句话，单维关联规则是处理单个属性中的一些关系；多维关联规则是处理各个属性之间的某些关系。例如，啤酒⇒尿布，这条规则只涉及用户的购买的物品；性别＝"女"⇒职业＝"秘书"，这条规则就涉及两个字段的信息，是两个维上的一条关联规则。

（二）分类与聚类

1. 分类（Classification）

它用于找出描述并区分数据类或概念的模型，以便使用此模型预测类标记未知的对象类；它通常使用类标记已知的数据对象作为训练数据集，通过对该数据集的分析，导出数据的分类模型，然后使用模型预测未知数据。

2. 聚类（Clustering）

聚类与分类不同，它没有类标记作为指导，类标记由它本身产生。对象根据最大化类内的相似性、最小化类间的相似性的原则进行聚类和分组。

（三）决策树

决策树提供了一种展示类似在什么条件下会得到什么值这类规则的方法。比如，在贷款申请中，要对申请的风险大小做出判断，图5-7是为了解决这个问题而建立的一棵决策树，从中我们可以看到决策树的基本组成部分包括决策节点、分支和叶子。

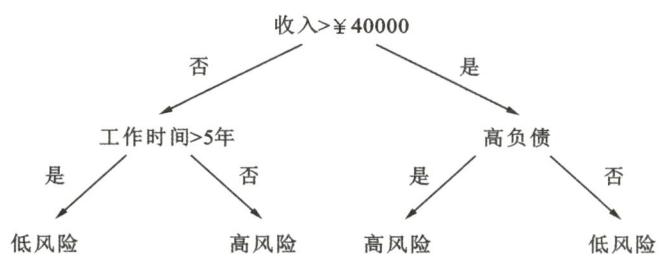

图 5-7　一棵简单的决策树

决策树中最上面的节点称为根节点，是整个决策树的开始。本例中根节点是"收入＞￥40000"，对此问题的不同回答产生了"是"和"否"两个分支。决策树的每个节点子节点的个数与决策树在用的算法有关。如CART算法得到的决策树每个节点有两个分支，这种树称为二叉树；允许节点含有多于两个子节点的树称为多叉树。每个分支要么是一个新的决策节点，要么是树的结尾，称为叶子。在沿着决策树从上到下遍历的过程中，在每个节点都会遇到一个问题，对每个节点上问题的不同回答导致不同的分支，最后会到达一个叶子节点。这个过程就是利用决策树进行分类的过程，利用几个变量（每个变量对应一个问题）来判断所属的类别（最后每个叶子会对应一个类别）。

假如负责借贷的银行官员利用上面这棵决策树来决定支持哪些贷款和拒绝哪些贷款，那么他就可以用贷款申请表来运行这棵决策树，用决策树来判断风险的大小。"年收入＞￥40000"和"高负债"的用户被认为是"高风险"，而不是"高负债"的用户被认为是"低风险"；"收入＜￥40000"但"工作时间＞5年"的申请，则被认为是"低风险"，建议贷款给他/她。

数据挖掘中决策树是一种经常要用到的技术，可以用于分析数据，同样也可以用来作预测。建立决策树的过程，即树的生长过程是不断地把数据进行切分的过程，每次切分对应一个问题，也对应着一个节点。对每个切分都要求分成的组之间的"差异"最大，各种决策树算法之间的主要区别就是对这个"差异"衡量方式的区别。对具体衡量方式算法的讨论超出了本文的范围，在此我们只需要把切分看成是把一组数据分成几份，份与份之间尽量不同，而同一份内的数据尽量相同。这个切分的过程也可称为数据的"纯化"。上例中，包含两个类别——低风险和高风险。如果经过一次切分后得到的分组，每个分组中的数据都属于同一个类别，显然达到这样效果的切分方法就是我们所追求的。

到现在为止我们所讨论的例子都是非常简单的，树也容易理解，当然实际中应用的决策树可能非常复杂。假定我们利用历史数据建立了一个包含几百个属性、输出的类有十几种的决策树，这样的一棵树对人来说可能太复杂了，但每一条从根结点到叶子节点的路径所描述的含义仍然是可以理解的。决策树的这种易理解性对数据挖掘的使用者来说是一个显著的优点。然而决策树的这种明确性可能带来误导。比如，决策树每个节点对应分割的定义都是非常明确毫不含糊的，但在实际生活中这种明确可能带来麻烦。

建立一棵决策树可能只要对数据库进行几遍扫描之后就能完成，这也意味着需要的计算资源较少，而且可以很容易地处理包含很多预测变量的情况，因此决策树模型可以建立得很快，并适合应用到大量的数据上。对最终完成的决策树来说，在建立过程中让其生长得太"枝繁叶茂"是没有必要的，这样既降低了树的可理解性和可用性，同时也使决策树本身对历史数据的依赖性增大，也就是说这棵决策树对此历史数据来说可能非常准确，一旦应用到新的数据时准确性却急剧下降，我们称这种情况为训练过度。为了使得到的决策树所蕴含的规则具有普遍意义，必须防止训练过度，同时也能减少训练的时间。因此我们需要有一种方法能在适当的时候停止树的生长，常用的方法是设定决策树的最大高度（层数）来限制树的生长。还有一种方法是设定每个节点必须包含的最少记录数，当节点中记录的个数小于这个数值时就停止分割。

与设置停止增长条件相对应的是在树建立好之后对其进行修剪。先允许树尽量生长，然后再把树修剪到较小的尺寸，当然在修剪的同时要求尽量保持决策树的准确度不要下降太多。对决策树常见的批评是认为其在为一个节点选择怎样进行分割时使用"贪心"算法，此种算法在决定当前这个分割时根本不考虑此次选择会对将来的分割造成什么样的影响。换句话说，所有的分割都是顺序完成的，一个节点完成分割之后不可能以后再有机会回过头来再考察此次分割的合理性，每次分割都是依赖于前面的分割方法，也就是说决策树中所有的分割都受根节点的第一次分割的影响，只要第一次分割有一点点不同，那么由此得到的整个决策树就会完全不同。那么是否在选择一个节点的分割的同时向后考虑两层甚至更多的方法，会具有更好的结果呢？目前还没有准确的结论，但明确的是这种方法使建立决策树的计算量成倍的增长，因此现在还没有哪个产品使用这种方法。

而且，通常的分割算法在决定怎么在一个节点进行分割时，都只考察一个预测变量，即节点用于分割的问题只与一个变量有关。这样生成的决策树在有些本应很明确的情况下可能变得复杂而且意义含混，为此目前新提出的一些算法开始在一个节点同时用多个变量来决定分割的方法。比如图 5-7 的决策树中可能只能出现类似"收入＜￥35000"的判断，现在则可以用"收入＜（0.35*抵押）"或"收入＞￥35000 或抵押＜￥150000"这样的问题。

决策树很擅长处理非数值型数据，这与神经网络只能处理数值型数据比起来，就免去了很多数据预处理工作。甚至有些决策树算法专为处理非数值型数据而设计，因此当采用此种方法建立决策树同时又要处理数值型数据时，反而要进行预处理，把数值型数据映射为非数值型数据。

第四节　商业智能

一、商业智能的定义

商业智能是对商业信息的搜集、管理和分析的过程，目的是使企业的各级决策者获得知识和洞察力，促使他们做出对企业更有利的决策。商业智能系统从企业运作的日常数据中开发出结论性、基于事实和具有可实施性的信息，使企业管理者和决策者能以一种更清晰的角度看待业务数据，提高企业运作效率，增加利润并建立良好的客户关系，从而使企业能更快、更容易地做出更好的商业决策，以最短的时间发现商业机会并捕捉商业机遇。

商业智能最大限度地利用了企业管理信息系统中的数据，将数据整理为信息，再升华为知识，是一个从数据到信息再到知识的过程。商业智能系统实际上是一个智能决策支持系统，它不仅是一种产品或服务，从某种意义上讲商业智能是一种商业理念，通过商业智能技术，用户可以更好、更充分地了解企业的产品、服务和销售趋势。

二、商业智能系统的构成

从系统的体系结构的角度来看，商业智能系统一般由数据仓库（或数据场）、数据分析、

数据挖掘、在线分析、数据备份和恢复等部分组成。商业智能系统从不同的数据源收集的数据中提取有用的数据，对数据进行清理以保证数据的正确性，将数据进行转换、重构后存入数据仓库，然后寻找合适的查询和分析工具、数据挖掘工具及 OLAP 工具对信息进行处理（这时信息变为辅助决策的知识），最后将知识呈现于用户面前，转变为决策。商业智能系统体系结构包括以下六个部分。

（一）商业智能应用

针对不同行业或应用领域，经过裁减完整的商业智能解决方案软件包。

（二）决策支持工具

从基本查询和报表工具到先进的在线分析处理再到信息挖掘工具的各类工具，所有工具都支持 GUI 客户界面，大部分都可以在 Web 界面上使用。这些工具大多能处理数据库信息，有些能够处理文件系统、多媒体、邮件或 Web 服务器上的复杂和非结构的信息。

(三) 访问工具

应用接口和中间件，使客户工具能够访问和处理数据库和文件系统中的商业信息。数据库中间件允许客户透明地访问后台各种异构的数据库服务器，Web 服务器中间件允许 Web 客户连接到数据库中。数据管理部分一般采用 3 层信息存储，最高层次是数据仓库，数据仓库中集成了全企业的商业信息；中间级是部门数据仓库，又称数据场，存储了某个商业单位、用户组或部门的商业信息，这些数据场可以直接建立在企业业务操作系统的基础上；最低层次存储了根据用户和应用需求经过裁剪后的信息。

(四) 数据仓库模型和构造工具

这些工具用于从操作系统和外部数据源系统中捕捉数据，经过加工和转换，最后将数据装载到全局的或部门的数据仓库。

(五) 元数据管理

该部分管理与整个商业智能系统有关的元数据，包括开发者和管理员使用的技术元数据及支持商业用户的商业元数据。

(六) 商业智能管理

该部分包括安全性和验证、备份和恢复、监控和调整、操作和调度、审计和计算等。

三、客户智能系统

(一) 产品销售管理

它包括产品的销售策略、销售量分析、影响产品销售的因素分析及产品销售的改进方案预测，通过系统存储的产品销售信息建立销售模型，分总体销售模型和区域、部门销售模型。对产生不同结果的销售模型分析其销售量和销售策略，进行销售影响因素的分析和评估，根据不同的销售环境对相应的产品销售方案进行产品上架和下架计划，提高企业营销额。通过历史数据分析，还可以建立提高销售量的预测模型。

(二) 异常处理（Management by Exception）

它是商业智能数据挖掘应用的典型事例，由于能实时而持续地计算各种绩效目标，商业智能系统可以监测其与计划目标的偏差。当偏差过大时，系统在第一时间以各种通信方式，比如电子邮件，将偏差状况通知企业责任主管，从而降低企业风险，提高企业收益。其具体应用有信用卡分析、银行及保险等行业的欺诈监测等。

（三）事实管理（Management by Fact）

无论目标管理或例外管理，背后支持的力量都来自事实。维持企业营运的 ERP 系统在每日的交易之中，累积了无数的事实与信息。商业智能系统将企业目标、例外与事实相结合，使管理者能够进一步分析原因或趋势，查询并探测相关信息。在信息缺乏的年代，管理层更多依靠个人经验和直觉进行管理，制定决策。而在知识经济时代，企业必须实施事实管理，不靠幻想与感觉，在了解企业每日的商务情况的基础上，利用商业智能进行科学决策。

（四）客户关系管理（CRM）

客户是企业生存的关键因素，对企业来说进行客户关系管理（CRM）是一项重要的工作。通过商业智能的客户关系管理子系统，企业可以分析客户消费习惯和消费倾向，提高客户满意度，进而采取相应对策增强客户保持力，培养忠实客户，维持良好的客户关系。

作为一个新兴的研究领域数据挖掘还面临着许多问题，如收集社交软件中的聊天信息进行快速有效的数据挖掘，数据挖掘的安全性和保密性等。本章涉及的一些数据挖掘方法是目前较为成熟的技术，民航 CRM 建设是一项系统工程，如果能够充分利用现有庞大的民航信息系统建立自己的 CRM 数据管理体系，航空公司无疑会在日后激烈的市场竞争中占得先机。

经典案例分析

数据挖掘在航空公司 CRM 中的应用

在航空公司的客户关系管理体系中，通过对旅客的特征数据进行分析，可以对旅客进行分类，针对不同类别的旅客采取不同的营销对策。对不同等级客票的历史数据的分析，对近期或远期旅客的购买行为做出预测。一方面尽量多地卖出高价票而降低低价票的销售量，另一方面及时调整定价策略防止座位虚耗、损失客源。对旅客服务满意度的调查，可以使航空公司调整重点服务策略，忽略次要因素降低营运成本。

因此在研究中，大量旅客特征数据和历史订座数据是制定市场营销策略和进行收益规划的基础，在这个过程中可以引入数据挖掘的方法，其具体步骤如下。

1. 数据准备

在这一过程中，分析员将收集订座系统中存储的大量历史数据包括序号、团队标识、姓名前缀、姓名、订座记录、舱位、订座状态、订座人数、订座日期等数据并整理集成在数据仓库中，同时将旅客的特征数据包括收入、乘机次数、累计里程数、所在行业、票价等级、出行目的、教育程度、爱好等基本信息集成在数据仓库中。

2. 数据挖掘

(1) 预测型数据挖掘方法。这类方法主要指分类与回归方法。分类方法用来预测某一个样本属于哪一种类型；回归方法是通过具有已知值的变量来预测其他变量的值，实现技术有决策树（如图5-8）。神经网络和朴素贝叶斯等决策树的优点是生成的模型易于理解，但对输入数据有限制如数据必须具有种类特征，例如可以采用决策树的方法对旅客购买哪种等级的客票及其带来的收益风险做出分析。

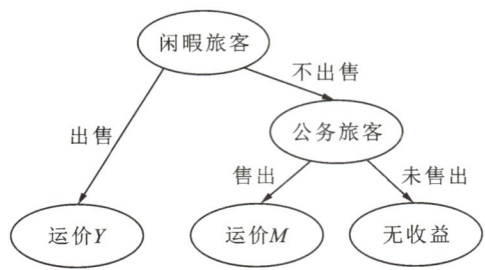

图 5-8　旅客购买客票等级的决策树

决策树中最上面的节点称为根节点，是整个决策树的开始。本例中根节点是"闲暇旅客"，对这种旅客销售不同种类的客票产生了不同的两个分支，如果航空公司将运价为 Y 的客票卖给了较早购票的闲暇旅客则这个座位的收益为 Y，如果航空公司并没有将这个座位卖给闲暇旅客而是之后将这个座位卖给了另一位公务旅客则收益为 M，显然航空公司增加了收益。但是我们注意到这是有风险的，以上假设了这个座位一定能卖给愿意出高价票的公务旅客，如果卖不出去这个座位的收益为 0。所以可以通过判断能否将这个座位卖给公务旅客的风险大小来决定这个座位的收益大小。

(2) 描述型数据挖掘方法。该方法包括聚类和关联及序列模式挖掘算法。聚类算法是基于数据的相似度把彼此之间非常类似的样本归入同类，而把彼此完全不同的样本归入不同类中。聚类可以用来建立旅客对航空公司服务指标评价模型以及客户群体的细分模型，适用算法有模糊C-均值或最近邻居算法、自组织映射神经网络算法，模糊聚类算法可应用在民航旅客的分类、提供服务分类等方面。下面是模糊聚类方法的具体步骤。

第一步，建立识别指标模糊矩阵。

假定在航空服务要素中有 n 个特征，对于每个特征有 m 个评价指标，所以可以表示为：

$$U_{ij} = (X_{i1}, X_{i2}, \cdots, X_{iy}, \cdots, X_{im}), i = 1, 2, \cdots, n; j = 1, 2, \cdots, m$$

整个服务特征指标信息可以用如下矩阵表示。

$$X = \begin{cases} x_{11} & x_{22} & x_{1m} \\ \vdots & \vdots & \vdots \\ x_{n1} & x_{n2} & x_{nm} \end{cases} \tag{1}$$

第二步，设定聚类中心。

设定目标群体的 c 个聚类中心：

$$V_i = \{v_1, v_2, \cdots, v_c\} \quad i = 1, 2, \cdots, c \tag{2}$$

由式（1）、（2），得出第 i 类的聚类中心：

$$V_i = \{v_{i1}, v_{i2}, \cdots, v_{ic}\} \quad i = 1, 2, \cdots, c \tag{3}$$

聚类中心可由下式计算：

$$V_i = \frac{\sum_{j=1}^{n}(a_{ij})^r x_j}{\sum_{j=1}^{n}(a_{ij})^r}, \quad i = 1, 2, \cdots, c \tag{4}$$

式（4）中 r 为待定参数，表示指数权重，一般取 $r > 1$，r 越大分类越模糊，最终形成对目标顾客的划分。

第三步，建立模糊矩阵。

对式（1）中的数据进行预处理（算术平均值或加权平均值），折算成隶属度，得到相似关系模糊矩阵：

$$R = \begin{cases} r_{11} & r_{22} & r_{1m} \\ \vdots & \vdots & \vdots \\ r_{n1} & r_{n2} & r_{nm} \end{cases} \tag{5}$$

第四步，构造模糊等价矩阵。

经过传递闭包运算 即进行运算 $R = R^2 = R^4 = \cdots$，直到 $R^k = R^{2k}$ 时停止。最后求得模糊等价关系矩阵 R^k。R^2 中的元素用 $r(2)_{ij}$ 表示，并由下式计算得出：

$$r(2)_{ij} = \bigcup_{k=1}^{p}(a_{ik} \cap b_{kj}), (i = 1, 2, \cdots, c, j = 1, 2, \cdots, n,$$
$$k = 1, 2, \cdots, m) \tag{6}$$

其中 $\bigcup$ 表示最大，$\bigcap$ 表示最小。

第五步，进行聚类。

通过求以下目标函数的最小值得到最终的聚类结果：

$$\min J_r(R, V) = \sum_{j=1}^{n} \sum_{i=1}^{c} (a_{ij})^r \sqrt{\sum_{k=1}^{m}(x_{jk} - v_{ik})^2} \tag{7}$$

其中 $\sqrt{\sum_{k=1}^{m}(x_{jk} - v_{ik})^2}$ 是样本 x_j 与第 i 类聚类中心之间的欧几里得距离。

本章小结

1. 数据仓库。数据仓库是决策支持系统和联机分析应用数据源的结构化数据环境，同时，数据仓库也是客户关系管理的基础。数据仓库技术可以帮助企业解决从庞大的数据库中抽取有效的、未知的和能理解的信息，从而解决企业提高效益这一问题。

2. OLAP在数据仓库中的应用。OLAP的目标是满足决策支持或多维环境特定的查询和报表需求，它的技术核心是"维"这个概念，因此OLAP也可以说是多维数据分析工具的集合。OLAP通过对多维数据集中的数据进行切片、切块、聚合、钻取和旋转等方式分析数据，使用户能够从多种角度观察、分析数据仓库中的数据。

3. CRM中常用的数据挖掘算法有关联分析法、分类与聚类法以及决策树法。其中决策树是一种经常要用到的技术，可以用于分析数据，同样也可以用来做预测。建立决策树的过程，即树的生长过程是不断地把数据进行切分的过程，每次切分对应一个问题，也对应着一个节点。

4. 商业智能。商业智能是对商业信息的搜集、管理和分析的过程，目的是使企业的各级决策者获得知识和洞察力，促使他们做出对企业更有利的决策。商业智能最大限度地利用了企业管理信息系统中的数据，将数据整理为信息，再升华为知识，是一个从数据到信息再到知识的过程。

中英文专业名词对照

1. Data Warehouse　数据仓库
2. Data Mining　数据挖掘
3. Cluster Analysis　聚类分析
4. Decision Tree　决策树
5. On-line Analytical Processing（OLAP）　联机分析处理
6. On-line Transaction Processor（OLTP）　联机事务处理

复习思考题

1. 什么是数据仓库？有哪些特性？
2. 数据仓库与数据库的区别是什么？
3. 客户关系管理和数据仓库存在什么联系？
4. 联机分析处理（OLAP）的概念及特点是什么？
5. 浅谈航空公司客户关系管理中如何应用数据仓库？

第六章
呼叫中心的应用

学习重难点

重点：
1. 呼叫中心的定义及作用。
2. 呼叫中心应用的主要技术。

难点：
呼叫中心的评价与评价标准。

本章引例

新冠疫情影响下航空公司呼叫中心的更新换代

受新冠疫情影响旅客机票退改签业务大增，各家航空公司客服电话均处于长期爆线状态，峰值来电甚至超过日常的 10 倍以上。因为大量退票订单涌入，航空公司对于很多旅客的服务诉求不能及时进行解决。不少旅客反映在办理机票退改时遇到困难，比如人工客服一直无法接通，通过航空公司应用程序办理退票一直显示"审核中"等情况。此外，因旅客退票处理不及时或因退票款不能及时到账，旅客对航空公司的投诉量也不断增加。

正常情况下，航空公司的机票退订量并不大（不完全统计，航空公司机票退订量一般在 3% 以下，即每百人不超过 3 个），而因不可抗力造成的旅客退票比例会更低，因此航空公司不会配备很多处理人工审核的员工。但受新冠疫情影响，各地政府临时采取了多项疫情防控举措，旅客出行需求锐减，爆发了大量的临时旅客客票改退签的情况，日退票量甚至超过正常情况下的 10 倍以上，航空公司面临人手不足和修改工作流程的窘境，不得不超负荷地进行机票退订的相关处理。

鉴于航空公司客户呼叫系统的爆线状态，航空公司可通过短信、微信小程序、应用程序等方式及时向旅客发送相关信息通知，缓解退票旅客的焦虑和不安情绪。随着云计算、大数据和人工智能技术在呼叫中心系统中的运用，智能呼入、智能呼出、预测外呼等智能化产品被陆续开发出来，智能机器人客服系统也开始在新一代呼叫中心系统投入使用，航空公司通过建立云呼叫平台，以智能应用来驱动客户服务，深度挖掘与客户对话的语音价值，来提升营销和服务。智能化的呼叫中心系统一方面可为航空公司打通不同的旅客服务渠道，统一处理微信、应用程序、网页、电话、邮件等多个渠道的旅客服务咨询；另一方面，还可收集并存储客户数据，通过将语音、图片、文字等内容转换成数据，作为客户数据进一步进行统计、分析。

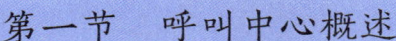

第一节　呼叫中心概述

一、呼叫中心的定义

呼叫中心，又称客户服务中心，是基于电话、传真机、计算机等通信、办公设备于一体的交互式增值业务系统。用户可以通过电话接入、传真接入、MODEM 拨号接入和访问网站等多种方式进入系统，在系统自动语音导航或人工座席帮助下访问系统的数据库，获取各种咨询服务信息或完成响应的事务处理。随着 20 世纪 90 年代电信技术和计算机技术的迅猛发展，以 CTI（Computer Telephony Integration）技术为核心的、将计算机网络和通信网络紧密结合起来的呼叫中心解决方案已逐渐取代传统的以 PC 板卡为核心的解决方案。

二、呼叫中心的作用

呼叫中心应当成为公司和客户之间的联结点，给市场经营者提供一个独一无二的机会与客户直接交流，每一次呼叫意味着一个重要的机会。

（一）提高工作效率

呼叫中心能有效地减少通话时间，降低网络费用，提高员工/业务代表的业务量，在第一时间内就将来电转接到正确的分机上，通过呼叫中心发现问题并加以解决。

(二) 节约开支

呼叫中心统一完成语音与数据的传输，用户通过语音提示就可以很轻易地获取数据库中的数据，有效地减少每一个电话的长度，每一位座席工作人员在有限的时间内可以处理更多个电话，大大提高电话处理的效率及电话系统的利用率。

(三) 选择合适的资源

根据员工的技能、员工的工作地点、来话者的需要、来话者的重要性、不同的工作时间来选择最好的同时也是可接通的业务代表。

(四) 提高客户服务质量

自动语音设备可不间断地提供礼貌而热情的服务，可以随时利用自动语音设备提取所需的信息。而且由于电话处理速度的提高，大大减少了用户在线等候的时间。在呼叫到来的同时，呼叫中心即可根据主叫号码或被叫号码提取出相关的信息传送到座席的终端上，这样，座席工作人员在接到电话的同时就得到了很多与这个客户相关的信息，简化了电话处理的程序。这一点在呼叫中心用于客户支持服务中心时效果尤为明显，在用户进入客户支持服务中心时，只需输入客户号码或者甚至连客户号码也不需要输入，呼叫中心就可根据它的主叫号码到数据库中提取与之相关的信息。这些信息既包括用户的基本信息，诸如公司名称、电话、地址等，也可以按照以往的电话记录，了解已经解决的问题与尚未解决的问题，这样双方很快就可进入问题的核心。呼叫中心还可根据这些信息智能地处理呼叫，把它转移至相关专业人员的座席上。这样客户就可以马上得到专业人员的帮助，从而使问题尽快解决。

(五) 留住客户

一般情况下，客户的发展阶梯是：潜在客户→新客户→满意的客户→留住的客户→老客户。往往失去一个老客户，所遭受的损失往往需要有8到9个新客户来弥补，而20%的重要客户能带来80%的收益，所以留住客户比替换他们更为经济有效。因此，企业需要学会判断最有价值的客户，并奖励老客户，找出客户的需要并满足他们的需要，从而提高客户服务水平，达到留住客户的目的。

(六) 带来新的商业机遇

理解每一次呼叫的真正价值，提高效率、收益，提高客户价值，利用技术上的投资，更好地了解客户、鼓励客户与企业的密切联系，尤其是从每一次呼叫中尽力捕捉到新的商业机遇。

三、呼叫中心的分类

具有一定规模的全天候的呼叫中心起源于20世纪50年代的美国，其目的是通过集中处理大规模的服务请求来完成统一、优质和快速的服务。在市场竞争愈演愈烈的客观情况下，呼出型呼叫中心将被动服务转化成主动服务。随后AT&T推出了第一个用于电话营销呼出型（outbound）呼叫中心，并在1967年正式开始运营"800"被叫付费业务。从此客户服务、市场营销、技术支持和其他特定商业活动的概念逐渐在全球范围内被接受和采用，直至形成今天规模庞大的呼叫中心产业。

关于呼叫中心，一直以来都存在自建、外包、托管及设备租赁等多种形态。

自建呼叫中心指的是企业投资建设呼叫中心的目的在于利用呼叫中心来开展自身业务，自始至终与其他机构无关。

在外包呼叫中心领域里，则分成发包方和接包方。发包方指的是企业委托第三方全面管理或部分管理其呼叫中心的业务。而接包方则是指企业投资建设呼叫中心的目的在于利用所建呼叫中心来为其客户提供客户自身的呼叫中心功能性业务——或客户服务，或商业营销。

呼叫中心托管服务，顾名思义就是企业把呼叫中心系统交给专业公司来建设和管理。而企业自身把稀缺的人力和财力资源集中到核心业务上，有关呼叫中心的建设、维护、升级改进等工作都由提供呼叫中心托管服务的专业公司来负责。

呼叫中心设备租赁业务是指企业全部或部分租用第三方提供的呼叫中心系统设备及应用软件来构建呼叫中心，此呼叫中心设在客户方，租赁方按租赁时间付费给出租方，当合同结束时，租赁行为解除。

前两种形态占当今呼叫中心市场的绝大部分份额，后两种形态在近几年才出现，规模很小。

呼叫中心进入中国的时间大约在20世纪90年代中期，在中国改革开放的深入和中国加入WTO的大背景下取得了可喜的成绩，逐步形成了一个朝气蓬勃的产业，从行业分布、技术的运用、从业人员的数量上都具有了一定的规模。

第二节 呼叫中心的发展历程

世界上第一个具有一定规模的呼叫中心是泛美航空公司在1956年建成并投入使用的。其主要功能是可以让客户通过呼叫中心进行机票预订，能更方便地向乘客提供咨询服务并有效地处理乘客投诉。

一、第一代呼叫中心系统

第一代的呼叫中心系统——早期的呼叫中心实际上就是今天我们常说的热线电话，企业通常指派若干经过培训的业务代表专门负责处理各种各样的咨询和投诉，客户只需拨通指定的电话就可以与业务代表直接交谈。这套系统就是第一代呼叫中心系统。其服务网络框图如图 6-1 所示。这种服务方式可以充分利用业务代表的专长，因而在提高工作效率时大大提高了客户服务质量，其应用范围也逐渐扩大到民航以外的许多领域。第一代呼叫中心系统的缺点是：由于没有采用 CTI 技术，只能提供人工服务，用户的来话无法转接，网络及操作系统落后。

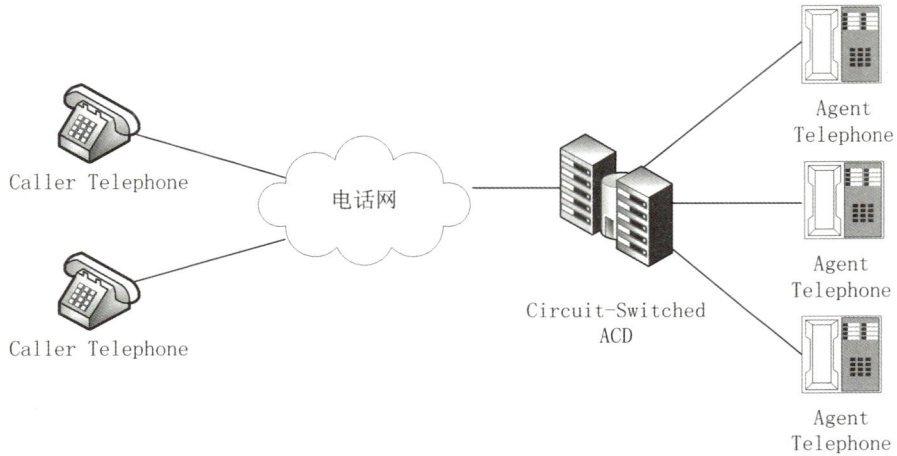

图 6-1　第一代呼叫中心系统服务网络框图

二、第二代呼叫中心系统

随着业务量的激增，原有的呼叫中心越来越难以满足企业的要求。企业迫切需要一种能与技术发展保持同步的呼叫中心。他们希望将传统的呼叫中心进一步发展成可以提供一流的服务以吸引客户并增强现有客户忠诚度，最终为企业带来丰厚的利润的客户联络中心。随着 CTI 技术的发展，采用了 CTI 技术的第二代呼叫中心系统就诞生了。其系统框图如图 6-2 所示。第二代呼叫中心系统的最大优点是：采用了 CTI 技术，因此可以同时提供人工服务与自动服务。第二代呼叫中心系统的缺点是用户只能得到声讯服务。

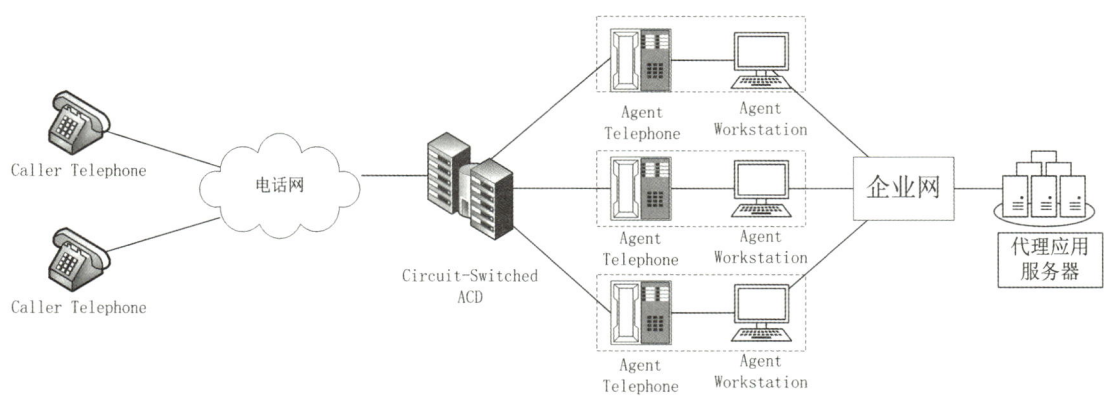

图 6-2　第二代呼叫中心系统框图

三、第三代呼叫中心系统

随着 Internet 的飞速发展，企业纷纷在 Internet 网络上建立站点进行宣传，而部分企业又建有呼叫中心处理用户服务，如果可以在系统中增加 Internet 网络网关，用户就可以在访问站点的同时，通过浏览器软件直接呼叫企业的呼叫中心。这样呼叫中心的接入方式就不再仅限于电话呼叫接入，而且可以充分利用数据库的信息资源，为将来利用 Internet 进行电子商务活动奠定基础，因此，基于 Internet 的第三代呼叫中心系统就诞生了。其系统框图如图 6-3 所示。其优点是：提供自动与人工服务，对座席进行技能分组，采用先进的操作系统及大型数据库，支持多种信息源的接入。

CTI 技术与 Internet 技术的紧密集成，使得呼叫中心由单一的以声讯访问为主转变为多种媒体手段的组合。如可以提供声音、传真、Email、视频连接等多媒体手段的组合。基于 Internet 呼叫中心可以为用户提供先进的搜索引擎，自助式的 Web 页面访问；同时可以为用户提供 VoIP、Text-chat、可视化协作、Web 导航等实时服务。呼叫中心可以针对用户的 Email、Web 信箱留言进行及时回复，可以按照用户的请求进行回叫服务，声音可以在用户进行 Web 浏览时同步传输。

四、第四代呼叫中心系统

随着时代的发展，企业在社会中的作用从提供产品转变为提供服务，企业之间的竞争也从产品竞争发展到服务竞争的新格局。企业的社会作用和竞争模式的改变导致企业提高了客户服务中心的作用和地位。企业建立呼叫中心的目的就是利用先进的科技手段和管理方法，让客户服务质量得到一个质的飞跃，并逐步形成以市场和客户服务为中心，带动企业各相关产业迅速发展。为此，出现了新一代客户服务中心——客户互动中心 CIC（Customer Interactive Center），如图 6-4 所示。

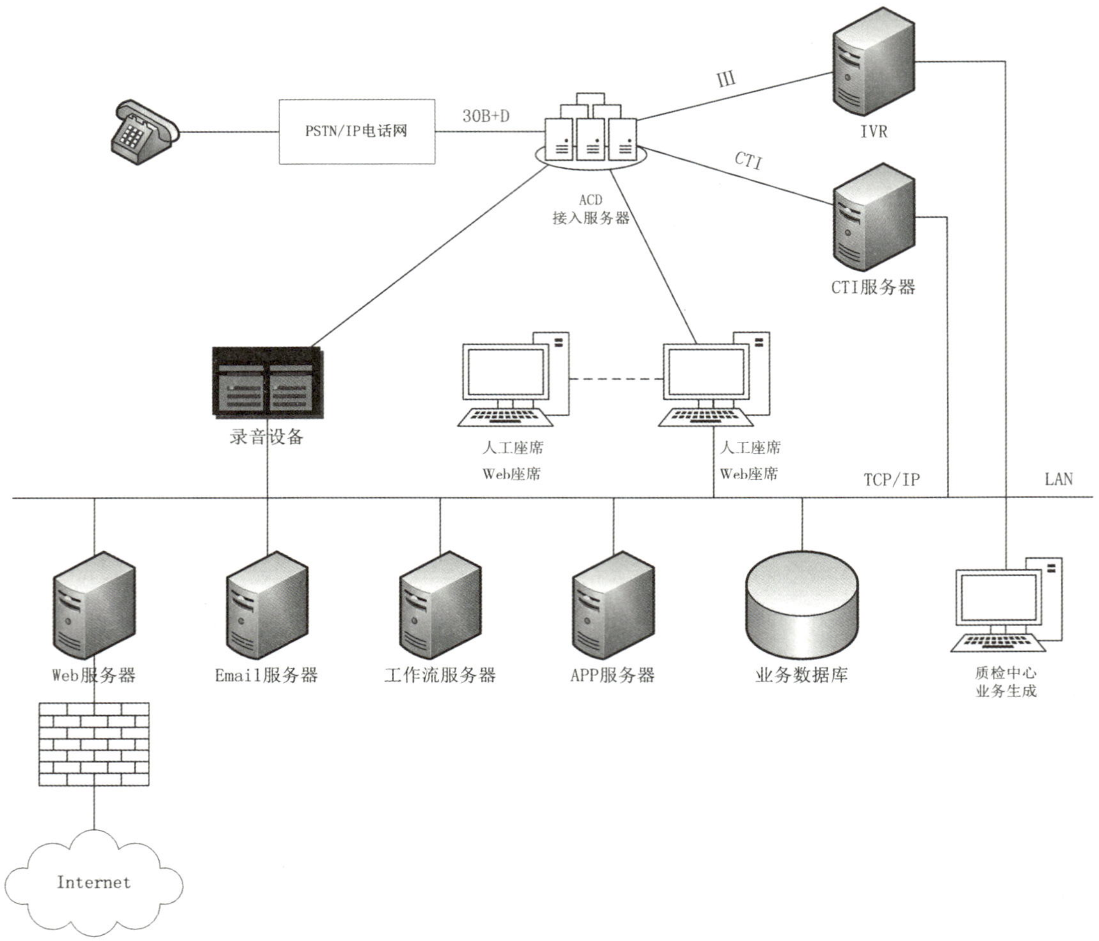

图 6-3　第三代呼叫中心系统框图

客户互动中心 CIC 完全提供了前三代客户服务中心所具有的语音交换功能，同时利用了集成的 IP 交换功能，能够支持计算机的网络服务。CIC 在网络层"三网合一"网络融合的基础上，实现了在业务应用层"一体化"的综合通信。CIC 的技术优势使它真正实现了对多媒体应用的支持，从而使它完全脱离了传统的客户服务中心固有的单调的表现形式。同时由于技术的支持，CIC 改变了客户服务中心和客户之间的关系，传统的客户中心只能被动地由客户来呼叫，信息流是单向的；而 CIC 支持多种媒介的交互方式，使得客户服务中心能主动地为客户提供各类服务，从而使两者之间能够真正实现互动。

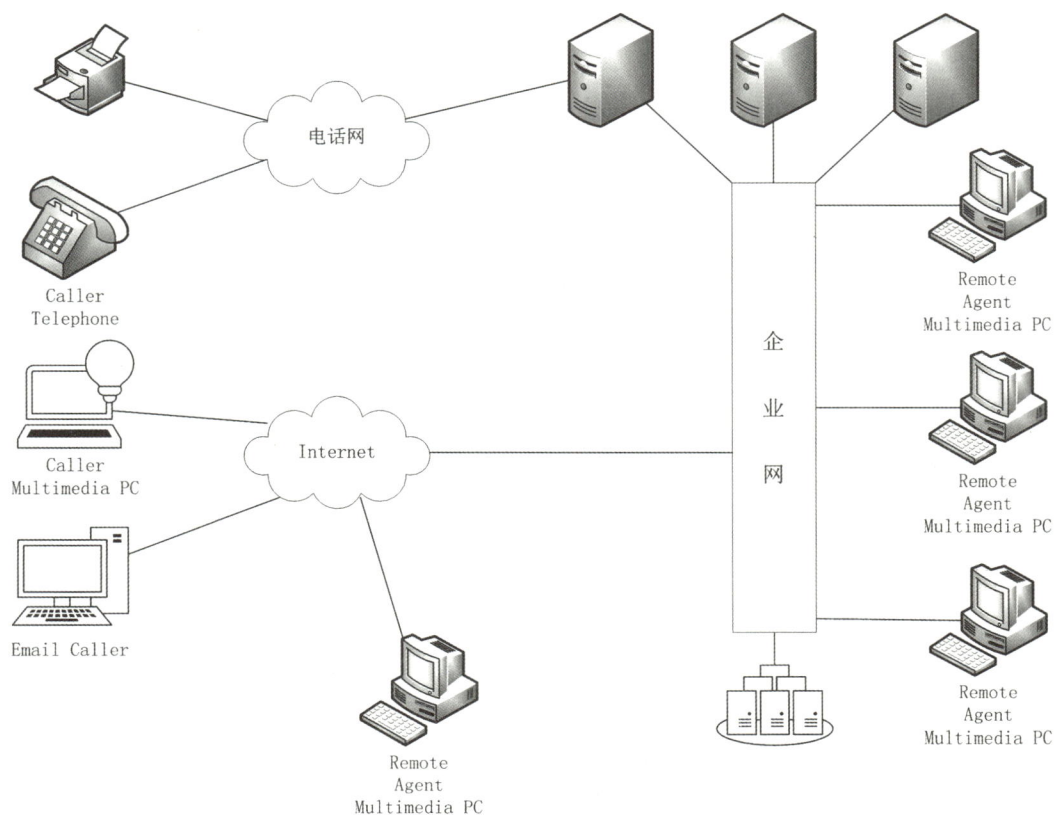

图 6-4　客户互动中心 CIC

第三节　呼叫中心在国内航空公司的应用

一、呼叫中心在国内的应用

呼叫中心进入中国已经有较长的一段时间了，从最初的金融、电信、航空等行业，已经辐射到数十个行业。其中不仅包括服务类呼叫中心，也包括非服务类呼叫中心，而且非服务类呼叫中心已经成为呼叫中心市场的新增长点。

总体来讲，目前中国的呼叫中心产业进入了发展的关键时期。在原有的市场格局的基础上出现新的趋势，呈现出多方位、高中低不同层次的变化。

随着呼叫中心向利润中心转变的需求越来越强，"互动营销中心"是呼叫中心发展的必然趋势。越来越多的企业，特别是大型企业会将更多的业务功能与应用，通过与呼叫中心的整合来实现，通过呼叫通路实现营销、销售、服务、内部支持和渠道管理等多种功能有机整合。呼叫中心作为企业与客户的重要接触点将承担起企业营销策略的核心任务：电话销售、客户维系、营销渠道管理、网络营销管理等。

经过近几年的发展，中国呼叫中心及企业通信市场风起云涌，SIP 技术带来了全新变革，云计算、社交媒体与应用、移动互联网、虚拟化和 BYOD 等技术应用加速。到目前为止，呼叫中心几乎已经遍布全国各行各业。截至 2014 年底，中国呼叫中心座席总数达到 85 万个。

 ## 二、呼叫中心对航空公司的作用

目前，国内航空公司的规模都在扩大，国外航空公司也纷纷着陆中国，航空公司之间的竞争可谓日益激烈。配备一个安全、高效、灵活、可靠的呼叫中心（客户服务中心）系统对于航空公司加强客户服务质量，提高客户服务水平，扩展业务途径，维护公众形象，提高工作效率都将发挥重要作用。对航空公司来说，呼叫中心既能扩大服务范围，扩大公司影响，减少营业费用，又对稳固航空公司最重要的客源——商务旅客有着重要的辅助作用；站在旅客和货主的角度，航空公司的这种服务提供了更多的方便，能不受时间和空间限制地享受航空公司提供的服务。

建设航空公司呼叫中心系统具有重要意义。

（1）改善航空公司服务质量。
（2）创造和提升航空公司的品牌优势。
（3）优化航空公司的服务流程。
（4）开辟新的收入来源。
（5）提升信息化的水平。

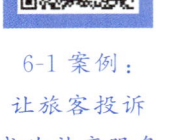

6-1 案例：
让旅客投诉
成为补齐服务
短板的"跳板"

 ## 三、国内航空公司的呼叫中心应用

国内最早建立呼叫中心的航空公司是南方航空公司，南方航空呼叫中心 950333 于 2002 年开通。随后，东方航空公司呼叫中心 95108 于 2004 年 3 月 18 日开始运营。2005 年，南方航空 950333 正式实现全国互联互通，是国内民航业中首个全国统一呼叫服务平台[①]。2006 年是深航实施"369"发展战略规划的开局之年，这一年深航 95080 呼叫中心在国内航空公司中率先推出电话支付购买机票服务，从而开启了国内航空公司开展电话在线销售机票的热潮[②]。

目前，各大航空公司已纷纷建立了自己的呼叫中心，其中，随着业务的快速增长，部分航空公司已将部分非核心业务外包。同时，我们也看到，航空呼叫中心的职能上已从几年前的纯服务向营销转型。

---

① 资料来源：http://www.ccmw.net/article/8532.html. 客户世界网站。
② 资料来源：http://www.shenzhenair.com/module/about/about.jsp. 深圳航空网站。

(一) 南航呼叫中心介绍

中国南方航空公司是国务院国资委直接管理的三大骨干航空集团之一,南航集团是中国运输飞机最多、航线网络最发达、年客运量最大的航空公司。2014年,南航全年共安全运输旅客超过1亿人次,位列亚洲第一、全球第三,已连续36年居国内各航空公司之首。在业务迅速发展的同时,公司秉承"客户至上"的原则,非常重视为旅客提供一流的、个性化的服务,希望通过提供"可靠、准点、便捷"的优质服务,满足并超越客户的期望[①]。

6-2 视频:
南方航空的
呼叫中心建设

作为南方航空为旅客提供出行服务的重要窗口之一,南航95539呼叫中心扮演着举足轻重的角色。南方航空呼叫中心的号码950333于2002年开通,通过优质的服务和过硬的业务素质,在航空市场中脱颖而出,打造出了响亮的服务品牌,为南方航空与旅客之间建立起一座空中桥梁。2005年11月14日,950333建成国内民航业中首个全国统一呼叫服务平台,在广州、海口、深圳、武汉、长沙、沈阳、大连、长春、哈尔滨、乌鲁木齐、郑州、贵阳、珠海、汕头等国内城市的旅客无须拨打长途,直接拨打950333就可以轻松享受到南航提供的机票查询、配送,机上座位申请、机上餐食申请、特殊服务申请,会员里程补登、兑换免票等多功能的服务。国内互联互通使950333成为顾客联系南航最为方便、快捷的途径[②]。

南航呼叫中心具有明确的服务营销定位,把追求百分之百客户满意度作为服务目标,从客户需求出发,树立全新的服务理念,全方位从客户角度看待及思考问题,让客户知道南航在乎他们的感受。2007年1月1日南航呼叫中心成功升级客服热线,正式启用"五星钻石服务热线95539"。以此为契机,南航采取各种措施、集中各种资源,加快对呼叫中心的建设进程,全力打造民航最先进、最优质的呼叫中心。成立以来,平均每年接听旅客电话近20万个,年均完成销售近3000万元,并妥善处理相关事宜,热情接待特殊旅客,旅客满意度达100%。

南航在2012年完成了北京、上海、贵州、广西、哈尔滨、新疆等16个分/子公司呼叫中心系统的技术升级。南航采用全球知名的AVAYA公司的联络中心系统,实现了总部和分部的集中管理。在南航的广州总部,就可以实时监测所有分子公司的座席状态。由于系统具有良好的可扩展性,南航可以在需要时增加新的座席,或者建立新的呼叫分中心。另外,AVAYA产品在全球广泛使用,可以支持未来南航在海外建设呼叫中心的发展需要。

在努力提升服务的同时,呼叫中心不断增强销售能力,发挥直销作用。一方面,积极开发直销产品,各地呼叫中心销售当地国内始发航班优惠客票;开发、分销东南亚、中东、日韩、欧洲、澳大利亚在内的19条航线促销运价产品;在部分舱位对旅客提供更多

---

① 资料来源: http://www.csair.cn/cn/pages/Company.aspx. 中国南方航空公司网站。
② 资料来源: http://www.ccmw.net/article/8532.html. 客户世界网站。

的优惠。另一方面，积极开展主动营销，推出了南航"95539 惊喜时刻有""95539 惊喜大奖欢乐送"等营销活动，培养客户电话购票习惯。这些营销措施有效促进了直销量的提高，扩大了直销份额。

目前，五星钻石服务热线 95539 与订座系统、离港系统、运行控制系统、常旅客系统、机票配送系统等对接，能为旅客提供功能强大的全天候服务，包括：机票查询、订座、更改、机票确认等票务服务，支持多种票款支付方式，如电话支付等；市区机票免费配送、机场取票及电话预订机上座位、申请特殊餐食或特殊服务等便利服务；航班动态查询服务，实时掌握航班情况；明珠会员里程查询、里程补登等服务；酒店及高尔夫球场预订服务以及大客户业务；24 小时受理旅客对南航服务的建议、意见等；以及针对高端客户的专人专线的尊贵服务。95539 现已是集电话、传真、电子邮件、短信等多种渠道为一体的全方位服务平台。

南航呼叫中心的自动识别客户功能还能将高端客户、明珠会员、大客户自动路由到服务专线，满足客户不同需求。95538 呼叫中心和后台业务系统的集成也在加深，电话处理速度不断加快，系统升级后，南航客户服务中心每天的话务量同比增加 30% 以上[1]。

随着呼叫中心对新技术的不断引入，南航也将继续致力于为客户提供一流的个性化服务体验。南航呼叫中心在学习中成长，在成长中感恩，在未来也有更高的目标。

（二）国航呼叫中心 95583 介绍

国航建设的真正意义上的呼叫中心是 2006 年 8 月 26 日才正式上线的，到 2007 年 9 月，一期建设才全部结束。国航电话销售服务中心采用的是 AVAYA 的客户服务中心整体解决方案，这个方案由 AVAYAS8710 媒体服务器、ACD（Automatic Call Distribution）、交互中心、交互应答以及呼叫管理系统组成。它提供的一个关键支持就是销售服务代表能够在通话期间看到旅客的基本信息和历史活动记录，因此，可以更轻松、更方便地处理问题，更个性化地服务客户。经过改造后的中心取代了以前的"国航电话订座"系统，国航的客户可以通过电话、手机、传真、网络等方式访问呼叫中心并根据自动语音提示，选择所需的服务。新系统能够保证不管客户在哪里打电话，客户电话都可以无缝接到能够最恰当地解决问题的销售服务代表处。自从国航智能化的客户服务中心技术以来，国航电话销售服务中心的月收入同比增长接近 300%，此外，呼叫中心还为旅客提供"网上值机""电话预订机上餐食""头等舱、商务舱旅客专车接送机"等许多个性化服务[2]。

国航呼叫中心的建设，帮助国航开通了一个方便、灵活的直销渠道，并在业务上和国航的网站销售进行了有机整合，为国航提高机票的直销能力做出了重要的贡献。国航对新呼叫中心的定位非常大胆，将销售功能排在第一位，也就是说新呼叫中心从国航原来的营业部中剥离出来，统一划归到销售部管理。这样的组织架构变革不仅在国内是第一家，在

---

[1] 资料来源：http://www.ccmw.net/article/80777.html。客户世界网站。
[2] 资料来源：http://wenku.baidu.com/。国航呼叫中心变革之路。

国际上也鲜有先例。国航呼叫中心的销售模式主要有 3 种：传统式送票；用信用卡支付；旅客到机场取票。显然，这 3 种模式与携程等大型票务代理商所采用的销售与支付模式几乎一样[①]。

由于具备完整的销售服务功能，国航的新呼叫中心对系统也提出了一些独特的要求。整个呼叫中心出于系统架构和业务设计两个方面的考虑，在国内分别建设了北京、成都、上海 3 个中心。考虑到华南地区粤语旅客的需求，国航正考虑在广州建设第 4 个中心。由于电话内容涉及客户资料和销售收入等重要数据，为了保证更加稳定与安全，除了北京的主中心之外，国航将成都作为备份中心。不仅如此，国航在呼叫中心系统设计中还提供了可以支持海外运营的平台，以便拓展国航呼叫中心的全球业务[②]。

至 2012 年底，国航呼叫中心已经发展成具有 10 个分中心、覆盖 25 个国家的国际化呼叫中心。国航电话销售服务中心两度荣获由中国电子商会呼叫中心与客户关系管理专业委员会和信息产业部呼叫中心标准指导委员会联合颁发的"交通与物流类 2007 年中国客户关怀标杆企业"奖。此奖项是根据美国科罗斯咨询公司对全民航的出行旅客展开的公平、公正、公开的民意调查问卷得出的评比结果，调查显示全民航旅客对国航电话销售服务中心的客户服务最满意、评价最高，所以获此殊荣。2007 年国航呼叫中心荣获 CCCS（客户联络中心标准体系认证机构）颁发的航空业类中国最佳呼叫中心奖，以及 2008 年度中国最佳联络中心奖。2011 年荣获"中国最佳呼叫中心企业奖"，电话销售服务中心高级副经理马雪峰同时荣获"2011 年呼叫中心行业精英奖"[③]，可以说，呼叫中心已经成为国航的又一个对外窗口，不仅能带来销售收入，还为国航提升服务水平和服务能力提供了良好的平台。

第四节　呼叫中心应用的主要技术

呼叫中心的基本组成部分包括：交换机/排队机（PBX/ACD）、计算机电话集成（CTI）、交互式语音应答（IVR）、来话呼叫管理（ICM）、去话呼叫管理（OCM）、业务计费系统、监控系统、管理/统计系统、客户关系管理系统（CRM）和帮助台。还有多种应用服务器：Web 服务器、Email 服务器等。此外，还有网络技术和数据库技术。

其核心技术包括自动呼叫分配（Automatic Call Distribution，ACD）、互动式语音应答（Interactive Voice Response，IVR）、计算机电话集成（Computer Telephony Integration，CTI）、CTI 中间件、统一消息、帮助台技术、语音合成与识别、录音监控、计费、测试、培训工具，以及基于软件的多种应用服务模块，如 Web 功能、Email 处理系统、文本交谈

---

① 资料来源：http：//www.chinadaily.com.cn/dfpd/2011-10/28/content_13995515.htm. 国航推出统一服务热线 95583。
② 资料来源：https：//www.aliyun.com/zixun/content/4_19_483443.html. IBM 呼叫中心引发国航营销变局。
③ 资料来源：http：//www.ctiforum.com/news/2011news/10/news10299.htm. 国航电销中心获"最佳呼叫中心企业奖"。

系统、网页同步、即时通信等。基于 IP 的呼叫中心中还有 IP 网关或 IP-PBX。Web 呼叫中心应用了 VoIP 技术和 Web 回叫技术。视频呼叫中心应用了视像技术等。下面仅就几项核心技术做进一步的说明。

一、交换机和排队机

交换机或排队机是呼叫进入呼叫中心的门户，其中的自动呼叫分配器 ACD 可以根据预先制定的规则将呼叫分配到相应的话务台席或自动语音应答系统。排队机一般只有比较简单的接入/分配功能。交换机增加 ACD 功能后，能够提供全面的呼入管理、呼出管理和呼叫分配功能。

现在，在呼叫中心（呼入/呼出型）使用的交换/排队系统中，采用的都是"具有 ACD 功能的交换机"。交换机的资源，如各种接口比例、信令系统等，可根据呼叫中心的需求进行配置，能够保证呼叫中心的话务处理能力和服务等级。

简易的排队机没有到计算机系统的数据链路（CTI 链路）。现代呼叫中心用的交换机一般都提供一个符合某种标准的数据接口，CTI 服务器通过这个数据接口与交换机相连。在这条链路上传送各种交换机状态数据、控制数据、监控数据。另一种 ACD 叫"软件 ACD"，随着呼叫中心中对呼叫概念的扩充，已经包括传统电话呼叫、Fax 呼叫、Email 呼叫、Web 文本交谈、IP 电话等。通过软件 ACD 可以将各种呼叫进行统一排队和分配。高级的 ACD 能够定义优先级队列，根据技能分配、选择路由。

二、CTI 服务器

计算机电话集成（CTI）服务器是连接交换机和计算机或计算机网络系统的最重要的设备，其主要作用是使交换机和计算机系统实现信息共享、传送、转发、管理各类呼叫相关的数据。根据呼叫者、呼叫类别、客户服务等级，呼叫所处的时间段和呼叫中心的通话状况等来选择呼叫路由和更新数据库。CTI 技术在呼叫中心的典型应用包括：客户信息屏幕弹出功能、个性化的呼叫路由功能（由最适合的业务代表提供服务）、拨号控制功能、预览功能、预拨功能等。

三、交互式语音应答 IVR

交互式语音应答系统提供自动语音服务，是企业为客户提供的自助服务的主要设备。系统采用用户导向的语音目录，根据客户选择（通过电话键盘或语音）完成相应的信息查询和命令执行，可以说是通过电话的按键控制计算机。通过在 IVR 后端连接数据库，IVR 系统能为客户提供动态的实时信息。IVR 系统作为企业客户服务的前端，可引导客户到达指定的业务代表，使客户得到及时、准确的服务。

使用 IVR 可以使用户全天候都能得到信息服务，不仅提高了服务质量，还可以协调用户的操作过程。如果在呼叫中心使用了 IVR 系统，大部分的呼叫就可实现自动化，据估算这样可以节省 60% 的费用，同时还能减轻话务代表的负担，使他们能从事更重要的客户服务工作。

随着语音识别技术的不断突破，现在的 IVR 系统还可以和语音识别相集成，通过直接的语言输入就可以操作计算机系统。这对 IVR 来讲，无疑扩大了应用的范围，因为一般的电话上毕竟最多只有 16 个按键。这种语音识别的 IVR 系统在航班查询、外汇查询、证券委托等领域具有广泛的用途。

除上述几项技术外，呼叫中心还涉及 CTI 中间件、统一消息、帮助台技术、语音合成与识别、录音监控、计费、测试、培训工具等多项技术。在此，不再详述。

第五节 呼叫中心的设计与建设

如何建立一个符合企业所在行业特点、适合企业所在阶段的呼叫中心呢？关于这个问题，有人认为重要的是技术，也有人认为技术不重要而运营管理很重要，真是"仁者见仁，智者见智"。建立一个从优秀到卓越的呼叫中心最重要的是首先要对呼叫中心战略、客服组织架构、客服流程和客服绩效等方面加强规划，同时通过科学合理的建设思路来进行客服系统。

下面就从整体规划和系统建设两方面阐述如何建立一个呼叫中心系统。

一、呼叫中心的整体规划思路

一个卓越的呼叫中心，不是靠技术领先建起来的，而是周密细致地规划出来的。可以说没有好的规划和合适的策略，就没有合适的呼叫中心。

呼叫中心规划方法论如图 6-5 所示。

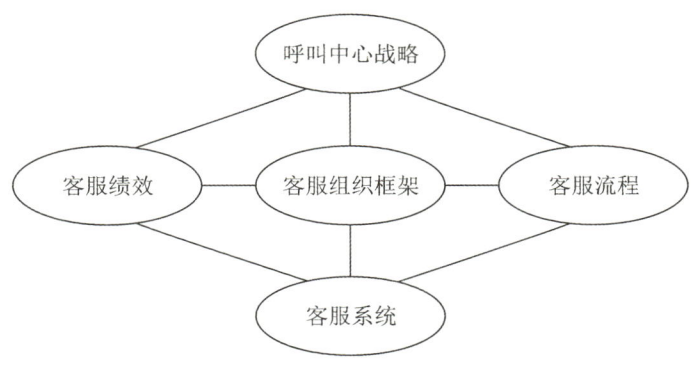

图 6-5 呼叫中心规划方法

呼叫中心的战略规划是一个复杂的规划过程，需要全面分析企业所处行业的特点和竞争对手对呼叫中心的采用和运作情况，以及企业内部整体经营战略、客户服务部门与其他部门的关系等来综合确定呼叫中心的使命和目标。具体来讲，呼叫中心战略涉及客户战略、业务规划和技术规划三个层面。

（一）客户战略：呼叫中心的规划之源

有些企业建立呼叫中心，往往把工作重心放在关注呼叫中心的技术和设备上，一开始就受到非常大的局限。其实，建立呼叫中心，首先应该谈到的是企业客户战略，只有具备了清晰的客户战略，才能找准呼叫中心的战略定位。

要实行客户战略，首先要分析我们客户的特点和企业所在行业的特点，逐步建立起"以客户为中心"的企业理念，确定如何建立市场营销体系，如何细分企业客户群，如何为不同的客户群提供差异化的策略，业务发展战略如何，客户关系建立与发展规划如何，以及客服中心定位（成本中心/利润中心）与目标、客服中心制度和文化、客服中心管理和运营模式等。

（二）业务规划：呼叫中心的规划之本

业务规划主要是定位呼叫中心提供的业务类型，如只是咨询和信息服务型（主要为客户提供产品咨询和信息服务），还是售后服务型（主要提供售后支持和服务），或电话营销型（主要做产品市场推广、商机挖掘和电话销售），或外包型（将自己的业务外包给专业的呼叫中心）。

不同的业务规划，将会形成不同的系统建设需求重点，如售后服务型主要是解决大量呼入和知识库的建设等，电话营销型的重点则是外拨和调查问卷管理、商机管理等，外包型则主要考虑如何选择合适的服务提供商及如何协调相互的关系等。

（三）技术规划：呼叫中心的规划之魂

技术规划则是根据客户战略和业务规划，考虑相应的技术实现策略，如接入方式规划：是否考虑综合需要电话、传真、短信、Web接入、Email接入、视频接入等全部或部分接入方式；是需要自动外拨，还是有人工外拨；是否需要Internet呼叫中心；是集中建设还是分散建设等。

 ## 二、客服系统建设的"七步法"

在规划了呼叫中心战略、客服组织框架、客服流程与客服绩效之后，呼叫中心系统的建设就有了战略层面的规划和运营管理层面的指导，而对战略管理和运营管理方面的支持就要靠客服系统的建立。建立客服系统的"七步法"如图6-6所示。

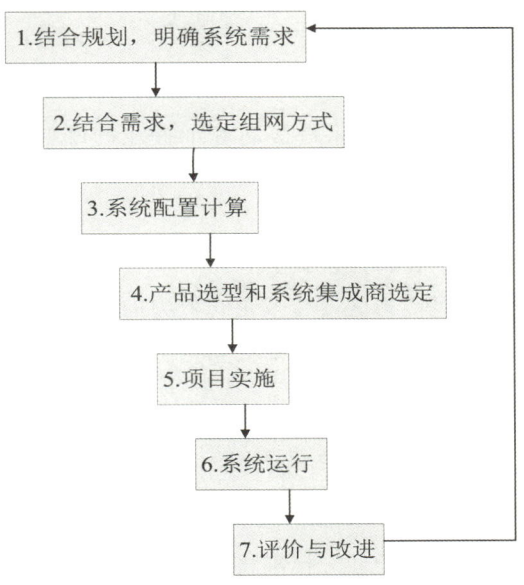

图 6-6 客服系统建立的"七步法"

第六节 呼叫中心绩效标准

随着国内客户服务与呼叫中心行业的兴起,在各领域从事客户服务的机构普遍感到急需一种行业性指导原则,以规范运营、提高绩效。

全国呼叫中心运营绩效标准(China Contact Center Standard-Operation Performance,以下简称"CCCS-OP-2003 标准"),是由 CTI 论坛客户关系管理学院负责策划和起草,并联合该领域内具有代表性的客户服务提供商、运营商同心协力站在行业发展的前沿,共同创建的客户服务及呼叫中心行业运营标准,并最终由信息产业部中国信息化推进联盟客户关系管理专业委员会(以下简称"专委会")发布实施的行业性推荐标准。该标准填补了国内在呼叫中心领域的一项空白,并将带动整个行业不断地向前发展。

"CCCS-OP-2003 标准"是针对中国国内呼叫中心领域,为在运营管理方面进行自我评估、标准认证以及年度评比而制定的指导性文件。此外,它还是一套以"客户为中心"的绩效管理工具,它在促进中国各行业提高自身客户服务运营绩效,增强企业竞争力方面发挥了重要作用,主要包括以下两个方面。

(1)改善企业呼叫中心的运营绩效,增强运营能力。

(2)加强同业交流与信息共享,尤其是呼叫中心领域"最佳实践经验(Best Practices)"的共享。

该标准还可作为一种管理工具,为各个行业的呼叫中心在绩效管理、组织与运营规划等方面提供指导,同时为各个行业呼叫中心的管理人员提供知识更新的机会。

一、目标

"CCCS-OP-2003 标准"的实施目标是帮助各个行业的呼叫中心,采用一种综合的、系统的管理手段和方法,促进呼叫中心运营管理水平的提高。其实施效果主要体现在以下四个方面。

(1) 实现客户价值的长期性、持续性提升。
(2) 实现呼叫中心运营管理能力的改善及组织效力的提升。
(3) 实现呼叫中心及其人员的知识与技能更新。
(4) 实现呼叫中心有效成本控制。

二、评价标准

在认证评审过程中,制定的评价计分标准将按照被评价方是否具备成功运营的驱动因素与实现因素,运营绩效结果是否体现应达到的目标来进行评估和计分。各评价范畴的分值权重分配如表 6-1 所示。

表 6-1　评价计分标准

评价范畴	评价细项	评价计分
1. 领导能力	① 企业高层领导支持 ② 呼叫中心发展方向 ③ 建立完善沟通机制 ④ 呼叫中心文化建设 ⑤ 呼叫中心社会责任	10 分
2. 战略规划与部署	① 呼叫中心战略规划 ② 呼叫中心服务策略 ③ 呼叫中心运营计划 ④ 绩效目标设定与对比 ⑤ 运营管理持续改进机制	10 分
3. 客户价值	① 客户群及客户需求细分 ② 客户沟通渠道的建立 ③ 客户界面的一致性 ④ 客户投诉管理 ⑤ 客户满意度调查 ⑥ 客户忠诚与客户挽留 ⑦ 客户价值挖掘	10 分

续表

评价范畴	评价细项	评价计分
4. 绩效衡量与分析	① 呼叫中心绩效衡量体系 ② 绩效数据收集与分析 ③ 绩效考核实施 ④ 绩效考核结果反馈与沟通	15 分
5. 现场管理	① 业务量预测与排班 ② 质量监控与反馈辅导 ③ 呼叫中心管理报表 ④ 数据信息的完整可靠 ⑤ 呼叫中心知识管理 ⑥ 呼叫中心生产工具 ⑦ 应急预案与措施 ⑧ 技术支持与保障 ⑨ 现场管理制度	10 分
6. 人员管理	① 工作的组织与管理 ② 员工的招聘 ③ 员工的培训 ④ 员工的职业生涯发展 ⑤ 员工的认可与激励 ⑥ 员工的支持与满意 ⑦ 员工的后勤保障 ⑧ 呼叫中心的工作环境	15 分
7. 流程管理	① 流程的制定 ② 流程的控制 ③ 流程的改进 ④ 流程的审核	10 分
8. 运营绩效结果	① 客户绩效 ② 员工绩效 ③ 运营效率绩效 ④ 服务质量绩效 ⑤ 财务及市场绩效 ⑥ 社会效益	20 分

CCCS-OP-2003 认证项目总体共设定 8 个评价范畴，其中，评价范畴 1 到评价范畴 3 考查呼叫中心是否具备成功运营所必备的驱动因素和实现因素。具体来说，前 3 个评价范

畴，将考查呼叫中心成功运营所必备的驱动有效运营管理的因素，其中包括领导能力、战略规划、客户和市场认知；评价范畴4评估呼叫中心所采取的绩效衡量、分析与改进方法，这部分是绩效管理的基础，同时也是实现卓越运营绩效的工具；评价范畴5到评价范畴7评估呼叫中心成功运营中关键的3个环节，即现场、人员和流程；评价范畴8则重点考查呼叫中心所达成的运营绩效结果。

经典案例分析

厦航呼叫中心的运营服务

厦航呼叫中心95557自2008年1月16日正式成立以来，以成熟、稳重、开放、精进的气势屹立于行业发展的前沿，各种话务指标及销售数据也在不断稳步提升，由最初的成本中心转化为利润中心，是个高度现代化、集成化、多功能的客户端应用平台，厦航保障话务从最初的52万通增长到2014年全年的近400万通；接通率高达89%，远高于公司的目标值；旅客满意度更是高达99.98%；销售额从最初的0.37亿增长到2014年全年的近8亿，且仍在以每年40%左右的增幅稳步前进[①]。2016年1月，厦航95557客服中心三度蝉联"金耳唛"杯中国最佳呼叫中心称号，使得这座中国呼叫中心行业的最高荣誉奖杯永久落户厦航[②]。其运营服务从岗位设置、人员排班、现场管理、业务培训、绩效考核及促销活动6个方面加以开展。

一、岗位设置

厦航呼叫中心隶属厦航客运部，目前，中心设有4种岗位等级。

1. 经理：负责客服中心的全面管理工作。

2. 综合管理专员：负责客服中心的培训、考核、质检、销售管理和系统维护等。

3. 组长：负责客服中心的现场管理和业务指导。

4. 客服代表：承接客服中心的各项业务操作。

二、人员排班

厦航呼叫中心实行7×24小时轮班制。除经理和综合管理岗位上正常班外，其余人员均实行轮班。根据业务（话务）量的多少，结合组别与班车发车时间，客服人员现分4个时段上下班：早班（08：00—16：30）、中班（09：30—18：30）、晚班（14：00—22：00）及夜班（21：30—08：30）。除中班外，其余

---

① 资料来源：http://www.51callcenter.com/newsinfo/139/3558197/. 案例剖析：厦门航空95557客户服务中心。
② 资料来源：http://news.gmw.cn/newspaper/2016-01/12/content_110702852.htm. "金耳唛"奖杯永久落户厦航。

班次均留有 30 分钟的交叉时间，主要用于业务交接和班前培训。高峰时段（10：00—16：00）座席人数最多（30 多人），低谷时段（夜间）仅 2 名夜班人员。座席人员一般上两天（一天早班，一天晚班）休一天，组长与组员一起轮班，并指定其中一名为值班组长，负责座席现场的全权管理。排班表每月更新一次，一经确定一般不允许调整。人员补休或调班，需向组长申请并经值班组长同意。

三、现场管理

值班组长或组长负责座席区现场的管理。主要内容如下。

（1）实时监控座席工作状态。确认座席处于正常工作状态。对通话超时进行监听，对话后处理时间偏长的座席及时提醒。

（2）现场大屏幕监控。大屏幕为整体话务的实时显示，组长需随时关注排队人数，与实时监控系统结合监督座席工作状态。

（3）现场人员调配。根据监视器的接听率和排队人数，在合理时间安排座席轮流休息。

（4）现场业务辅导。及时查看消息新闻中的业务通知，落实到每个座席；对于座席无法解决的问题，及时进行业务辅导或帮助解决。

四、业务培训

呼叫中心从服务中心向销售中心转变的过程中，在原有业务的基础上，在新的系统应用中也增加了许多业务内容，同时呼叫中心许多新增人员均从其他部门或处室调入，因此，呼叫中心的培训需求量很大，任务也很重，具体如下。

（1）班前班后短时培训。值班组长或组长在上班前或下班后，对座席进行短时间的业务培训，就一些新的业务或运价通告及相关促销活动进行讲解。

（2）分岗位不定时培训。对不同岗位人员，进行相关业务知识或技能培训，针对实际操作中暴露出来的问题，及时整理、汇总，进行培训并加以规范。

（3）外请教员或委外培调。聘请专业培训机构或呼叫中心行业内的优秀教员对呼叫中心人员进行沟通技能或电话营销方面的培训；将主要管理人员或业务骨干外派学习参加培训。

（4）积极与公司人力资源部、培训中心配合。主动学习电信、招行等优秀呼叫中心的经验，着手构建厦航呼叫中心的培训体系。

五、质量控制与绩效考核

（1）加强对呼叫中心关键绩效指标（KPI）的管理和控制。每日生成话务报表，对 KPI 进行统计和分析，努力提升呼叫中心的运作效率。

（2）对客服人员的考核方案、考核指标和实施细则正在制定中。目前，对于客服人员的绩效考核，主要采取以下措施。

第一，每日统计各座席人员的话务量指标和业务量指标并打印公布，座席人员可自行比对并加以改进。

第二，每日随机抽取 5 个座席录音，进行评比打分并记录汇总。

六、促销活动

厦航呼叫中心的电话在线销售业务对于厦航旅客而言，是一种新鲜事物。要想让旅客了解、接受并逐渐习惯这种购票方式，绝对不是一件容易的事。自 2008 年 1 月 16 日，95557 正式开通运行以来的 10 天内，呼叫中心平均每天销售客票不足 10 张，销售金额不足 1 万元。随着 95557 宣传力度的加大，以及厦航采取的一系列销售政策和促销活动，呼叫中心的销售量不断增加，很快达到平均每日销售客票 100 多张、销售金额 10 万元左右的水平。呼叫中心主要采取的销售政策和促销活动如下。

（一）"折上折"——工行电银限时促销活动

呼叫中心联合工商银行（厦门）信用卡中心，进行限时电话银行支付"折上折"促销活动。旅客规定时间段拨打 95557 订购，并在订票后 1 小时内使用工行电话银行在线支付，可享受当前促销折扣再低一成的优惠。

（二）"远期购票，捷足先登"产品优惠运价

对于所有厦航经营的国内航班（见舱销售），提前 30 天购票享受 2.5 折优惠；提前 15 天购票享受 3 折优惠。支付时限为 2 个小时，仅限 95557 客服中心销售。

（三）好"里"相送，电话购票有奖体验活动

厦航白鹭卡会员旅客拨打厦航 95557 客服热线预订，并使用招行电话银行支付方式，购买厦航 3 折以上电子客票，并在规定日期以前成行，每个航段可享受在原累积里程基础上赠送里程奖励。旅客拨打厦航 95557 客服热线预订，并使用招行电话银行支付方式，购买厦航机票，每张机票（即每单个航段）都可以参加抽奖[①]。

呼叫中心是为了客户服务、市场营销、技术支持和其他特定的商业活动而接收和发出呼叫的一个实体。呼叫中心可以使企业降低成本、增加收入，以及提高客户满意度。目前呼叫中心在国外已经成为一个巨大的产业，但在国内发展较迟并且离形成一定规模的产业化还有一段距离。现代的呼叫中心应用了许多先进的通信技术，是客户关系管理的统一对外信息平台，在许多领域都得到了大量应用。

在国内航空业竞争日益加剧的情况下，国内各航空公司纷纷开始大力推广电子机票，发展网站销售和电话在线销售。建设呼叫中心系统对航空公司具有重要意义，因此，各航空公司陆续建立了自己的呼叫中心系统，并不断加以改进和完善。

---

① 资料来源：厦航内部资料。

呼叫中心在中国的应用时间不长,各航空公司建设呼叫中心也大多处于起步或尝试阶段,并没有形成一套完善的方法。现阶段建设呼叫中心并不能保证取得显著成效,但是呼叫中心对于航空业等服务性行业而言,是提升服务品质、提高客户忠诚度和满意度的一个有效武器。建设呼叫中心是必然趋势,忽视这个趋势的企业在不远的将来就可能面临被客户抛弃的窘境。呼叫中心的成功建设需要企业高层领导的全力支持和各相关部门的大力配合,以及大量人力、物力和财力的投入。呼叫中心的推动者必须要有勇于创新的精神,在不断的摸索中学习。

思考题:

请为厦航呼叫中心设计一项增值服务。

本章小结

1. 呼叫中心的概念。呼叫中心,又称客户服务中心,是基于电话、传真机、计算机等通信、办公设备于一体的交互式增值业务系统。用户可以通过电话接入、传真接入、MODEM 拨号接入和访问网站等多种方式进入系统,在系统自动语音导航或人工座席帮助下访问系统的数据库,获取各种咨询服务信息或完成响应的事务处理。

2. 呼叫中心在国内的应用。目前中国的呼叫中心产业进入了发展的关键时期,在原有的市场格局的基础上出现了新的趋势,呈现出多方位、高中低不同层次的变化。随着呼叫中心向利润中心转变的需求越来越强,"互动营销中心"是呼叫中心发展的必然趋势。

3. 呼叫中心的规划思路。呼叫中心的战略规划是一个复杂的规划过程,需要全面分析企业所处行业的特点和竞争对手对呼叫中心的采用和运作情况,以及企业内部整体经营战略、客户服务部门与其他部门的关系等来综合确定呼叫中心的使命和目标。具体来讲,呼叫中心战略涉及客户战略、业务规划和技术规划三个层面。

中英文专业名词对照

1. Call Center 呼叫中心

2. Customer Interactive Center（CIC） 客户互动中心
3. Automatic Call Distribution（ACD） 自动呼叫分配
4. Interactive Voice Response（IVR） 互动式语音应答
5. China Contact Center Standard-Operation Performance 全国呼叫中心运营绩效标准

复习思考题

1. 呼叫中心有怎样的优势？
2. 建设呼叫中心对航空公司有什么好处？
3. 请简要概述呼叫中心应用的主要技术包括什么？
4. 全国呼叫中心运营绩效标准的实施效果体现在哪些方面？
5. 举例说明目前国内航空公司的呼叫中心应用存在哪些弊端和优势？

第七章
客户关系管理战略

学习重难点

重点：
1. 客户关系管理战略的定义。
2. 学习客户关系管理战略模型。

难点：
理解客户关系战略管理过程。

本章引例

南方航空公司的 CRM 战略选择

南方航空公司已经建立了客户资产管理体系，每个细分客户群都以客户资产的形式被管理起来。通过航空公司客户资产数据库，可以精确地计算出其产品投放在每个客户群的预期收益和盈利水平，从而提高了客户关系管理战略决策的准确性，并提供了产品实施效果评估的可能性。除此以外，营销战略的目的也包括促使特定客户群向价值更高的客户群升级，例如，培养"南下打工人群"的出行消费习惯，引导他们多选择航空的出行方式，增加旅行频度；通过提供更多选择给"个人旅行者"，引导他们购买更多的航空产品；增加和保持"明珠会员高球爱好者"的忠诚度，促使他们更多地选择本航空公司的产品，向金牌会员升级。

第一节　客户关系管理战略概述

客户关系管理是当今企业管理研究的热点之一，没有人敢保证客户一定会保持与企业的长期关系，一旦竞争对手提供的产品更能满足客户的需求，就有可能发生客户流失的情况。企业必须更好地理解客户需求，并迅速针对客户需求做出反应。

如果等到客户已经表露出不满的迹象再采取行动，可能已经于事无补或挽救成本已相当高昂。要想取得客户关系管理的成功，企业必须选择合适的管理战略，更加主动地分析和预测客户的需求和想法。所谓客户关系管理战略，就是指企业为了优化管理客户资源，为实现客户价值最大化而制定由管理技术和信息技术所支撑的长远规划和长期目标。客户关系管理在某种程度上就是面向每个细分客户群体而实施的一种定制化战略，机会和挑战并存。

处于激烈竞争中的企业，最可怕的莫过于机会/危险已悄然降临却还木然不知。关于客户关系管理，许多人可能耳朵都听出了茧，因此很容易犯眼高手低或自以为是的毛病；而对客户关系管理新的思想、观念、方法、技术和应用视而不见。这种意识在"客户就是财富，客户就是资产，客户就是价值"的年代无疑是十分危险的。那么，作为非专业的普通用户对客户关系管理究竟应持什么样的态度呢？

著名咨询公司 Gartner Group 认为客户关系管理是迄今为止规模最大的 IT 概念，但客户关系管理并非等同于单纯的信息技术或管理技术。它是一种企业战略，目的是使企业根据客户分段进行重组，强化使客户满意的行为并连接客户与供应商的过程，从而优化企业的可盈利性，提高利润并改善客户的满意程度。

客户关系管理近来的迅猛发展，再次向人们证明 CRM 不是一种简单的软件和技术，而是一种新的企业管理思想和管理模式，当然其中管理方法的实现需要客户关系管理应用系统的支撑。客户关系管理已经渗透到各行各业，在买方市场逐步成熟的今天，企业在保证产品质量的基础上，竞争的是服务、营销和销售，而这正是客户关系管理的焦点，因此，客户关系管理将为企业带来新的契机、新的核心竞争力。

客户关系管理不再是某一个部门（例如，营销部门或服务中心）的事，客户关系管理应当成为整个企业关注和重视的焦点。企业应当要从全局来部署 CRM 的实施，而且企业要从长远来考虑，进行整体的战略设计，并分步骤实施。

企业的高层领导要在战略的高度重视客户关系管理的管理层面和技术层面的实施。在管理层面，企业领导应当始终坚持"以客户为中心"的理念，争取在企业中形成一种企业文化（共同价值观），真正将该管理理念灌输到企业的每一个员工之中。该理念的灌输需要一个循序渐进的过程，首先要让企业各个流程上的负责人坚持该思想，然后再让具体工作岗位上的员工逐渐形成一种意识——客户永远是第一位的。这样就会在公司上下形成一种氛围，从而慢慢形成一种文化，让所有的人都知道，公司的发展离不开客户，只有不断

改进企业与客户的关系，提升客户忠诚度，扩大忠诚客户的数量，企业才会在激烈的市场竞争中取得竞争优势，企业才会拥有活力。总之，客户资源是企业发展的动脉，而企业要想持久地把握住客户资源，必须进行客户关系管理战略设计、客户关系管理战略目标制定和实施。

第二节 客户关系管理战略的分类

对于客户关系管理战略的区分，斯托巴卡（Stobacka）等人认为企业和客户是相对独立、彼此分离的两个部分，需要在两者之间建立某种联系。企业和客户在联系过程中扮演着不同的角色，两者结合在一起的方式也存在着差异。如果形象地把企业和客户视作相互独立、彼此分离的两块布料，那么可以把企业的客户关系管理战略分为扣钩战略（Clasp Strategy）、拉链战略（Zipper Strategy）和维可牢战略（Velcro Strategy）。在这三种各不相同的关系战略中，分别体现和包含不同的客户价值观念和行为向导。

一、扣钩战略

如同将两块布料用扣钩的方式结合在一起一样，扣钩战略通过一系列的接触机会来维系企业和客户或供应商之间的关系。

在这种关系战略的实施安排中，企业一般会根据需要安排与客户之间的接触，在发生接触的时空点或时段，关系会较为融洽，而在两次接触之间的空白时期，关系则会相对较弱一些。显然，这就像两颗扣钩之间会存在一定间距一样，在扣钩附近的地方，两块布料会相对结合得较好，而离扣钩越远则结合程度越差。一般来说，奉行扣钩战略的客户关系，有时并不十分牢固，较容易产生"分裂"。概括而言，这一战略的特点主要表现在以下三个方面。

（1）实施扣钩战略，从某种意义上需要客户去适应企业的行为，即客户会相对被动，需要根据企业的行为来调整自身的行为，与企业的行为过程相适应，这样才会使得整体接触及关系管理发展较为顺畅。在这种战略中，企业会扮演较为主动的角色，而客户则处于相对被动的地位。

（2）如同关联的两个扣钩并不要求完全吻和一样（只要能扣上即可），实施扣钩战略也并不要求客户与企业的合作过程完全吻合。

（3）采用扣钩战略，双方建立的关系接触程度将主要是行为层面的交往。

因此，在实际操作过程中，企业必须不断向客户解释、阐明和示范持续客户关系对双方的好处，以便说服和激发客户的响应，建立起持续的客户关系。在现实中，扣钩战略在许多产业都得到了广泛的应用。例如，超级零售市场就是采用扣钩战略的一个典范，其推出的产品和服务几乎都是标准化的，而客户只能根据其提供的标准来选择满足自身需求的方式。尽管在每一个客户身上的平均投入较少，但客户仍然基本上对所提供的价值表现出较高的满意度。尽管客户必须加以适应，但由于企业可以通过各种渠道不断地与客户沟通其服务模式和传输观念，所以客户并不需要付出太多的努力就可以适应其价值模型，从而实现价值创造和提升关系价值。

二、拉链战略

拉链战略指的是一种双方相互调整适应，达到密切耦合的战略。与扣钩战略相比，这一战略中的"双方联系"更具互动性，而且接触频率较大，双方的关系更加牢固。此外，拉链要求接触双方的"扣齿"要高度吻合，并且排列一致。在拉链战略中，基本理念就是客户与企业之间的相互调节和彼此适应，从而使双方的业务过程可以紧密地结合在一起。

因此，如果要成功地实施拉链战略，就必须消除和客户关系互动过程中存在的所有多余的活动，以便确保双方接触过程的相互匹配与适应。同时，在实施拉链战略过程中，会重点关注双方所构建的长期合作关系，对相互的关系收益有深刻的认识，并愿意为之持续地付出努力，以便保持双方业务的相互适应。可以说，拉链战略是关系双方互相适应的一种战略，也是目前现实中采用较多的一种关系战略。为了成功地实施拉链战略，企业必须做出严密而周详的计划，考虑到大量的客户接触和交换过程，并与客户进行大量的定制化沟通，从而实现双方关系的啮合和业务过程的匹配。

三、维可牢战略

第三种客户关系管理战略是维可牢战略，其核心就是企业精心设计与客户之间的接触过程，尽可能适应不同客户的接触过程。或许对某个客户而言，企业的整体接触过程中存在着某些多余的活动，但宁可多余，企业也要确保有足够的业务活动可以与客户接触过程相匹配。在维可牢战略中，企业会尽力去适应客户，而相对而言，客户不必投入过多的时间和精力去改变自己的行为和接触方式。

如果某企业奉行的是完全客户向导，那么它很可能会采用维可牢战略，完全根据客户需求与偏好来实施相应的关系活动，并通过反馈去努力调整自己的活动过程，以便适应客户的需求及整体接触过程。维可牢战略要求企业必须针对客户需求做出全面而迅速的反应，所以对企业的综合能力有很高的要求，而且最重要的是，它很可能会导致企业丧失经营自主性和连贯性。如果企业缺乏实施维可牢战略所必需的能力，没有认真考虑战略制定与实施的先决条件是否能够得到满足，而是盲目地加以采用的话，那么势必会导致经营失败。在目前的情况下，大多数采用维可牢战略的企业，其业务领域主要集中在咨询行业。在显示的操作实践中，管理咨询公司可以运用自身的专业知识和技能，去适应客户的经营模式，并为客户创造价值。不过，如果管理咨询公司无限度地追求对客户的经营模式的适应，则可能会丧失自己的独立立场，从而根本无法为客户提供客观建议，失去原本的资讯价值。

四、三种客户关系管理战略的选择与评价

不同的关系战略，往往适用于不同的企业情境或不同的关系情境。毫无疑问，各种客户关系管理战略都有其自身的优点和缺点，而这些优缺点的决定因素在于如何与实际经营情况相适应和匹配。每家企业都会处于特定的行业之中，行业市场的规模、行业的发展空间等因素都会影响客户关系管理战略的选择。

在实际的经营过程中，关系的建立往往同企业所从事的行业本身和交易本身的性质密切相关。威廉姆森认为交易本身的影响维度包括三个：交易频率、不确定性和资产的专用性。在特定的环境中，现实的复杂性决定了不确定性的不可避免，对于不同性质的商品或服务而言，交易次数的差别和所用资产的专用性水平，决定了企业进行的交易的种类、所采用的缔约合同和不同的关系战略的选择。因此，评估关系战略的标准，不是具有某种绝对优势的特定战略，而是能够增长客户所创造的价值和实现的关系价值。类似地，适用的关系战略，也取决于企业本身所处的发展阶段。在行业发展阶段和经营环境既定的条件下，企业本身所处的发展阶段同样也会对企业的服务战略模式产生影响。是新建企业，还是已建企业；是处于创业阶段，还是规模效益的扩张阶段；是尝试新的增长点（如介入新的领域），还是固守"本行"等，都是企业判断和选择战略关系的重要因素。此外，客户的某些特征（如客户价值的高低、客户关系生命周期阶段等）也会影响企业的客户关系管理战略选择。因此，可以说，企业是无法脱离所处的行业、自身的发展阶段或客户本身的特点而盲目地选择某种自以为绝对正确的关系战略的。否则，其有效性就会受到质疑。从某种意义上讲，适应任何环境的战略，恐怕是不存在的。

第三节　客户关系管理战略模型

一、客户关系管理战略实施过程

客户关系管理战略实施过程是一个动态过程，如图 7-1 所示。首先，确定 CRM 的宗旨和目标。其次，建立 CRM 战略，找出关键决定因素。再次，建立战略描述图通过因果关系链，鉴别关键流程和技术，并对目标进行具体化。最后，运用平衡计分卡进行 CRM 有效性评价，对客户关系管理战略是否按原计划实施进行反馈的同时，也对战略本身是否

可行进行反馈,即评价过程是一个双循环学习的过程,保证企业有效执行战略的同时,能对瞬息万变的市场环境做出快速反应。

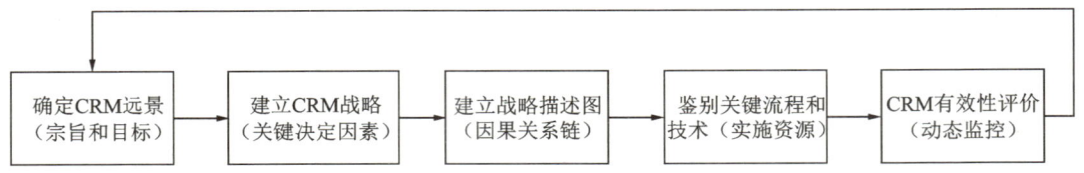

图 7-1　客户关系管理战略动态实施过程

二、基于平衡计分卡的客户关系管理战略模型

依据客户关系管理战略的内涵,结合 BSC 理论,可以建立如图 7-2 所示的客户关系管理战略描述模型。

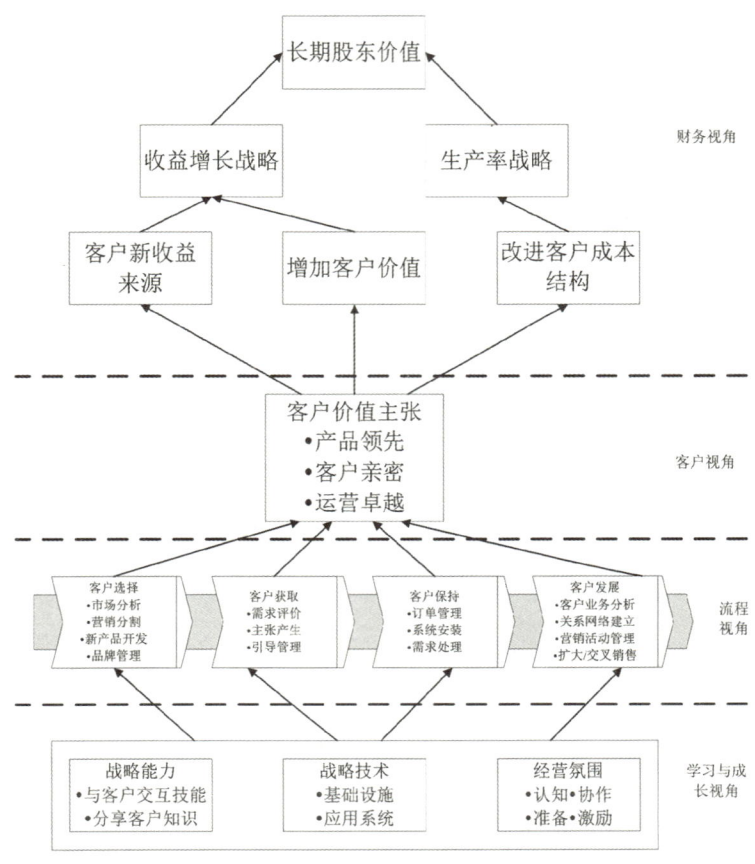

图 7-2　基于平衡计分卡的客户关系管理战略模型

（一）财务视角

客户关系管理战略的最终目的是使企业长期盈利。有两种途径实现财务业绩：促进收益增长和提高生产率。增长途径集中于开发客户利润的新来源，由两部分组成。

1. 客户新收益来源

通过开发新市场、新产品而获取新客户，从而获取新的收益。

2. 增加客户价值

通过培育客户与企业良好的关系，提升客户满意度，扩大客户购买量和增加交叉购买，进而提升客户价值。

生产率途径强调提升现有客户运作行为的有效性，主要通过改变客户成本结构来实现。比如，可以通过疏远无价值客户来降低成本，采用先进技术降低客户获取成本和保持成本降低产品与服务的直接成本和间接成本等，从而提升运作效率。

（二）客户视角

客户视角强调要实行恰当的客户价值主张。价值主张的核心内容是给客户传递什么样的价值。价值主张描述了企业传递给客户的产品、价格、服务、关系和形象等的独特混合体。价值主张决定了企业的客户定位，以及针对目标客户企业如何做得比竞争对手更独特、更出色。CSC Index 系统公司的咨询师特里西（Michael Treacy）和威尔斯马（Fred Wiersema）给出如下三大价值准则。

1. 产品领先

强调产品的快速创新，领导整个行业，以获取产品敏感型客户。以产品领先为价值主张的企业必须在产品或服务的性能、特征和表现上领先，即生产一流的产品。

2. 客户亲密

强调客户关怀、良好的客户体验以保持客户关系。以客户亲密为价值主张的企业必须关注提供给客户个性化的解决方案、创建一个良好的客户体验氛围，即创建一流的客户经理。

3. 运营卓越

强调提供给客户"无人能及的质量、价格和购买便利的组合"。以运营卓越为价值主张的企业需要在价格、客户认知的质量、订货及时性等方面表现突出，强调高效率的运作流程，即实施一流的运作流程。企业可以根据自身特点，选择其中之一作为自己的价值主张。

7-1 视频：
深航微电影
《一份早餐》

（三）流程视角

一个成功而持久的战略要求组织的业务流程必须与客户价值主张协调一致。基于客户生命周期的动态性，可以鉴别出客户关系管理战略的四个关键流程。

1. 客户选择流程

要求企业进行客户利润性分析，对客户进行分割，确保目标客户。在开发新产品、建立新品牌时，该流程更为重要。

2. 客户获取流程

包括客户需求分析及评价、引导管理、价值主张产生等流程。

3. 客户保持流程

包括订单管理、需求处理、客户忠诚项目管理等流程。

4. 客户发展流程

包括客户业务分析、客户网络建立、营销活动管理、实现扩大销售和交叉销售等流程。

企业应根据具体的价值主张确定关键流程，在关键流程上取得竞争优势。如产品领先战略要求在客户获取和客户选择流程上具有领先优势，推出一流的产品，并把产品快速投向市场，快速获取新客户，巩固产品领先的首创优势；客户亲密战略要求在客户获取、客户保持、客户发展流程上占有优势，为客户提供独特的、有吸引力的客户购买体验，为客户提供个性化的产品和服务；运营卓越战略要求在客户获取、客户保持流程上具有优势，强调成本、质量、运营周期、有效的交互等。

（四）学习与成长视角

学习与成长是整个战略的基础，是客户关系管理战略实施的关键，它包括三部分。

（1）客户关系管理战略能力。员工实施战略所需要的技能和知识，如客户知识管理能力、员工之间的客户知识的共享等。

（2）客户关系管理战略技术。如数据库、数据仓库、知识发现、数据挖掘等，用于过滤、分析、分类、模拟和管理客户数据。

（3）支持客户关系管理战略的经营氛围。建立使员工与客户关系管理战略保持一致的企业文化，如高层管理者的支持、员工对战略的认知度、激励的手段和方法、相互协作等。通过运用平衡计分卡，这些关键技术核能力得到良好的鉴别和落实。

以上四个视角通过因果关系链连接到一起，共同组成客户关系管理战略体系。通过客户关系管理战略描述图，企业以整体的、系统的方式来看待客户关系管理战略，同时通过因果分解，使战略转化为具体的行动，为有效地进行客户关系管理实践提供保证。

三、基于客户增长矩阵的客户关系管理战略模型

在以客户为中心的时代，要求企业时刻把客户需求作为行动的第一准绳。那么企业应该如何理解客户需求呢？众所周知，倾听是一切关系建立的核心环节之一。倾听来自客户的声音，解析客户所表述信息背后的真正动机，理解其需求，是建立和管理客户关系的首

要步骤。所谓倾听客户，是指企业对现有或潜在客户的所有相关信息，包括显性信息和隐性信息，语言信息和非语言信息的接受、收集、感知、评价和反馈的过程。其中的客户，不仅包括已与企业产生和建立关系的现实客户，而且还包括在未来可能会购买企业产品或服务的潜在客户。通过倾听客户，企业可以了解客户的购买感受、所购产品与客户需求预期的耦合度，对产品和服务的满意程度等；同时，还可以搜集客户意见、抱怨和合理化建议。企业在倾听的过程中应该鼓励客户通过各种有效渠道向企业投诉。比较而言，企业倾听潜在客户，可以捕捉这些客户中未被满足的需求，探析竞争对手产品的优势和缺陷，从而寻找新的市场机会。

为了提供一个框架，使得我们将关注焦点长久地集中在客户身上，引进一个修改后的框架——客户增长矩阵，如图 7-3 所示，客户增长矩阵通过图解说明了各自不同的战略，依靠这些战略企业能够发展，并且建立起与客户的特殊关系。

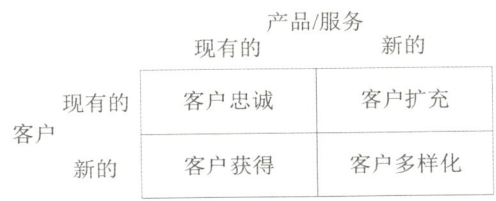

图 7-3 客户增长矩阵

（一）客户忠诚战略

伴随着客户忠诚的逐渐加强，在许多方面将会产生逐渐增长的利益率。很多情形下，忠实客户倾向于在喜爱的产品或服务上花费大量的时间，甚至担当了推荐方面的代理商，从而带来新客户。另外，为忠实客户服务所花的成本要比为新客户服务的成本少得多。这些因素都表明企业的收益率直接与客户忠诚度相关。从战略上看来，专注于客户的回头率比获得更大的市场份额更重要。

（二）客户扩充战略

客户扩充战略常常与客户忠诚战略结合在一起使用，它们都涉及要维持企业已经与客户建立起来的关系这个问题。新增的产品或服务都要适用于客户群体，例如，通过零售商店提供金融服务就是从客户扩充战略中获得更大回报的又一个实例。

类似这样的战略扩充已经使行业或市场的界定变得越来越模糊。以前处于不同市场范畴的企业，现在正为获得同样的客户竞争，并且依靠这些战略去满足同样的客户需求。

（三）客户获得战略

为了获得更合适的客户，需要对潜在的客户进行客户分析，在有需求的地方需要应用客户获得战略。例如，当企业在迅速增长的市场中运作的时候，或者当快速增长有一些特殊需求的时候，尤其在后一种情况中，重点可能就是要获得新客户，但这些新客户的需求类似于现有客户,客户获得战略对于当前的客户群体是否能够在招来新客户上具有重要的意义。对于许多小的企业来说,运用此战略可以通过当前客户的口碑传播,以低成本获得新客户来扩大规模。老客户的行为模式会给企业带来指导作用。

(四) 客户多样化战略

客户多样化战略涉及最高风险问题,因为该战略涉及企业使用新产品和新服务来与新客户做生意谋求发展的状况。除非有特殊的机会,否则它作为企业所遵循的切实可行的战略是非常不可靠的。例如,前些年在国营军工企业向民用企业转型中,许多企业新开发出来的产品生产出来很久,还没找到合适的客户,结果造成大量产品积压,其原因是客户群体、销售渠道发生了根本的变化。如果客户多样化战略在没有充分的研究之前就进入实施阶段的话,企业不但要试着应付根本不同于以往的客户,同时还要解决新产品的技术问题。

(五) 不同的客户战略结合

通过上述多种战略分析,企业要建立客户关系管理战略,首先必须实施好客户忠诚战略,然后通过忠实客户向下推荐,以及向客户推荐新产品和新服务,将客户扩充战略及客户获得战略与客户忠诚战略结合起来,如图 7-4 所示,使企业不断获得新客户,而且当前客户变得更忠诚。其根基就在于客户忠诚战略是开发和发展战略的基础,这也是客户关系管理战略的基本开发点。

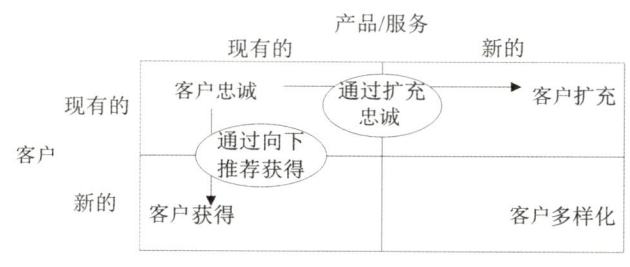

图 7-4　不同的客户战略

第四节　客户关系战略管理过程

一、区分客户群中的不同客户

我们已经知道了,有的客户能给企业带来利润,有的并不能;有些客户相比之下可能会带来更大的利润,有的客户则更具有长远的价值。衡量客户对企业的价值标准要看客户对企业产品的增加潜力及其对企业的长远价值。不同客户之间的差异主要在于他们对企业的价值和对企业的需求不同。因此,企业在战略上要正确区分这些客户。

常用的区分方法有以下两种。

(一) 按客户对企业的消费金额或利润贡献来区分

客户金字塔如图 7-5 所示,此分类依据是,20%的客户带来 80%的利润,即著名的二八定律。

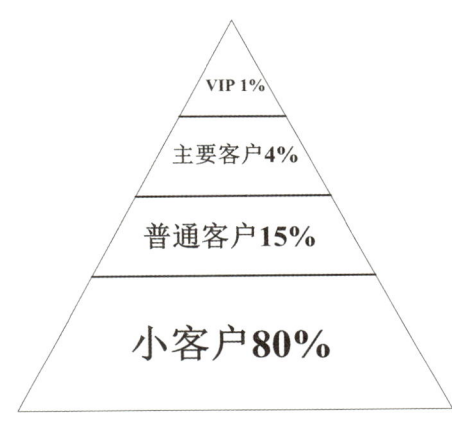

图 7-5　客户金字塔

1. VIP 客户

指的是金字塔中最上层的客户,也就是在过去特定期间内,以购买额所占最多的前 1%的客户,若所有客户为 1000 位,则 VIP 客户所指的是花钱最多的前 10 位客户。

2. 主要客户

客户金字塔中,除了 VIP 客户外,在此特定期间内,消费额占最多的前 4%的客户。若所有客户数为 1000 位,则主要客户是指扣除 VIP 客户外,花钱最多的 40 位客户。

3. 普通客户

除了 VIP 客户和主要客户外,购买金额最多的前 15%的客户。若所有客户数为 1000 位,则普通客户是扣除 VIP 客户和主要客户外之外,花钱最多的 150 位客户。

4. 小客户

指扣除了上述三种客户外,消费金额为其他的 80%的客户。若所有客户数为 1000 人,则小客户是扣除了 VIP 客户、主要客户以及普通客户之外,其余的 800 位客户。

(二) 按对企业的价值区分

一个客户对企业的价值 (如图 7-6 所示) 通常表现在如下五个方面。

1. 累计销售额

如果一个客户购买企业的产品越多,对企业的市场价值的实现就越大。反之,则越小。

2. 终身潜在销售预期

企业在发展挖掘客户的价值时,不仅要考虑客户当前的价值,还应该考虑客户的未来价值。如图 7-6 所示,因为有些客户目前还是小客户,将来他们有可能发展成为一个大客户,这涉及怎样看待一个客户的"终身价值"的问题。

3. 需求贡献

传统营销模式中,客户价值等于销售额,而在今天,客户的价值不仅包括销售额,也包括其对需求的贡献,那些常常对企业提出比别人更多要求的客户可能与出手豪爽的客户同样富有价值,因为他们的要求以及他们易变的态度为企业研究客户需求和行为提供了更多的数据。通过个别客户的喜好进行深入研究,最后综合相似客户的喜好,建立一个源于客户的全新需求组合,以此进行产品或服务的改进,并开展营销服务,是提高客户满意度的重要前提。

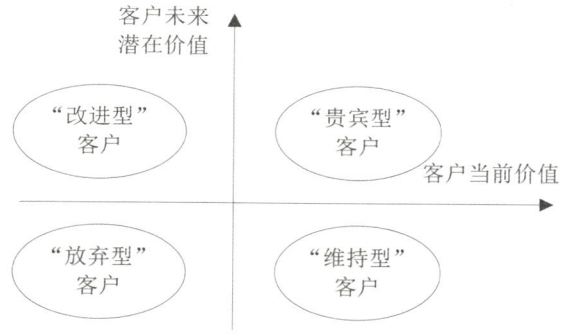

图 7-6 客户对企业的价值

4. 等级信用

反映客户在付款上的等级信用,如果一个客户能及时付款,其信用就好,等级就高,对企业的贡献就不言而喻。

5. 利润贡献

显然,对企业的利润贡献大的客户就是有价值的客户。

对于企业来说,一个客户在上述五个方面所表现出来的价值是不同的,为了综合地反映客户价值,企业应该建立客户价值模型,如下面公式所示:

$$V = F(X_1, X_2, X_3, X_4, X_5)$$

其中:V=客户价值,X_1=累计销售额,X_2=终身潜在销售预期,X_3=需求贡献,X_4=信用等级,X_5=利润贡献。

由于客户的价值是变化的，因此，企业必须对客户进行动态的价值分析与管理。客户价值模型用数值计量方式将客户对企业的价值清楚地反映出来，使得我们依据客户价值模型来区分客户就很容易了。

对企业价值最大的客户组被称为"最具价值客户"（MVCs）。

对企业价值次于"最具价值客户"的客户组被称为"最具成长性客户"（MGCs），这一组客户也可能成为最具价值的客户。

以此类推，不同划分标准有不同的分类结果。

还有一类客户组被称为"低于零点"的客户（BZs），是因为企业为支持和服务这一客户组的成本可能超出边际效益，因此对于企业意味着负面的价值。

在（MGCs）与（BZs）之间有其他客户组，他们没有明显的长期价值，但仍然会给企业带来利润。

二、建立和发展与客户之间的高质量的互动

企业对与企业有长远利益和值得去发展"一对一营销"的客户进行高质量的互动，可以肯定，企业对于最具价值客户、最具成长性客户与低于零点客户必然要区别对待。企业应当让最具价值客户知道他们的重要性，让他们能够清楚地感受到企业是按他们的需要为其提供新产品和服务的。

所谓"一对一营销"，就是企业愿意并且能够根据客户的特殊要求来调整自己的经营行为，这些特殊的需求可能是客户主动提供的，也可能是企业从各种渠道搜集得到的。"一对一营销"的核心思想是，与每一个客户建立学习型关系，尤其是那些对企业最有价值的客户，通常也称金牌客户。所谓"学习型关系"就是每当与客户打一次交道，企业就多一分见识。客户提出需求，企业就改进产品或服务，这样周而复始的过程自然提高了企业的产品或服务，提高了令客户满意的能力。最终，哪怕竞争对手也愿意这样与客户打交道，也愿意对服务或产品做出调整，但你的客户也不会轻易转移了。因为，客户除非再给竞争对手上一遍同样的"课"，否则他不会从竞争者那里得到满意的产品或服务。因此，"一对一营销"策略可以帮助企业发现并留住客户，随着时间的推移，他将成为企业成功的真正伙伴。

高质量互动的宗旨在于企业与客户之间加深了解，在双方之间建立一种"学习关系"，使企业能及时了解客户的意见和建议，并且不断改进产品质量和服务，使企业和客户的关系得到加深。

三、调整产品和服务以满足客户的需要

区分客户的目的是企业要对不同组客户区别对待。完成定位分析后，企业应针对那些不同组类的客户设计出不同的营销方案，提供个性化的服务、产品或满足客户的特殊需要，提高其购买力并加强客户关系。为

7-2 案例：
疫情考验下的
服务改进

了使最具价值客户的需要得到满足，企业应该使其信息沟通、产品和服务带有个性化特征，个性化程度应该与客户的需要相对应。

第五节 中国航空业的客户关系管理战略

目前就国内航空业而言，几乎所有的航空公司都推出了自己的常旅客计划，或构建了相应的大客户服务体系、呼叫中心服务平台等，但没有任何一家航空公司明确提出或已经全面实施客户关系管理战略。尽管如此，通过观察、分析最近以来国内航空公司在客户关系管理实施上的具体表现，发现了不少值得欣慰的举措，特别是在市场细分和战略组合的关系之中。

国内主要航空公司都进一步明确了市场细分与战略组合的关系，凸显"以客户为中心"的经营理念，如图7-7所示。

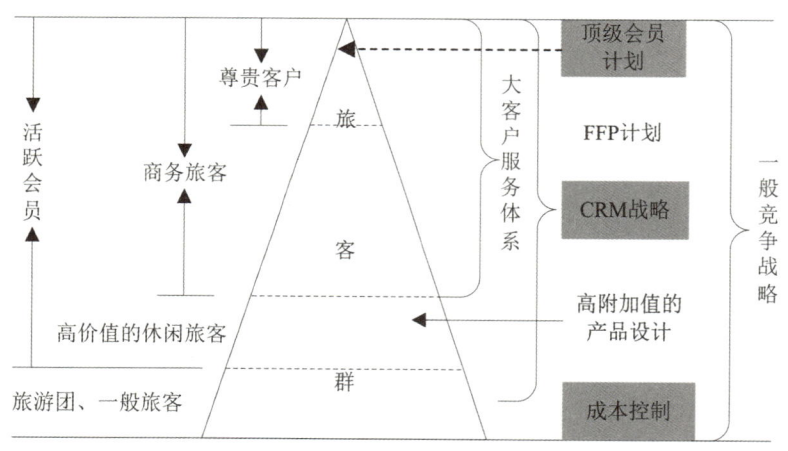

图 7-7 航空市场细分与战略组合

有关客户分析工作已经由简单的客户发展分析转变为进一步关注客户行为分析及投资回报分析，并开始涉及服务效果及促销手段的客户响应效果等分析。下面以某航空公司的会员历史变动分析与平均投资回报分析为例加以说明。如表7-1所示，该航空公司把会员分为经纪会员、高端会员、中端会员、低端会员、非盈利会员、不活跃会员和新会员七大类，并列出了从×××年到×××年各类会员的变动情况。例如，原有顶级会员572人，由于有83位新会员、40位不活跃会员、1位非盈利会员、12位低端会员、58位中端会员、254位未定级会员的加入和369位未定级会员的退出，在×××年共有顶级会员651人。

表 7-1　某航空公司×××年到×××年各类会员的变动情况

会员区间	×××年	顶级会员	高端会员	中端会员	低端会员	非盈利会员	不活跃会员
顶级会员	572	203	257	65	21	2	24
高端会员	14150	254	4713	6057	1759	327	1040
中端会员	64518	58	3222	22195	20182	4091	14770
低端会员	90899	12	745	10452	24740	6374	48576
非盈利会员	8028	1	50	655	2027	1080	4215
不活跃会员	616474	40	825	7926	22295	6840	578548
新会员		83	2142	19731	67783	25595	778905
×××年		651	11954	67081	138807	44309	1426078

在表 7-2 中，该航空公司进一步对各类活跃会员的平均投资回报率进行了分析。例如，顶级会员的平均投资回报率为 81.86%，高端会员为 51.02%，中端会员为 29.34%，低端会员为 15.03%，非盈利会员为 -11.60%。

表 7-2　航空公司各类活跃会员平均投资回报率分析

会员区间	会员数	总收益	基础运营成本	里程兑换成本	项目运营成本	投资回报率
顶级会员	651	4427.82	2378.46	54.16	2.16	81.86%
高端会员	11954	29715.34	19238.66	398.08	39.57	51.02%
中端会员	67081	62691.48	47427.43	820.06	222.07	29.34%
低端会员	138807	40145.02	33916.51	523.66	459.52	15.03%
非盈利会员	44309	9489.11	10448.80	139.02	146.68	-11.60%
合计	262802	146468.81	113409.86	1934.98	870	26.03%

目前，不少国内航空公司，已经充分认识到客户关系管理实施效果与企业长期收益的密切关系，并试图寻找那些能提高客户关系的决策因素及改进措施。例如，国内某航空公司已经开始构建企业客户资产模型及监控体系，能够根据当前客户关系管理实施的各项指标估量客户资产的变化趋势，预测"假设情景"下的未来收益，以找到主要的客户收入和利润的驱动因素，并据此调整企业的相关策略。

同时，不少航空公司开始广泛利用呼叫中心，实施内部流程重组，开展无缝隙服务与直销渠道建设，以进一步控制终端市场。所有这些变化，都源于航空公司比以往任何时候更专注于企业长期利润最大化，或者说航空公司比以往任何时候更能感受到盈利的必要与压力。因此，我们有理由相信，这种基于 CRM 的客户关系管理战略应用可以给企业带来美好未来，并将从多个主题进一步透视国内航空业实施客户关系管理战略的方方面面。

经典案例分析

深航的客户关系管理战略

从两架飞机起步的深航,其核心竞争力在于对终端市场的超强控制力,并且以常旅客计划、协议客户服务体系、直销网络与呼叫中心为基础的客户关系管理战略框架正是产生这种终端市场控制力的源泉。

一、深航客户关系基本策略

（一）常旅客计划

深航"凤凰知音"银卡、金卡、白金卡、终身白金卡来区分获得金字塔顶尖20%的客户。持普通卡的会员在连续12个月内乘机达到一定标准,可升级为贵宾会员。终身白金卡、白金卡、金卡会员自动成为星空联盟金卡会员,银卡会员自动成为星空联盟银卡会员。同时享受国航系各航空公司和星空联盟成员航空公司相应级别的贵宾服务和尊贵礼遇。会员持卡无论是搭乘国航系各航空公司、星空联盟成员航空公司或国航非星空联盟常旅客合作伙伴航空公司航班,还是在"凤凰知音"签约合作伙伴处消费,均可累积"凤凰知音"里程,从而换取奖励机票、奖励升舱、知音商城产品等多种奖励。

目前深航与其他行业合作,为自己的常旅客会员提供更优越的服务,如在深航合作伙伴的商户消费,出示会员卡,可以享受不同等级的优惠；入住锦江酒店不但可以享受优惠折扣,同时可以交换积分,互通有无。它的作用是对大量的旅客乘机记录进行跟踪和处理,留住经常坐飞机出入高档场所的黄金客户[①]。

（二）协议客户体系

为适应市场的需求,开发商务客源,实现客户对旅行方便、快捷的要求,同时帮助客户对差旅成本进行有效管理与控制,深航推出集团协议客户服务方案。协议客户服务方案是深航为高端商务型客户设计的集团优惠服务方案。针对大型优质的国内外企事业单位,由深航直属售票处直接提供销售保障服务。在承诺高质量服务的同时,利用深航产品资源,通过积分累计奖励免费机票或免费酒店,为合作企业减少差旅成本支出。深航的协议客户在深圳地区超过3000家,包括世界500强在中国的企业,也包括各行业领先企业。同其他航空公司大客户开发有异曲同工之处,但深航的协议客户享有更宽泛的优惠,可以相对保持客户的忠诚度[②]。

---

① 资料来源：http://ffp.shenzhenair.com/ffp/index.jsp. 凤凰知音网站。
② 资料来源：https://sme.shenzhenair.com/indexContent/business.jsp. 深圳航空网站。

（三）直销网络

深航具有自己的直销机构，深航除深圳以外有四个航空基地，分布在基地周边城市有若干个直销网点。直销网点与控制室保持着密切的关系，当会员客户对当天所定的票价有所顾虑时，可以通过控制室申请特价票或是低折扣（进行K票），低于航信系统的五到十个点进行销售。另外还可以直接为会员预留节假日高峰时的机票。通过直销网点可以近距离接触客户，了解客户需求，获得直接有效的客户信息，省去了与代理人之间的沟通，减少了与代理人之间的矛盾[①]。

（四）呼叫中心

1997年深航首创了99777热线订票电话，2003年民航业遭受非典重创，逆境之中深航推出广东省境内的96737全方位信息服务平台，2004年又推出了全国范围内的95080综合服务信息平台，只要拨打95080，就可以享受到订票、送票、旅游、酒店预订一条龙服务。深航的呼叫中心形成了国内国际机票查询预订、航空货运服务、城际速递服务、俱乐部服务、集团服务、酒店订房、旅游等一整条航空旅游服务体系[②]。

二、深航客户关系管理中存在的问题

（一）常旅客中存在的问题

深航常旅客多是通过呼叫中心的工作人员或市场人员开发的，对于常旅客方面也并没有实质性的区分，只是一贯对待提供里程积分，没有真正达到主动与客户交流、建立一种长期稳定的关系并管理这种关系的目的，造成客户忠诚度的下降。

（二）协议客户中存在的问题

协议客户相对数量较大但质量不高，公司市场人员对新客户的开发力度还是较大的，只是无效客户也在与日俱增，公司市场人员不注重对老客户跟进与维护，所以长期以来一直觉得业绩平平。市场人员签订协议客户后，该协议有效合同号生成周期过长，造成辛辛苦苦开发的客户部分流失。

（三）直销网络中的问题

直销网点虽然有很多地方是优于代理人的，但是也有很多的条件限制，犹如戴着镣铐跳舞，很多方面都不能做到灵活变通，如与协议客户的月结问题，协议客户换免票程序烦琐等问题。

（四）呼叫中心问题

采用的最原始的呼叫中心的方式，无法真正做到与客户之间的交流，收集到客户的有效信息；无法正确地配合客服人员做好客户的维护，甚至由于工作人员的情绪问题可能造成忠诚客户的流失。

---

① 赵赫然. 深圳航空公司网络直销策略研究［D］. 北京：北京师范大学，2012.
② 资料来源：http://www.ylbhw.com/news/news-show.php? id=78. 深圳航空有限责任公司。

三、深航客户关系的提升策略

（一）做差异化常旅客计划

航空公司一般都是通过常旅客计划留住客户并扩大市场份额。然而，随着常旅客计划越来越普及，几乎每家航空公司都有自己的常旅客计划，产品越来越趋向于同质化；而多数旅客也并不仅仅是一家航空公司的会员，因此深航不能只把机票折扣作为市场促销的手段，这种方式只能吸引中低端客户。作为一种企业利润长期增长和发展忠诚客户的计划，深航还应当更多地考虑客户的份额，也就是说，在他们的常旅客会员中和竞争对手相比所占的比例。只有通过为常旅客提供对他们有价值的服务才能提高这种比例，达到吸引客户以及重获客户的目的。

（二）构建新型网络平台实时进行信息反馈

航空公司可以利用网络平台与客户单个对话，实现与客户的有效互动，有助于公司更详细地了解客户个性化需求，针对不同的客户提供相应的服务。通过网络客户可以轻松实现定制线路和航程，并在普及电子客票时，可以与网上银行合作在网络上实现付费功能，让客户可以全天候的拥有自己的网络订票系统，节约了客户的时间成本。同时又可以进行有效及时的客户信息的调研和企业产品的宣传，这样将大大降低企业的运营成本。

（三）发挥直销网络优势留住核心客户

目前深航有自己的票务公司，客户服务基本由直销机构所负责，深航在无锡、常州等地的航班时刻都是最佳的，这就给深航争取客源带来了一定的便利。同时深航市场人员自身应当加强客户管理理念的培训，采用先进的客户关系管理系统，建立客户流失的预警机制，及时告之直销网络的市场人员，做到流失客户的挽救，降低企业成本，提高客户的让渡使用价值。直销网络应当被赋予更多的自由，适当下放一些权限，主动与客户接触，可以达到与常旅客和协议客户面对面的有效跟进。

（四）改变传统电信运营模式的呼叫中心。不可忽视呼叫中心在客户关系管理应用中所起的作用，利用CTI技术将Internet与传统的呼叫中心相结合，改变传统的电信环境为导向的运营模式，让客户不仅可以进行语音交流，还可以通过电子邮件、视频等方式进行业务联系，当然这种方式需要在运营过程中不断优化，需要一个很长的过渡时期。在手机相对普及的今天，同样在呼叫中心增设一个短信平台，让客户可以轻而易举地用手机订票达到方便快捷，航空公司可以实现与客户的互动交流，这是未来发展的一种趋势。

思考题：
深航的客户关系管理战略中有哪些是体现扣钩战略？哪些是体现拉链战略？又有哪些是维可牢战略？

本章小结

1. 客户关系管理战略分为扣钩战略、拉链战略和维可牢战略,这三种各不相同的关系战略中,分别体现和包含不同的客户价值观念和行为向导。扣钩战略,如同将两块布料用扣钩的方式结合在一起一样,通过一系列的接触机会来维系企业和客户或供应商之间的关系。拉链战略,指的是一种双方相互调整适应,达到密切耦合的战略。维可牢战略,核心是企业精心设计与客户之间的接触过程,以便尽可能适应不同客户的接触过程。

2. 客户关系管理战略实施过程。首先,确定 CRM 的宗旨和目标。其次,建立 CRM 战略,找出关键决定因素。再次,建立战略描述图通过因果关系链,鉴别关键流程和技术,并对目标进行具体化。最后,运用平衡计分卡进行 CRM 有效性评价,对客户关系管理战略是否按原计划实施进行反馈的同时,也对战略本身是否可行进行反馈,即评价过程是一个双循环学习的过程,保证企业有效执行战略的同时,能对瞬息万变的市场环境做出快速反应。

中英文专业名词对照

1. Balanced Scorecard　平衡计分卡
2. Customer Group Value Segmentation　客户群价值细分
3. Strategy Model　战略模式

复习思考题

1. 阐述扣钩战略的特点。
2. 拉链战略与扣钩战略有哪些不同?
3. 简要阐述客户关系管理战略实施过程。
4. "一对一营销"策略的优势有哪些?
5. 浅谈中国航空企业的客户关系管理战略存在哪些难点并尝试说明如何改进。

第八章
客户关系管理能力

学习重难点

重点：
1. 影响客户关系管理能力的因素。
2. 客户关系管理能力评价体系模型的构建。

难点：
客户关系管理能力对企业经营绩效的影响因素分析。

本章引例

深圳航空客户关系管理能力的形成

因深航已建立健全通畅的销售网络，在直销渠道方面，依托客户关系管理系统，通过呼叫中心、国内网站、海外网站、机场柜台、旗舰店等渠道，实现公司直销网络对海内外、各类型客户群体的服务覆盖，形成了强大的客户关系管理能力。深圳航空坚持"任何时候、自然体贴"的服务准则，创新产品设计，持续推出了"辣朋辣椒酱""特色手语操""候机楼指南针""行李白手套""机上手语操"等特色服务产品；同时不断改善服务设施和环境，紧跟行业发展，推崇为旅客提供更便捷的服务，利用科技手段，推出多种高科技含量的增值服务项目；最关键是大力发展在线销售，提升呼叫中心运行、保障的能力，不断提升直销渠道收入比重，提升公司直销话语权和竞争博弈能力。重点围绕公司全国主要基地，加强常旅客、大客户的开发与维护，改善客户品质，提升中高端客户带来的收入比重。

在此基础上，深圳航空制定了责任事故万时率不高于0.04，资产规模600多亿，打造深圳枢纽，机队规模达到230多架（含宽体客机），员工超过2.3万人，ASK增速达到9.1%，飞机日利用率不低于9.51小时，客户满意度达到82%的目标（"十三五"规划）。当前，公司安全基础更加牢固，保障能力大幅提升，航线网络优化效果显著，服务品质持续改善，盈利水平稳步提高，主基地建设成绩斐然。

第一节　客户关系管理能力的界定

一、客户关系管理能力的含义

关于客户关系管理能力，目前并没有一个明确的定义。但是埃森哲咨询公司和普华永道公司的研究都暗含了对客户关系管理能力的界定。埃森哲在《企业CRM能力价值调查分析报告》中提出，企业的客户关系管理能力是把企业的内部活动和客户联结在一起的能力，并列举了10种最为关键的客户关系管理能力。

（1）了解客户对企业的利润价值。
（2）建立有效的客户服务系统。
（3）战略性地管理企业大客户。
（4）有效地利用在服务中获得的客户信息。
（5）主动地确定客户的问题并沟通解决办法。
（6）通过客户教育来防止客户共同的问题。
（7）吸引、培养并保留最优秀的销售人员。
（8）把产品价值清晰地表达出来。
（9）实施有效的品牌、广告和促销战略。
（10）对服务人员实行公平的待遇与奖励。

同时，普华永道公司也提出了衡量企业客户关系管理能力的指标。
（1）企业是不是把客户的信息作为战略性的资产来管理？
（2）企业是否评估客户持续的价值？
（3）企业如何满足和定义客户的期望？
（4）企业的发展战略是否与客户的价值相匹配？
（5）企业是否进行了跨部门或跨分支机构的集成？

(6) 企业是否主动地管理客户体验?

从埃森哲咨询公司和普华永道公司对客户关系管理能力的认识可以看出,它们都是通过企业在客户关系管理活动中的表现来描述客户关系管理能力,但是并没有将这些描述整合起来形成对客户关系管理能力的系统的定义。企业能力理论认为,企业能力是企业拥有的实现组织目标所需的知识和技能。能力是决定企业异质性的根本,企业是一个能力系统或能力的特殊集合。隐藏在企业资源背后的以人为载体的配置、开发、保护和整合资源的能力是企业竞争优势的深层来源。更进一步,企业的所有能力中核心的、根本的部分,可以向外辐射,作用于其他各种能力,影响其他能力的发挥和效果,这部分被界定为核心能力。

综合埃森哲和普华永道对客户关系管理能力的描述和企业能力的定义,在此把客户关系管理能力界定为:企业以实施客户关系管理为导向,在经营活动中配置、开发和整合企业内外的各种资源,主动利用、分析和管理客户信息,迅速满足客户个性化需求,从而建立、发展和提升客户关系,形成竞争优势的知识和技能的集合。

首先,这一定义确认了客户关系管理能力是一种企业能力,它是知识和技能的集合。其次,确认了使用这些知识和技能目标是进行客户关系管理,因此,它以客户关系管理理论为基础,并且在企业的客户关系管理活动中体现为整合企业内外部资源,主动利用、分析和管理客户信息,迅速满足客户个性化需求。这一界定将客户关系管理理论、企业能力理论以及埃森哲和普华永道对客户关系管理能力的描述有机地结合起来,体现了客户关系管理能力的本质。

通过对企业客户关系管理能力的界定,我们还可以认识到企业的客户关系管理能力的强弱受到企业的每一个职能部门的影响,而不仅仅与营销部门、销售部门和客户服务部门有关。企业与客户关系的好坏源于企业能够为客户创造的价值的大小,而响应客户需求、创造客户价值需要所有的职能部门参与,营销部门、销售部门和客户服务部门所做的工作仅仅是企业创造和传递的客户价值的一部分。企业的客户关系管理能力不是一种单一的能力,而是许多种能力的集合,换句话说,企业的客户关系管理能力包含许多种子能力,因为建立、保持和发展客户关系需要所有部门的参与,所以这种能力包括企业内外部的多种资源,融合了企业的多种能力。每个企业的客户关系管理能力都是异质的,如果企业的客户关系管理能力稀有且难以模仿,成为所有能力中的核心和根本,就可以影响其他能力的发挥和效果,成为企业的核心能力,为企业带来长久的竞争优势。

在界定了客户关系管理能力之后,需要进一步研究客户关系管理能力所包含的内容和影响这种能力的因素。

二、客户关系管理能力的构成

(一) 客户洞察能力

1. 客户洞察活动

客户洞察活动包括目标客户的识别及其需求和偏好分析。对企业来说,并不是所有的客户都具有相同的潜在生命周期价值,对最具潜在盈利性的客户关系进行投资无疑是一种明智的选择。客户关系管理策略获得成功的前提条件是能够区分企业的客户,因此首先必须进行客户分析,通过市场调研和对客户数据库的分析,进行客户识别和目标客户定位。同时,客户关系管理的策略强调客户维系,因此对现有客户情况的分析是重点,而常用的方法是客户组合分析法,如图8-1所示。

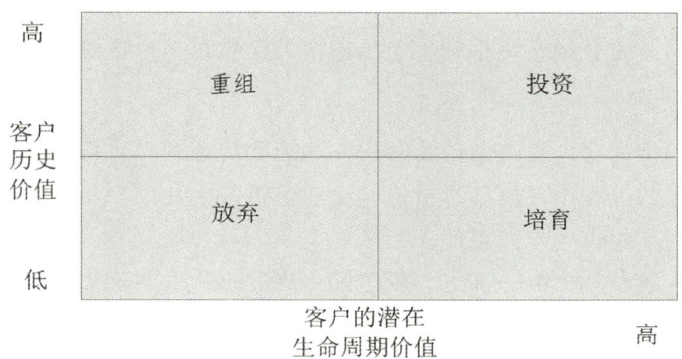

图8-1 客户组合分析法

这种分析方法是按客户在客户关系中的历史价值和潜在的生命周期价值对客户进行分类的。矩阵中的四个方格代表了四种不同的策略。在确定了目标客户之后,通过运用数据库分析技术,深入了解所选择的目标客户的需求和行为习惯,可以采用"5W1H"法,即寻找以下几方面的答案:是谁(Who),是什么(What,客户特征),为什么(Why),什么地点(Where),什么时间(When),如何进行(How)。在已有的客户数据库的基础上,进一步运用各种统计技术对客户数据进行分析,以确定客户行为。这里的统计分析方法既包括一些比较简单的技术,如置信区间、假设检验和相关分析等,也包括回归分析、Logit模型、CHAID、因子分析和聚类分析等复杂技术。

2. 客户洞察能力

根据对客户洞察活动的分析,在此将客户洞察能力定义为企业通过各种行为特征识别客户和分析客户偏好和行为习惯并从中得到有价值的决策信息的能力。客户洞察过程涉及数据、对数据的分析和对分析结果的理解,所以,企业的客户洞察能力受到数据资源、数据分析能力和对分析结果的理解力的影响。目前信息技术高度发达,如数据挖掘技术就包含了各类统计分析工具,只需具备一定的统计知识,借助强大的数据挖掘技术就能轻松完成复杂的数据分析工作。而对于企业来说,关键在于理解和运用分析出来的结果,以作为相关的决策信息。

8-1 案例:大数据驱动的客户洞察

(二)创造和传递客户价值能力

1. 创造和传递客户价值活动

所谓客户价值,是指客户在购买和消费过程中所得到的全部利益。从狭义的观点来

看，创造价值就是生产产品和提供服务，而传递价值则是尽可能为客户提供购买和使用便利，同时传递产品及企业的信息，与客户进行良好的沟通。但是，在产品差异非常细微的今天，人、流程和服务已成为构成客户价值的主要因素，创造和传递客户价值已难以截然分开。简洁有效的传递价值过程由于节省了客户的时间，提高了客户的满意度，也为客户创造了价值。创造和传递客户价值的前提是理解客户的需要，一切从客户的切身利益出发。随着客户需求的日益多样化和个体化，满足目标客户需求意味着客户化定制，即在产品、服务、流程、人、分销、价格和沟通等诸多方面满足客户特殊的需求。

2. 创造和传递客户价值的能力

根据对创造和传递客户价值活动的分析，创造和传递客户价值的能力可以理解为在客户购买产品和服务的过程中，使客户价值和企业价值最大化的能力。无论是吸引客户的营销能力，还是生产和提供客户所需的产品的能力，以及协同关系网络伙伴快速传递产品和服务的能力都属于这种能力的一部分。创造和传递客户价值的能力首先取决于员工的观念和素质，因为员工表现直接影响企业为员工创造价值的大小和价值的实现，因而必须将员工表现和客户满意结合起来，对员工进行再教育或再培训。创造和传递客户价值的能力要求企业各部门之间，甚至企业和企业之间有效地协同工作。企业内各部门的协同工作能够提高为客户服务的效率，从而增加为客户提供的价值。企业间的协同工作主要指供应商、分销商以及其他的合作伙伴建立良好的合作关系，例如，公司的供应商需要理解公司致力于服务的是谁，以便对客户需求变化做出快速反应。公司必须与分销商合作，形成强大的、各有所长的分销网络，及时进行信息交流、提供技术支持，及时运输产品。通过合作能够带来很多益处：如共同分担成本，将企业的产品和信息及时地传递给客户，并将客户反馈信息传给企业；客户信息共享带来市场的拓展，新产品的共同开发所带来的风险和成本的降低等。更重要的是，这些活动增加了客户让渡价值，使得客户满意度提高。所以，为了加强创造和传递客户价值的能力，企业应该将供应商、分销商以及其他合作伙伴紧密结合起来，更好地满足目标客户群的需求。

（三）管理客户关系生命周期能力

1. 管理客户关系生命周期活动

客户关系生命周期可以分为考察期、形成期、稳定期和退化期。考察期是指客户关系的探索和实验阶段，企业和客户双方了解不足，客户会下一些尝试性的订单。形成期是企业与客户关系快速发展的阶段，在考察满意后，双方的交易不断增加。稳定期是企业与客户关系发展的最高阶段，相互依赖水平达到最高点，双方关系稳定。退化期是关系发展过程中关系水平逆转的阶段，它可能在任何时候发生。针对客户关系生命周期的特点，管理客户关系生命周期的活动重点是在购买完成后，企业为客户提供后续服务和关怀，以维持和发展与客户的长期关系。企业可以通过电话、传真、Internet、Email、直接接触等多种方式与客户保持联系，让客户可以随时查询到所需要的各种信息。同时，还要对客户关系进行评估，除了保留客户满意度和销售量等传统的绩效评估手段外，另外引进客户维系成本、客户维系率，以及争取新客户的成本等新的绩效评估手段也是十分必要的。据此，对不同类型的处于不同生命周期阶段的客户实行不同的客户忠诚计划，以增进客户与公司之间的感情。同时，追踪并掌握客户消费产品的变动趋势，及早避免客户流失。

2. 管理客户关系生命周期活动的能力

根据对管理客户关系生命周期活动的分析，管理客户关系生命周期的能力可以理解为与目标客户发展和保持良好的关系的能力。如果说创造和传递客户价值的能力是让目标客户满意的能力，那么管理客户关系的能力就是培养目标客户忠诚的能力，为此，企业应当具备与客户充分交流的能力、追踪客户的能力，还应当根据交流和追踪的结果针对不同客户提供个性化、情感化的服务的能力。为客户提供个性化、情感化服务主要是进行客户关怀和产品关怀。

客户关怀包括以下几个方面。首先，与客户交朋友。例如，在他（她）生日时，发Email祝贺生日快乐，这些细微的动作看似与商业行为无关，但是如果在客户最需要朋友时出现，和他（她）的关系就非比寻常了。其次，客户提醒或建议。例如，当客户在不同生活阶段，如求学、就业、结婚、生子，替他（她）想到该有哪些不同的安排。当客户享有积点兑换时，特别提醒他（她），以免错失应有的权利。最后，客户变动趋势追踪。针对客户的变动趋势，及时掌握客户消费地点、消费时间、客户询问或浏览、客户价值等变动。例如，证券公司若能追踪出某一特定客户最近常浏览某一特定产业的股票，就可推断客户偏好类别改变，所以向该客户推荐的股票种类就应该随之改变。

产品关怀包括购买前征求客户对产品的建议；购买产品后的初期，可能遇上什么问题；产品使用一段时间后，应做一些保养、维护的工作。在客户使用公司的某一项产品后，除了了解客户使用的原因、情形，在适当时候也可以根据产品关联分析，推荐其购买其他的产品。管理客户关系生命周期能力强的企业能够根据客户的特点灵活运用不同的客户关怀和产品关怀的方法和技巧，避免客户流失，提升客户关系的质量。

根据以上分析，客户关系管理能力可划分为三种能力：客户洞察能力、创造和传递客户价值的能力，以及管理客户关系生命周期能力。这三种能力既密切联系又相对独立。客户洞察能力为提高创造和传递客户价值能力以及管理客户关系生命周期能力提供了支持，创造和传递客户价值能力和管理客户关系生命周期能力的提高也为客户识别和分析收集到更多更有价值的客户数据。这三种能力的独立性表现在它们之间不存在必然的因果关系，也没有固定的发展顺序，企业可以根据实际情况优先发展任何一种能力，其结果都能够提升企业的客户关系管理能力，获取竞争优势。例如，由于产品和服务的易于模仿和同质化现象严重，银行注重发展客户洞察能力以便不断地推出新型的、满足客户需求的服务。DELL公司则因其强大的创造和传递客户价值能力而获得竞争优势，它为客户提供个性化的产品，通过与供应链伙伴的合作实现零库存，低廉的产品价格和迅速的配送使客户获得了更大的价值。联想公司关注客户关系的发展和保持，它通过建立呼叫中心及时为客户解答使用电脑中遇到的各种问题，必要时迅速派遣服务人员进行维修，从而赢得客户的支持和信任。

三、影响客户关系管理能力的因素

从客户关系管理价值链的分析可以看出,尽管客户关系管理价值链的基本活动是客户关系管理的基石,但是基本活动要发挥作用必须依赖于各种支持活动。正如我们根据客户关系管理价值链的基本活动划分客户关系管理能力,各种支持活动映射了影响客户关系管理能力的因素。下面具体讨论各因素对客户关系管理能力的影响。

（一）信息技术因素

信息技术主要指客户关系管理系统。在客户关系管理软件系统的最上层是接触层。客户关系管理的管理思想要求企业真正以客户为导向,满足客户多样化和个性化的需求。这就要求客户关系管理系统拥有支持和集成丰富多样的与客户接触的渠道。典型的沟通方式有：呼叫中心、网络交流、电话交流、传真,面对面交流等。这样才能保证客户能够采取其偏好的形式随时与企业交流,并且保证来自不同渠道的信息完整、准确、一致。

客户关系管理系统涉及的业务过程主要是市场营销、销售和客户服务和支持部门,因此支持这三个部门的子系统构成了客户关系管理软件系统的功能层。市场营销管理子系统的功能是通过对市场和客户信息的统计和分析,科学地制定营销策略；为市场人员提供预算、计划、执行和控制的工具,不断完善市场计划；同时,还可管理各类市场活动,对市场活动进行跟踪、分析和总结,以便改进工作。销售管理子系统则使销售人员通过各种销售工具,如电话销售、移动销售、远程销售、电子商务等,及时方便地获得有关生产、库存、定价和订单处理的信息,销售部门也可以通过信息技术主动跟踪多个复杂的销售线路。这样不仅能提高销售效率,扩大销售额,企业也不会因为某位销售人员的离去而使销售活动受阻。客户服务和支持子系统具有两大功能,即服务和支持。一方面,通过各种接触渠道,尤其是呼叫中心为客户提供24小时不断的服务,并将客户的各种信息存入共享数据库,及时满足客户需求；另一方面,技术人员对客户的使用情况进行跟踪,为客户提供个性化的服务。

客户关系管理系统的最下层是共享的数据库。过去,前台各部门从自身的角度去掌握客户的数据,业务割裂,而客户关系管理系统改变了前台的运作方式,打破了信息孤岛现象,使各部门信息共享、密切合作。作为CRM模型基础的共享数据库成为所有客户关系管理过程的转换接口,可以全方位地提供市场和客户信息。数据库的重要作用体现在以下几点：帮助企业准确地找到目标客户群；帮助企业在最合适的时机以最合适的产品满足客户需求、降低成本、提高效率；帮助企业结合最新信息和结果制定新策略,塑造客户忠诚。

CRM的体系结构表明：一方面,客户关系管理系统不仅要使相关流程实现优化和自动化,而且必须在流程中引入有效的监理机制,对客户关系管理系统的建设、运行进行协调和全程监控,建立统一的规则,以保证所有活动在完全相同的理解下进行,这一全方位的视角和数据库形成了一个关于客户及企业组织本身的一体化蓝图,其透明性更有利于与客户之间的有效沟通；另一方面，客户关系管理方案及软件系统的开发或选择必须考虑企业或客户所在地区政治、经济、文化的特点，客户群体的消费特点和生活习惯，以及企业自身的情况。客户关系管理的软件充分体现以客户为中心的思想、企业自身的特点和战略目标，对企业客户系管理能力的提升具有重要作用。

（二）高层管理者因素

高层管理者对客户关系管理的认识和理解越充分、越深入，对客户关系管理能力的培养就越支持和关心。如果缺少了这样的支持者，针对提升客户关系管理能力的前期研究、规划也会完成，会完成一些小流程的重新设计，可能会购买相关的 CRM 技术和设备，但企业出现有意义的改进的可能性很低。

首先，高层管理者对客户关系管理的正确理解有利于企业根据客户关系管理能力的内涵和作用以及企业的实际情况，制定合理的易于量化的客户关系管理能力发展目标。

其次，提升客户关系管理能力需要各个部门的协同工作，将信息和流程整合在一起。但是各个部门都有自己的利益和需求，作为一种新型的核心竞争力，客户关系管理能力的提升固然给整个企业带来好处，却难免会对旧有的体制造成冲击，需要某些部门和人员做出牺牲，这时，高层管理者的协调和支持对企业变革能否继续进行至关重要。

最后，提升客户关系管理能力需要足够的财力作为支撑。第一，提升客户关系管理能力可能需要建设客户关系管理系统。客户关系管理系统是一种高风险、高回报的投资。美国最近一项针对 226 家实施客户关系管理的企业的调查显示，这些企业投在每一个 CRM 使用者身上的成本，平均是 10385 美元（包括软硬件、实施、培训及技术支持），然而其中实施客户关系管理产生显著成效的企业，投在每一个 CRM 使用者身上的成本，平均却高达 17003 美元。不管怎么节省，CRM 要实施成功，都有一个投资门槛。抱着投资少量资源尝试一把的心态的企业，通常只是白白浪费钱。第二，对于为提升客户关系管理能力所引起的组织变革，也要支付相应的成本。所以，客户关系管理能力的发展需要高层管理者的理解，以获得足够的财务支持确保成功。

（三）企业文化因素

企业文化是为一个组织中所有成员所共享并作为公理来传承给组织新成员的一套价值观、指导信念、理解能力和思维方式。每个组织成员都处在文化之中，但文化通常不为人关注，只有当组织试图推行一些违背组织基本文化准则和价值观的新战略和计划时，组织成员才切身感受到文化的力量。

企业文化有五种功能：导向功能、约束功能、凝聚功能、激励功能和辐射功能。导向功能指企业文化能对企业整体和企业每个成员的价值取向和行为取向起引导作用，使之符合企业所确定的目标。约束功能是指企业文化对每个员工的思想、心理和行为具有约束和规范作用。这种约束不是制度式的硬约束，而是一种软约束，它造成个体行为从众化的群体心理压力和动力，形成个体行为的自我控制。凝聚功能指当一种价值观被该企业的员工共同认可后，它会成为一种黏合剂，从各方面将成员黏合起来，产生巨大的向心力和凝聚力。激励功能是指企业文化具有使成员从内心产生一种高昂情绪和奋发进取的精神效应。辐射功能指企业文化一旦形成较为固定的模式，不仅会在企业内发挥作用，而且会通过各种渠道对社会产生影响。

通过对企业文化的功能分析可以看出，以产品为中心的企业文化对客户关系管理能力的培养有阻碍作用，而以客户为中心的企业文化能够通过其导向功能和约束功能使企业员工建立起以客户为中心的价值取向，在与客户的交流过程中更多地考虑客户的利益，避免损害客户利益而满足企业利益的短视行为，实现客户与企业的双赢。同时，以客户为中心的企业文化让客户是企业的利润和长期竞争力的源泉的观念深入人心，能够将员工团结起来，激励员工为提升客户关系和企业的长期发展不断创新。当以客户为中心的企业文化形成固定模式后，能够在社会上树立企业全心为客户服务的形象，从而赢得人们的信赖和好感，吸引更多的潜在客户。因此，以客户为中心的企业文化能够提升企业的客户关系管理能力。

（四）人力资源因素

客户对企业的感观和客户关系的维系依赖于与客户交流的企业员工的服务质量，企业员工的观念和技能直接影响到企业为客户创造和传递价值以及企业与客户的关系。

首先，企业员工是否具有全心全为客户着想的观念，是否把以客户中心的企业文化转化为真心为客户服务的实际行为直接影响客户的购买欲望和企业形象。几乎所有的人都有这样的体验，当我们到达商店准备购买某种商品时，如果出现在面前的服务人员态度友好、热情周到，我们会高兴地购买这种商品，反之，如果服务人员形象不佳，态度恶劣，即使中意这种商品，我们也不一定购买。

其次，员工的知识结构和服务技能影响企业为客户服务的情感化和个化水平。要想在激烈的竞争中脱颖而出，不仅要服务态度好、热情周到，还要关注客户的个性化需求与情感需求。但是，客户的个性化需求与情感需求是非常复杂的，不同的客户有不同的需求，即使同一位客户，也会随着时间、场合的不同提出不同的要求。因此，员工对产品知识和企业背景知识的熟悉程度，在心理学、社会学和技术方面的素养，敏锐的洞察力和高超的技巧，对现场各种微妙信息的捕捉和把握，以及适当的决策能力对客户关系的影响至关重要。

最后，企业员工的全局观对客户关系管理能力也有重大的影响。影响企业与客户关系的不只是企业营销部门的营销人员和直接为客户提供服务的其他服务人员，它包括所有的企业员工。在为顾客创造和传递价值的过程中，任何一个环节的低效率或低质量都会影响最终的客户价位，所以，企业的每一个员工都应当具有全局观念，生产研发部门的人员也需要及时了解市场的变化和客户的需求，积极配合营销部门的要求，研制生产客户喜爱的产品，而不是仅仅以本部门的利益为中心。

（五）组织设计因素

企业的集权程度、管理层次的多少和整合程度对客户关系管理能力有重大影响。过于集权容易压低员工的主创精神，而授予基层员工更大的权利，有利于调动他们的积极性，发挥其创造性，使他们在面对客户的个性化需求时能够采取更灵活多样的措施，不必对每件小事都层层上报、等待审批。这样不仅为客户提供更快捷、准确和个性化的服务，而且满足了员工实现自我价值的愿望，使员工更加满足和忠诚，对员工未来的服务质量产生积极的影响，从而推动客户关系管理能力的发展。

过多的管理层次使信息沟通渠道过长，造成信息失真，以及由不相容目标所导致的代理成本的增加，决策者也无法对客户的需求和市场的变化做出快速反应。压缩中间管理层，能够使信息快速流动，有利于消除高层管理者与客户之间的鸿沟，让高层管理者随时了解客户的需求和变化，及时制定应对策略，在满足客户需求的同时提高企业利润。企业的整合程度越高，各部门间的合作程度越高，工作越协调，越能够有效地减少各部门间相互推诿、各自为政的状况，能够提高组织的运行效率，从而更有效地进行客户关系管理。

（六）供应链伙伴因素

随着全球经济的一体化，人们发现在全球化大市场的竞争环境下，任何一个企业都不可能在所有业务上成为最杰出的那一个。企业与企业的竞争已经不是个别企业在一定时间、一定空间，为争夺某些终端、某些客户的单打独斗了，也不是主要为了争夺市场占有率和覆盖率的竞争，而是基于产品开发设计、生产制造、配送与分销、销售与服务的跨时空的整体性竞争，因此，企业外部的供应链伙伴也对客户关系管理能力产生重大影响。以制造业企业为例，供应链伙伴包括供应商、合作者和分销商。供应商指企业所在供应链的上游企业，供应商供货及时，能够降低企业的库存，降低生产成本，从而为客户让渡更多的价值。供应商根据企业要求提供特殊的原材料的能力对企业为客户量身定制产品的能力和速度有重大影响。分销商指将企业产品传递给终端消费者的供应链下游企业，虽然随着电子商务的发展，越来越多的企业面向客户进行直销，分销商的角色会发生变化，但即使是未来，他们仍然将帮助企业将产品和服务传送到客户手中，只是业务的侧重点将发生变化。因此，分销商的能力和服务水平会对客户满意度产生影响，在一定程度上延伸了企业客户关系管理能力。同时，分销商对客户信息的反馈是否及时和准确也会影响企业的客户关系管理能力。为了更好地利用资源和降低成本，企业会实行"分散生产"或"外包生产"，例如，本企业抓住附加值高的有核心竞争力的东西，而将非核心的业务外包给在此方面有优势的设计、制造伙伴，这些设计、制造伙伴就是企业的合作者。企业和合作伙伴的合作能将各自的分散优势转变为整体优势，从而按照客户的喜好来定制产品以满足客户的特定需要。

总之，企业必须对自身的客户关系管理能力有深入的了解，明确企业中哪些问题是通过技术可以解决的，哪些问题是需要转换理念才能解决的，哪些问题是细化流程可以解决的，哪些问题是需要进行战略调整才能够解决的。只有将这些问题解决了以后，客户关系管理系统实施起来才会速度快，才会有效果，企业的客户关系管理活动才会尽快取得投资回报。

第二节 客户关系管理能力评价体系

一、评价体系设计的目的

虽然埃森哲公司和国外的一些学者对客户关系管理能力进行了研究,但总体而言,对客户关系管理能力的研究时间并不长,研究的内容需要进一步深化。对企业的客户关系管理能力进行评价,能够通过横向比较明确企业的客户关系管理能力水平,同时有利于在后续研究中探讨客户关系管理水平与企业绩效的关系,推断企业在未来的竞争中可能所处的地位,从而决定提升客户关系管理能力的紧迫性和投入资源的多少,为提升客户关系管理能力奠定基础。

客户关系管理能力的提升是一个持续不断的过程,在提升客户关系管理能力行动的每一阶段实施前和完成后对企业的客户关系管理能力进行评估,不仅可以衡量该阶段提升客户关系管理能力的效果,也有利于发现客户关系管理能力提升过程中的问题和企业的客户关系管理中出现的新问题,及时对下一阶段的计划进行调整和修正,从而更加有效地提升客户关系管理能力。

企业有必要科学地评价自身的客户关系管理能力而不是简单地根据直觉判定,因为直觉判定不可避免地带有很强的主观性、片面性,其结果也不一定准确。通过科学的方法建立合理的指标体系,然后根据评价的要求划分评价等级、构造评语,按照一定的方法对各个指标进行评价,根据实际情况确定各个指标的权重,最后运用数学方法计算得出评价结果。由于整个流程的每一步都有科学依据和比较成熟的操作方法,得出的结论也更科学、客观、有效。

二、评价体系构建的依据

根据客户关系管理理念,前文构造了一个围绕为客户创造价值的过程的客户关系管理价值链,把客户关系管理活动划分为三个过程:客户洞察过程、创造和传递客户价值的过程、管理客户关系生命周期的过程。并据此将客户关系管理能力划分成三种能力:客户洞察能力、创造和传递客户价值的能力、管理客户关系生命周期的能力。这就为客户关系管理能力的评价提供了框架。客户关系管理能力是一个结合企业多种资源,集成多种子能力的复杂体系,将客户关系管理能力分为三个方面进行评价,不仅能够全面地反映客户关系管理能力,而且能够简化客户关系管理能力的评价,使企业能够及时发现哪一方面的能力需要改善和提升,这对于评价客户关系管理能力是一个可行的方案。

利用这一思路设计了评价客户关系管理能力的一级指标，即客户洞察能力、创造和传递客户价值的能力、管理客户关系生命周期的能力。同时，从每一种能力所涉及的部门出发，分析客户关系管理能力受到企业哪些相关部门的影响，在三类一级指标之下，结合客户关系管理流程和所涉及的部门，分别设计分指标，以反映客户关系管理能力的强弱。对客户关系管理能力所涉及的企业部门分析显示，实际上涉及企业所有的部门，毕竟企业所有的活动都应该围绕客户展开，但是其中涉及的最重要的几个部门是现场销售、市场营销、产品开发、定制化生产、物流配送以及高层管理，以此为基础结合指标体系设置原则，构造客户关系管理能力的评价体系，如图 8-2 所示。

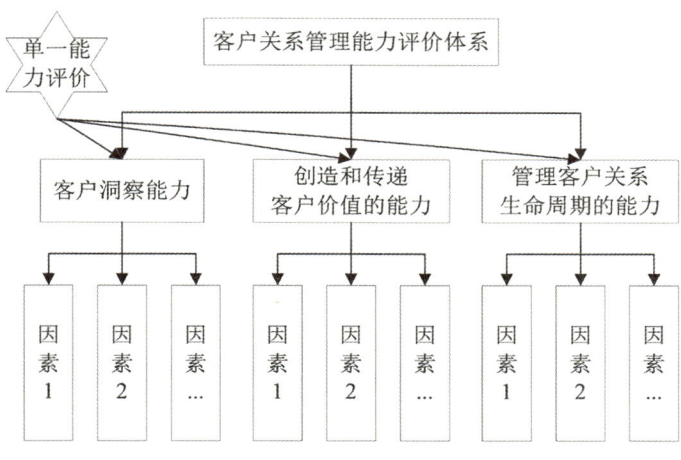

图 8-2　客户关系管理能力评价体系

三、评价体系具体指标的选择

（一）客户洞察能力指标

客户洞察主要是完成对有价值的客户的识别和对客户需求进行深入分析。埃森哲公司用以下指标衡量客户洞察能力：将客户信息转化为客户洞察的能力，客户保留和获取率，客户盈利性分析和客户细分。在这些指标中，客户细分和客户盈利性分析是根据客户信息发现不同客户的偏好、需求和购买习惯等，从而区分不同类型的客户，为客户提供个性化服务，因而这一能力实际上包含在将客户信息转化为客户洞察能力中。客户保留和获取并不是客户洞察活动的主要功能，而与管理客户关系生命周期及创造和传递客户价值更有相关性。因此，埃森哲的指标不够完善合理。综合考虑客户洞察活动的过程和埃森哲的指标，同时参照部分对客户关系管理系统的评价指标（因为引进客户关系管理系统的目的是提升客户关系管理能力，所以具有借鉴意义），本文采用市场信息反馈能力、对客户的了解程度、客户信息分析能力和黄金客户的识别能力来衡量企业的客户洞察能力。

由于客户洞察的基础是客户信息，而且这些信息必须及时更新才具有意义，所以市场信息反馈能力是客户洞察能力的重要组成部分。黄金客户的识别是企业进行客户洞察的目

标之一,因此将黄金客户的识别能力作为衡量指标之一。客户信息分析能力是指对客户信息进行处理和挖掘的能力,而对客户的了解程度则表示企业对客户信息分析结果的理解能力,这种理解能力是影响客户洞察活动成效的关键,类似于埃森哲提出的将客户信息转化为客户洞察的能力。以下详述各个指标。

1. 市场信息反馈能力

市场信息反馈能力是指企业在生产经营活动中,市场上客户和竞争对手的信息以及变动情况能够及时地传递回企业。市场和客户信息反馈得越及时越全面,则市场信息反馈能力越强,企业越有可能捕捉到其中的细微变化,根据市场形势迅速地做出应变措施,从而保持本企业在市场中的地位或抢占先机。因此,市场信息反馈能力是客户洞察能力的重要组成部分和前提。衡量这一能力主要通过营销和销售部门进行估计,首先估计市场信息的反馈速度,一是评价企业采取一项措施后市场和客户的反应情况能多快传递回公司,这一速度与同行业的企业相比如何;二是评价市场和客户的变动反馈回企业的速度,即评价变动发生到企业发现变动的时间长度,这一时间长度与同行企业相比是长还是短,通过对这两方面的评价即可估计出企业的市场信息反馈能力。

2. 黄金客户识别能力

企业百分之八十的利润是由百分之二十的客户创造的,这百分之二十的客户就是企业的黄金客户,企业应当对这些黄金客户给予特别的关怀和优惠,以保证企业能够长期保持相应的利润。衡量对黄金客户的识别能力,就是衡量企业对黄金客户特征的把握程度,即企业根据数据分析得出的黄金客户的特点采用了相应的措施之后,企业的黄金客户份额和销售利润是否有明显的增长。企业的营销部门应当根据上述的标准对自身的黄金客户识别能力进行评估。

3. 客户信息分析能力

客户信息分析能力包括数据分析的效率、准确性以及对数据分析技巧的灵活应用和正确建模。效率是指处理数据的速度,尤其在面对海量的客户信息时,效率显得尤为重要。准确性是指在分析和处理客户数据的过程中不发生计算错误或录入错误等人为错误。对数据分析技巧的灵活应用和正确建模是指企业准确地知道应当将哪些客户信息联合在一起分析以及选用相应的分析方法。目前数据挖掘技术能够完成分类、预测、聚类、联合性分析和时间序列分析等功能,每一功能的完成都可以选择多种方法,例如联合性分析可以采用相关性分析、交叉分析、市场购物篮分析和灰色关联分析等方法,如何正确地选择需要分析的信息数据以及合理的分析方法对分析结论十分重要。因此,衡量这一指标要综合考虑企业处理客户信息的速度、准确性和有价值的分析结果与分析结果总数的比例,将这些方面与行业平均水平相比较,即可对企业的信息分析能力做出正确的评价。

4. 对客户的了解程度

这一指标主要反映企业对客户信息分析结果的理解能力。由于信息技术的高速发展,对客户信息的分析已不再是很困难的事,对分析结果的理解和应用更深入地影响了企业的客户关系管理能力。对客户的了解程度反映在企业对客户构成情况的了解以及企业对每一种类型客户的偏好、行为特点以及潜在需求的洞察情况。科特勒根据客户的忠诚度提出了一个阶梯，这个阶梯概括了企业客户的类型，如图 8-3 所示。

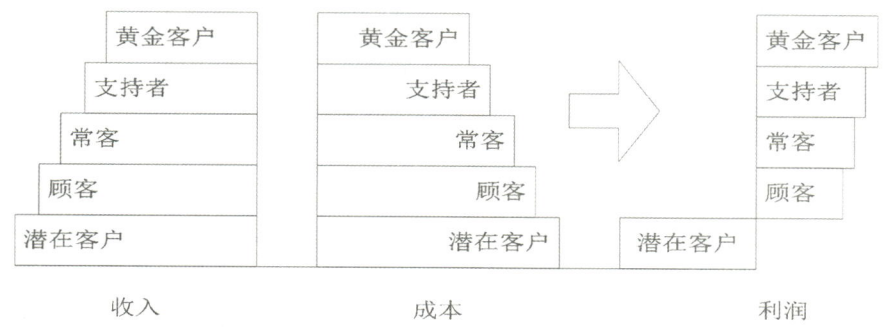

图 8-3 企业客户分布结构图

企业不仅应当了解客户的性别、年龄、职业、教育程度、种族、购买地点、购买数量、购买次数、付款方式等，据此准确地对客户进行分类，了解每种类型的客户数量，在总客户中所占的比例，以及每种类型的客户为企业带来的收入，还应该进一步了解客户的家庭状况、兴趣爱好、影响其购买行为的群体和人、客户的生活方式、客户信用度等。对客户的深入了解有助于解释客户购买动机，因而能够提高客户行为预测的准确性。因此，衡量企业对客户的了解程度主要是评价企业根据对客户的了解做出决策所产生的效果的大小。

（二）创造和传递客户价值能力指标

创造和传递客户价值的过程涉及研发、生产、销售和配送等部门，因此评价这一能力的指标构成比较复杂。这些指标的选取参考了埃森哲公司衡量客户定制指标和营销学中 4C 理论的知识。埃森哲评价客户定制能力的指标是：强烈的价值主张、客户服务、新产品和服务、品牌管理。强烈的价值主张是指为客户提供满足其需求的高度个性化的产品。借鉴埃森哲的指标，可以选取研发新产品的能力、定制化生产能力、员工的服务水平和品牌管理能力作为衡量创造和传递客户价值能力的部分指标。

8-2 视频：洪都集团

由于考虑到 4C 理论强调便利是客户价值不可或缺的一部分，企业在制订分销策略时，要更多地考虑客户的方便，让客户在购物的同时，也享受到了便利。这种便利包括购买便利和使用便利，因此，再增加三个指标。用客户使用产品的方便性来表示使用便利，用销售渠道的多样性和企业的交货能力来表示客户获取产品和服务的便利性。各指标具体阐述如下。

1. 开发新产品的能力

研发新产品是为客户创造新的价值，因此研发新产品的能力是表征企业创造和传递客户价值能力的指标之一。衡量这一能力的标准在于评价企业获得市场反馈信息或进行客户

分析后,开发出新产品的速度(相对于同行业竞争对手而言)。需要注意的是,在此新产品并不是指在技术上彻底变革的新产品,而是对原有产品的改良和重新组合。

2. 定制化生产能力

企业的定制化能力即企业满足客户个性化需求的能力,即为客户量身定制独特价值的能力。在产品差异化越来越小、越来越强调个性的今天,这种能力越强,越能够吸引更多的客户。衡量这一指标时要考虑定制化产品和服务的宽度(即哪些产品和服务可以定制以及产品和服务的哪些部分可以定制),完成定制化产品所需的平均时间,提供定制化产品和服务所花费的成本。在这些方面同行业内相似规模的企业进行比较,确定本企业的定制化水平。

3. 员工的服务水平

企业员工的服务水平直接影响企业能否将价值传递给客户,从而实现企业自身的价值。企业为客户提供的产品可以分为三个层次:基本产品、附加产品和情感交流。基本产品是指企业生产的产品实体,即完成客户所需功能的产品本身。附加产品是指企业提供的售后服务等,由于企业在基本产品和附加产品之间的差别越来越小,针对客户的情感交流就成为吸引客户、维系和提升客户关系的重要手段,而且这种针对个体的情感交流方式千变万化,不易被竞争对手模仿,能有效地提升企业的核心竞争力。情感交流主要由直接面对客户的基层员工的服务水平决定。衡量这一指标主要考察直接面对客户的员工的服务态度、与客户情感交流的技巧、对客户情感变化的感知和反应的速度以及在服务中的创新能力。在这些方面和行业的平均水平相比较,评价本企业的情感化服务水平。

4. 交货能力

交货能力是指客户提出购买产品和服务的请求到获得产品和服务的时间长短和交货方式的灵活性。在快节奏的现代社会中,时间也是一项重要的资产,为客户节省时间也就是为客户创造了价值,因此快速的服务也是赢得客户的有效手段,同时,灵活的交货方式为客户提供了更多的选择,使客户获得产品更加方便,拥有更好的个人体验,也为客户创造了更多的价值。交货能力不仅与企业本身的能力有关,还与供应链伙伴的配合有关。衡量这一指标不仅要考虑时间长度的绝对值和交货方式的多寡,更重要的是比较在相似的距离间隔、购买渠道和其他情况下竞争对手的速度和灵活性。

5. 销售渠道的多样性

销售渠道的多样性直接影响客户获取企业创造的价值的难易程度,对于客户是否选择企业的产品有重大的影响,是衡量企业传递客户价值能力的重要指标。多样的销售渠道和这些销售渠道的覆盖面决定了客户购买企业产品是否方便,从而影响客户的购买欲望。例如,企业不仅有传统的销售网点,还推出邮购、电话订购和网上直销方式,客户购买的可能性就大大增加,尤其是对一些没有传统销售网点的地区和一些没有时间通过传统网点购买的人群,销售渠道的多样性就显得更为重要。评价销售渠道的多样性就是与行业竞争对手比较销售渠道的多寡。

6. 客户使用产品的方便性

客户使用产品的方便性意味着企业为客户创造的价值能否在使用中方便地体现出来，它与企业产品的设计有关，即产品的设计是否便于客户满足其所寻求的核心利益。从客户的角度思考问题，设计出的产品和服务使用就更容易。这一指标不仅反映了企业为客户创造价值的能力，而且影响了客户购买的积极性，实际上也影响了客户价值的传递和实现。衡量这一指标的方法是与同行业企业的产品相比，本企业的产品是否更易于操作、易于维护。

7. 品牌管理能力

由于客户的价值观念从物品价值向精神价值、文化价值的转型，引发了商品结构、消费观念、市场发展趋势等一系列的大转变，客户购买产品不仅是为了寻求核心利益，更加看重的是心理上的满足，因此品牌大行其道。品牌是在一个顾客和一个企业或产品之间关系的价值体现，由于它具有文化内涵与精神价值，品牌会使客户产生对特定产品的偏爱或购买欲望。品牌往往为客户创造了更多的价值，它不仅表达了企业的产品品质、定位，还能够表征客户的身份、品位和社会地位。在现代生活消费领域里，消费者的消费心理与购买行为与其对品牌的认知度、知名度和信赖度直接相关，因此品牌管理能力影响着企业的形象和销售业绩。衡量一个企业的品牌管理能力主要考虑以下几个方面。

（1）企业是否能有效地确定品牌投资力度和投资重点，并与零售商和客户维持密切的联系，提供长期稳定的服务和品质，全力维护和宣扬品牌核心价值，保持品牌的吸引力和美誉度。

（2）企业是否能增强相关品牌系列效应。大规模创造企业优势的诀窍在于分散品牌系列的投资以及开拓各种定价及销售渠道组合的战略性投资。因此，品牌管理者不能只关注单一品牌，而必须注重同一系列品牌之间的相互关联及影响。

（3）企业能否利用创新加强品牌组合。企业对品牌资本价值的重要性的认识使企业开始重新思考，如何对老品牌实行战略重组。不是取缔旧的品牌，而是赋予品牌以新的生命。由于推出新品牌的成本费用太高，因此更新旧的品牌就是很合算的一项工作，哪怕品牌已经消失，但只要人们还相信并且有合法注册的商标就值得为此付出努力。

通过对以上三个方面综合考虑并与同行业企业相比较，可以确定企业的品牌管理能力。

（三）管理客户关系生命周期能力指标

几乎所有对客户关系管理的研究都认为，企业与客户的交流和互动是维系客户关系的重要手段，企业与客户交流的能力是管理客户关系管理生命周期能力的重要组成部分。随时随地与客户有效交流是交流的价值所在，因此，本文用交流渠道的多样性、交流的即时性和交流的有效性表征企业与客户交流从而管理客户关系生命周期的能力。客户关系管理的核心之一是由于客户需求的差异化，企业与不同的客户互动时，必须有不同的服务。据此，将企业对客户关系的把握能力作为管理客户关系生命周期能力的指标。同时，考虑到关注客户变化和处理客户抱怨对管理客户关系生命周期有重要意义，所以将这两方面的能力也列为衡量指标。

1. 对客户关系的把握能力

如前所述，企业的客户分为不同的类型，不同的客户也处于客户生命周期的不同阶段。企业需要对不同类型、处于不同生命周期的客户采用不同的服务和关怀措施，一方面加强了客户服务和关怀的针对性，提高了维系客户关系的效果；另一方面也降低了企业的成本，避免向没有价值或价值不大的客户投入更多的资源，也避免了黄金客户产生不满。因此，企业对客户关系的把握能力是企业管理客户关系生命周期的重要指标。衡量这一指标，可以考察企业维护客户关系的投入和取得的效果（如客户流失率的降低）之比，并参照同行企业的平均水平，从而确定企业对客户关系的把握能力。

2. 客户变化的反应能力

客户发生变化主要是指客户从一种类型的客户向另一种类型的客户转化或是从客户生命周期的一个阶段转向另一个阶段，这两种转变都需要一定的时间，企业能否在转化刚一开始时就敏锐地发现客户的变化并采取相应的措施，对维护和发展客户关系具有重要的意义。因此对客户变化的反应能力也是企业管理客户关系生命周期的重要指标。衡量这一指标主要考虑企业发现客户变化迹象到客户真正改变的时间长短以及客户的流失速度。

3. 处理客户抱怨的能力

客户抱怨表明虽然企业的产品和服务存在问题，但是客户仍然想和企业维持关系，而不是企图离去。处理客户抱怨的能力是指处理客户抱怨的速度和有效程度，这一能力对客户保留非常重要。衡量这一指标应考虑企业相对于同行企业解决客户抱怨的平均时间和客户对解决方案的满意程度。

4. 交流渠道的多样性维系

客户管理最重要的一点就是要与客户保持充分的交流和互动，由此才能充分了解客户的所思所想，为维系客户关系的行动奠定基础。目前，企业与客户交流方式主要有呼叫中心、网上交流、电话交流、传真、面对面沟通等，交流渠道越多，客户选择的范围越大，交流就越方便。客户与企业的交流渠道直接影响企业与客户交流的便利性，从而影响客户交流的积极性。因此把交流渠道的多样性作为衡量企业管理客户关系生命周期能力的一项指标，衡量这一指标的方法是与同行业企业相比，企业与客户交流的便利性。

5. 交流的即时性

交流的即时性是指企业能否即时满足客户的交流要求，它影响客户是否乐意与企业交流。衡量这一指标要考虑客户平均等待时间，即客户在与企业交流时不得不等待的时间量；客户放弃率，即客户感到等待服务的时间过长而放弃服务的数量占总呼叫量的比率。通过这两项指标与同行业企业的对比确认企业与客户交流的即时程度。

6. 交流的有效性

交流的有效性是指企业与客户交流的过程中能否给客户满意的答复。交流渠道的多样性和交流的即时性为维系客户关系提供了基础，而交流的有效性则直接影响到客户关系的质量。衡量这一指标的方法是考察企业与客户交流开始后，解答客户问题所花费的平均时间和交流人员的友好性、机敏性、见识性。再与同行企业相比较确定本企业与客户交流的有效程度。

四、客户关系管理能力评价体系模型的构建

通过上面的分析，可以构建客户关系管理能力评价模型，如图 8-4 所示。根据层次分析法，该模型分为三个层次：第一层是目标层，对客户关系管理能力进行总体评价；第二层是准则层，对各子能力进行评价；第三层是指标层，分别为评价各子能力的指标。

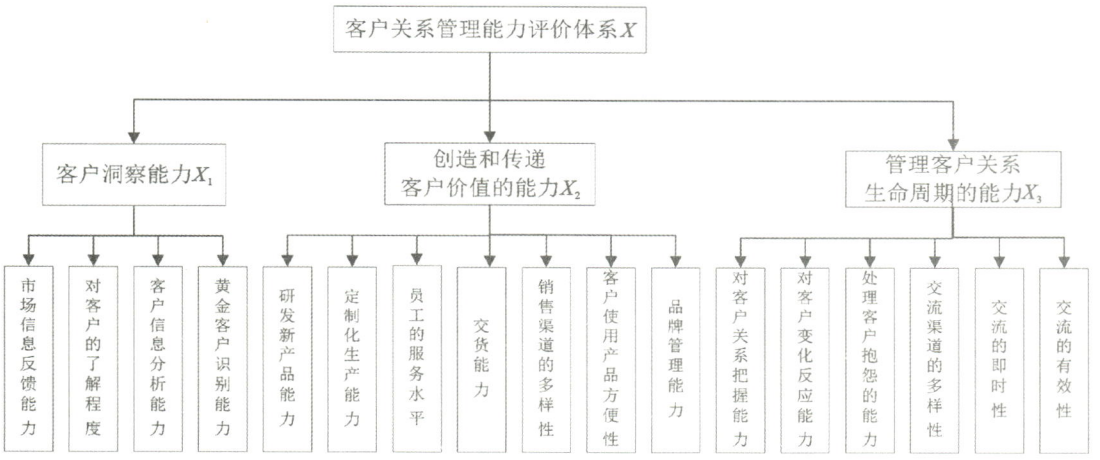

图 8-4　评价指标层次结构图

（一）确定识别评价指标集

根据上面的评价指标体系，我们可以得出：

$$一级指标有 X = (X_1, X_2, X_3)$$

二级指标有 $X_1 = (X_{11}, X_{12}, \cdots)$；$X_2 = (X_{21}, X_{22}, \cdots)$；$X_3 = (X_{31}, X_{32}, \cdots)$

客户关系管理能力评价总指标体系如表 8-1 所示，其中各指标层的具体评价指标如表 8-2、表 8-3 和表 8-4 所示。

表 8-1　客户关系管理能力评价总指标体系

目标层	客户关系管理能力		
准则层	客户洞察能力	创造和传递客户价值能力	管理客户关系生命周期能力

表 8-2　客户洞察能力评价指标

准则层	指标层	资料来源	衡量标准
客户洞察能力	市场信息反馈能力	部门评估或专家评价	市场信息的反馈程度
	对客户的了解程度	部门评估或专家评价	企业根据对客户的了解做出的决策所产生的效果
	客户信息分析能力	部门评估或专家评价	处理客户信息的速度、准确性和有价值的分析结果
	黄金客户识别能力	部门评估或专家评价	采取了相应的措施之后，企业的黄金客户的份额和相应的销售利润是否有明显的增长

表 8-3　创造和传递客户价值能力指标

准则层	指标层	资料来源	衡量标准
创造和传递客户价值能力	研发新产品能力	部门评估或专家评价	开发出新产品的速度
	定制化生产能力	部门评估或专家评价	定制化产品和服务的宽度，完成定制化产品所需的平均时间及花费的成本。
	员工的服务水平	部门评估或专家评价	员工的服务态度、与客户情感交流的技巧、对客户情感变化的感知和反应速度以及在服务中的创新能力
	交货能力	部门评估或专家评价	交货的速度和灵活性
	销售渠道的多样性	部门评估或专家评价	销售渠道的多少
	客户使用产品的方便性	部门评估或专家评价	本企业的产品是否易于操作，是否易于维护
	品牌管理能力	部门评估或专家评价	保持品牌的吸引力和美誉度，增强相关品牌的系列效应，利用创新加强品牌组合

表 8-4　管理客户关系生命周期能力指标

准则层	指标层	资料来源	衡量标准
管理客户关系生命周期能力	对客户关系的把握能力	部门评估或专家评价	维护客户关系的投入和取得的效果（如客户流失率的降低）之比
	对客户变化的反应能力	部门评估或专家评价	发现客户变化迹象到客户真正改变的时间长短以及客户的流失速度
	处理客户抱怨的能力	部门评估或专家评价	解决客户抱怨的平均时间和客户对解决方案的满意程度
	交流渠道的多样性	部门评估或专家评价	交流渠道的种类
	交流的即时性	部门评估或专家评价	客户平均等待时间，客户放弃率
	交流的有效性	部门评估或专家评价	解答客户问题所花费的平均时间和交流人员的友好性、机敏性及见识性

（二）确定各指标层的权重

1. 构造判断矩阵

设 x_i 对 X 的权重分别为 w_1，w_2，w_3，则对应的权重矩阵 $\boldsymbol{W}=(w_1, w_2, w_3)$：

采用 $A.L.Sarry$ 的 l-9 比率标度法（以下简称比率标度法），由评估专家小组确定评价指标 x_i 与 x_j 的相对重要性排序判断矩阵，相对重要性按如下约定，如表 8-5 所示。

表 8-5　比率标度及其含义

标度	含义
1	认为 x_i 与 x_j 的相对重要，$b_{ij}=1$，$b_{ji}=1$
3	认为 x_i 与 x_j 的稍微重要，$b_{ij}=3$，$b_{ji}=1/3$
5	认为 x_i 与 x_j 的明显重要，$b_{ij}=5$，$b_{ji}=1/5$
7	认为 x_i 与 x_j 的重要很多，$b_{ij}=7$，$b_{ji}=1/7$
9	认为 x_i 与 x_j 的绝对重要，$b_{ij}=9$，$b_{ji}=1/9$
2、4、6、8	均属于它们之间

2. 计算权重向量

求 B 层要素相对于 A 的排序权重向量对于目标数较少的可以通过解行列式 $|B-\lambda I|=O$ 求得最大特征根，进而把特征根 i 代入 $B_w=\lambda_w$ 的联立方程组内解出相应的特征

向量。但如果评价指标较多，此法比较麻烦，一般用迭代法在计算机上求得最大特征根及其对应的特征向量。本文利用方根法求特征向量，其步骤为：

计算 B 中每行元素 b_{ij} 的乘积 M_i：

$$M_i = \prod_{j=1}^{N} b_{ij}$$

计算 M_i 的 n 次方根 β_i：

$$\beta_i = \sqrt[n]{M_i}$$

对向量 $\beta=(\beta_1,\beta_2,\cdots,\beta_n)$ 作归一化处理，即令

$$W_i = \frac{\beta_i}{\sum_{k=1}^{N}\beta_k}$$

则向量 $W=(W_1,W_2,\cdots,W_n)$ 即为所求的特征向量，亦即为相对于 A 的排序权重向量。

3. 进行一致性检验

当判断矩阵完全满足：$b_{ii}=1$，$b_{ij}=1/b_{ji}$，和 $b_{ij}=b_{ik}/b_{jk}$ 这三个条件时，我们称判断矩阵具有完全一致性，此时矩阵的最大特征根只有 n，其余特征根为 O。一般地 $b_{ii}=1$，$b_{ij}=1/b_{ji}$ 易于成立，但 $b_{ij}=b_{ik}/b_{jk}$ 不易满足，易产生偏差，这就需要我们检验判断矩阵的一致性，所用的指标是：

$$C\cdot R = C\cdot I / R\cdot I$$
$$C\cdot I = (\lambda_{max}-n)/(n-1)$$

其中 $R\cdot I$，可由表 8-6 查得。

表 8-6　平均随机一致性指标

n	1	2	3	4	5	6	7	8	9	10
$R\cdot I$	0	0	0.52	0.89	1.12	1.26	1.36	1.41	1.46	1.49

检验准则：

当 $C\cdot R<0.1$ 时，认为判断矩阵满足一致性要求。

当 $C\cdot R\geq0.1$ 时，认为判断矩阵不满足一致性要求，要求对判断矩阵进行调整，直到 $C\cdot R<0.1$，得到新的权重表。

分指标层的权重确定与此类同。

（三）确定目标层客户关系管理能力指数

仍采用 1—9 比率标度法，根据专家评议制作标准测度表来确定客户关系管理能力指数，具体确定方法或指数值由专家集体评议确定，能力指数与企业所处的行业、企业规模有关。例如，对于某行业一家中等规模的企业根据专家评议可构造客户关系管理能力指数如表 8-7 所示。

表 8-7 客户关系管理能力指数表

<2	2~3	3~6	6~7	>7
极差	差	中等	较好	优秀

（四）构建客户关系管理能力评价模型

设 X_i 对 X 的权重为 W_i；x_{ij} 对 X_i 的权重 W_{ij}，各分指标值为 I_{ij}

客户关系管理能力分项指数

$$I_i = \sum I_{ij} \cdot W_{ij}$$

客户关系管理能力总体指数

$$L_i = \sum I_i \cdot W_i$$

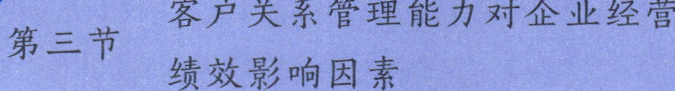

第三节 客户关系管理能力对企业经营绩效影响因素

一、衡量企业经营绩效的指标

企业的经营绩效可以有不同的表现形式，有财务方面的如销售额、利润、投资报酬率等，也有非财务方面的如生产率、客户满意度、产品知名度等。以利润来衡量企业的经营绩效是一种广泛认同、历史最悠久的方式。利润的概念有两种。一种是经济学意义上的利润，一般称之为经济利润或经济附加值。它是（所有者或经营者）按现行利率扣除其资本利息后所留下的利润，是企业总收益与总经济成本之差。公式表述是：经济利润＝营业利润-资本成本。一种是会计利润，以公式表示就是：利润＝收入－费用。

经济利润与会计利润在原理上是一致的，但在计算方法上有所不同，这种不同主要是两者对于收入和费用的"确认"和"计量"不同。一般来说，经济利润从经营决策的角度出发来衡量，表现出较为抽象的特点，如机会成本就很难准确界定和计量；会计利润从会计报告的目标出发来衡量，表现出具体而易于操作的特点。因此，它的成本费用主要是"有形"资产的耗费。

从理论上说企业的经营绩效应采用经济利润来衡量，这也是管理咨询机构经常运用的。在现实中，由于有较为系统和严格的会计准则和审计做保证，会计利润的应用更为广泛。

二、影响企业经营绩效的主要因素

（一）市场需求和成本因素

企业必须将产品或服务拿到市场上交换才可能实现其经营绩效，因此，市场供给和需求状况影响着企业的经营状况，这些影响因素包括产品的价格、相关产品的价格、消费者的可支配收入、消费偏好、广告投入等，其中最主要的是价格。在假定其他因素不变的前提下，价格与销售之间的关系一般为：价格越低，需求量越大；价格越高，需求量就越小，呈现出一种反向关系。这种反向关系在经济学上被称为"需求法则"，用数学语言表达，就是一条负斜率的曲线。

需求曲线的这种特性，实际上是边际效用递减规律的体现。简单地说，就是当人们消费某商品时，随着消费量的增加，人们从中获得的效用或满足将会越小，为此，人们对它的"支付"也就越来越少，价格就决定于最后一个单位的效用的价值。因此，对于企业而言，要实现其经营绩效，一方面要看其产品或劳务能否满足人们的效用；另一方面要看效用之于消费者的价值，即产品的效用能给消费者多大的满足。只有给予消费者的价值大，从消费者那里收回的价格才会大，企业经营绩效也就随之扩大。市场上同样的产品，之所以有的价格高，有的价格低，或者说，消费者愿意买这个产品而不是另一个同类的产品，原因之一就是产品不同的性价比。对企业而言，追求低成本获得低价优势只是提高经营绩效的方式之一（以更低价格为消费提供同样的价值），还可以通过歧异化策略（如品牌、促销）提高经营绩效（即以同样的价格为消费者提供更高的价值）。

在市场需求、产品价格一定的前提下，成本是决定企业经营绩效的主要因素。总成本函数是指企业按一定的技术条件组织生产时，总成本与产出之间的关系。由于增加产出就必须增加投入，投入与产出之间是正比例关系，总成本曲线表现为一条向上倾斜的曲线。企业在进行生产时，需投入各种生产要素，如劳动力、原材料、设备等。这些投入要素可以进行不同的组合，如采用更多的人力、运用较少的设备等。因此，一般来说，要素的组合或构成反映了企业的技术条件（或状况）。当技术条件发生变化时，总成本函数也会发生变化，如采用一项新的发明，使同样的原材料能生产出更多的产品；推行自动化生产线，可减少工人；业务流程再造可提高工作效率等。因此，对于企业而言，通过不断改进技术、提高经营管理水平优化成本也是提高企业经营绩效的主要手段。

（二）市场结构与竞争强度因素

市场结构有完全竞争、垄断竞争、寡头垄断和完全垄断四种情况。完全竞争市场是厂商足够多、没有一个厂商能对市场（如价格）施加任何影响、没有交易成本、信息完全充分的市场，这种情况在现实中几乎是不可能存在。完全垄断也是一种极端情况，在现实中，市场一般都是不完全竞争市场，包括垄断竞争和寡头垄断。

垄断竞争市场是由少数处于支配地位的厂商和大量边缘竞争厂商构成的市场，进入与退出较为容易，单个厂商的决策也相互独立。最大的特点是每家厂商的产品都具有差异性，如商标、质量、包装、信用条件、服务水平等。正由于产品的差异性形成了消费者的忠诚度，所以垄断厂商拥有一定的价格自主权。除了价格这一竞争手段外，垄断竞争市场的企业还有非价格竞争工具，如广告、质量保证条件和消费者服务计划等。

寡头垄断市场是指由相对少数的企业提供一种产品或服务，它们在价格、质量、销售条件等方面采取的行为都对其他企业的销售产生显著影响。其显著特点是企业之间的相互依赖性，这种相互依赖性往往导致企业之间不同程度的竞争与合作。一个极端情况是激烈竞争（即没有合作），其目的是把竞争对手驱逐出去，使自己成为垄断者；另一个极端情况是企业之间达成正式的共谋协议书，以便降低竞争强度，使整个行业实现利润最大化。

完全垄断是指市场上只有一个厂商生产和销售产品，市场进入受到限制或完全受阻，产品独一无二，企业对价格有着强大的控制力。

市场结构反映了市场的竞争维度，它一般以市场的集中程度表示。如同行业中最大的4家、8家、20家企业占整个行业的比例，应用较为广泛的是赫弗因德指数。市场结构与竞争强度之间的关系简述如表8-8所示。

表 8-8 市场结构与竞争强度之间的关系

市场结构	赫弗因德指数	价格竞争强度
完全竞争	通常低于0.2	激烈
垄断竞争	通常低于0.2	激烈或低，取决于产品的差异化程度
寡头垄断	0.2～0.7	激烈或低，取决于企业间的依赖程度
完全垄断	0.7以上	通常很低，除非受到进入威胁

综上所述，企业在市场竞争中，必须要清楚自己所处市场的竞争强度，并采取不同的价格策略和其他营销策略，以提高企业经营绩效。

经典案例分析

上海航空公司客户关系管理能力分析

上海航空公司与客户沟通的方式有大众媒体、电话沟通、公司网页、电子邮件、信件和面对面的沟通等。首先，上航首推的800免费订票系统已经成为公司主要的、交互式的沟通方式，它的功能不仅是电话营销，还承担了推广公司产品和服务的职责。其次，常旅客计划既具有服务的功能，也有沟通的功能。公司在激烈的市场竞争环境下，选择实施CRM战略，绝非一时的冲动，而是学习国外航空公司先进的理念和方法的结果，但是在具体实施过程中仍然存在一些问题，如对 CRM 的认识存在误区、客户需求分析不够、客户信息的认识程度不高、业务流程的效率不高、服务系统的更新不快等①。通过对存在问题的分析，上航针对 800 免费订票系统和常旅客系统进行了全面的改造和整合，并将其纳入公司客户服务系统的功能模块之中。使 800 免费订票系统成为现代的呼叫中心，使常旅客系统成为公司发展高价值客户的主要手段，并使上述两个系统整合为除电子商务以外的、最有效的沟通渠道，显示出强劲的客户关系管理能力。

一、改进电话订座系统，整合公司内外管理信息系统

改进目前 800 免费电话订座系统，完成与交互式语音应答系统和计算机电话集成系统的结合，并建立与民航订座系统、民航离港系统、票证结算系统、代理人资信系统、机场航班信息系统、协议订票单位、代理人信息系统、航班控制系统、常旅客系统、电子地图、天气预报、旅游动态等信息的有效连接，同时建立与航空服务相关的宾馆订房系统、租车订座系统和路面交通状况通报系统的信息共享，拓展同一时间内的服务受众面，快速地为客户提供全方位的服务，保障信息顺畅。与此同时，通过对客户信息的记录、更新、归类和统计分析，提供满足客户需求的个性化服务，并建立与客户的有效沟通。

二、改进常旅客系统，连接电话订座系统

进一步扩充常旅客服务的受众面，完善常旅客信息的统计分析模块，通过数据挖掘模块帮助公司挖掘有高价值的客户资源。公司在建立功能模块相对齐全的常旅客系统的基础上，同时与公司的呼叫中心数据库进行连接和整合，通过信息的共享，提高对常旅客信息的统计分析、判断能力，从常旅客服务中发现、挖掘高价值的客户群，并相应提高常旅客服务的反应速度和工作质量，加强与常旅客的沟通。

客户关系管理最终归结于数据资源开发、管理和营销方式的进步。客户关系管理是现代的企业营销策略，而不是一种纯粹的软件。作为一种关系市场营销手段，能为企业带来市场营销网络这一独特的资产，Internet 为客户关系管理的实施提供了更有效的手段。

思考题：
请对上海航空公司客户关系管理能力的现状提出改进建议。

---

① 资料来源：李军. CRM 在上海航空股份有限公司的研究与实践 [D]. 上海：上海交通大学，2002.

本章小结

1. 影响客户关系管理能力的因素。客户关系管理能力从客户洞察能力、创造和传递客户价值能力以及管理客户关系生命周期能力三个方面组成,这三种能力既密切联系又相对独立。客户洞察能力为提高创造和传递客户价值能力以及管理客户关系生命周期能力提供了支持,创造和传递客户价值能力和管理客户关系生命周期能力的提高也为客户识别和分析收集到更多更有价值的客户数据。

2. 客户关系管理能力评价体系模型的构建。通过对客户关系管理评价体系具体指标的分析,可以构建客户关系管理能力评价模型。根据层次分析法,该模型分为三个层次:第一层是目标层,对客户关系管理能力进行总体评价;第二层是准则层,对各子能力进行评价;第三层是指标层,分别为评价各子能力的指标。

3. 客户关系管理能力对企业经营绩效的影响因素。影响企业经营绩效的主要因素有两点,市场需求成本因素和市场结构与竞争强度因素。企业在市场竞争中,必须要清楚自己所处市场的竞争强度,并采取不同的价格策略和其他营销策略,以提高企业经营绩效。

中英文专业名词对照

1. Customer Insight 客户洞察
2. Deliver Customer Value 传递客户价值
3. Business Performance 企业经营绩效

复习思考题

1. 什么是客户关系管理能力?由哪几部分组成?
2. 影响客户关系管理能力的因素是什么?
3. 客户关系管理能力评价体系主要有哪些?
4. 阐述目前国内航空公司客户管理管理能力存在的问题。

第九章 客户关系管理项目实施

学习重难点

重点：
客户关系管理项目管理的概念。

难点：
客户关系管理项目实施评价体系的构成。

本章引例

"人、流程和技术"三者关系的处理

人、流程和技术是客户关系管理作为现代企业战略的三大支柱，缺一不可。我们在实施客户关系管理项目的过程中，应当先确认客户关系管理战略，然后进行人员的培训和业务流程的再造，最后才是技术、系统的实施。为了获取客户关系管理的成功，公司应该多花点时间来理解人、流程、技术三要素；而且需要积极管理这三个要素的整合，以确保在客户关系管理创新所有阶段的人、流程和技术的完美组合。在客户关系管理实施的不同阶段，这三个要素的重要性不太一样。例如，我们在建立客户关系管理项目团队时，人的作用比较突出；为了确定需求时，公司希望能有一个结构化的流程来识别需求，并进行优先级排序；在考虑系统集成时，显然技术就非常重要了。

美国西南航空公司将目标客户定位在中短途商务旅行者，为这些人提供其他航空公司从未有过的创新服务，包括不在中心城市机场起降、避开与频密航线争抢起降跑道、网上直接售票、不提供行李托运、不提供餐饮、频密的点对点航班飞行等，多种独特经营方式集合成廉价航空公司的核心竞争力。

美国西南航空公司的低价航空运营模式，用30年时间完善，获取了持续30年的盈利，创造了航空史上的奇迹①。

第一节　客户关系管理项目的实施

客户关系管理的实施应该从两个层面进行考虑：其一，从管理层面来看，企业需要运用客户关系管理中所体现的思想来推行管理机制、管理模式和业务流程的变革；其二，从技术层面来看，企业部署客户关系管理应用系统，来实现新的管理模式和管理方法。这两个层面相辅相成。管理的变革是客户关系管理系统发挥作用的基础，而客户关系管理系统则是支撑管理模式和管理方法变革的利器。一个企业如果想真正让CRM应用到实处，必须要从这两个层面进行变革，缺一不可。

一、项目管理概述

（一）项目管理产生背景

现代项目管理是管理科学近年发展起来的一个新领域，它与一般运营企业管理在原理和方法上都有很大的区别，现已逐渐形成较完整的科学体系，并建立起国际项目管理协会（IPMA）和一些以美国为首的项目管理协会（PMI）为代表的机构。

（二）项目管理的定义和内容

现代项目管理知识体系是根据美国项目管理学会PMI（Project Management Institute）于1984年制定的项目管理知识体系指南PMBOK（A Guide to the Project Management Body of Knowledge）而不断完善的关于项目管理专业的知识结构体系（如图9-1所示）。这个指南已被世界项目管理界公认为一个全球性标准。国际标准化组织（ISO）以该指南为框架，制定了ISO10006标准。

---

① 资料来源：http：//www.askci.com/news/chanye/2014/12/15/1053eghg.shtml. 美国西南航空公司的成功因素分析。

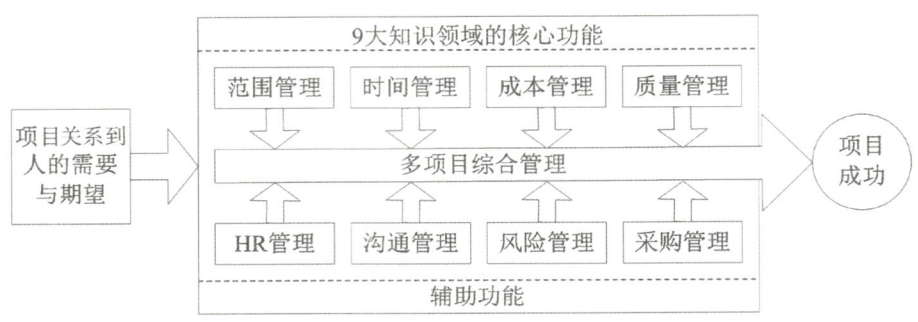

图 9-1 项目管理体系

二、客户关系管理项目管理

在 PMBOK 中，项目被定义为"为完成创造一个唯一的产品或服务的一种临时性的努力"。临时性是指每个项目都有一个明确的开始和结束；唯一性是指产品或服务均有其区别于其他产品和服务的特点。客户关系管理的项目具备项目的完整性、一次性、独特性和约束性等基本属性，也有本身的一些特殊表现，较适合利用项目管理的理论和方法来对客户关系管理项目的管理方面进行分析和探讨。

（一）客户关系管理项目管理特点

作为项目的一种，客户关系管理项目除了具有项目、项目管理的共性外，还有一些独特的特性。

（1）客户关系管理项目属于 IT 项目，而且客户关系管理是新兴的，其理论框架和软件系统还没有完全成熟。

（2）客户关系管理项目不同于其他类型的项目，它很注重与前后项目的衔接。

（3）客户关系管理项目实施后，所需要的系统需要与企业中其他系统无缝整合，因此，在实施前就应该对该问题有所规划，实施过程中才能选择正确的解决方案。

（4）客户关系管理项目的预算往往容易偏低。这是因为预算人员经常不能把握住客户关系管理的潜在成本。而企业要控制成本、避免失败，就需要了解客户关系管理的隐性成本主要表现在哪些方面。

（二）客户关系管理项目的管理核心

客户关系管理项目的管理直接决定客户关系管理实施的命运。客户关系管理项目的管理核心在于客户关系管理项目团队在范围、时间和成本这三个维度上进行权衡的基础上，使用项目管理工具和技术来对整个项目实施过程进行管理和控制。

（三）客户关系管理项目团队的组建

1. 客户关系管理项目团队组建

一个客户关系管理项目的实施会涉及企业、软件供应商，有时还有咨询机构，因此，客户关系管理项目团队的成员除了有公司的员工外，还有软件供应商的专员，也有可能邀请资深的客户关系管理实施专家。

2. 客户关系管理项目经理的作用

项目经理是团队的灵魂，是决定项目成功与否的关键人物，同时作为团队的领导者，他的管理素质、组织能力、知识结构、经验水平、领导艺术等都对团队管理的成败有着决定性的影响。

三、客户关系管理项目实施的总体思路

客户关系管理的实现，应该从两个层面进行考虑：其一是进行管理的改进；其二是向这种新的管理模式提供信息技术的支持。管理的改进是客户关系管理成功的基础，而信息技术则有利于提高客户关系管理工作的效率。

（一）管理的改进

（1）确定企业的客户关系管理策略，以客户为中心，强调服务。这需要高层领导的充分承诺。

（2）适当调整组织结构，进行业务运作流程的重组。这方面的工作主要是当前业务流程调查与分析，从企业内外征求改进业务流程的好建议，业务流程的改进和目标业务流程的形成。所采取的手段是访谈和调查表。

（3）建立相应的管理制度和激励机制。这方面的工作主要是：理顺和优化业务处理流程；客观设置流程中的岗位；清晰描述岗位的职责；完善保证职责有效完成的制度体系；建立考评岗位工作情况的定量指标体系。

（4）持续改善，形成稳定的公司文化。

（二）系统的实施

在客户关系管理系统的实施方面，一般可以遵循如下路径。

（1）成立 CRM 系统选型和实施小组。

（2）评价和比较不同的客户关系管理方案；结合企业的 IT 规划制定 CRM 规划。

（3）购置服务器、网络和其他硬件设备；了解软件与现有 ERP 系统、硬件和数据库的兼容性；购置数据库、系统软件和应用软件。

（4）软硬件服务器的安装；系统软件和应用软件的安装；安装演示系统，用来进行日常的练习；准备初步的客户需求文档。

（5）调查和分析当前的业务流程；网络与系统培训、CRM 功能培训；画出当前的业务流程图，撰写现状报告。

（6）结合软件讨论新流程；进行差异分析确定新流程；流程确认结束，获得通过。

（7）准备测试数据和正式数据；编写操作手册和培训资料；对系统的测试环境进行配置和客户化；录入数据。

（8）最终用户的培训；模拟和测试新业务流程；用户接受程度测试准备和测试；对用户接受程度的评价。

（9）正式系统的配置和客户化；新旧系统的切换，投入使用。

值得注意的是，在实施的过程中，上面的步骤有很多并行的地方，以缩短项目的周期，实现资源的合理利用。

（三）开发方式与系统平台的选择

企业实施客户关系管理的软件来源有：标准产品选型、自行开发和合作开发等方式，其中以标准产品选型为主。目前市场客户关系管理软件提供商很多，各家软件有自己的特色和适用领域。企业在购置软件时，首先要在诊断本企业存在的管理问题的基础上，提出详细的需求，根据需求寻找适合自己的产品；其次对于适合本企业行业特点的软件产品，要研究其软件与企业现行管理方式和作业方式的一致性：是全部模块能用还是部分模块能用，需不需要二次开发，开发的工作量有多大。一般来说，市场上销售的客户关系管理软件与企业的实际需求总有一定的差别。究竟是企业改变自身的管理方式和组织机构去适应软件，还是修改软件使其适应企业当前的实际运行模式？这需要通过市场调研加以分析判断，并且要与软件供应商沟通，协调一致。

（1）标准产品选型、自行开发和合作开发方案系统特点比较（见表 9-1）。

表 9-1　三类方案系统特点比较

系统特点	实施标准 CRM 软件产品		
	全面解决方案＋实施服务	基础行业方案＋二次开发服务	完全自主开发
性能	高	高	不确定
可靠性	高	高	低
功能	一般全面集成性、技术稳定性、功能灵活性、系统开放性较强，为企业的不断发展与改变留有较大的空间	一般全面集成性、技术稳定性、功能灵活性、系统开放性较强，为企业的不断发展与改变留有较大的空间	系统不稳定，不确定性高
扩展性	模块化设计好	模块化设计好	不确定

续表

系统特点	实施标准 CRM 软件产品		
	全面解决方案＋实施服务	基础行业方案＋二次开发服务	完全自主开发
灵活性	一般	较好	不确定
周期	系统实施时间短、见效快，避免了系统的低水平重复开发；长期投资少	主要模块可以迅速上线，系统实施时间相对较短、见效较快，避免了系统的低水平重复开发；长期投资较少	循序渐进，开发周期很长；系统的规划、分析从全局出发自顶向下，而开发、实施从底向上，逐步完善

（2）标准产品选型、自行开发和合作开发方案的项目实施难度和风险比较（见表9-2）。

表 9-2　三类方案项目实施难度和风险比较

项目实施难度和风险	实施标准 CRM 软件产品		
	全面解决方案＋实施服务	基础行业方案＋二次开发服务	完全自主开发
开发难度	可以直接引入国外先进的管理理念和手段，如果能够顺利实施则是一次跳跃式发展，但在企业内部推行的阻力和难度也很大，存在不能成功实施的风险	开发服务商一般具有经验丰富的专业化开发队伍，能够引导用户提出合理的需要，确定正确的目标，充分考虑将来的运行、管理、维护，发挥系统的作用	由于自行开发中定制开发班子由多方组成，在技术风格、进度协调方面可能产生很多问题，处理不当的话，会使开发过程一拖再拖，挫伤开发人员和用户的积极性，甚至会导致项目流产，以失败告终
实施难度	国外的实施及技术支持人员不一定熟悉和了解国内的业务特点，对项目实施造成风险	如果不能清晰定位系统的功能需求，经常变更，就会造成用户化与二次开发的工作量过大，延误项目进程	由于自行开发的实施周期较长，项目组人员变更的可能性较大，如何防止人员变更对项目实施的影响，是需要认真考虑的问题
集成难度	国外主要软件供应商的软件相互间的标准接口较为完备	国外主要软件供应商的软件相互间的标准接口较为完备	大
集成风险	模块间的集成和协作机制完善，风险较低	基于成熟的平台，风险较低	很高

续表

项目实施难度和风险	实施标准 CRM 软件产品		
	全面解决方案＋实施服务	基础行业方案＋二次开发服务	完全自主开发
运营维护风险	系统维护难度大，对系统原有功能的调整困难，服务费用高；国外 CRM 软件的购置费用与年维护费用一般较高，如果企业在资金的持续投入上不能及时到位，软件应用的效果势必大打折扣	由于企业人员更多地参与，可以更多地培养技术和管理人才，从而相应降低维护和调整的难度，并一定程度上减少系统全周期风险；二次开发可以从企业实际出发，循序渐进，实现系统的逐渐完善；本地二次开发维护人员的专业化程度很高，但价格相对低廉	为将来的软件维护、管理、更新提供了方便，培养了系统性队伍；文档资料的整理和保存缺乏系统化的管理；适合在运行中频繁修改的系统

（3）标准产品选型、自行开发和合作开发方案的使用特点比较（见表 9-3）。

表 9-3　三类方案的使用特点比较

使用特点	实施标准 CRM 软件产品		
	全面解决方案＋实施服务	基础行业方案＋二次开发服务	完全自主开发
管理特点	管理方式与我国现行的管理方式可能有一定的差距	可以更深层地去理解软件的管理思想、管理方法和管理组织结构要求，与企业现有管理方法、管理组织结构和管理思想比较，找出其差异，把软件产品选择性地重点对比性能、价格和适应性，确定软件中的哪些功能适合，哪些功能不适合，哪些功能无用，哪些功能缺乏，进行二次开发以充分满足企业的需求	往往受企业现有管理水平限制，见效慢

续表

使用特点	实施标准CRM软件产品		
	全面解决方案＋实施服务	基础行业方案＋二次开发服务	完全自主开发
适应性	企业的管理基础水平不能适应软件的需要，CRM的实施成功是需要重要条件的，从基础数据的准确和完备、各部门的协同默契程度，到业务人员、IT人员的素质水平，都会对CRM的应用效果产生影响，特别是国外CRM软件的管理起点较高，设计比较复杂，这就对企业的管理基础水平提出了更高的要求	可以对软件的界面和操作做一定程度的修改，使之更符合使用者的习惯和业务特点	系统功能受开发人员经验的限制，造成系统不正确、不全面、不实用、不能充分发挥应有的功能；系统的规划、分析从全局出发自顶向下，而开发、实施从底向上，逐步完善； 使用方法和界面的定制较为灵活，适应性较强
便利性	软件文档或资料没有汉化，企业人员学习与掌握起来难度大，国外的CRM软件的界面、文档以及其他的支持资料存在汉化的问题，有些国外CRM软件虽然界面是汉化的，但汉化的质量非常粗糙，令人不解其意，而且企业人员要掌握CRM软件的话，仅看界面是远远不够的，而有些国外CRM软件在文档和资料方面都是外文的，必然给企业人员的学习和掌握带来很多麻烦	软件文档或资料没有汉化，企业人员学习与掌握起来难度大。国外的CRM软件的界面、文档以及其他的支持资料存在一个汉化的问题，有些国外CRM软件虽然界面是汉化的，但汉化的质量非常粗糙，令人不解其意。而且企业人员要掌握CRM软件的话，仅看界面是远远不够的，而有些国外CRM软件在文档和资料方面都是外文的，必然给企业人员的学习和掌握带来很多麻烦	资料的学习掌握较为方便（前提当然是项目计划和管理严格，资料完整）； 软件质量较难保障，出错的风险很大

（4）标准产品选型、自行开发和合作开发方案的费用与收益比较（见表9-4）。

表 9-4　三类方案的费用与收益比较

费用与收益	实施标准 CRM 软件产品		
	全面解决方案＋实施服务	基础行业方案＋二次开发服务	完全自主开发
费用	国外一些进入国内市场的 CRM 软件商品化程度高，应用时间长，功能完善，但其管理方式与我国现行的管理方式有一定的差距，价格较高； 国内开发的一些软件，商品化程度较低，应用时间短，且大多以财务管理为核心，但在价格和服务方面有一定的优势。一般不太适合全国性的企业级应用	国外一些进入国内市场的 CRM 软件商品化程度高，应用时间长，功能完善，但其管理方式与我国现行的管理方式有一定的差距，价格较高； 国内开发的一些软件，商品化程度较低，应用时间短，且大多以财务管理为核心，但在价格和服务方面有一定的优势，一般不太适合全国性的企业级应用； 本地化开发维护服务，相对价格较低	短期投资较少； 历时长，全项目周期投资巨大； 如果购买商业 CRM 软件，每年要支付给软件公司昂贵的维护费用；采用定制开发，则将减少年维护费用的投入
项目收益	国外 CRM 软件本身蕴含了许多管理的先进思想和手段，为企业流程优化与重组提供了可借鉴的"参考模型"，能够较显著地提高流程优化与重组的效率； 国外 CRM 软件一般比较重视售后服务，在问题响应等方面比较规范； 国外 CRM 软件公司在升级维护方面的支持比较及时，有利于企业信息系统的更新； 国外 CRM 软件厂商的咨询合作伙伴较多，有助于企业找到合适的管理咨询伙伴； 国外 CRM 软件开发公司的发展较稳健，对选用其产品的企业来讲，是较理想的长期合作伙伴	国外 CRM 软件本身蕴含了许多管理的先进思想和手段，为企业流程优化与重组提供了可借鉴的"参考模型"，能够较显著地提高流程优化与重组的效率； 国外 CRM 软件一般比较重视售后服务，在问题响应等方面比较规范； 国外 CRM 软件公司在升级维护方面的支持比较及时，有利于企业信息系统的更新； 国外 CRM 软件厂商的咨询合作伙伴较多，有助于企业找到合适的管理咨询伙伴； 国外 CRM 软件开发公司的发展较稳健，对选用其产品的企业来讲，是较理想的长期合作伙伴； 可以为企业长期发展培养人才	多方组成的软件开发人员参与业务流程优化与重组，有利于业务流程优化与重组具体软件的实现； 从企业最需要信息化的环节出发，可以只进行必要功能模块的开发，使系统更有针对性； 充分考虑了优化后业务流程的需求，更加切合企业发展需要； 企业内部 IT 人员参与了 CRM 软件开发全过程，所以一旦系统出现问题或需改进，企业内部人员能够进行快速的自我支持与维护； 企业 IT 部门锻炼了一支队伍，人员素质在计算机应用、管理水平、团队协作等方面都会有较大的提升

根据客户关系管理建设中存在的实际问题和现实情况，可以得到如下的评估标准，并对标准产品选型、自行开发、合作开发这三种开发方式进行对比（见表9-5）。

表 9-5 标准产品选型、自行开发和合作开发方式比较

评估标准	标准产品选型	自行开发	合作开发
系统建设周期	★	★★★★★	★★★
系统生命周期	★★★★★	★	★★★
系统开发成本	★★★	★★★★★	★★★★★
系统维护成本	★	★★★★★	★★★★★
人员培训成本	★★★	★	★
系统可扩展能力	★★★★★	★	★★★
IT 资源整合能力	★★★★★	★	★
信息分析能力	★★★★★	★	★
辅助决策能力	★★★★★	★	★

至于 CRM 产品的选择，则应根据项目的具体需求。首先要定义评估产品的标准（评估标准可以分为一般评估标准和 CRM 相关的特殊评估标准），然后基于这些标准进行评估（见表 9-6）。

表 9-6 常用的评估标准列表

	评估标准	说明
一般评估标准	产品线的完整性	能够提供一套完整 CRM 应用组件，包括销售、市场、客户服务和支持等方面；能够为不同行业提供不同的产品套件
	单一客户视图	为每一个客户创建单一的客户视图，使公司的各个决策部门甚至每个人都能使用同一套全面的客户资料
	技术实力	包括技术上的可扩展性、目前的技术实力、软件和平台的灵活性是否支持可编程语言等方面
	供应商的稳定性和售后支持能力	包括财务稳定性、业界认知程度、支持方式的多样性、支持力度和范围、多语言和多货币的支持能力等方面
	成本	包括系统实施成本、维护成本等方面
与 CRM 相关的特殊评估标准	订单管理能力	能够给客户提供跨企业的订单录入、跟踪、查询等功能
	与后台 ERP 产品的集成能力	易于和后台 ERP 产品集成，使之成为 CRM 应用系统的附加模块，例如，竞争管理和 CTI 包
	提供电子化客户中心的能力	除了传统的呼叫中心和客户服务，能够提供基于网络的客户自主服务
	数据和业务流程的集成能力	能够实现企业数据和业务流程的高度集成

四、客户关系管理项目实施路线图

对一个企业来说，客户关系管理项目的成功与否可以由以下三个实施结果衡量。
（1）销售收入是否增长。
（2）生产率是否提高。
（3）客户满意度是否提升。
为了实现以上目标，一个项目队伍必须做到以下几点。
（1）仔细调查并满足企业现实需求。
（2）在预算内按时完成项目实施。
（3）让系统用户成功接纳。

为此，CRM 开发一般采用阶段性项目实施方法，整个实施过程由六个阶段组成，即确定框架、确定系统设计目标、设计解决方案、系统客户化配置、系统功能测试，以及系统投放，如图 9-2 所示。

9-1 案例：洪都民机项目管理

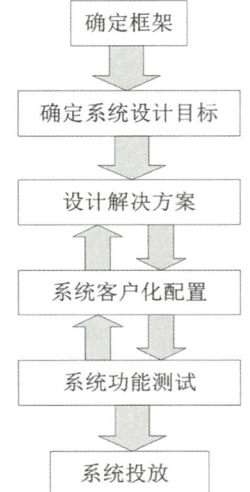

图 9-2 一个典型的 CRM 实施路线图

（一）确定框架

在项目初期阶段，需要确定整个客户关系管理项目的总体框架，这包括以下几点。
（1）各项目成员的责任分工。
（2）定义项目管理方式。
（3）撰写各种项目计划书。
（4）明确定义企业需求。
（5）制定项目质量控制方案。

（二）确定系统设计目标

在着手系统设计之前，必须制定关键的设计指标，这包括以下几点。

（1）明确客户对系统功能、技术、数据、容量、结构、性能及培训需求指标。

（2）分析客户需求与客户关系管理套装软件标准功能之间的差距，并找出弥补的办法。

（3）建立系统开发环境，安装系统软硬件，建立数据库。

（4）确定与其他系统的接口要求。

（5）定义最终用户需求。

（三）设计解决方案

根据所确定的系统设计目标，项目小组必须设计出可行的解决方案，包括各种应用所需的用户界面的布局以及应用系统的具体流程，以实现系统要求，具体包括以下几个方面。

（1）各应用系统的解决方案。

（2）数据转换方案。

（3）单元测试和联合测试计划。

（4）用户接受测试计划。

（5）客户关系管理专家服务以及项目质量审查。

（四）系统客户化配置

根据应用系统解决方案，着手对应用系统进行客户化配置以实现实际的设计目标。这包括以下几点。

（1）配置软件。

（2）制订系统支持计划。

（3）开发用户培训课程。

（4）制订整体测试计划。

（5）制订系统切换计划。

（五）系统功能测试

利用实际数据，对整个系统进行全面性能测试，这包括以下几点。

（1）全面测试各应用系统。

（2）实施用户培训计划。

（3）建立最终应用环境。

（六）系统投放

项目组首先在实际环境下，对一小部分用户进行先期测试，以逐步地扩大用户群，直至最后全面投放。

五、客户关系管理项目成功实践中的经验

无论是在传统的工业时代还是在当今的电子商务时代,市场营销、销售和服务都是企业经营过程中最重要的三要素。客户关系管理系统的目标在于通过建立一个管理系统,帮助企业在客户服务、市场竞争、销售和服务支持等方面形成彼此协调的、全新的关系,这种旨在改善企业与客户之间关系的新型管理机制,可以实施于企业市场营销、销售和服务等与客户有关的领域。客户关系管理系统的建设和部署必须与企业现有的应用和基础设施集成在一起,因此,从客户关系管理项目的成功实践中学习经验将会避免很多常见错误。

(一) 选择合适的厂商,确定最佳的开发方式

对于广大用户来说,如何甄别进入这一领域的众多厂商是它们面临的最大问题之一。中国的 CRM 市场基本仍处于卖方市场,尽管企业可以自由选择 CRM 厂商,但对于那些对 CRM 思想和方法不甚熟悉的企业来说,它们难以根据企业自身的特点去选择最适合自己的客户关系管理解决方案和相应的软件厂商,而企业直接让厂商来"把脉",多少会存在一定的偏向性。鉴于此,应该聘请第三方咨询公司,选择最好的厂商,确定最佳开发方式,真正实现"对症下药"。

(二) 分阶段,循序渐进地实施

企业总希望在项目实施前,就能把所有的事情都想到、计划好。所谓"计划赶不上变化",很多时候,企业在项目进行过程中不断发现新情况、新需求,或者项目进展根本不按照预期的方向前进。这种情况下,被项目牵着鼻子走或者强行按计划进行,都不是明智之举。

"总体规划,分步实施"是项目实施的一个总体原则。由于客户关系管理包含的内容非常丰富,对于企业来说,很难也没有必要一次把客户关系管理所有的功能都实施,而是根据成本和企业的需求,进行优先排序,确定一个总体的客户关系管理战略,然后分步来实现其各个阶段的功能。企业应该将一个客户关系管理项目分解为更可管理以及费用较低的子项目,采用分阶段的办法,首先部署最适合、最易于在企业环境中实现的东西。

一个循序渐进的方法会给企业带来的是小幅度的增长和随后的稳定期,而不是短期内快速增长然后回落一段时间接着才趋于稳定。随着时间的推进,渐进法从客户观点来看会提供更好的持续性和稳定性,因为这反映出企业为他们服务的能力。

(三) 协调多部门的需求

在部署客户关系管理解决方案时所面临的最大挑战之一是协调多个部门的需要。如果你问谁负责公司中这位客户的话,答案将根据你所问的人而变化。公司的销售、营销、会

计和服务人员都将称对此负责,而他们都是对的。实际情况是每个部门都拥有准确而不完全的客户情况,而将这些分割的信息组合成一个一致的、全公司的视图对于成功的 CRM 部署至关重要。

(四)让业务驱动客户关系管理项目的实施

客户关系管理系统的项目实施是以业务和管理为核心的,是为了建立一套以客户为中心的销售服务体系,因此客户关系管理系统的实施应当是以业务过程来驱动的,而不是 IT 技术。应当将客户关系管理系统的实施作为改善企业销售服务水平的一次机遇,在实施过程中主动思考现有的销售、市场和服务机制存在的问题与长处,将客户可能与企业发生关系的连接点加以全盘考虑,保留自己的优势与长处,去除业务环节中没有效率、对改善客户关系不能起到帮助作用的环节,而不要以简单替代的形式实施客户关系管理系统或者只将客户关系管理系统的实施看作一个自动化的实现过程。这就要求企业在蓝图设计阶段对现有业务流程和未来流程进行认真的比较和分析,在保留原有优势的前提下实现进一步提高。

(五)与原有系统的无缝集成

虽然技术本身不会解决客户关系问题,但技术是决定任何部署失败或成功的主要原因之一。现有的硬件基础设施、操作系统和应用是建设以客户为中心的应用的基础。客户关系管理系统与企业现有的系统难以实现"无缝集成",这往往会引起信息系统之间数据的不共享,而且会引起不同部门、不同系统之间的客户数据不统一,从而企业就不可能获得"企业级360°客户视图"。

(六)不要忽视最终用户

在实施客户关系管理项目的时候,管理层不能只考虑自己的收益,而忘记了真正使用软件的一线用户,最终如果一线员工不配合(不按时输入数据、输入不完整的或错误的数据),将导致整个客户关系管理战略失败。因此,企业在实施客户关系管理系统时,应该给系统用户一个"使用新系统代替旧系统"的充分理由。

(七)对流程的改进

客户关系管理不应当简单地覆盖落伍的公司政策。公司应正式化、自动化以客户为中心的业务流程。要乐意对业务流程进行彻底的修整并持续提炼它,并确信你的客户关系管理技术能融入这些流程变革中。不要陷入这样的陷阱:总是期望新的客户关系管理工具能为你做这项工作。流程应当从客户的角度来考虑,而不是技术的角度。

第二节 客户关系管理项目实施评价体系

一、客户关系管理项目的综合评价指标

从信息系统项目实施的情况看，成功率都较低，其原因之一就是评价指标体系的不完整。因此，评价指标体系的建立是客户关系管理项目综合评价的重要内容。按照指标体系构建的科学性、系统性、客观性、实用性、可比性等原则，结合现有的有关研究成果，建立如表9-7所示的客户关系管理项目评价指标体系。该评价指标体系系统性能（U_1）、实施条件（U_2）、财务效益（U_3）、战略效益（U_4）等4个一级指标和15个二级指标（U_{ij}）构成。

表9-7 客户关系管理项目综合评价指标体系

	一级指标	二级指标
客户关系管理项目综合评价指标体系	系统性能 U_1	可靠性 U_{11}
		可集成性 U_{12}
		可扩展性 U_{13}
		适应性 U_{14}
		可维护性 U_{15}
	实施条件 U_2	领导重视程度 U_{21}
		员工的素质 U_{22}
		员工的支持 U_{23}
		企业信息化水平 U_{24}
	财务效益 U_3	净现值 U_{31}
		投资回收期 U_{32}
	战略效益 U_4	客户满意度的提高 U_{41}
		市场占有率的提高 U_{42}
		服务质量的改善 U_{43}
		工作效率的提高 U_{44}

二、综合评价模型的建立

（一）建立因素集

根据已建立的综合评价指标体系，建立两层因素集。主因素层指标集 $U = (U_1, U_2, U_3, U_4)$，U 中的元素分别代表系统性能、实施条件、财务效益和战略效益等。子因素层指标集 $U_i = (U_{i1}, U_{i2}, U_{ij}, U_{in})$，其中 U_i 表示 U 中第 i 个因素，U_{ij} 表示 U_i 中的第 j 个因素。

（二）确定指标的权重

采用专家估测法确定各因素集中指标的权重。以主因素层指标集 $U = (U_1, U_2, U_3, U_4)$ 为例，设有 s 各专家分别就 U 中各因素的权重做出判断，第 k 个专家的判定结果为 $A_k = (a_{k1}, a_{k2}, a_{k3}, a_{k4})$，$\sum_{i=1}^{4} a_{k_i} = 1$ 将是个专家对各因素的断定结果分别累加起来再求平均值，可得 U 的权重集 $A = (a_1, a_2, a_3, a_4)$。其中 $a_i = \sum_{i=1}^{4} a_{k_i}/s=$，$i = 1, 2, 3, 4$。

同理可得出第 i 个子因素层指标集 U_i 的权重集为 $A_i = (a_{i1}, a_{i2}, \cdots a_{ij}, a_{in})$，$i = 1, 2, 3, 4$。

（三）建立评语集

评语集 $V = (V_1, V_2, V_3, V_4)$，其中 V_1、V_2、V_3、V_4 分别表示优、良、中、差 4 个等级。

（四）评判矩阵的确定

先由专家或评判人员对子因素层指标集中的指标进行评判，再把评判结果统计汇总。设子因素层指标集配中的指标 u_{ij} 得到评语 V_1，V_2，V_3，V_4 的次数分别为 v_{ij1}，v_{ij2}，v_{ij3}，v_{ij4}，则 u_{ij} 对于评语 V_1、V_2、V_3、V_4 的隶属度为 r_{ij1}，r_{ij2}，r_{ij3}，r_{ij4}，

其中 $r_{ij_t} = v_{ij_t} / \sum_{i=1}^{4} v_{ij_t}$ 所以子因素层 U_i 的模糊评价矩阵为：

$$R_i = \begin{bmatrix} r_{i11} & r_{i12} & r_{i13} & r_{i14} \\ r_{i21} & r_{i22} & r_{i33} & r_{i34} \\ \vdots & \vdots & \vdots & \vdots \\ r_{ij1} & r_{ij2} & r_{ij3} & r_{ij4} \\ \vdots & \vdots & \vdots & \vdots \\ r_{in1} & r_{in2} & r_{in3} & r_{in4} \end{bmatrix}$$

其中 $\sum_{i=1}^{4} = 1$。$i = 1, 2, 3, 4$。

(五) 模糊综合评价

先对子因素层进行评价。主因素层中的指标 U_i 对于评语集 V 的隶属向量 $B_i = A_i \circ R_i = (b_{i1}, b_{i2}, b_{i3}, b_{i4})$，其中"$\circ$"为模糊运算算子。

再对主因素层进行综合评价，U 的评价矩阵为：

$$R = \begin{bmatrix} B_1 \\ B_2 \\ B_3 \\ B_4 \end{bmatrix} = \begin{bmatrix} b_{11} & b_{12} & b_{13} & b_{14} \\ b_{21} & b_{22} & b_{23} & b_{24} \\ b_{31} & b_{32} & b_{33} & b_{34} \\ b_{41} & b_{42} & b_{43} & b_{44} \end{bmatrix}$$

U 对于评语集 V 的隶属向量为：

$$B = A \circ R = (a_1, a_2, a_3, a_4) \begin{bmatrix} B_1 \\ B_2 \\ B_3 \\ B_4 \end{bmatrix} = (b_1, b_2, b_3, b_4)$$

对 $B = (b_1, b_2, b_3, b_4)$ 做归一化处理，得 $B' = (b'_1, b'_2, b'_3, b'_4)$ B' 即为所评价的客户关系管理项目对于评语集 V 的隶属向量，b'_1、b'_2、b'_3、b'_4 分别表示客户关系管理项目对于评语 V_1、V_2、V_3、V_4 的隶属度。

(六) 模糊运算算子的选择

两个模糊集之间的合作运算，有多种运算算子可供选择。如 $M(\wedge, \vee)$，$M(\cdot, \vee)$，$M(\cdot, \oplus)$ 等。由于在建立客户关系管理项目综合评价指标体系时，已经对影响因素进行了取舍，因此，评价指标体系表9-7中的各因素都不应该被忽略，应选择算子 $M(\cdot, \oplus)$，以兼顾各评价指标。

(七) 计算评价值

若给评语集 V 中 4 个等级的评语分别赋予相应的分值 c_1、c_2、c_3、c_4，则可得客户关系管理项目的评价值：$N = B' \circ C^T = (b'_1, b'_2, b'_3, b'_4) \circ (c_1, c_2, c_3, c_4)^T$

如果是单项目评价，则可将客户关系管理的评价值 N 和目标值相比较，判断客户关系管理项目是否可行；如果是多项目评价，则可以从几个备选方案中选择 N 值最大的作为最优方案。

三、模糊综合评价模型的应用

下面将举例说明本文所建立的模糊综合评判模型的应用，设某企业对客户关系管理项

目评价值的期望值 N^* 最低为 75，即当时 $N^* \geqslant 75$ 时，项目可行。

采用专家估测法，得出主因素层的权重集分别为：$A=(0.21,0.27,0.34,0.18)$，$A_1=(0.15,0.28,0.25,0.13,0.19)$，$A_2=(0.29,0.20,0.23,0.28)$，$A_3=(0.55,0.45)$，$A_4=(0.25,0.25,0.28,0.22)$。

由专家对各子因素层指标集中的指标进行评判，可得各评判矩阵如下：

$$R_1=\begin{bmatrix}0.15 & 0.6 & 0.25 & 0\\0.3 & 0.4 & 0.3 & 0\\0.35 & 0.5 & 0.15 & 0\\0.1 & 0.35 & 0.5 & 0.05\\0.5 & 0.3 & 0.2 & 0\end{bmatrix}$$

$$R_2=\begin{bmatrix}0.4 & 0.5 & 0.1 & 0\\0.15 & 0.4 & 0.4 & 0.05\\0.2 & 0.2 & 0.5 & 0.1\\0.1 & 0.6 & 0.3 & 0\end{bmatrix}$$

$$R_3=\begin{bmatrix}0.1 & 0.5 & 0.4 & 0\\0 & 0.6 & 0.3 & 0.1\end{bmatrix}$$

$$R_4=\begin{bmatrix}0.2 & 0.5 & 0.2 & 0.1\\0.3 & 0.5 & 0.2 & 0\\0.4 & 0.5 & 0.1 & 0\\0.5 & 0.3 & 0.2 & 0\end{bmatrix}$$

对于因素层进行评价，可得主因素层各指标 U_i 对评语集 V 的隶属向量 B_i，由此可得主因素层的评价矩阵为：

$$R=\begin{bmatrix}B_1\\B_2\\B_3\\B_4\end{bmatrix}=\begin{bmatrix}0.3 & 0.43 & 0.26 & 0.007\\0.22 & 0.44 & 0.31 & 0.03\\0.06 & 0.55 & 0.36 & 0.05\\0.35 & 0.46 & 0.17 & 0.03\end{bmatrix}$$

对主因素层进行评价，得出 U 对于评语集 V 的隶属向量 B，经归一化处理得 $B'=(0.20,0.48,0.29,0.03)$。若给定 $C^T=(100,80,60,40)^T$，则 $N=B'oC^T=77.08$

由于 $N>N^*$，故本项目可行。

以上内容建立了对客户关系管理项目进行评价的指标体系，并建立了模糊综合评价模型，结合实例探讨了一种数学模型对客户关系管理项目进行综合评价的方法，削弱了主观因素对评价过程的影响，保证了评价结果的准确性和可信性，达到了降低项目投资的盲目性和风险的目的。

经典案例分析

东方航空公司客户关系管理项目实施案例

中国东方航空集团公司是中国三大国有大型骨干航空企业集团之一,是在原东方航空集团的基础上,兼并中国西北航空公司,联合云南航空公司重组而成的。集团总部位于上海,拥有贯通中国东西部,连接亚洲、欧洲、大洋洲和美洲的庞大航线网络。中国东方航空股份有限公司是东航集团的核心企业,总资产约为1635.42亿元,员工达69849人,拥有485架运营客机,常旅客数量达2300万,航空运输网络可通达世界177个国家和地区的1052个目的地,机队规模、年旅客运输量稳居全球十强。集团还广泛涉及进出口、金融、航空食品、房产、广告传媒、机械制造等行业,集团拥有20多家分子公司[①]。

中国东方航空股份有限公司是中国第一家在香港、纽约和上海上市的航空公司,中国东方航空股份有限公司自成立以来在业界获得过许多荣誉,创造过全国民航服务质量评比唯一"五连冠"纪录,还荣获国际航空业界的"五星钻石奖"。在航空运输主营业务方面,集团实施"中枢网络运营"战略,建立以上海为中心、依托长三角、连接全球市场、客货并重的庞大航空网络。以创新促发展,锻造世界性航空企业品牌,实现快速、稳健、持续发展是中国东方航空集团发展战略的核心目标。

一、东方航空公司实施客户关系管理的必要性

现代经济与科技的迅猛发展,既为航空运输企业的发展创造了新的机遇,同时也对航空公司的生存与发展带来了前所未有的挑战和压力,客观上要求航空公司大力发展客户关系管理。

(一)竞争环境压力

加入WTO后,我国将按照《服务贸易总协定》(GATS)航空运输服务附件的要求,逐步开放飞机维修服务、航空运输营销服务和计算机订座系统服务三个领域。国内航空运输市场也将根据实际情况,通过各种形式,有步骤地适度开放,国家对民航业的保护程度将会逐渐降低。市场的开放和保护程度的降低,使得我国航空运输业将直接面对激烈的国际竞争。

在国内运输市场上,铁路提速、高速公路的迅速发展形成对航空运输的强大竞争压力。在国际市场上,已有相当经营规模、经历了成熟市场经济竞争的跨国航空运输企业也对东航构成另一种威胁。同行业之间,如国航、南航等竞争对手,航空产品的差别越来越小,旅客面对众多的产品,如航空公司、航班、时刻、机型、票价、服务等,选择度越来越大,这种反差对东航的市场占有极为不

---

① 资料来源:中国东方航空股份有限公司2014年度社会责任报告。

利。因此，作为航空运输企业，东航要想赢得市场、获取利润，必须树立新型市场营销观念，正确把握竞争形势及市场走向，确定目标市场，依据自身的条件和优势，推出多层次、多品种的航空服务产品，创造特色及品牌服务，充分体现航空运输固有的"快捷""舒适""安全""高品位"等特征。

通过实施客户关系管理，东航可以根据市场资源状况和竞争情况，调整竞争战略、突出产品或竞争优势，在拥有良好而稳定的长期客户关系的基础上获得不断的市场成功。就现状来讲，目前东航缺乏明显的国际竞争优势，尚不具备与发达国家航空运输业竞争的实力，具体表现是产业规模小、市场结构分散、管理粗放、资产负债率较高、市场占有率低等。东航能否经受住航空运输全球化的巨大冲击，并在全球航空运输市场占据应有的地位，事关中国民航的发展前景和国家的竞争地位，因此，积极采取应对措施，尽快提高东航国际竞争力，以迎接航空运输全球化的挑战，是摆在东方航空公司面前的一个十分重要而迫切的任务。

（二）企业内部管理的需求

由于极易受到国内外政治经济环境的影响，民航业无论是在我国还是在全球，都是一个非常不稳定的行业。2003年由于受到非典的影响，中国民航业遭受了沉重的打击，全行业全年亏损30亿元，这还是在国家对民航业进行大量税费减免基础上的。2004年民航业恢复性高速增长，全行业盈利86.9亿元，相当于过去10年的利润总和；由于外部环境恶化，特别是国际油价接连上涨导致的航空煤油上涨，2005年上半年民航全行业亏损3.5亿元[①]。特别值得注意的是，从2009年至2014年，全行业累计实现营业收入持续上涨，但是利润总额总体来说却呈下降趋势。具体数据如表9-8所示。

表9-8　2009年至2014年民航行业营业收入与利润总额对照表[②]

年度	2009	2010	2011	2012	2013	2014
营业收入（亿元）	2971	4115	5001	5561.4	5589.6	6189
利润总额（亿元）	122	434	363	295.9	248.1	288.9

飞机及运输服务费也是不小的一块运营成本，全国不分大小机场，收费标准几乎相同，导致东方航空公司该项成本加地面服务费占到了主营业务成本的17％。其他如维修、备件等相应供应链企业由于受到严格管制和高关税政策，价格居高不下，造成东航单飞变动成本处于较高水平。面对种种压力，东航不得不整合外部市场资源和内部人、财、物资源，积极参与以信息技术为手段的全方位竞争，通过先进的管理理念，以防范和化解风险。

---

① 资料来源：http://www.caac.gov.cn/H1/H2/. 中国民用航空局网站。
② 资料来源：表中数据由中国民用航空局网站（http://www.caac.gov.cn）公布的2009—2014年民航行业发展统计公报整理得到。

（三）网络技术进步的压力

随着信息技术的发展和网络化经济的到来，航空业传统的商业模式发生了根本性的变化。网络改变了客户信息的提交方式，大大加快了信息的提交速度，简化了航空企业的客户服务过程，在资讯发达的今天，客户可以通过网络等多种信息，轻松掌握众多航空公司的服务，完全可以足不出户实现自助消费，这导致东方航空公司网点优势逐渐削弱，迫使航空公司站在了全球化的舞台上。客户对航空公司的服务要求更高，对质量、个性化和价值的要求更挑剔。在这种逐渐形成的买方市场的环境下，客户的满意度和忠诚度变得不稳定起来，建立和维持客户关系成为航空企业获得竞争优势的最重要的基础。客户关系管理系统可以使东方航空公司逐步实现由传统的运营模式转变到以电子商务为核心的服务过程。这些因素客观上要求航空业大力发展客户关系管理。

二、东方航空公司发展客户关系管理的重要性

随着航空市场竞争的愈演愈烈，东航传统的客户管理模式越来越难以胜任动态的客户渠道和关系管理，Internet 的客户关系管理系统给东航带来经营管理上的重大变革，对东航的发展具有非常重要的意义。主要体现在以下几个方面。

1. 带来了企业运营效率的全面提高。
2. 优化了企业的市场增值链。
3. 保留老客户并吸引新客户。
4. 不断拓展市场空间。
5. 提高东航品牌知名度。
6. 提高东航市场占有率。

三、东方航空公司实施客户关系管理的目的和原则

客户关系管理作为一个经营理念，它在企业范围内的实践最终是为了实现其所制定的经营目标。东航围绕以客户为中心的基本原则来设计和管理企业的策略、流程、组织和技术，将客户管理与信息技术相结合，为企业营销、客户服务和支持提供一个自动化的解决方案，其目的是提高客户满意度和忠诚度，实现企业收入的增长和效率的提高。

东航通过实施客户关系管理，力争达到以下效果。

1. 提高东航内部员工的工作效率，节省日常开支。
2. 提高客户满意度。
3. 提高客户忠诚度。
4. 增加营业收入，提高利润率。

东航实施客户关系管理的目的是通过航空业务的管理，在内部运营和目标市场之间构建一个动态的客户价值管理体系，合理配置企业内部资源，通过对客户需求的快速反应和对业务过程的精细化管理，更好地服务于客户，增强企业的竞争能力。

东方航空公司通过实施客户关系管理，改进了流程与效率，使公司与客户的交易更加简单、快捷、省钱。通过建立信息交流平台，原来各自为阵的地勤人员、营销人员、客服人员围绕"满足客户需求，实现客户价值最大化"这一中心协调合作，实现以销售为中心转向以客户为中心，以推销座位为目的转向以满足客户需求为目的营销理念。在长期的管理实践中，东航通过利用先进的科学技术工具和管理手段，采取了差异化战略和目标市场战略，在产品策略上、价格策略上、渠道策略上、沟通策略上，取得了一定的成效，提升了东航的核心竞争力和团队合作意识，促使员工树立高度的效率观念和效益观念，从而带动公司实现稳定、健康的发展。

四、东方航空公司实施客户关系管理的框架体系

（一）建立以客户为中心的营销战略

随着互联网的迅猛发展、市场的不断成熟，世界经济逐渐迈入电子商务时代。当客户竞相使用 Web 服务时，企业为获取竞争优势使用及时性和个性化的服务来争夺客户的注意力。当航空产品本身的差异越来越小时，以生产为中心、以销售为目的的市场战略逐渐被以客户为中心、以服务为目的市场战略所取代。所以，谁能掌握客户的需求趋势、加强与客户的关系、有效发掘和管理客户资源，谁就能获得市场竞争优势，在激烈的市场竞争中立于不败之地。

东航客户关系管理系统由客户销售管理分系统、客户市场管理分系统、客户支持和服务管理分系统、数据库及支撑平台分系统等构成。东航客户关系管理的管理方案可以归纳为三个方面：对销售和客户服务业务流程的信息化管理；与客户进行沟通所需要的手段（如电话、传真、网络）的集成和自动化管理；对以上两个部分所积累下来的信息进行加工处理，为企业的战略战术决策做支持。

长期以来，东航通过数据分析发现：高价值客户给东航带来了最大收益，于是着重对高价值客户和高影响客户开展针对性的客户关系管理。在对这类客户进行管理的过程中，东航发现有三个指标对客户的分类与管理最为有效：最近一次消费（或推荐消费）（Recency）、消费频率（或推荐消费频率）（Frequency）、消费金额（或推荐消费金额）（Monetary），并筛选出最有价值的客户和最具成长潜力的客户。东航客户关系管理的另一类客户就是高影响力的客户，这类客户也是东航重点关注与服务的对象。这类客户一般是某一社群中的领导者，他们的职业特征一般是高校教师、专家学者、政府官员、新闻媒体记者、企事业单位的管理人员、学校的学生干部、某些团体或小团队的领导者等。

（二）收集客户数据，寻找有价值的关键客户

首先东方航空公司开展客户信息收集，然后加以详细分类和分析，从中筛选出本企业的目标客户群。客户信息的收集发生在客户服务过程中的任何一个环节，手段是多种多样的。包括销售客票、登机服务、机上服务、会员注册、问卷调查方式等。

目前东航主要收集的客户信息有：旅客身份证号码、出生地、年龄、出生日期、性别、送票服务方式、工作和生活区域位置、办公电话、公司情况、个人背景信息、通讯方式和所在的行业基本状况，重点客户还包括毕业的大学、喜欢的运动、喜爱的餐厅和食物、喜欢阅读的书籍、度假的地点和下次休假的计划等信息。衍生信息包括：客户最近的旅游计划、希望解决的问题、决策人和影响者、采购预算等。

客户整体分析包括：客户需求分析、客户行为分析、客户结构分析、重点客户分析、潜在重点客户分析、不良客户分析、睡眠客户分析、黑名单客户分析。

客户价值分析包括：流失客户分析、客户贡献度分析、客户忠诚度分析、客户收益率分析等。

客户营销行为分析包括：选择客服中心服务（送票上门）、代理点销售、网络销售、自助服务、VIP服务等方式。

客户贡献度分析包括客户对收入的贡献，如客户公里收入、客户收益率分析、客户公里收入与客户公里成本的比值（不同旅客结果不一样）、客户终身价值分析、客户自己的购买结果与旅客对他人购买的影响结果等。通过以上客户需求与行为分析，东航确定客户结构，明确市场定位，制定有针对性的市场方案，取得了较好的收益。

（三）细分客户市场，了解和掌握客户真正需求

客户是东航最宝贵的资源，东航的盈利和发展取决于客户的价值水平、客户满意度和客户忠诚度等因素。如何吸引、占有、锁定客户，是东航最为关注的问题，也是客户关系管理能否成功的关键，为此东航进行了客户细分。所谓客户细分，就是指在明确的战略模式中，根据客户价值、需求和偏好等综合因素对客户进行分类，并提出有针对性的产品服务和营销模式。

客户细分是客户关系管理的基础，也是实施客户关系管理的关键一环，东航通过客户细分，将航空客源可划分为公务和商务客户、休闲旅行客户及探亲客户。

1. 公务和商务客人，即高价值和高影响力旅客

据统计，头等舱和公务舱旅客约占全部旅客的9%，但收入贡献高达40%，两舱旅客是东航最重要的利润增长点。公务和商务旅客也是东航最大的消费群体，占总数的62.69%，京沪快线甚至高达80%[1]。这部分旅客的职业地位和收入较高，对价格不敏感、注重服务和时刻的公务出行多，在乎能否随时买到机票，能否随时取消或更改订座，以应对突发性事件。他们希望得到高水准的客舱服务，对于航空旅行的最大需求是尊贵、便捷、舒适，对服务质量格外在意。他

---

[1] 资料来源：中国民用航空局消费者事务中心《2001年航空运输市场调查分析》。

们给东航所带来的回报不仅仅是金钱方面的,还是东航获得竞争优势,树立更高品牌忠诚度的手段。东航率先在上海至北京、深圳等商务人士往来频繁的航线上,推出了精品航线、精品航班服务,赢得了市场的好评。

随着中国经济建设的快速发展,公务旅行市场在东航所占的比例越来越大。公务旅客对航班频密、快速、高效率最为敏感。公务旅客希望能在最佳的时间到达目的地,快捷地办理值机手续,航班正点起飞以保证在目的地顺利完成工作,达到公务与休闲的结合。他们乐于支付更高的票价,同时愿意累积更多的积分,这部分旅客已成为东航一块新的利润增长点。对东航而言,因为这部分旅客出行频繁,是更具有吸引力的客户,然而面对着越来越多可选择的航空公司、票价和航班,公务旅行市场竞争状况会更加激烈。

2. 休闲旅行及探亲旅客

由于休闲旅行是一种奢侈消费,随着个人收入的上升,对航空旅行的需求也上升。据统计,东航的旅游与探亲人员分别为 24.43% 和 12.88%,并且近年来这类旅客人数呈现出明显的上升趋势[①]。这部分旅客对机票价格比较敏感,在机型、舱位布局、航班时刻、服务等方面的需求却相对较弱。度假休闲旅客最关心的是票价是否经济实惠,对其他各项反倒不太在意。若机票太贵,则有可能选择其他航空公司,或者选择其他方式,比如坐火车、大巴等交通工具。他们往往以团队的形式出现,人数较多,能给东航带来一定的利润。对于这部分客户,东航多采用多等级票价和收益管理手段。

(四)提高客户满意度的客户关系管理

在目前瞬息万变的市场竞争环境中,建立高利润价值客户的关系维护是客户关系管理的核心。东航越来越深切地体会到客户关系管理的重要性,也越来越重视客户关系管理。如何维护与深化与客户的良好关系,进而留住客户,提升客户的满意度,成为东航客户关系管理的核心。东航通过分析大量的旅客飞行历史数据来分析和识别出高价值旅客,包括他们的旅行目的和旅行行为、何时抵达机场领取登机牌、喜欢坐靠窗的座位还是靠走道的座位等,从而为这些旅客提供有针对性和个性化的服务,使旅客产生被单独服务的满足感,进而在以后的飞行中愿意选择东方航空公司。东航建立起与高利润价值客户的联系,通过有效的客户关系管理策略和客户价值管理体系,尽力保持、深化与客户的良好关系。

1. 在"两舱"和"两常"的服务策略,实行服务差别化策略

"两舱"(头等舱和公务舱)和"两常"(常旅客和常企业)旅客一直是航空公司的"必争之地"。由于历史原因,中国国内航空公司的"两舱"服务一直无法与其他国际性航空公司相比,旅客对中国航空公司意见最大的就是舒适性不够,

---

① 资料来源:中国民用航空局消费者事务中心《2001年航空运输市场调查分析》及中国航空运输发展报告(2007/2008)。

乘坐远程航班很累。同样一架波音747客机，东航的头等舱和公务舱只有53个座位，而国外许多航空公司两舱座位超过90个，因此国内航空公司头等舱和商务舱的客座率一直不高，而美方航空公司却相反，头等舱和商务舱的客座率很高，剩余的经济舱机票就底气十足地与中国公司"拼低价"。争取高端客户，提升公司利润率，在越来越激烈的国际航线竞争中巩固竞争地位就成为东方航空公司的最大课题。

对于如何提升两舱服务硬件，东航做了大量的努力。为了进一步适应高端客户的需求，东航投入巨资高标准装修头等舱和商务舱，在空客A340-600飞机出厂前，从舒适飞行、活动空间和娱乐设施三个方面对头等舱、公务舱的布局和硬件实施改装。比如，将380座的乘载空间调整为322座（头等舱：8座、公务舱：42座、经济舱：272座），头等舱、公务舱的座位间隔分别留有82英寸（2.08米）、60英寸（1.52米）的自由空间，并在头等舱、公务舱、经济舱分别配置了互动式个人视频和娱乐系统，为旅客提供了音频和视频功能、座椅电话、娱乐游戏及点播功能，旅客通过这些设备可以享受到高质量的空中娱乐服务。东航还参考人体工程学理论，根据旅客在漫长旅途中的舒适度和私密性要求，对座椅进行人性化设计，让旅客真正拥有一张平稳舒适的空中"睡床"，在万米高空飞行时自由地休息、工作和酣睡①。

2. 在两舱服务的软件上，参照并优化了国际航班的服务标准

通过机场迎候旅客、引导至贵宾室休息、办理登机手续、引导专用VIP通道、引导登机等服务。无论在服务礼仪上，还是在服务标准上，注重细节管理。比如，候机楼内全程礼仪陪护，车配纯水、纸帕、车载读物；司机身着西式制服、白手套、开关车门、提拿行李、普通话及简单英语会话；实施姓氏称呼，推出专车接送、专柜办理、行李优先、预订机上座位、提高机上餐食品质等多项服务。为了更好地沟通，克服语言交流的障碍，东航在地面服务上也引进了外籍雇员，来自日本、韩国、法国的雇员分别活跃在东航日韩线和法国航班的值机区域、中转区域、行李到达区域，用亲切的服务为来自这些国家的旅客提供亲切周到的服务；东航在国际航班上开展了头等舱、公务舱行李优先卸机、优先交付的服务；指派专人在行李到达提取区域为头等舱、公务舱旅客提供引导服务，方便旅客提取。相比而言，东航过去的头等舱、公务舱服务是程序化、机械化的，现在则提倡使旅客从"被动接受服务"变为"在不经意间享受服务"②。

东航认为，花费心思提升服务，这是航空业竞争带来的一个必然。东航在沪京线头等舱、公务舱推出"温馨下午茶"，旅客可以在空中旅行时，细细品味东航独有的客舱文化。"阳光健身操"是东航专为"空中飞人"设计的一套空中体操，

---

① 资料来源：http://www.eastday.com/. 为"挣脸面"东航豪华机较劲欧美。
② 资料来源：http://news.carnoc.com/list/30/30647.html. 中国东方航空股份有限公司服务品牌一览。

它不仅融汇了瑜伽、舞蹈、体操等精髓，重要的是让旅客在运动中达到身心舒畅、放松的状态，减少高空飞行带来的不适。东航还根据商务旅客的时效性特点，对服务流程进行优化组合，推行"及时服务"，以消除让旅客在用餐过程中等待的人为因素，将更多的时间和空间留给旅客自由支配①。

3. 根据休闲和度假旅行客人的需求特点改进服务流程

为提高休闲旅客办票速度，保证航班的正常运行，东航在机场设立了独立候机楼，办票柜台进行人性化分配，特设无托运行李办票柜台，以方便无托运行李的旅客集中办理登机手续，从而有效分流旅客，节省候机时间。努力使旅客的出行更加简单、快捷、省钱和令人愉快。

"穿梭中国"是东航最早推出的以中转旅客为服务对象的特色服务，对于强化客户忠诚度，实现良好的经济收益起到了积极的作用。自1996年以来，已经有30多万名东航旅客充分享受了"穿梭中国"所带来的方便、顺畅的感觉，体验了无缝隙的中转。通过"穿梭中国"服务，东航的中转旅客享受到以下便利：① 指示明确，心中有底，旅客在出发时会获得一份"穿梭中国"宣传册，里面列明了整个服务的流程和上海两个机场的简明地图；② 专用中转厅服务一步到位："穿梭中国"免除了旅客从到达厅到出发厅的烦琐和劳顿，不仅节省了至少一半的路程，而且在中转厅专柜专人办理值机手续，免去了排队等候之苦，同时，配套集中的边防、海关、安检还使联检手续一步到位；③ 行李联挂省心到底，旅客在旅程出发的时候，就可以要求将行李直接联挂到目的地，省心又方便；④ 两场中转地面延伸运输，旅客在两场中转也可享受免费巴士、专人引导的服务②。

（五）提高客户忠诚度的客户关系管理

客户忠诚是东航盈利的源泉和成长的基石，是东航最大的无形资产。国内外研究均表明企业大部分的销售收入来自一小部分的忠诚客户，客户忠诚带来的经济收益在于它使企业获得更多的价值，而成本增加得却很少。在激烈的航空运输市场争夺战中，市场的不确定性造成了公司与客户的关系也是经常变动的，如何维护与深化客户对东航的忠诚度，成为东航客户关系管理的核心。为了吸引旅客对东航产品的关注，东航实施常旅客计划管理模式，通过财务刺激将客户与公司联系在一起，东航的主要方式为：销售累计奖励、捆绑交叉销售。

1. 销售累计奖励销售策略

销售累计奖励作为一个基础性的客户关系工具，是对长期购买产品的客户提供价格优惠的一种策略，这种策略目前在国内的航空企业实施得较多。销售累计

---

① 资料来源：http://www.carnoc.com/txtm/article/2181. 打造"新两舱"服务提升航空公司竞争力。
② 资料来源：http://news.carnoc.com/list/30/30647.html. 中国东方航空股份有限公司服务品牌一览。

奖励策略是争取忠诚客户、避免恶性价格竞争的一种重要的营销手段，运用这种策略，公司可以争取到大量的回头客。自1981年美国航空公司第一个推出了名为AAdvantage的常旅客计划开始，时至今日，常旅客计划已成为各航空公司竞争的主要手段。美国航空公司通过研究客户的需求，从给客户提供便利的角度出发，在美国各大航空公司当中第一个推出能让其A等乘客计划旅行和预订旅馆，同时提供实时飞行信息的网站。通过网站公司A等客户能够随时计划旅行、预订电子客票和保留机票、申请升级，以及在提供A等便利服务的合股饭店和旅馆落脚。通过这种方法，美国航空公司提高了忠诚客户的数目，提升了市场占有率。

东航实施的常旅客计划是累计销售的奖励策略之一。旅客通过常旅客计划购买东航飞行的里程数，便可以得到免费旅行或升舱或其他奖励。通过常旅客计划，可以引导旅客更多地乘坐东航的航班，积累更多的航空里程积分，享受东航的里程优惠与更好的服务，从经济与服务两个方面提高旅客的满意度，增强旅客的忠诚度。常旅客管理模式作为东航的一种重要的客户关系管理工具，不仅有助于东航改善乘机旅客成分，增加客公里收入，更有助于识别本公司的最佳旅客，实现更好的收益管理，从而有效避免票价大战造成的收入低下。常旅客计划的实施，使东航无论从服务的硬件还是软件都取得了明显的成效。东航常旅客俱乐部的"东方万里行"是目前国内规模最大、发展最快的航空常旅客奖励计划。该计划主要面向东航金银贵宾卡旅客服务，是更先进的计算机系统支持的服务体系。具体内容包括：东航普通会员只需飞行一个航段，即向会员寄送实体卡片，同时入会前一个月的里程也可以申请累积进东方万里行的账户中。会员在连续的12个自然月之内，累积所需的升级积分或升级次数，便可晋升至相应级别的金卡、银卡会员。持有金银卡的贵宾，通过登录或致电东方航空公司，享受换取免费机票、享受免费升舱、优先办理登机手续、免费托运更多行李、贵宾室休息、免费积分等服务。"东方万里行"会员卡集旅游出行、日常消费、健康休闲于一体，采取丰富多彩并具有吸引力的积分奖励方式，让旅客在享受舒适旅途的同时，获得更多额外里程回报。东航设置了个性化服务平台，金卡或银卡会员，进入东航网站后都可以查询乘坐东航航班飞行里程和累积的常客里程信息，还可用累积的积分换取免费机票、免费升舱、免费入住酒店等服务。客户可查询自己的服务信息和累计常客里程，参与"东方假期"组织的"东方万里任我行"系列旅游活动，东航在机场为金银卡会员提供专用值机柜台[①]。

2. 捆绑销售奖励政策

东航和上百家知名的餐饮、娱乐、杂志社、旅行社开展合作，持有东航金银卡会员，通过飞行里程、酒店住宿、汽车租赁、信用卡消费等多种形式赢得积分，

---

① 资料来源：http://easternmiles.ceair.com. 东方万里行网站。

第九章 客户关系管理项目实施

用累积的积分兑换机票、酒店住宿、汽车租赁和其他奖品，累积的飞行里程越多，从东方航空得到的奖励就越多。这些奖励包括 VIP 机票预订、检票、快速安检以及机场贵宾室待遇，也可得到餐饮、杂志、通讯、美容、旅行等各项积分等。

2011 年起，东航加入天合联盟，通过与联盟各家成员公司的航线网络的衔接和融合，会员能在全球 178 个国家超过 1064 个目的地轻松共享积分累积和兑换、无缝隙中转、超值航线产品选购等多种服务。例如，在香港，与服务全球的国泰航空开展了常旅客计划合作："东方万里行"会员如搭乘国泰航空头等舱、公务舱，即可累积 1.5 倍"东方万里行"积分，使"东方万里行"会员享受到国泰航空香港往返全球的航线网络服务以及更多的常旅客优惠政策[①]。

在金融服务方面，东航与多家银行展开合作，其中与中国建设银行联名发行的是集金融消费和航空会员俱乐部服务功能于一体的双币种航空联名信用卡——"东航龙卡"。"东航龙卡"集"东方万里行"会员卡和龙卡（双币种）信用卡两者功能为一体，是为经常乘坐飞机的商旅人士量身定制的符合国际标准的高端金融产品。东航龙卡消费者可在全国建行网点获得窗口优先服务、免费使用机场贵宾室、订座优先候补等贵宾权益。与国内市场上的同类产品相比，龙卡有三个亮点：第一，可通过用卡消费累计积分，并以最优惠比例累积航空里程，享受更多免费航空旅行；第二，凭金银卡享受相应的机场贵宾室待遇和建行网点优先服务，体验更多尊贵礼遇；第三，刷卡购票可获得航空意外险、航班延误险和行李延误险三重保障。联名卡引入了国内首创的航班延误和行李延误险[②]。

2006 年东航推出"吃出机票游天南地北"主题促销活动。活动内容为：东方万里行会员在规定日期内到东方万里行指定的全国各地，包括国际美食百汇（上海店）、海逸海鲜酒家等近 100 多家餐饮合作伙伴处用餐，在结账时，通过东方万里行 POS 机刷东方万里行会员卡，就可以参加活动。非会员在结账时，通过填写会员申请表也可成为东方万里行会员，并参加活动。活动期间采用电脑抽奖的方式，抽出幸运会员，赠送"东方万里行"积分，来兑换东航丰富的免费往返机票，捆绑和交叉销售让旅客得到了全方位的实惠[③]。

由于销售是建立在双赢原则的基础之上的，东航也因销售增长而受益。捆绑销售策略是东航维护客户关系的重要手段，同时也是东航利用同客户良好的关系，扩大销售、增加盈利的重要策略，东航通过交叉销售实现了与客户之间的共赢。

---

① 资料来源：东方万里行百度百科。
② 资料来源：http://creditcard.ccb.com/creditCard/20140127_1390791637.html. 中国建设银行官网。
③ 资料来源：http://bbs.metroer.com/t-43758-1-1.html?&orderby=dateline. 都市客网站。

3. 客户个性化服务策略

东航根据客户个人情况和发展，选择适合每个客户需要的个性化解决方案而获得客户高忠诚度，维护企业的关系。通过独有的服务模式与内容吸引高价值的旅客，最大限度地满足旅客的需求，是东航实现服务价值最大化的体现。东航开展服务策略主要有：一对一服务策略和对客户需求进行管理的策略。东航历来重视对有长远意义的客户进行一对一的高质量的互动，发掘并预见性地满足客户的潜在需求，增加客户的满意度，通过给客户带来意料之外的惊喜，提高客户对企业的认知。比如，东航在飞机上开设生日祝福服务，通过手机等方式播报天气预报，客户在东航的专业网站可直接预订、询问旅程信息，旅客达到一个积分旅程，就会得到祝贺的信息等。这些举措使东航与客户建立紧密的联系。

综上所述，东航实施客户关系管理流程，主要由四个阶段所组成。

（1）信息管理阶段。客户关系管理系统从东航的业务系统、订单管理系统、财务系统中抽取客户的数据，然后进一步加工。

（2）客户价值衡量的阶段。在对数据进行加工的基础上，包括用数据挖掘工具对数据进行整理，生成有用的客户信息。

（3）通过分析产生数据之后，就进入到活动管理阶段。根据取得的这些客户信息，进行客户分类，设定东航所要做的市场推广活动，做到有的放矢。

（4）实施管理阶段。这是上一个阶段活动的具体化，东航展开对高价值客户关系的维护，通过销售累计奖励、捆绑交叉销售和个性化服务等手段将客户与公司联系在一起。通过多种宣传方式，如网站发布等形式进行具体的实施。

这四个阶段构成了东航客户关系管理综合体系闭环的流程，紧密衔接、环环相扣。

五、东航处理客户关系的技术工具

作为东航信息化三大平台之一的企业门户网站，东航网站投入巨资，无论从功能还是技术上看，该网站是目前国内较为先进的企业级网站之一，达到国际同类企业网站的水平。从改善传统业务体系的目标出发，东航网站全部选用了国际一流的平台和产品，如 BEA WebLogic 电子商务平台、Oracle 数据库和 Sun 主机等。东航网站是旅客、社会公众、东航职工和东航集团相互交流的平台，也是开展电子业务和远程服务的 Web 平台。通过这个平台，工作人员可随时随地获得必需的业务信息，并且可以通过工作终端处理信息，客户也可以随时随地与公司联系。东航通过不断的升级改造使其网站增加个性化服务，逐步完善电子商务平台、电子客票、旅客自助登机服务系统、网上销售系统等。

CRM 作为信息流的主要运作平台，可使信息在流通过程中增值，东航通过分析市场需要，增加信息的含金量，提高信息的整合程度。东航分布在全球各地的部门、办事机构通过一个集中的业务平台进行协调运作，企业的业务信息可以在各职能部门之间迅速流转，从而提高东航的综合实力和市场竞争力。事实上，

东航建立了基于唯一客户标识的客户信息存储、共享、交互、分析的数据库，如常旅客服务管理、呼叫中心、销售服务管理，提供统一的信息源和信息共享、交互平台，并通过以上功能积累客户的动态交易日志，为分析客户忠诚度、客户贡献度、金牌客户筛选提供依据，东航较好地发挥了客户数据的价值。

东航现有的常旅客服务系统通过网站平台，由互联网向用户提供常旅客的积分、里程及其他各类信息的查询和服务。新的服务功能、服务产品如网上订票、预订座位、各种求助服务、货单跟踪等航空货运业务，旅馆、旅游等"套餐"销售，还有动态航班信息发布等，都可以通过集中化的信息平台迅速推出，方便客户进行网上查询和预订，最大化服务客户，节约客户的时间，增加客户的便利性。

东航建立客户全方位的接触中心，建立与客户、供应商、合作伙伴之间的全方位交互平台。通过人工电话、自动语音、传真、电子邮件、手机短消息、Web等多种方式实现移动应用。东航关注信息分析、数据挖掘，通过对客户管理基本信息的获取、分类和统计，强调针对数据的多维分析和数据挖掘，关注前台、后台业务有效整合，注重前后台业务的协调统一，有效整合资金流、物流和信息流，实现异地同步和协同管理，有效地解决了集团公司和分公司异地信息整合和协同管理的需要。

1. 东航的积分流程

（1）快速注册。乘客只需在订票或换取登机牌时向工作人员提出口头申请并提交有效身份证件，即可当场获得"东方万里行"会员卡号。乘客以后每次登机时报出该卡号，飞行记录就会累积到其账户中。积分网上补登会员乘坐东航班机，里程若没有被累积到账户中，会员可以在"东方万里行"的网站上将飞行里程积分补登入自己的账户。

（2）快速入账。会员在"东方万里行"的合作伙伴，如酒店、租车公司等处消费时，合作伙伴将为会员提供消费积分快速入账服务。手机短信注册、查询会员将可以通过手机短信服务，快速注册会员，查询积分、航班信息和飞行记录等[①]。

2. 电子客票服务

国际航空运输协会已经提出，将把中国作为世界民航业"简化商务"的试点地区。简化商务包括电子客票（ET）、旅客自助值机服务系统（CUSS）、标准登机牌条形码（BCBP）、行李无线射频识别技术（RFID），其中最重要的一项是机票电子化。2005年4月，作为"简化商务"的首个试点地区，国际航协与中国民

---

① 资料来源：http://www.easternmiles.ceair.com. 东方万里行网。

航信息网络有限公司（下称"中国航信"）签署了"简化商务"的战略合作协议，目标是于2007年底前，在国内实行100％BSP电子客票。电子客票得以推广的原因在于它显而易见的低成本。东航在2003年9月推出第一张电子客票，2006年开通B2B（代理人）网站和B2C（散客）网站，旅客可以选择在东航的售票处和代理点终端购买电子客票，也可以选择在网上购买电子客票。东航电子客票具备了从旅客购票、办理手续、安检、登机，以及报销凭证五合一的功能，完全替代机票、登机牌，第一次彻底摆脱了没有纸票（旅客联）无法办理登机、通过安检等一系列烦琐程序，极大地方便了旅客，简化了手续，节约了时间，提高了效率。同时，也消除了旅客忘带机票、丢失机票的后顾之忧。时至今日，电子客票早已实现，电子登机牌也已司空见惯。

3. 自助登机服务

在电子商务时代，市场营销日益以客户为中心，如何好地给客户提供便利，为客户提供一对一的服务是电子商务时代争取客户的关键。东方航空公司推出的自助乘机登记服务是基于电子客票的一项延伸服务项目，它为旅客出行提供了一种新的服务体验。旅客只要在网站相关界面或者到机场的自助乘机登记设备上先扫描身份证（二代身份证）或输入身份证号（一代身份证），通过身份验证就可以直接进入选择界面，再选择航程界面确定所乘航班，根据设备提供的飞机详细的客舱座位图，选择自己满意的座位。输入常旅客卡号信息即可打印登机牌。自助乘机登记前后只需要1分多钟的时间，缩短了旅客在柜台前的等候时间，满足了旅客的方便、快捷的需求，彻底改变了传统意义上只能由航空公司工作人员在专门的值机柜台为旅客换发登机牌的现状。

4. 呼叫中心服务

呼叫中心又叫客户服务中心，作为一种能充分利用现代通信手段和计算机技术的全新现代化服务方式，其最大的优点之一在于能让用户随时随地获得各种灵活便捷的服务。目前，几乎所有发达国家的航空公司都在利用基于CTI技术的客户服务中心来增强市场竞争力，扩大销售渠道，提高对商务旅客为主的常旅客和货主的服务能力，建立良好的公众形象。对航空公司来说，客户服务中心能扩大服务范围，扩大公司影响，减少营业费用，并且对稳固航空公司最重要的客源——商务旅客有着重要的辅助作用。站在旅客和货主的角度，航空公司提供的这种服务非常方便，能不受时间和空间限制地享受航空公司提供的服务。客户服务中心的建设，不仅可以提高服务质量及工作效率，更可以体现出航空公司的高科技特色，吸引众多旅客，同时也可以利用客户服务中心多种多样的增值业务来提高航空公司的利润，起到盈利的目的。东航建设客服中心的重要意义在于以下几点。

(1) 改善航空公司服务质量。
(2) 创造和提升航空公司的品牌优势。
(3) 优化航空公司的服务流程。
(4) 开辟新的收入来源。
(5) 提升信息化的水平。

可见客户服务中心系统是东航进一步提升服务质量的良好解决方案,是东航客户服务体系中的重要组成部分。中国东方航空通过建立呼叫中心,完善了与其客户的双向互动沟通,并基于此提升企业的客户满意度和忠诚度。由于东航95108呼叫中心技术实施起点较高,功能及业务系统开发完善,运营管理流程详尽有效,2005年中国客户关怀标杆企业评审团通过对中国东方航空公司呼叫中心在实施规模、技术应用水平、整体服务品质及对企业业务支撑价值等方面的综合考量,授予东航呼叫中心"2005年度中国最佳呼叫中心"的称号[①]。

六、东航客户关系管理不足及未来发展方向

客户关系管理是当前东航提高客户满意度和忠诚度、提升企业盈利率、塑造服务品牌的最重要的战略手段和关键性竞争工具。是东航从以推销为主的传统观念向重视客户需求的现代观念的转变。东方航空通过对客户需求信息、营销信息、交易信息和客户服务信息的分析,及时、准确地了解和把握客户状况,建立了营销服务环节的信息化平台,有效区分和管理高价值客户,提高了盈利能力。

东航在长期的经营、管理实践当中,通过利用先进的科学技术工具和管理手段,无论在产品策略上、价格策略上、渠道策略上,还是在沟通策略上,收到了良好的效果。客户关系管理系统帮助东航实现对资源的优化配置,提升了东航的核心竞争力和整体团队合作意识,促使员工树立高度的效率观念和效益观念,从而带动公司实现长期稳定、健康的发展。

不过,东方航空公司在实施客户关系管理的过程中,也存在一些环节需要改善,具体如下。

1. 东航对CRM是一个严密的系统工程缺乏足够的认识,在公司内部缺乏相应的流程、制度和考核激励体系来支持以客户为中心的行为模式。以客户为中心对于很多的部门和员工来讲,更多的是一句口号,而非一种发自内心的意愿。公司管理层较多地把客户关系管理当作公司内部的一个操作层面,或者认为客户关系管理的工作更多的是某一个部门的事情,这种片面的认识导致短视的行为,其结果是常常出现事与愿违的局面。例如,虽然客户关系管理部门的人员努力为客户提供优质的服务,但碰到实际问题时,如遇到航班延误或超售时,他们在与公司其他部门如运控中心协调时,能力和权限受到制约,往往解决不了实际问题。

---

① 资料来源:http://www.ccmw.net.客户世界网站。

如果客户提出的问题和要求得不到较为满意的答复，久而久之公司就会慢慢地流失这批客户。再比如，公司内部有多个与旅客联系的渠道，如客户服务部、800热线电话、电子商务网站、机票销售点、值机人员、机舱人员、其他合作伙伴等，这些渠道与旅客的沟通往往会出现信息不对等、不一致的情况，这些渠道没有能够整合在一起，通过这些渠道与旅客发生联系的信息没有做到相互共享，数据并没有得到统一。

2. 对于多年来积累的客户数据，东航并没有充分发挥它们的价值。东方航空在收集客户信息方面具有得天独厚的优势，没有完全建立基于唯一客户标识为主的客户信息存储、共享、交互、分析的数据库，为常旅客服务管理、呼叫中心、销售服务管理提供统一的信息源和信息共享、交互平台，并通过以上功能积累客户的动态交易日志，为分析客户忠诚度、客户贡献度、金牌客户筛选提供依据，无法充分发挥客户数据的价值。

从上面的现象可得，东航实施客户关系管理应注意以下几点。

1. 东航应该对其传统的常旅客系统和常旅客服务的定位以及功能模式进行创新和改造。通过对常旅客计划的理解，并结合东航自身情况进行创新。当然，对常旅客计划的创新和改造应该是一个长期的过程，是随着市场环境、企业自身定位的不断变化而调整的，只有搞清楚常旅客计划的目的，才能真正地运用好常旅客计划。东航常旅客计划的定位应该从以下几方面来考虑：首先，不应该把扩大市场份额作为主要目的，而要从登记的常旅客卡会员中找出真正为企业带来高收益的忠诚的常旅客；其次，仅仅找出真正的常旅客是不够的，要能为忠诚的常旅客提供超值的回报；最后，常旅客计划可以达到的目的很多，必须先界定企业的目标并按优先级排序之后相应地制定常旅客计划的模式。

2. 真正让常旅客计划成为客户忠诚度计划，而不是被贬值为一种销量折扣的市场促销方式。客户关系管理的一个核心理念是：企业应该同等对待其客户，同时又区别对待其客户。所谓同等对待客户是指航空公司应该保证在不同接触渠道、不同场合对旅客的服务水平是一致的；而区别对待客户是指航空公司应该有能力辨识出给他们带来80%的收益的20%的旅客，从而使这些旅客能够保证对航空公司的忠诚度。然而，随着常旅客计划越来越普及，一方面几乎每家航空公司都有自己的常旅客计划；另一方面，很多旅客同时是多家航空公司的常旅客会员。这使得不少航空公司仅仅把常旅客计划作为他们不得不提供的一种销量折扣的市场促销手段。作为一种客户忠诚度计划，东航应该考虑常旅客会员中和竞争对手相比所占的比例，通过为常旅客提供对他们有价值的服务提高这种比例，达到吸引客户以及重获客户的目的。东航常旅客计划应该建立在客户关系管理的基础上，建立在以客户为中心的管理和运营思想上来实现。在增加利润来源方面，必须优先考虑对能够更好地提升客户忠诚度的、相对更重要的项目进行投资；在降低客户成本方面，要求以较低的成本进行运营；在有效管理客户的旅行体验方面，必须做到理解目标客户，根据东航的能力为旅客提供对其具有价值的一贯服务。

3. 建立起以客户为中心的企业战略，重新定义其各个职能部门的工作流程和考核模式。没有以客户为中心的战略，任何的客户关系管理系统，任何的常旅客计划都只是一个增加成本的摆设。航空公司一旦确立了以客户关系管理为核心的服务方向，就应该通过业务流程和功能的重新定义，以及信息系统的建设来优化航空公司经营模式，带动航空公司转变经营理念及管理模式，让客户关系管理的信息服务渗透到航空公司为旅客服务的各个环节中去。东航应通过客户信息交流平台，使原来各自为政的地勤人员、营销人员、客服人员等围绕"满足客户需求，实现客户价值最大化"这一中心而开始协调和合作，寻找客户流失的原因，以为客户提供整体解决方案为出发点。

4. 客户关系管理是由科技的协助而最终达成的人性化的客户目标。科技只是手段，客户关系管理确实离不开客户关系管理软件，但并非引进了客户关系管理软件就有了客户关系管理。客户关系管理软件只是客户关系管理科学与 IT 技术结合的产物。在客户关系管理中，有的部分确实需要依靠 IT 手段来实现，并通过其来发挥作用。但毕竟机器替代不了人，客户关系管理中有很大一部分不能依靠 IT 手段来实现，它必须借助于传统的方式才能够实现。例如，体现客户关系管理思想、规范和制度的制定，考核方法的确立，航空企业人员对客户关系管理的认知、理解、参与，组织结构的调整等依靠 IT 手段都是无法实现的。真正决定客户关系的并不是技术效率，而是客户和企业互动过程中的情感体验。客户可能会为在假期中收到一份来自航空公司的感谢信而激动，而这些东西光凭该套软件或技术是不能解决的，它们是超越了技术系统能力之外的人与人之间温暖、友善、信任的沟通和交流。

思考题：
你认为在一个客户关系管理项目中，为保证项目的成功，主要应注意哪些方面的管理？

本章小结

1. 客户关系管理项目管理的概念。在项目管理知识体系中，项目被定义为："为完成创造一个唯一的产品或服务的一种临时性的努力"。临时性是指每个项目都有一个明确的开始和结束；唯一性是指产品或服务均有其区别于其他产品和服务的特点。客户关系管理的项目具备项目的完整性、一次性、独特性和约束性等基本属性，也有本身的一些特殊表现，较适合利用项目管理的理论和方法来对客户关系管理项目的管理方面进行分析和探讨。

2. 了解客户关系管理项目实施评价体系。该评价指标体系由系统性能（U_1）、实施条件（U_2）、财务效益（U_3）、战略效益（U_4）等 4 个一级指标和 15 个二级指标（U_{ij}）构成。综合评价模型的建立有七个步骤，建立因素集、确定指标权重、建立评语集、评判矩阵的确定、模糊综合评价、模糊运算算子的选择以及计算评价值，可保证评价结果的准确性和可信性，降低风险。

中英文专业名词对照

1. Project Management Institute（PMI） 美国项目管理学会
2. A Guide to the Project Management Body of Knowledge（PMBOK） 项目管理知识体系指南
3. Common Use Self Service（CUSS） 旅客自助值机服务系统
4. Bar Coded Boarding Pass（BCBP） 标准登机牌条形码

复习思考题

1. 客户关系管理项目管理的特点是什么？
2. 客户关系管理项目实施的方法有哪些？
3. 从案例中了解东方航空公司实施客户关系管理的必要性，浅谈该如何推动实施进而使国内航空企业利益最大化。

第十章
客户关系管理运行绩效与成本效益分析

重点：
1. 客户关系管理绩效评价的意义。
2. 了解客户关系管理的成本构成是什么。

难点：
客户关系管理绩效评价工具的使用。

大客户给深航的 CRM 运行带来优质绩效

华为作为深航最大的企业采购单位，年采购量近亿，采购深航以国内为主，以深圳进出港为主，与深航的航线网络相匹配，以深圳为轴心发生出行行为，采购前三个城市是深圳和北京/南京/西安之间的旅行，占总体比重 42%，舱位含金量高，采购 8 折以上舱位金额占比为 76% 以经济舱的 Y 舱比例最大，8 折以下舱位中，5 折至 7.5 折舱位采购比例较大，达到 18%。

双方合作自 2011 年 1 月 1 日开始，至今 6 年多，主要协议内容为全价 9 折和子舱位现金后返，平均每张票的折让率在 8% 以上的水平，为华为节省将近 5000 万的成本。服务层面，为了更顺利地保障华为高管层及业务员工的出行，设立了专职维护经理，建立 7×24 小时工作制，提供节假日优先票务保障，不定期、不限额金卡赠送等服务。

深航和华为也会在员工旅游度假产品上开展带薪年假合作项目，深航同时还在企业内部协助华为推广华为终端，展开多层次、多维度的战略合作，成为真正意义上的利益共同体。华为作为最典型的深航的客户关系管理成功案例，为深航的 CRM 运行带来了优质绩效。

第一节　客户关系管理绩效评价的内容

一、客户关系管理绩效评价的意义和复杂性

对企业客户关系管理系统建设进行评价，是从企业引进 CRM 的目的和战略出发，考察 CRM 的应用给企业经营和管理带来的影响。客户关系管理绩效评价是企业客户关系管理系统建设中的重要环节。首先，评价过程中，企业得以对 CRM 建设的全过程进行全面的评价，彻底检查企业客户关系管理实施现状，确定实施的阶段和效果。其次，企业可以根据项目建设前期所建立的可量化项目建设的目标和成功标准，与项目建设后所取得的成效进行对比，并分析结果产生的原因，找到其中的不足。再次，企业利用评价结果辅助决策制定，指导进行中的活动或策略，即不断根据前一期的实施效果调整本期的实施方案，推广经验，弥补不足，使 CRM 建设取得更好的效益。最后，正确认识和预测客户关系管理在当前及未来所能发挥的作用，为企业的相关决策提供依据。

企业实施客户关系管理的效果如何，不能靠意愿来定，要靠真实的评估，应建立客观合理的评价指标体系。我国很多企业在实施客户关系管理的过程中非常重视投入资金的获得，而往往容易忽视投入后的产出问题，或者是大家不愿谈起系统收益的真相。在这种情况下，建立客户关系管理评价体系不仅可以帮助企业正视客户关系管理实施过程中的成就和问题，还具有指导客户关系管理下一步完善与发展的前瞻性意义。

然而，与传统的建设项目评估相比，客户关系管理建设项目本身所具有的复杂性，导致其评估方法要比传统建设项目复杂得多。客户关系管理绩效评价的复杂性表现在以下几个方面。

（1）客户关系管理涉及企业中许多不同的部门、产品或服务流程，不仅涉及企业内部运作，而且涉及外部客户感知，因此评价标准是多元且复杂的。例如，一个呼叫中心应将实施客户关系管理前后进行对比作为衡量客户关系管理经济效益的一个标准，这是一个聚焦内部的评价；呼叫中心还可以不断地调查客户来确定客户满意所达到的层次，这是一个聚焦外部的评价。

（2）客户关系管理系统价值评估的很多指标难以量化。

(3）客户关系管理系统的建立是一个持续改进的过程。

（4）客户关系管理作为一种通过优化客户价值和提炼企业价值来获取长期竞争优势的企业战略，追求的是一种长期效应。企业投资 CRM 也许没有取得近期回报，但是实施数年之后，客户关系管理带来的竞争优势才渐渐转化成经济效益。我们不能仅仅依靠近期的数据来衡量客户关系管理的成败。同时，客户关系管理的实施还会带来很多隐性效益。

每个企业的具体情况不同，分析客户关系管理实施效果，必须要建立一套适合企业自身的评价体系。

二、客户关系管理系统性能评价

优良的客户关系管理系统性能是产生良好应用效果的前提和保证，因此，应先对客户关系管理系统性能进行较为全面的评价。客户关系管理系统性能评价指标主要如下。

（1）人机交互的灵活性与方便性。

（2）系统响应时间与信息处理速度满足管理业务需求的程度。

（3）输出信息的正确性与精确度。

（4）单位时间内的故障次数与故障时间在工作时间中的比例。

（5）系统结构与功能的调整、改进及扩展，与其他系统交互或集成的难易程度。

（6）系统故障诊断、排除、恢复的难易程度。

（7）系统安全保密措施的完整性、规范性与有效性。

（8）系统文档资料的规范、完备与正确程度。

三、CRM 运行绩效评价

客户关系管理系统具有信息收集、信息整理、信息支持及信息决策（为决策提供依据）功能。除此之外，企业运用客户关系管理系统来提高其市场、销售、客户服务和技术能力。对于大多数部署客户关系管理项目的公司而言，可以从营销运作、销售运作、服务中心运作、现场服务运作、供应链和物流运作、网站运作这六个方面，分别选择一系列指标，来评价客户关系管理系统的运作绩效情况。

（一）营销运作

客户关系管理系统的营销运作模块可以帮助企业计划、安排、执行和跟踪它们的营销活动。营销运作相关的评价指标如下。

（1）客户参与程度。营销活动吸引了多少潜在客户的参与。

（2）响应率。响应营销活动的客户占了多大的比重。

（3）RFM。RFM 为"Recency"（近期）、"Frequency"（频率）、"Monetary"（货币价值）三个英文单词的首字母。RFM 基于客户过去行为计算一个客户的价值，用特定的权重将过去及最近的交互活动（或购买）的情况、每种类型的交互活动频率和交互活动的货币价值综合起来进行分析评价，根据综合评价结果可预测客户的未来价值以及是否会响应新的营销活动。

（4）交易率。营销对象中真正购买的比率。

（5）客户获取成本。公司获取一个新的客户的成本。

（6）平均客户交互成本。一次营销活动中与一个客户的所有交互的总成本除以交互的种数，就是平均客户交互成本，它可以用来对比通过不同媒体与客户交互的成本。

（7）客户流失率。客户终止与公司业务往来、终止惯常购买或转而选择竞争对手产品的比率。

（8）客户需求分享。客户在购买某类商品的总预算中，有多大份额用于购买本公司的产品。

（9）平均订单规模。客户平均每个订单的金额为多少。

（10）产品类参与程度。客户对某一个产品分类表现的兴趣和购买的金额。有多类产品的公司应就各个产品分类进行细致的客户评价。

（二）销售运作

CRM中或许最成熟的领域就是销售领域。在客户关系管理广泛应用之前，一些公司已经部署、实施了销售自动化（SFA）解决方案。对销售运作进行测评，应重点评估对销售线索进行跟踪的成功率，同时也要对销售人员和团队进行业绩评价，对产品销售业绩进行监控，对客户关系管理知识在提高销售业绩方面的作用进行评价。评价指标如下。

（1）销售配额。每一销售代表、团队、产品或产品类被分配的销售量。

（2）线索成功比率。用百分比的形式评价每一个销售线索最终是否为公司带来利益。销售人员从客户处获取意见、与客户交互信息，或者与客户达成销售协议，不同协议等级会被赋予不同的百分数值。

（3）客户价值分。不仅线索有一个分值问题，客户也有一个价值分问题。通过给一个客户打分，公司能够开发一个模型，来协助公司预测哪些客户可能购买他们的产品或服务。确定一个客户的分值有很多因素（客户公司的规模、地理位置、文化层次、解决方案预算的规模等）。给客户打分往往带有主观色彩。

（4）销售费用。该标准包括各种与销售相关的费用，如差旅费、打印费、装运费、招待客户的费用、其他内部资源使用的费用和第三方开支等。可通过前后对比评估客户关系管理在降低销售费用方面发挥的作用。

（5）成交率。销售线索转化为销售成交的百分比。企业经常在销售代表、团队、细分化客户、产品各品类的层次上对成交率进行跟踪。

（6）销售总量。销售代表使用的所有线索的销售总量。

（7）销售失败率。销售失败的数量（或比率）。

（8）销售知识共享效用。评估CRM中的知识共享对销售团队成员提高业绩的作用，对比前后销售量的变化。

（9）交叉销售率。客户最初对自己的需求并不明确，通过销售人员的推荐或通过营销促成的销售在销售总量中所占的百分比。

(10) 电话数量。一个销售代表或销售团队给客户所打电话的总量。这可以划分为新客户电话数量和老客户电话数量。

(11) 新客户的数量。在某一段时间内获得的新客户有多少。

(三) 服务中心运作

呼叫中心（客户服务中心或交互中心）是客户关系管理系统的重要组成部分。有关呼叫中心绩效的测量已经有很多指标，以下为一些常用指标。

(1) 呼叫数量和时间。包括呼入和呼出的数量和时间。呼叫中心服务代表通常根据呼叫类型进行分类，在结束话务后进行相关记录的输入。

(2) 平均等待时间。客户在接受客户服务人员人工服务时不得不等待的时间量。

(3) 放弃率。客户感到等待服务的时间过长而放弃服务的数量占总呼叫量的比率。

(4) 平均放弃时间。客户在放弃电话之前等待的平均时间。

(5) 后续处理时间。客户服务人员接听完电话后，完成与该电话客户相关的任务所需要花费的平均时间。

(6) 一次呼叫平均成本。运行呼叫中心的总成本除以总呼叫数量。

(7) 平均谈话时间。客户服务人员在客户上花费的平均谈话时间。

(8) 平均处理时间。该数值等于后续处理时间加上平均谈话时间。

(9) 客服人员利用率。客户服务人员在处理呼叫的时间占一天工作总时间的比率。

(10) 堵塞呼叫量。处于信号繁忙阶段时的呼叫数量（或百分比），甚至这个阶段的客户呼叫都不能进入自动呼叫分配系统（ACD）。

(11) 答复速度。呼叫中心绩效目标，企业呼叫中心的一个通行目标是：在 20 秒内回答 80％的呼叫。

(12) 呼叫答复质量。公司应设计模型来评估呼叫答复质量和客户服务人员的能力。评价要素通常包括客户服务人员的音调、知识库等。

(四) 现场服务运作

现场服务运作包括许多与销售相关的活动，如服务合同管理、配置现场服务代表、内部服务的工作分配、问题跟踪和解决、现场服务的库存管理、零部件补充的物流管理等。主要评价指标如下。

(1) 响应时间。获得一个服务代表响应所花费的时间。

(2) 完成时间。服务代表解决一个客户问题所花费的时间。

(3) 修理备件时间。配送一个修理使用的零件所花费的时间。

(4) 客户满意分。许多公司在服务代表给客户服务完后往往喜欢调查一下客户对服务的满意程度。

(5) 现场服务优先级。现场服务的优先次序的排列通常要考虑客户请求的重要性，以及客户的价值。

(五) 供应链和物流运作

供应链管理（SCM）和物流管理与 CRM 既相互独立，又紧密联系。客户需要消费实体产品或电子产品，产品个性化制造和配送是改善客户满意的重要因素，企业如何在价值链上确保这些产品流动的快捷高效显得尤为重要。供应链和物流运作的一些评价指标如下。

（1）完成率。某一时刻已经装运商品条目与订单的商品条目之比。

（2）准时装运率。订单上的商品被准时（或在要求期限之前）装运所占的百分比。

（3）退回订单量。没有能够履行的订单数量（或占总订单的百分比）。

（4）客户订单周期。客户完成一个订单需要花费的平均时间。

（5）现金周期。从支付原材料到从客户手里获得产品收入之间的时间间隔。

（6）供应链周期。所有的库存水平为 0 时让一个客户订单得以满足而花费的总时间。

（7）完美订单准则。每一个订单阶段的无误率。错误率可以在每一个阶段进行评价（依据订单登入、采集、交货、无损装运、发票正确性等），然后进行相加。

（8）上游灵活性。供应商满足额外需求的能力。

(六) 网站运作

随着互联网的普及，许多企业开始重视建设自己的网站，将其作为销售、营销和服务支持的有效手段。网站是电子商务环境下客户关系管理的重要组成部分。网站运作评价指标如下。

（1）访问量。访问网站的人次。

（2）独立访问量。访问网站的独立人数。这种指标不重复计算多次访问网站的客户。不过，网站在准确计算独立访问量时还存在一些困难。那些匿名的、没有注册的访问者难以辨认，还有一些访问者使用多台机器来访问一个网站，另外，有的访问者使浏览器中的 Cookies 失效，使系统无法辨认他们。

（3）网页点击量。一个网站上有多少页面被下载过，或者某单个网页被访问过的次数。

（4）停留时间。一个访问者在一个页面或一个站点上平均停留的时间。

（5）点击链接率。页面访问者中点击页面上的横幅广告或其他形式的广告而访问所链接的网站的百分比。

（6）注册用户。访问者在网站上进行注册的数量。

（7）中途失败率。访问者与网站开始了信息交互活动（如参与一项调查或购买一项产品），但中途放弃的百分比。

当然，在不同的行业、不同性质的企业中，客户关系管理系统应用的范围、功能和目标不尽相同，因此，客户关系管理绩效评估的指标选择也会有很大的不同。另外，不同的企业应对各个指标赋予的权重也不太一样。总之，选择评价指标时我们需要因企业而异，上面的指标体系只是一个参考。

四、综合评价的步骤

评估企业客户关系管理系统绩效的指标不仅数量多，而且指标的性质也各不相同，寻找一种将各个指标综合起来，对客户关系管理系统进行综合评价的方法尤为重要。对客户关系管理系统进行综合评价的步骤如下。

（1）选择评价信息系统价值的各种指标，包括定性指标、定量指标。就是我们上面所列出的各种指标。

（2）对各指标进行量化、标准化处理。在客户关系管理绩效评价指标体系中，由于各个指标的量纲、经济意义、表现形式以及对总目标的作用趋向不同，不具有直接可比性，因此必须在对其进行无量纲处理和指标价值量化后，再计算综合评价结果。

（3）指标数据获取。获取数据的方法包括统计、问卷调查（部分主观指标）、普查、实测（如测定网站访问量等）。客户关系管理系统在运行与维护过程中不断发生变化，因此采集指标数据不是一项一次性的工作，数据采集和系统评价应定期地进行或每当系统有较大改进后进行。系统绩效评价的第一次数据采集一般安排在开发完成并投入运行一段时间，进入相对稳定状态后。

（4）通过建立的数学模型进行处理、分析（其中包括确定矩阵的最大特征值和特征向量、确定各指标的权重等处理过程）。指标权重是对每个指标在整个体系中的相对重要性的数量表示；权重确定合理与否对综合评价结果和评价质量将产生决定性影响。由于评价指标体系比较庞大，因此常采用层次分析法（AHP）确定各指标的权重。

（5）最后给出一个综合的、合理的、考虑全面的评价结果。

五、客户关系管理绩效评价的常用工具

（一）克洛斯和林奇的业绩金字塔

凯文·克洛斯（Kelvin Cross）和理查德·林奇（Richard Lynch）的业绩金字塔（Performance Pyramid）强调了组织战略在确定企业绩效指标中的重要作用；反映了绩效目标和绩效指标的互赢性，揭示了战略目标自上而下和经营指标自下而上逐级重复运动的等级制度。

（二）卡普兰和诺顿的平衡计分卡

平衡计分卡是1990年由美国著名管理会计学家罗伯特·卡普兰教授和美国复兴方案公司总裁大卫·诺顿提出的一整套用于评价企业经营业绩的指标体系。

平衡计分卡的基本思路是：将涉及企业表面现象和深层实质、短期结果和长期发展、内部状况和外部环境的各种因素划分为几个主要方面，并针对各个方面的目标，设计出相应的评价指标，以便系统、全面地反映企业的整体运营情况，为企业的战略管理服务。

(三) 经济增值法 (Economic Value Added, EVA)。

EVA考核体系是北美Stern & Stewart咨询公司在1991年提出的，其理论基础源于剩余收益思想，是站在投资者即股东的立场，建立在企业主体理论与经济学收益理论之上，为公司资本收益与资本成本之差额，其最大的贡献就在于由会计利润转化为经济利润，要求资本获得的收益至少要能补偿投资者承担的风险，即股东必须赚取至少等于资本市场上类似的风险投资回报收益。

六、客户关系管理绩效评估中可能存在的问题

（1）在系统建设前，没有明确"通过系统的建立需要达到哪些具体的量化目标"，以及没有定义好"客户关系管理系统成功的标准"，这样会导致在客户关系管理绩效评估时失去"标杆"，从而难以真实评价系统的绩效。

（2）软件厂商、企业都不愿"自报家丑"。一方面，软件厂商向来不愿向公众"暴露"失败的案例，我们看到的、听到的往往都是一些成功的案例；另一方面，企业的信息化建设往往与负责项目领导的业绩挂钩，而且企业也会考虑到公众形象等问题，从而也不太愿意说出问题的真实情况。

（3）由谁来完成项目价值评估？软件厂商——不公正，企业客户——不科学、不系统。

（4）评估带有片面性，忽视对隐性收益的评估，忽视对人能力和意识提高的评估等。

第二节 客户关系管理实施成本

一、客户关系管理的成本构成

客户关系管理系统建设是一个规模大、复杂程度高的人机系统，它的开发、使用、维护和管理等过程是一系列复杂的系统工程，需要投入较多的人、财、物资源，需要各种软件、硬件设施的支持，这一切就构成了客户关系管理系统的成本。

在现实的经济活动中，成本是一个应用十分广泛的概念，它反映了产品生产过程中所消耗的各项费用的总和，包括原材料、燃料和动力、折旧、工资、管理费用等开支。项目的成本分析有不同的方法，我们可以用两种方法划分和测算客户关系管理系统的成本：一种是按信息系统的生命周期阶段划分，另一种是按开支的经济用途划分。

（一）按客户关系管理系统的生命周期划分客户关系管理成本

该体系首先按照客户关系管理系统的生命周期将信息系统成本分成开发成本和运行/维护成本两大类，在各类中又根据费用的目的进行逐级细分，如图 10-1 所示。

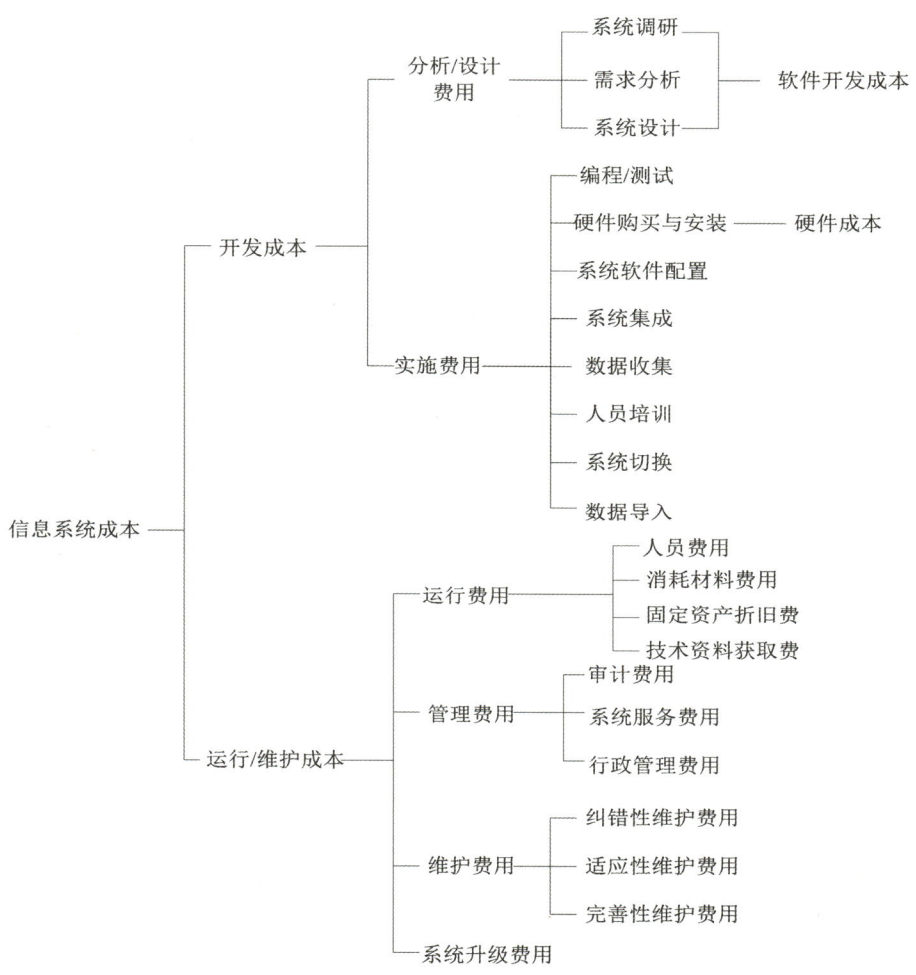

图 10-1　客户关系管理系统的成本构成：按生命周期划分

图 10-1 中的成本分类方法与传统的信息系统生命周期阶段划分是一致的，因此，可以采用国际流行的信息系统开发规范和我国有关信息系统工程的国家标准中的一系列规定，这就便于按照信息系统开发和应用的不同层次进行成本的核算和分析。另外，当我们把"开发成本"按照图中的方式划分为软件、硬件和其他成本等三类时，其进一步测算就可以借用国内外一些现有的测算原理、方法和技术，如"软件开发成本测算技术"等。这样，整个系统的成本可以比较准确地计算出来。

（二）按经济用途划分客户关系管理项目成本

用于客户关系管理系统的全部费用，按其用途不同可以分为各种具体的费用项目即成本项目，而按照费用发生的环节和用途计算考核的成本就是项目成本，针对客户关系管理系统成本的特点和国家对成本项目的统一规定，客户关系管理系统的成本项目可由以下十个大类组成。

(1) 硬件购置费用。主要指购买计算机和相关设备的费用。

(2) 软件购置费用。包括购买操作系统软件、数据库系统软件和其他应用软件的费用。

(3) 基建费用。包括新建或改建机房及配置相关设置的费用。

(4) 通信费用。包括购置计算机网络设备、通信线路器材等。

(5) 人工费用。包括各类系统开发人员、操作人员和系统有关部门的管理人员的所有工资费用。

(6) 消耗材料费用。主要用于购置打印纸张、磁盘等。

(7) 系统开发。运营及维护期间水电及维修费用。

(8) 管理费用。指办公费、差旅费和会议费等。

(9) 培训费。包括客户关系管理系统使用人员培训、有关技术人员或管理人员进修的费用。

(10) 其他费用。包括资料费、固定资产折旧费和咨询费等。

上述按成本项目即开支的经济用途分类，其主要优点在于：可以明确指出费用的目的，便于对客户关系管理系统开发、运行过程中的经费使用情况进行监督和管理，同时也为系统的价值分析奠定了基础。

(三) 注重客户关系管理的隐性成本

客户关系管理是许多企业热衷于投资的领域，但许多公司计算成本时往往只关注到客户关系管理项目中最明显的成本，例如购买软件和咨询开支。事实上，客户关系管理项目还有许多其他的花费，例如项目规划、培训、测试、文本化、软件集成和项目管理。正因为公司经常低估了客户关系管理项目的成本，权威的市场调查机构认为在客户关系管理领域的投资尤其是在客户关系管理实施过程中，意外成本的持续攀升将会令人震惊。

由于出乎意料的成本激增，大多数客户关系管理项目在财务上被评价为是失败的。为控制成本和避免失败就需要了解客户关系管理的隐性成本到底隐藏在哪儿，在进行客户关系管理项目预算时，存在以下四个关键的"成本因子"。

1. 培训

公司最大的失误是低估客户关系管理项目的复杂性和长期性，公司通常需要培训员工，让他们理解如何运作客户关系管理软件，因此需要建立培训基金，让员工能够充分发挥新的业务模式的优越性，例如在客户关系管理系统提供信息的基础上，进行交叉销售和追加销售。

2. 维护数据

许多公司没能计算出收集和维护客户信息的真正成本。客户关系管理需要庞大的数据收集来识别客户,并描绘出他们的购买行为和偏好。数据不是一劳永逸的,它需要持续进行维护来纠正条目的错误并不断更新数据。例如,当客户改变住址或退回订单时,数据应当得到更新。根据 Gartner Group 公司贝思·艾森菲尔德的观点,客户数据每个月将有 2% 的退化率,这样整个客户数据库每年需要改变 1/4,低质量的数据将会侵蚀客户关系管理创新的有效性,因此数据质量的确保是维护成本中重要的因素。

3. 软件集成

客户关系管理软件通常需要一些形式的集成才能呈现出一幅完整地客户视图,才能在销售和营销中充分利用客户信息。例如,客户关系管理软件经常与 ERP 系统进行集成来提供交易数据的访问。一个公司通常希望在原有的生产运营管理功能的基础上,增加客户关系管理系统强大的销售和服务能力。

4. 项目管理

另一个隐性客户关系管理成本的来源是项目管理,它是正确评估和控制成本的核心所在,客户关系管理项目不能有效地在一个特定的基础上进行管理,它应当被正确看待:它首先是一个企业战略;然后是 IT 创新。秘诀在于一开始就应当彻底评估公司以客户为中心的战略,然后规划一个客户关系管理项目怎样来支持这个战略。贝思·艾森菲尔德强调,一个项目管理的方法应当是在整个客户关系管理项目过程中,定期跟踪项目转折点、资源和费用。

那么,在客户关系管理项目上期望的实际投资是多少?尽管不能一概而论,但是一般认为公司计划客户关系管理项目的总预算应当是软件实施、服务、硬件和培训的成本的 3 到 4 倍。尽管彻底地规划和项目管理需要耗费大量额外的时间和金钱,但是别无选择。

二、客户关系管理成本管理

所谓成本管理是指以预算成本为限额,以实际成本和预算成本比较,衡量活动的成绩和效果,并以例外管理原则纠正不利差异,实现成本控制。成本管理的内容应包括预算、会计记录以及成本分析与控制。

(一) 预算

预算是指组织按照一定的业务量水平及质量水平,估计各项成本,计算预算成本,并以预算成本为控制经济活动的依据,衡量其合理性。当实际状态和预算有了较大差异时,要查明原因并采取措施加以控制。编制预算是以预算项目的成本预测及客户关系管理实施的工作量预算为基础的。

1. 预算项目的成本预测

预算项目一般按照成本项目划分,一旦确定,一般要保持稳定,这样一是可以使企业了解其成本变动趋势,进行纵向比较,也可以与其他企业之间进行横向比较;二是为成本管理活动提供了一个简单的处理基础,如折旧可以按照成本类型的不同分别进行处理。

在编制预算时，除了已议定的客户关系管理购买成本外，实施过程中的其他项目的成本一般都是未知的，因此必须对其进行预测。预测这些成本是以未来工作量的预测为基础进行的。成本管理必须谨慎地估计不可控制的成本的变化。

2. IT 服务工作量预测

工作量是成本变化的一个主要原因之一，因此，在编制预算的时候，要预测未来客户关系管理实施、运行的工作量。

（二）会计记录

会计记录是跟踪监测客户关系管理实施成本形成的书面记录，包括各种分类账，由会计人员进行管理。会计记录非常重要，它是人们认识、识别与客户关系管理实施有关的成本，了解费用去向的工具，提供了客户关系管理成本效益分析或投资回报分析数据，描述成本的变化趋势。CRM 会计记录的基本原则与其他业务活动的会计原则没什么两样。

CRM 会计记录最主要的工作是定义成本要素。成本要素是成本项目的进一步细分，例如，硬件可以再分为办公室硬件、网络硬件以及中心服务器硬件。这有利于识别每一项成本，并较容易地填在成本报表中，成本要素结构一般在一年当中是相对固定的。定义成本要素结构一般可以按部门、按客户或按产品划分。对 CRM 的实施和应用而言，理想的方法应该是按照服务要素结构定义成本要素结构，这样可以使硬件、软件、人力资源成本等直接成本项目的金额十分清楚，同时有利于间接成本在不同服务之间的分配。服务要素结构越细，对成本的认识就越清晰。

（三）成本分析与控制

会计人员应当将每月、每年的支出项目、工作量和成本的实际数据与相应的预算、计划数据相比较，确定其差额、发现例外情况，对存在的例外情况，要进行差异分析。

差异分析是指确定差异的数额，将其分解为不同的差异项目，并在此基础上调查发生差异的具体原因并提出分析报告。通过差异分析，找到造成差异的原因，对可以降低的成本进行控制。

第三节　客户关系管理系统的效益体现

效益这一概念可以狭义地定义为"社会经济活动中通过提高经济效果（效率）而得到的实际经济利益"。而人们在实际工作中则更多地从广义的角度去理解效益，认为效益是社会经济活动中取得的有用劳动成果和产生的积极效应与资金、劳动力及其他资源投入之间的一种比较关系。我们在讨论客户关系管理系统的效益时主要采用广义的效益概念,具体又分为经济效益和非经济效果。

一、客户关系管理系统的经济效益

(一) 客户关系管理系统的经济效益分类

客户关系管理系统的经济效益可分为以下类型。

1. 直接经济效益与间接经济效益

客户关系管理系统的直接经济效益指带给企业的直接经济收入,如为企业增加产品的销售收入。间接经济效益是企业在实施客户关系管理之后通过改进组织结构及运作方式,提高人员素质等途径,促使成本下降、利润增加。由于成因关系复杂、计算困难,我们只能做定性的分析,所以间接经济效益也称为定性效益。尽管间接效益难以估计,但其对企业的生存与发展所起的作用往往要大于直接经济效益。

2. 近期经济效益、中期经济效益和远期经济效益

一般情况下,近期、中期和远期可分别定为 1 年、2～4 年和 4 年以上。由于客户关系管理系统通常是分段实施的,并且在投入运行后还有一个纠错和维护、用户适应的过程,因此,在近期内不会很快进入最佳运行状态,其经济效益主要集中在中期和远期。

3. 有形经济效益、准有形经济效益和无形经济效益

有形经济效益是指可以用货币定量计算的经济效益,如客户关系管理系统以自动化手段代替了人工收集加工信息,从而精简了人员,减少了人工费用;无形经济效益是指难以定量计算,不能直接用货币来体现的效益,例如,客户关系管理系统的应用提升了企业的现代化信息化形象,对外可提高客户对企业的信任程度,对内则可提高员工工作积极性等;介于有形经济效益和无形经济效益之间的是准有形经济效益,该类效益主要表现在工作效率的提高上,如客户关系管理系统提高了客户及产品信息收集和数据处理的速度和质量,使企业人员能够获得更多、更及时和更准确的信息,进而使各种营销和服务行为的有效性增强。

(二) 客户关系管理系统的经济效益的特点

需要注意,客户关系管理系统的经济效益还呈现以下特点。

1. 广泛性
客户关系管理系统的效益能产生于企业的多个部门和领域。

2. 相关性
客户关系管理系统的效益一般都包含在企业的总体经济效益中,它与其他因素如 CRM 投入力度、企业文化和实施制度等有密切的关系,很难把客户关系管理系统所产生

的经济效益单独从中区别和分离出来。

3. 递进性和迟效性

客户关系管理系统通常是分步建设、逐渐发展和成熟的，建成后全体应用人员需要熟悉和适应，其经济效益也将在一个较长的时期内逐步体现，形成一个递进的过程。

4. 无形性和不可估价性

客户关系管理系统的经济效益中一大部分是无形效益，如提升形象，增强客户满意度等，这部分效益虽然客观存在，但难以通过货币价值直接度量和估计。

5. 不确定性

信息系统是由人—机组成的复杂系统，它的建设、应用、管理和维护等一系列活动都与人的因素密切相关。一个好的客户关系管理系统，不仅需要自身性能良好，还要有企业领导的支持和管理人员的重视，要有规范的管理制度，才能充分发挥作用，显现较好的经济效益。用户态度、管理水平等系统外部因素的多变性导致了信息系统经济效益的不确定性。

（三）客户关系管理系统经济效益指标

如前所述，有形经济效益是可以用货币定量计算的经济效益。我们可以将有形经济效益的统计数据导入经济效益指标计算公式，对客户关系管理实施的经济效益进行评价。客户关系管理经济效益评价的三项主要指标是财务净现值、投资回收期和投资回报率。

1. 财务净现值（NPV）

NPV 是把所有预期的未来现金流入与流出都折算成现值，以计算一个项目的净货币收益与损失，净现值越大越好，这意味着项目的收益会超过投资成本。

2. 投资回收期

回收期就是公司由现金流入情况算出收回其初期投资所需要的确切时间长度。换句话说，投资回收期分析就是要确定经过多长时间累计收入就可以超过累计成本以及后续成本。当累积折现收益与成本之差开始大于零时，回收就完成了。

3. 投资回报率（ROI）

表示投资的净收益与投入金额的比率。

要注意，客户关系管理效益不仅体现在有形经济效益上，因此使用上述指标评价客户关系管理系统实施的整体效益是不完全的，也就是说，通常是被低估的。

二、客户关系管理系统非经济效果

非经济效果是指客户关系管理系统带来的经济效益以外的有益效果。它有多种表现形式，具体如下。

（1）对企业组织结构、管理制度与业务流程等的变革会起巨大的推动作用。

(2) 能显著地改善企业形象，对外可提高客户对企业的信任度，对内可提高全体员工的自信心与自豪感。

(3) 可使管理人员获得许多新知识、新技术与新方法，进而提高他们的技能素质，拓宽思路，进入学习与掌握新知识的良性循环。

(4) 实现客户、产品、服务信息的共享与交互，使部门之间、管理人员之间的联系更紧密，这可加强他们的协作精神，提高企业的凝聚力。

(5) 对企业客户信息资料、客户交互记录等的基础管理产生很大的促进作用，为其他管理工作提供有利的条件。

(6) 创造新的企业文化，改变销售、市场、客户服务人员的工作方式。通过将过去繁杂的人工工作自动化，改善员工的工作满意度，等等。

提高客户关系管理系统的非经济效果对于一个企业的发展同样十分重要，我们可以着重从以下三个方面下手。

（一）提高客户的满意度

客户的满意程度往往不会直接反映在企业的经济效益上，但是它却是一个不可忽视的重要指标，间接地影响企业的效益。满意的客户一般不大会向企业讲，而不满意的客户，即有抱怨的客户则更有可能让企业知道。尽管如此，一个实施效果不错的客户关系管理系统会通过以下方式让客户的满意度有所提升。

(1) 各工作人员由于对客户的更全面的了解，从而可以对各种客户服务请求做出更快速的反应，从而减少客户的等待时间。

(2) 企业的各种自助服务让客户可以不受上班时间的限制，提高了客户进行各种查询、购买活动的灵活性。

(3) 客户可以根据自己的喜好和实际情况，对企业提供的多种联系方式进行自主的选择。

客户关系管理系统的用户需要注意的是，客户满意并不直接贡献于企业的经营目标，它通过提高客户的忠诚度以扩展关系的深度，从而提升连带销售和升级销售，间接达到最终目的。

完全满意的客户为企业带来的收入是一般满意的客户的 2.6 倍，而不满意的客户为企业带来的损失相当于完全满意客户对企业贡献的 1.8 倍，因为一个不满意的客户至少向 10 个人谈论他的不满意的经历，这 10 个人又会向 5 个或更多的人传播这种不满情绪。一个对企业的服务印象相当好的人只可能向 5 个人讲述，这 5 个人则只会向 1 或 2 个人提起这段开心的经历①。

企业如果能将客户维持率提高 5%，企业的获利能力将提高 25%~95%。

总体来说，如果客户关系管理系统能成功地提高客户的满意度，收入的提高是基本上可以确定的。由此可以看出，提高客户满意度对企业的重要意义，进而可以理解成功实施

---

① 彼得·多伊尔. 价值营销 [M]. 屈云波, 郑宏, 邵晶晶, 译. 北京：企业管理出版社, 2008.

客户关系管理会为企业带来的经济效益。不过，满意度的提高离忠诚度的提高还有很大的距离。忠诚的客户可以为企业担当免费宣传员。

（二）长久的和客户保持良好的关系

这一指标一直是客户关系管理所追求的关键目标，也是最难的一个要求。一般来说，任何技术应用都比不上企业员工对客户忠诚的、通情达理的态度，因为所有的关系都或多或少地会带上一些情感的因素。特别需要指出的是，在某种程度上，技术和关系的维持会呈现反方向的作用，技术越先进，人与人之间的交流就越少，培养感情的机会也就越少，关系也就越不能长久。就像日常生活中人与人之间的关系一样，没有几年甚至十几年的交情，关系是很不稳定的。在目前大部分企业的客户服务都不尽如人意的大环境下，要保持比竞争企业更稳固的客户关系，就要做到让客户有一种离了自己企业的服务就只能得到更差的待遇的感觉。在这一点上，企业通过客户关系管理系统的应用，可以在以下三点不同程度地提高客户对企业的依赖性。

（1）客户关系管理系统可以长期地、不断地培养让客户满意的经历，自始至终体现出企业服务质量的一流性。

（2）利用客户关系管理系统所掌握的客户个人资料，在适当的时候自动提示向重要客户发送礼品、生日蛋糕之类的客户关怀，不过千万不要在促销活动前几天做这些事情，否则，可能会因动机太过明显而引起客户的反感。

（3）通过 CRM 里的网络用户社区功能，让客户之间产生交流，形成一种特殊的依赖关系，从而让企业从中受益。

（三）提高员工对企业的满意度

企业需要明白，客户关系管理系统的实施对企业效益的作用并不是孤立的，也不是简单的叠加。例如，员工通过使用能提高工作效率的 CRM 工具，也会使他们对企业的满意度适当地增加，从而在对待客户时他们的态度会变得更加友好，这对提高客户的满意度和忠诚度都有非常大的促进作用。

经典案例分析

民航企业客户关系管理运行绩效与成本效益分析

一、民航企业的客户关系管理运行阶段

在知识经济和服务经济飞速发展的今天，客户资源（包括企业在客户中的声誉以及客户对企业的满意度和忠诚度）已成为民航企业竞争最激烈的宝贵资源和最为重要的无形资产。民航企业只有大力开发客户资源，整合客户关系，通过客户关系管理来实现顾客资源的价值最大化，才能在国际化竞争环境中获得生存和发展的空间。

当前，民航企业客户关系管理的根本目的在于进行市场细分，找出真正的盈利客户，提供有针对性的服务；了解客户的潜在需求，发展关系以维系和提高客户的忠诚度，挖掘客户的潜在价值，开发新产品，拓展新市场，吸引新客户，获得深度效益。故而需要经历四个阶段。

（一）识别客户

民航企业在与客户接触过程中，必须深入了解客户的各种信息，真正懂得客户的需求和消费模式，特别是那些为民航企业带来主要利润的金牌客户。

识别客户的过程其实就是建立客户档案，集成客户信息以形成统一的客户视图的过程。客户档案包括：客户原始记录，即有关客户基本情况的第一手资料，如客户名字、个性、爱好、地址、职业、电话号码等；统计分析资料，即通过客户调查分析获得的第二手资料，如客户的需求特征、潜在购买力，与其他竞争者的交易情况以及对民航企业的态度、评价和问题发现等；企业投入记录，即民航企业与客户联系的时间、地点、方式和费用开支，给予哪些优惠，提供服务的记录，合作与支持行动，以及争取和保持每个客户所做的努力等。

（二）对客户进行差异区分

国内民航企业一贯对客户采取"一视同仁"的无差别策略，无论是老客户还是新客户，大客户还是小客户，都一律平等对待，没有针对不同的客户提供不同的服务。实际上，每个客户对民航企业的需求不同，给民航企业创造的利润也不同。民航企业应根据客户的需求模式和盈利价值对其进行分类，找出对民航企业最有价值和最具潜力的客户群及其最需要的服务产品，更好地配置资源，改进民航服务，以牢牢抓住高价值客户，取得最大的收益。

（三）与客户保持良性互动

为掌握客户不断变化的需求，更好地面对国内外竞争，民航企业需要与客户保持良好的接触与互动，既要了解客户过去的交易行为，更要能够预测客户未来的消费趋势，分析客户的需求倾向，这只有通过民航企业长期与客户保持互动关系、经常与客户交流并征求客户意见才能实现。

（四）定制化服务

民航企业需要针对不同客户设计不同的服务模式，真正实现"一对一"营销，以满足每个客户群体的需求，将民航企业的盈利客户最终发展成忠诚客户，构建持续发展的战略基础。

二、平衡计分卡：民航企业的绩效管理工具

当前，民航企业创新应以平衡计分卡作为管理流程的中心构架，考虑国内民航的竞争环境。我国民航企业可以从绩效驱动因素入手，依据各责任部门分别在财务、客户、内部流程、学习与成长四个方面具体操作的目标，设置对应的绩效评价指标体系；再由各主管部门与责任部门共同商定指标的具体评分规则，通过实际值与指标之间的差异分析，以综合评分的形式定期考核各责任部门在这四个

方面的目标执行情况，从而找出民航企业的薄弱环节及其症结所在，据此确定实现财务目标和客户目标而必须改进之处，及时反馈并适时调整战略偏差，对急待解决的问题做出合理的安排，确保服务战略的顺利实施。

在平衡计分卡的实际运用过程中，民航企业需要结合自身的经营特点，综合考虑各种影响因素，以长期战略目标为中心制定出适合其发展的指标体系，全面评价战略经营绩效。诊断民航服务中所存在的问题，实施有效的战略管理。为此，民航企业可分三个阶段展开。

（一）准备阶段

首先，建立企业远景与战略。远景与战略要简单明了，便于民航企业内部达成共识，并将它转化为可供实施及测量的完整的评价指标体系。其次，成立平衡计分卡小组，该小组主要是解释企业的远景与战略，并找出在财务、客户、内部流程、学习与成长四个方面成功的关键因素，结合其长短期发展需要设计出相应的最具意义的具体衡量指标。再次，广泛征求意见。民航企业对所涉及的指标要自上而下，从内到外进行交流，征询各方面的意见，吸收各层次的建议，使各个部门都能与发展战略相互联动，协同前进。最后，确定平衡计分卡。民航企业应在加强员工教育和培训的基础上，反复沟通与联系，直至在四个方面达成平衡，全面反映服务战略目标。

（二）实施阶段

平衡计分卡实施涉及观念、思维、方法、流程、内部员工、外部力量、竞争、目标、战略、沟通等多项因素。民航企业需要将其高层战略目标转化为各经营部门及个人的具体目标和指标，做到层层分解，人人明确，故而需要解决两个问题。一是用平衡计分卡分解下属部门的问题。民航企业只有通过执行信息系统，将指标向下贯彻，与各部门及现场的评价指标联系起来，才能使平衡计分卡实施成为可能。二是将报酬奖励制度与平衡计分卡的各项指标紧密结合，民航企业只有最大限度地调动全体员工的积极性，激励员工把短期目标与长期战略相联系，促使他们尽一切努力去实现平衡计分卡中的各项指标，才能最终实现民航企业的战略目标。

（三）完善阶段

民航企业应定期对平衡计分的实施情况进行考察，找出存在的问题，提出解决的办法，同时吸取员工的建议，不断根据实际情况补充、变动和修正衡量指标，改进服务发展战略，从而使平衡计分卡日臻完善，更好地为民航企业战略管理服务。

思考题：

常见的绩效管理工具有哪些？民航企业的客户关系管理有哪些关键绩效指标？

本章小结

1. 客户关系管理绩效评价的意义。对企业客户关系管理系统建设进行评价，是从企业引进 CRM 的目的和战略出发，考察 CRM 的应用给企业经营和管理带来的影响。客户关系管理绩效评价是企业客户关系管理系统建设中的重要环节。建立客户关系管理评价体系不仅可以帮助企业理性地正视客户关系管理实施过程中的成就和问题，更具有指导客户关系管理完善与发展的前瞻性意义。

2. 了解客户关系管理的成本构成。客户关系管理系统建设是一个规模大、复杂程度高的人—机系统，它的开发、使用、维护和管理等过程是一系列复杂的系统工程，需要投入较多的人、财、物资源，需要各种软件、硬件设施的支持，这一切就构成了客户关系管理系统的成本。

中英文专业名词对照

1. Balanced Score Card（BSC）　平衡记分卡
2. Economic Value Added（EVA）　经济增值法
3. Financial Net Present Value（NPV）　财务净现值
4. Return on Investment（ROI）　投资回报率

复习思考题

1. 阐述客户关系管理绩效评价的意义。
2. 与传统的建设项目评估相比，客户关系管理绩效评价的优缺点分别有哪些？
3. 客户关系管理的成本由哪几部分构成？
4. 客户关系管理成本管理的内容有哪些？

第十一章 国内外 CRM 供应商及其解决方案

 学习重难点

重点：
把握 CRM 产品发展趋势。

难点：
理解各大供应商产品特点。

第一节 CRM 产品发展现状及特点

在电子化企业时代，客户关系管理有了更大的应用与发展空间，结合信息系统的应用，客户关系管理的定义进一步延伸到运用电信科技加以整合企划、行销与客户服务，提供客户量身定做的服务。近年 CRM 与 ERP 相结合，并与互联网融合，产生了巨大的影响力，进一步开拓了市场空间。

买方市场的形成已经是一个不争的事实，客户关系管理理论及其载体软件在国内已经有广泛的市场需求。尤其是在当今贯彻新发展理念，着力推进高质量发展，推动构建新发展格局的过程中，正如习总书记在党的二十大报告中提出的那样，我们要构建新一代信息技术、人工智能、生物技术、新能源、新材料、高端装备、绿色环保等一批新的增长引擎。

从图 11-1 中可以大致看出客户关系管理的发展情况。保险业、电信业、航空运输业对 CRM 比较重视。面对中国的庞大市场，随着经济的长足发展，客户关系管理的发展从经历早期客户蒙昧期、后来的观察期，到现在的 CRM 市场可能出现爆炸性的增长。管理大师彼得·德鲁克认为，每个公司真正的业务是创造和留住客户。这正是 CRM 得以存在的根本，是经济发展的选择。

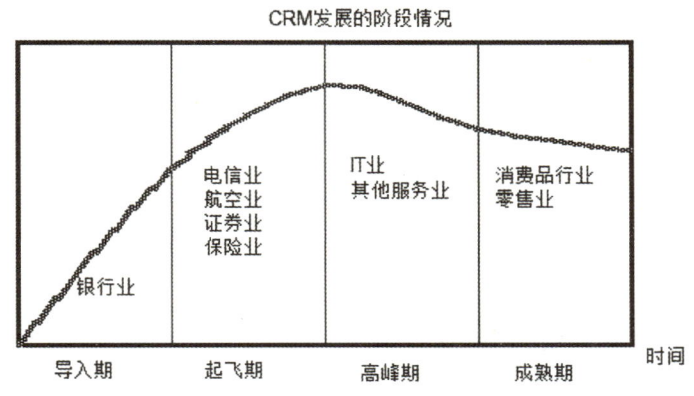

图 11-1 CRM 在中国发展情况

从 20 世纪 90 年代客户关系管理理论引入中国，到今天客户关系管理理论和软件应用在国内逐步成熟，其间有很多企业在管理方面取得了很大的成功，同时也有失败案例引人深思，这都是客户关系管理在中国不断探索、发展和本土化过程中所经历的必然过程。在国外，客户关系管理已经在众多企业中得到有效的应用，例如 Cisco、Dell、HP、Oracle 等。国内企业走向客户关系管理，既受到国外相关管理思想、模式的影响，同时也会受到客观竞争环境的推动。应当说，中国客户关系管理正在迅速地孕育、产生和成长，呈现出以下特点。

第一，我国客户关系管理的市场还处于教育和培育阶段。未来有望出现快速增长。中国国内客户关系管理市场刚刚启动，因此无论是从产品结构、区域布局、应用行业，还是厂商分布来看，整个市场都处于成长的初期，即总体上处于萌芽初期。

第二，目前的客户关系管理产品和市场集中在发达城市，产品和解决方案提供商以国外主流厂商为主，国内厂商和咨询公司初步兴起。

总体上讲，目前客户关系管理产品和应用的市场区域主要集中在北上广，国内约有相当数量的中资或合资公司在有意识地进入客户关系管理领域，也有不少国外厂商宣布在中国提供客户关系管理产品和解决方案，所有这些厂商基本集中在北京、上海以及深圳等地。Oracle、Sieble、IBM 和 SAP 等新兴企业也在加大对中国市场的投入和关注。德勤、普华永道等咨询公司也积极进入中国市场并提供客户关系管理咨询方案。但是，国外厂商中能提供优质汉化、适合中国国情的产品极少。它们大多因中国特有的企业文化因素，在进入国内客户关系管理市场时较为慎重。在国内企业中，真正具备提供完整客户关系管理服务能力的软件商和咨询公司还很欠缺，虽有许多软件公司号称进入客户关系管理领域，但由于实力、资金、人才的匮乏，基本没有成熟的产品，多是在个别方面提供适合中国企业营销和符合购买能力的低端软件，还没有进入成品阶段。

第三，目前中国客户关系管理应用的领域主要集中在金融、电信和互联网等经济实力较强、信息化程度较高的行业，实际的应用和实施处于导入期与起飞期，但应用市场和需求将是极其巨大的。

目前在国内考虑应用 CRM 的企业多集中在金融、电信和电子产品制造企业，因其重要的行业地位，拥有强大的资金后盾和初具规模的信息化建设，具备了实施客户关系管理的基

本条件，同时这些企业也因为中国加入世贸组织和市场激烈竞争，而有强烈的危机感和积极性，机遇与竞争的双重压力使其选择实施客户关系管理系统来提高自身的竞争能力。

从发展的观点看，未来随着客户关系管理系统认知程度的提高，客户关系管理理念将逐渐被国内众多的企业所熟悉和接受。相信许多企业会在竞争激烈的市场上，扩大市场占有率以及提高客户满意度和忠诚度。

第二节　我国CRM系统供应商概况

国内的客户关系管理的概念于1999年开始引入，2000年起步，2001年和2002年得到快速发展。其中2001年是中国客户关系管理领域的"多事之年"。Oracle、SAP等软件业巨头纷纷把客户关系管理作为市场的重点，国外客户关系管理软件商纷至沓来，并不断加大开拓中国市场的力度；用友、东软等国内知名软件公司先后推出并不断完善各自的客户关系管理产品，至今已逐渐形成各自的特色产品并获得了相当可观的市场份额；联成互动、上海企能等一大批中小软件企业也迅速涌入这个领域，希望能拓展属于自己的市场空间。

到2002年，进入国内客户关系管理领域的软件企业由2000年的三五家猛增到约500家。2008年下半年，全球面临罕见的经济困局，受其影响，企业纷纷缩减IT预算。而各种各样的为企业节约成本和提升效率的管理软件，在这个突如其来的"冬天"里大放异彩。客户关系管理既是一种以客户价值为中心的企业管理理论，也是一种有效提高企业收益、客户满意度的管理软件。虽然"以更少的资源获取更大的价值"已经是老生常谈了，客户关系管理软件一路走来也经历了低谷和顶峰，在激烈的市场竞争中，曾获得"2009年度中国CRM领域TOP 10"称号的XTools、Salesforce、微软Dynamics、SAP、Sage、用友、金蝶、明源软件、源天软件、合力金桥，已有过半企业或被淘汰，或被合并，如今的各家客户关系管理软件厂商在提供良好的客户体验与提升企业使用价值等方面下足了功夫。近年来国内CRM市场上比较活跃的供应商如表11-1所示。

表11-1　部分CRM软件供应商基本信息①

用友CRM	
目标市场	大中型企业
产品名称	用友TurboCRM
模块	SFA、营销自动化、服务自动化、现场服务、呼叫中心服务、EAI、CTI集成、Web集成、统计分析

---

① 表11-1所列是国内CRM市场上比较活跃的部分供应商的基本信息，所有资料与数据均通过查阅相关软件企业官网整理得到。

续表

用友 CRM	
中国客户	中国网通、中国卫通、央视市场研究股份公司、新闻周刊、清华紫光、清华同方、安泰科技、上海航空、海南航空、中国图书进出口集团、中国经济信息网、东风汽车、神龙汽车、平安保险、鹏华基金、完达山乳业、上海延安药业有限公司、四川南骏汽车集团有限公司、浙江沁园水处理科技股份有限公司、浙江雅莹服装有限公司、社会科学文献出版社
公司网址	www.yonyou.com

立友信科技	
目标市场	中小企业
产品名称	MyCRM
模块	SFA、统计分析
中国客户	广州阳普电子科技有限公司、江苏帝达贝轴承有限公司、中国航空技术进出口总公司、北京华仪未来科技发展有限公司、北京握奇数据系统有限公司、洛阳中集凌宇汽车有限公司、上海海得控制系统股份有限公司、得实集团、北京谊安医疗系统股份有限公司、上海万安达民信消防系统有限公司、北京航空材料研究院、北京中软融鑫计算机系统工程有限公司
公司网址	www.mycrm.com.cn

星际	
目标市场	中小企业
产品名称	ebanswers CRM
模块	SFA、CTI 集成、电话服务、统计分析、EAI
中国客户	UT 斯达康（中国）、北美国际交流中心、上海华能进出口有限公司、宁波方太集团、杭州新利软件公司、浙江物产集团、帅康集团有限公司、南昌齐洛瓦电器集团总公司、上海迪比特实业有限公司
公司网址	www.ebanswers.com

东软软件	
目标市场	大中型企业
产品名称	东软 CRM 定制解决方案
模块	SFA、服务自动化、渠道管理、短信服务、EAI、CTI 集成、Web 集成、统计分析、数据挖掘

续表

东软软件	
中国客户	国网北京市电力公司、国网辽宁省电力有限公司、国网江西省电力公司、国网四川省电力公司、辽宁移动、中国电信集团、辽宁电信、河北电信、广州电信、上海联通、浙江联通、江西联通、广东联通、国家广播电视总局、辽宁省广播电影电视局、国家计算机网络与信息安全管理中心、安徽省人民检察院、上海市血液中心、西安交大一附院、中国太保集团、西飞国际、中国医科大学附属第四医院、海尔集团
公司网址	www.neusoft.com

北京智邦国际	
目标市场	中小型企业
产品名称	智邦国际 CRM
模块	现场服务、SFA、CTI 集成、Web 集成、电话集成、EAI、统计分析、数据挖掘
中国客户	杭州安尼自动化装备有限公司、武汉天琪激光设备制造有限公司、郑州市傲世科技有限公司、乐清市康辉展览服务有限公司、北京百合远景文化传播有限公司、广西天合世纪文化有限公司
公司网址	www.zbintel.com

神州云动/CloudCC	
目标市场	大中型企业
产品名称	CloudCC CRM
模块	现场服务、SFA、促销自动化、CloudCC 云平台、社交、Web 集成、微信功能集成、应用程序、EAI、成本管理
中国客户	新东方、乐视、骆驼股份、诺亚财富、柒牌集团、华胜天成、李宁集团、百特制药、爱奇艺、松下电器
公司网址	www.cloudcc.com

美特软件	
目标市场	中小企业
产品名称	MetaCRM
模块	SFA、CTI 集成、电话服务、Web 集成、统计分析
中国客户	泰康资产、启明星辰、森德暖通、中农盛世、环球租赁、啄木鸟教育、世纪东方
公司网址	www.metasoft.com.cn

厦门上古软件	
目标市场	大中型企业

续表

厦门上古软件	
产品名称	知客 CRM
模块	SFA、移动 CRM、统计分析、集成 CPE
中国客户	科勒（中国）、曙光信息产业股份有限公司、海底捞
公司网址	www.zkcrm.com
北京沃立森德	
目标市场	大中型企业
产品名称	XTools
模块	SFA、CTI、移动 CRM、社交、数据挖掘、云应用、可穿戴 CRM
中国客户	巴士传媒、河北正奥医药科技有限公司、北京雅克菱生物科技有限公司、北京逸凡科技有限公司、海南寒舍电子商务有限公司、秦皇岛市斯必得彩塑包装制品有限公司、东莞市一步包装材料有限公司、北京和君咨询有限公司、河北博海纵横企业管理咨询有限公司、上海岱鼎机电科技有限公司
公司网址	www.xtools.cn
成都任我行	
目标市场	中小企业
产品名称	任我行 CRM
模块	市场活动管理、SFA、合同管理、库存管理、采购管理、服务和项目执行管理、社交、移动服务
中国客户	青岛万达纽特食品科技集团股份有限公司、上海匡迪电器设备工程有限公司、上海卉金暖通工程有限公司、华兰生物工程股份有限公司、湖南时代阳光医药健康产业有限公司、杭州康佩思机电有限公司、四川德兴源贸易公司、辽宁艾特斯智能交通技术有限公司
公司网址	www.wecrm.com
Oracle	
目标市场	大型企业
产品名称	Oracle CRM
模块	现场服务、SFA、高级 SFA、促销自动化、CTI 集成、电话服务、业务流程设计、EAI、统计分析、数据挖掘
中国客户	华泰证券股份有限公司、中国民生银行、北京东联网格科技有限公司、中国日报、天安人寿保险股份有限公司、物美集团、中国人民人寿保险股份有限公司、中国移动通信集团浙江有限公司、中国电信股份有限公司新疆分公司、清华大学经管学院

续表

Oracle	
公司网址	www.oracle.com/cn/applications/customer-experience/crm/index.html
SAP	
目标市场	大型企业
产品名称	mySAPCRM
模块	现场服务、SFA、高级SFA、促销自动化、CTI集成、电话服务、Web集成、统计分析、数据挖掘
中国客户	上好佳、中联重科、立邦中国、中国五矿集团、中国昊华化工集团总公司、新奥集团、山东昌邑石化有限公司
公司网址	www.mysap.com
企能软件	
目标市场	中小型企业
产品名称	WiseCRM
模块	现场服务、SFA、高级SFA、促销自动化、CTI集成、电话服务、Web集成、统计分析、数据挖掘、社交、移动服务
中国客户	中央国债登记结算有限责任公司、上海洋山深水港、中国产品质量检验协会、深圳市宝安区企业服务中心、复盛实业（上海）有限公司、戴安中国有限公司、北京瑞利分析仪器公司、北京地杰通信设备股份有限公司、美国维赛仪器YSI、新东方前途出国咨询有限公司、宝德科技集团、上海利康消毒高科技有限公司、上海利升堂生物科技有限公司、江苏新瑞机械有限公司
公司网址	www.wisecrm.com/

第三节　著名供应商之——用友TurboCRM

一、公司简介

于2000年7月8日在北京正式成立的TurboCRM公司曾经号称中国本土最大CRM厂商，是专业从事客户关系管理产品研发、资讯和服务的国际企业，也是中国本土连续多年客户满意度最高的 CRM 厂商。TurboCRM 信息科技（上海）有限公司成立于 2001 年 2 月 18 日，通过软件和网上 ASP 两种方式为用户提供 CRM 的完整解决方案，全面负责华东地区业务。

TurboCRM 自 2002 年开始，获得了 CRM 软件领域的多项荣誉，根据信息产业部中国电子信息产业发展研究院（CCID）正式发布的《2009—2010 年中国管理软件市场研究年度总报告》，TurboCRM 连续九次荣获中国 CRM 软件市场份额第一。

在并入用友集团以后，通过与用友系列软件的整合，用友 TurboCRM 包含了支持全面客户接触的 TurboCTI 和用友 TurboLINK，同时匹配多业务模式和业务管理的用友 TurboKEY 和用友 TurboCRM，支持与 ERP 等软件无缝连接、整合应用的用友 TurboEAI，满足业务决策和商业智能应用用友 TurboDSS 系统的构成[①]。

二、中国用户

用友 TurboCRM 的中国用户包括中国网通、中国卫通、央视市场研究股份公司、新闻周刊、清华紫光、清华同方、安泰科技、上海航空、海南航空、中国图书进出口集团、中国经济信息网、东风汽车、神龙汽车、平安保险、鹏华基金、完达山乳业、上海延安药业有限公司、四川南骏汽车集团有限公司、浙江沁园水处理科技股份有限公司、浙江雅莹服装有限公司、社会科学文献出版社等[②]。

三、解决方案

用友 TurboCRM 的功能主要包含了客户管理、订单管理、员工管理、分析决策、协同工作和业务自动化，共六个方面。

（一）客户管理

用友 TurboCRM 的客户管理功能中不仅有预先设计好的客户属性，同时支持企业根据自身的业务特点自定义一些客户扩展属性，这样使得客户的信息更加丰富，与业务的相关性更加紧密（见图 11-2）。

（二）订单管理

用友 TurboCRM 系统支持订单属性的自定义，企业可以根据自身的业务需要和特点来设置个性化的订单（见图 11-3）。

---

① 资料来源：http：//www.yonyouup.cn。用友网站。
② 资料来源：从 http：//www.yonyouup.cn/yyup/product/crm.html. 用友网站 TurboCRM 技术白皮书整理得到。

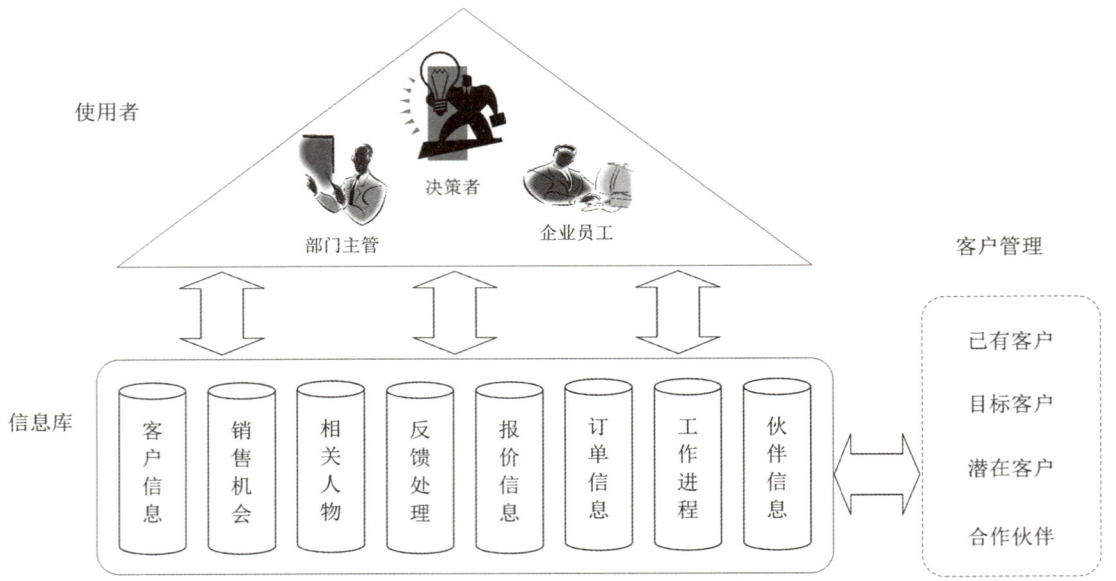

图 11-2　用友 TurboCRM 客户管理示意图

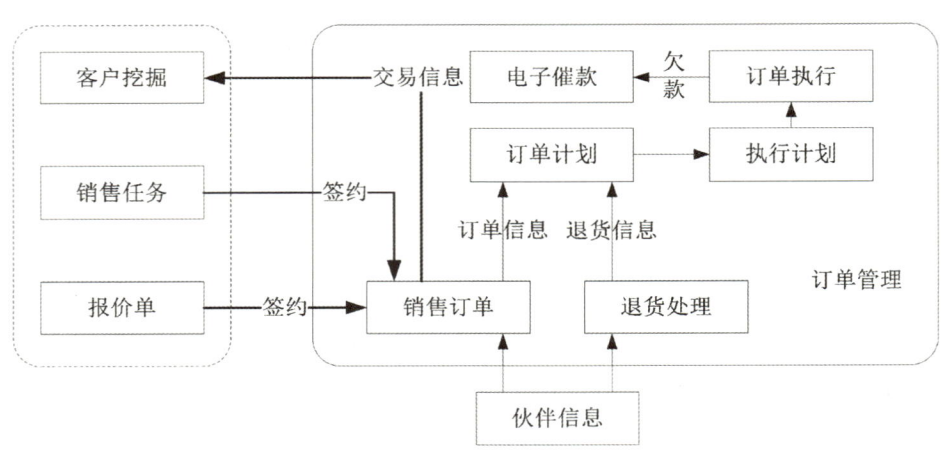

图 11-3　用友 TurboCRM 订单管理示意图

（三）员工管理

用友 TurboCRM 通过对部门、员工、系统角色和权限的管理，将所有人员的业务工作置于完善有序的"虚拟企业"平台之中。在此基础之上，企业的决策者和部门主管可以通过对相关人物或工作进程的跟踪、统计和分析，及时了解企业的业务动态，评价业务进展的状况和员工的工作绩效，从而大大提高员工的工作效率（见图 11-4）。

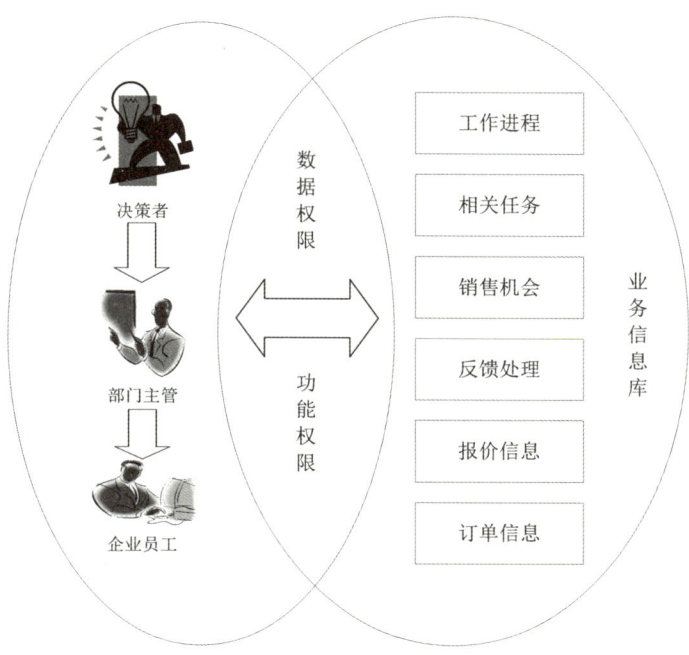

图 11-4　用友 TurboCRM 员工管理示意图

（四）分析决策

用友 TurboCRM 同时提供了多种分析工具，可以方便对客户、产品、进程、任务、预算、计划、费用等信息进行分类统计，用于分析销售、市场和服务业务的运行状况，从而做出科学、正确的决策（见图 11-5）。

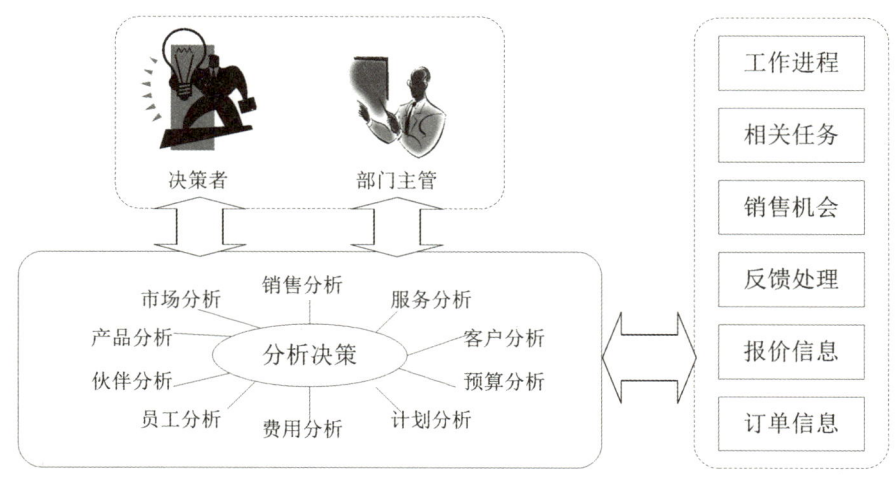

图 11-5　用友 TurboCRM 分析决策示意图

(五)协同工作

企业的销售、服务和市场业务有一个共同的特点,就是都与客户打交道,都是以客户为中心开展业务的。面对共同的客户,需要共享相同的客户信息。与此同时,各部门的业务也不是孤立的,而是在互动的过程中相互促进,共同提升。用友 TurboCRM 系统将销售、市场和服务业务进行整合,提供了统一的操作平台,实现了业务信息的共享。此外,用友 TurboCRM 制定了灵活的工作流程,实现了各个业务部门之间的信息交互:由市场活动可以生成销售机会;服务过程中的销售意向也可以通过反馈提交到销售部门中去。用友 TurboCRM 的这一功能消除了市场、销售和服务各部门之间的信息孤岛,将三个部门紧密结合,形成一个有机的整体,从而提升了企业整体的运营效率(见图 11-6)。

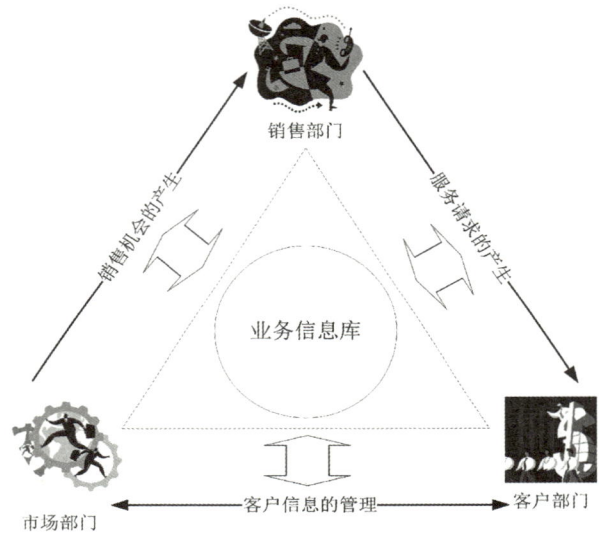

图 11-6 用友 TurboCRM 协同工作示意图

(六)业务自动化

用友 TurboCRM 利用工作流驱动机制将销售、市场和服务活动的业务流程串联起来。使用者在进行业务操作时,只需要选定后续工作的参与者,系统就能将相关业务信息自动传递到参与者的工作桌面,从而"在正确的时间把正确的信息传递给需要的人"。这样就大大提高了信息传递的效率,避免了因为交流不及时而造成的延误(见图 11-7)。

用友 TurboCRM 不只是业务操作的工具,它从业务自动化、协同工作、客户关系提升、"知己知彼"和管理提升五个层面辅助企业全面改善客户关系,这就是用友 TurboCRM 的市场定位。

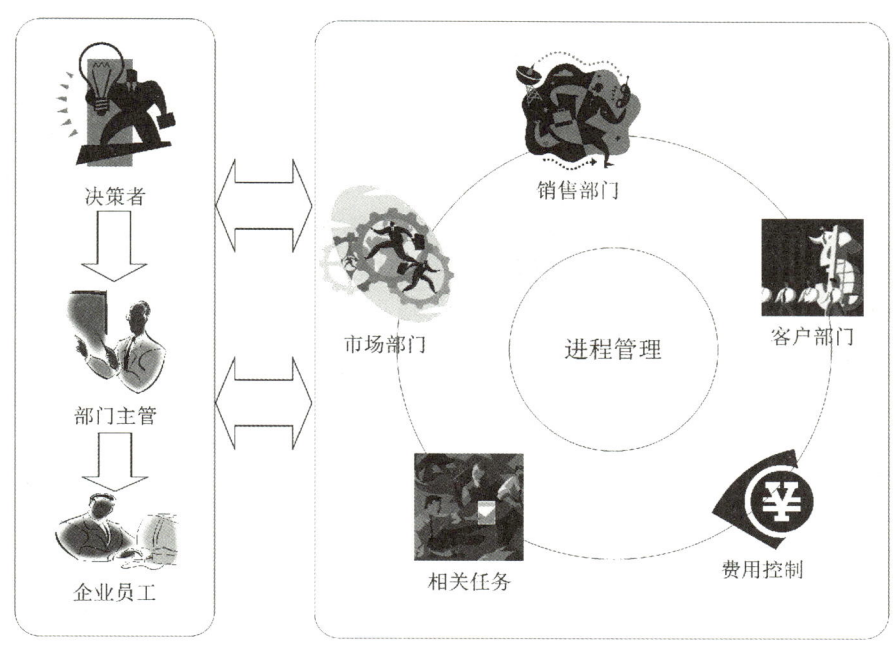

图 11-7　用友 TurboCRM 业务自动化示意图

 四、三一路面机械成功案例

（一）企业简介

三一路面机械主要从事工程机械的研发、制造、销售，产品包括建筑机械、筑路机械、起重机械等 25 大类 120 多个品种，其中混凝土输送泵车、混凝土输送泵和全液压压路机市场占有率均居中国首位，泵车产量居世界首位，是全球最大的长臂架、大排量泵车制造企业。湖南三一路面机械有限公司为三一重工所属的一个事业部，以下简称三一路机事业部。靠着现代化的管理理念和先进的技术，三一路机事业部成立以来一直处于稳步发展的状态，销售额逐年递增。

（二）管理瓶颈

随着行业市场产品同质化的趋势加强，竞争变得越来越激烈；伴随公司发展，销售队伍不断壮大，如何在这样的环境下搞好内部管理，实现公司业绩快速增长的目标？三一重工领导层高瞻远瞩，着眼未来，决定从管理销售队伍和提升客户关系入手，通过提高营销系统管理水平，提高客户满意度，从而最大化客户价值，提高企业的持续盈利能力。实施 CRM 系统前，三一重工在客户关系管理方面存在的管理瓶颈如下。

（1）由于公司营销组织结构的关系，所有客户的基本信息和交往记录在各个办事处，而客户信息的汇总传递基本是上报报表的形式，难以做到客户信息的实时更新，客户信息传递下容易造成信息衰减和信息孤岛。

（2）在客户服务方面，客户的安装调试和服务记录在技术服务部门，各部门现在没有进行有效的信息沟通，销售与服务在协同上存在大量的重复工作。一旦出现人员的调动和离职很容易造成客户信息的流失。

（3）在销售过程管理中，每一个销售项目从开始到结束都是由一个项目经理全权负责，在工作中一般会通过繁多的流程文件，利用传统的流程传递方式而公司的销售管理系统没有针对单一客户的全部动态跟踪记录（包括销售和服务环节），无法实现实时控制工作的进展和有效资源的支持。

（4）在重型机械制造行业中，服务工作与客户的接触是影响客户满意和继续购买的关键因素之一，但公司销售与服务脱节，例如，服务部门不了解销售对客户的承诺，销售人员不了解服务进程等，往往容易造成因口径的不统一而造成客户抱怨，有损企业形象。

（三）应用目标

1. 客户资源整合管理

实现客户信息的分类管理，不同分类的客户管理信息内容不相同；实现客户信息的管理权限分级管理，不同业务角色和管理层级的人可管理的客户信息范围不同；实现客户动态信息的整合管理，主要包括：客户联系人信息、客户联络工作记录、客户历史销售合同明细、客户历史竞争购买明细、客户销售信息、客户销售计划等动态业务信息。

2. 销售拜访计划管理

实现按客户分类、所属地区、有无销售信息、销售信息阶段进展任意组合来制定客户拜访周期的规则设定，系统自动按规则定期为营销代表指派销售拜访计划；实现营销代表和管理层的销售拜访计划管理和提醒。

3. 精细的销售机会管理

加强营销系统管理，提高团队的协调能力，使销售人员更好地把握多条销售线路，领导层能够更好地根据下级工作计划和工作进展情况在资源控制范围内提供最大的支持与后方保障，提高销售成功率。实现销售信息的上报和阶段升迁，实现销售信息推进过程的详细记录和销售漏斗管理。

4. 销售计划管理

实现营销代表、销售分公司的销售计划上报和汇总管理，为产品生产计划提供指导依据。

（四）应用模块

选用用友 TurboCRM V5.1 复杂销售业务模式，包括客户信息管理、联系人信息管理、销售任务管理、订单管理、反馈管理、决策分析等模块。

（五）应用部署模式

选用主机托管模式。作为传统制造型企业，三一路机事业部将企业 CRM 系统部署在 IDC 机房，通过 Internet 进行发布。所有的系统用户包括总部、各分支机构和移动办公用户，全部通过 Internet 与 CRM 系统相连接，完成业务操作。此种部署模式可以为移动办公和分支机构提供廉价的接入系统，减少接入设备和线路维护的费用。网络安全以及访问控制等信息系统管理工作全部交给专业的服务商完成，减少了企业维护信息系统的费用。

（六）应用效果

通过三一路机事业部营销公司总部及下辖 19 个销售分公司实施用友 TurboCRM 系统，三一路机事业部各业务部门的工作效率、管理能力均得到了有效提升。其应用效果体现在以下几个方面。

1. 实现了全方位客户信息管理

有效建立了企业级的客户信息共享平台，各个分支机构以及办事处、服务中心通过 CRM 系统进行信息汇总、共享；实现员工日常的工作的协调；实现知识共享，避免整理资料的重复劳动。

2. 有效的销售过程管理

针对一线销售业务，实现了动态业务信息共享；通过 CRM 系统的销售漏斗功能有效进行销售预测；对销售机会进行综合协调、系统规划，使机会的推进形成一种安全可靠的目标控制机制。

3. 高效率、高质量的客户服务管理

对于客户的主动联络，包括维修请求、服务请求等，保证对每个客户联络都进行准确记录，可以追溯客户服务请求的处理情况，了解客户在服务方面的周期性和满意度；对客户进行主动的关怀联络，大大提升客户忠诚度和满意度。

4. 可追溯的订单执行管理

通过制订订单执行计划，进行各种复杂订单处理，如处理分期收款、催款等，使企业能够对订单进行有序管理，有步骤有计划完成订单执行工作；全面记录每个过程的执行情况，降低订单执行风险。

5. 分支机构及各部门协同管理

通过 CRM 系统建立公司内部的知识管理平台，实现了员工能力的快速复制和业务的快速拓展。

第四节　著名供应商之——WiseCRM

一、公司简介

上海企能软件有限公司成立于2002年7月，公司定位于为中小企业提供应用软件的软件开发商。企能软件公司自成立后，以提升客户整体的竞争力与经营效率为目标，长期致力于CRM市场进行专业的研发和实施工作。对企能CRM进行不断的升级更新，从最开始的C/S结构网络版到基于Java技术的B/S结构软件版。2006年，企能软件公司NBS软件项目获得国家创新基金无偿资助，并于2008年通过国家验收。2012年12月WiseCRM NBS手机版CRM发布，2013年WiseCRM NBS荣获2013中国最佳性价比产品[①]。

二、中国用户

企能CRM在中国的实施涉及医疗器械、贸易、保健品、管理咨询、服务业和制造业。成功实施的典型客户包括中央国债结算中心有限公司、广东省投资促进中心、上海洋山深水港、中国产品质量认证协会、深圳宝安区企业服务中心、复盛实业（上海）有限公司、戴安中国有限公司、拓扑康中国公司、北京瑞利分析仪器公司、北京地杰通信设备股份有限公司、美国维赛仪器YSI、新东方前途出国咨询有限公司、宝德科技集团、上海利康消毒高科技有限公司、健康怡生国际保健品连锁机构、上海利升堂生物技术有限公司、江苏新瑞机械有限公司等[②]。

三、解决方案

企能CRM主要包括客户管理、销售自动化、服务管理、库存管理[③]。

（一）客户管理

客户管理是WiseCRM的核心模块。客户管理功能帮助企业集中分类整理现有客户资源，进行资源整合。客户管理包括线索管理模块、客户管理模块、联系人管理模块和活动管理模块。各子模块的功能如表11-2所示。

---

① 资料来源：企能公司网站。
② 资料来源：从企能公司网站信息整理得到。
③ 各模块主要功能由WiseCRM NBS客户关系管理系统产品白皮书整理得到。

表 11-2 客户管理模块中各子模块的功能

子模块	主要功能	功能描述
线索管理	销售线索捕获	企能从网站、贸易展会、研讨会、邮件等任何来源捕获销售潜在客户，可以直接纳入 WiseCRM NBS 中，再也无须手动输入数据
	线索分配	所获线索可以迅速分配给相关销售人员，避免因销售跟进延误所带来的潜在客户流失问题
	线索跟踪	完整的线索活动记录，便于企业掌握详细的客户跟进过程
	线索转换	线索跟进过程中，可以随时转换线索状态，将线索转化为客户、联系人、销售机会、服务请求
	线索质量分析	通过报表将有助于企业适时了解所获线索的质量，包含失败、无效、成功转化等状态
客户管理	海量客户信息	百万级的数据容量，按需定制客户字段，多达 13 种字段类型，保证数据完整，便于统计、快速检索
	客户重复判断	客户报备、重复录入判断机制，将有效防止销售撞单现象发生；客户名称、地址、电话、关键词等多重判断条件可自定义
	重复客户合并	由于客户信息输入的不规范性，导致同一家客户在系统中存在多条客户记录，无法形成统一的全方位客户记录。利用重复客户合并工具，将帮助企业实现客户相关记录的合并管理
	客户组织架构管理	对于集团客户上下级所属关系的错误认知，将直接影响我们对于关键客户的维护质量；通过组织架构视图可以方便我们掌握客户决策组织
	联络周期设定	预定义的客户联络周期提醒工具将帮助企业显著提高客户关系维护水平，避免遗忘或者其他人为因素造成的客户亲和度下降问题
	信封、快递单打印	统一规范的打印模板，大大提升企业对外形象
	邮件群发	方便快捷的邮件工具，使企业能够快速将相关信息传递给目标客户
	简单查询、组合查询	多种查询工具，使企业不需要在海量数据库中艰难寻找目标客户，大大提高了工作效率
联系人管理	联系人信息	百万级的数据容量，按需定制联系人字段，多达 13 种字段类型，保证数据完整、便于统计、快速检索
	群发邮件	邮件模板定制功能，能让每个联系人收到属于自己的个性化邮件
	SMS	快捷的短信工具可以批量且快速将企业的祝福送达每一个客户
	生日提醒	客户生日祝福是企业不能遗忘的必要工作
	年龄计算	计算每个联系人的年龄将有助于企业区分对待目标客户

续表

子模块	主要功能	功能描述
活动管理	活动计划	重要事件的活动提醒功能
	活动历史	完整记录客户交往的所有历史活动；保证即使有人员离职，新销售人员也能很快跟进
	日历管理	日历视图可以很按日、按周、按月查看相关人员的工作日志

（二）销售自动化

销售自动化是 WiseCRM 的核心功能之一，主要功能是满足销售代表和销售管理的日常工作要求而定制。该模块主要包括目标管理、机会管理、报价管理、合同管理、收款管理等子模块。各子模块的功能如表 11-3 所示。

表 11-3　销售自动化模块中各子模块功能

子模块	主要功能	功能描述
目标管理	客户、销售额、回款额目标设定	按销售人员设定每月新客户开发数、销售总额、回款额
	目标完成情况分析	利用数据分析工具，可以实时了解各部门、各销售人员目标完成情况，及时调整工作方向
机会管理	销售机会视图	通过 WiseCRM NBS 销售机会视图，可以轻松掌握企业各销售部门、销售人员正在跟踪的机会详情与进展，自定义字段的广泛应用使得机会视图的内容更加丰富且极具针对性
	销售漏斗分析	销售漏斗是销售过程分析中重要的工具之一，通过自定义销售机会各个不同阶段，企业可以分析得出各阶段机会的具体数量，并指导企业如何改进销售过程，提高成交概率
	费用跟踪	适时统计各销售机会相关费用情况，并根据预定义的费用上限或者费用比率（机会预期收入－已发生费用/机会预期收入）进行费用预警处理
	收入预测	准确的预测是一门科学、一门艺术，使用 WiseCRM NBS 的预测功能，企业能够对销售收入和产品需求做出更好的估算，从而在业务规划的指导下更好地开展工作，管理人员可以根据自身判断对预测结果进行灵活调整

续表

子模块	主要功能	功能描述
报价管理	销售报价视图	以销售机会为基础，系统可以简单方便地多次复制与销售机会相关联的报价单，无须企业再次手工输入
	历史报价导入功能	企业可以轻松导入每个客户的报价历史，避免因报错价格而带来的尴尬
	产品折扣权限	根据不同的销售人员级别与产品属性，企业可以定义每个销售人员对于各类产品报价的最低折扣权限，并限制不符合规定的报价单，使之无法打印或生成报价单模板
	报价审批流程	除了产品折扣权限设置以外，WiseCRM NBS 还可以自由定义报价单审核流程
	竞争对手报价对比	完善的竞争对手产品价格信息，可以帮助企业在制定报价单时，及时与竞争对手报价对比，提高成功概率
	报价单模板	统一规范的报价单模板，大大降低了销售人员浪费在制作报价单上的时间
	电子邮件	利用 WiseCRM NBS 电子邮件功能，意味着当企业完成报价单并通过审核后，可以在系统中直接将报价单视图（Excel 格式）作为邮件附件发送给报价相关联系人
合同管理	销售合同视图	销售合同是重要的客户数据之一，销售合同可以从成功的销售报价单中直接转换过来，无须再次手动输入
	销售合同审核	使用 WiseCRM NBS，企业几乎可以为其任何销售流程或业务流程，创建或简或繁的审核自动化程序，即使用户没有登录系统，系统也将会自动发送手机短信提醒用户有相关合同需要审核的内容
	销售预警	WiseCRM NBS 可以自由定义客户流失提醒，即针对特定时间周期未发生销售记录客户，系统将提醒相关人员
	合同模板	统一规范的合同模板，大大降低了销售人员浪费在制作合同上的时间
	电子邮件	利用 WiseCRM NBS 电子邮件功能，意味着当用户完成销售合同并通过审核后，可以在系统中直接将销售合同视图（Excel 格式）作为邮件附件发送给报价相关联系人
	积分管理	根据销售合同记录，企业可以计算各个客户的销售积分与客户等级，并针对不同客户制定促销、折扣等市场活动
	销售退货	销售退货有助于企业统计退货原因、调整收款总额，并可以针对性地提高产品质量

续表

子模块	主要功能	功能描述
收款管理	收款计划	收款计划提醒功能，使销售回款变得更加及时，并有助于实时掌握公司应收账款情况
	收款纪录	收款纪录可以由收款计划直接转换而成，也可以手动输入

（三）服务管理

服务管理主要帮助企业进行售后服务，为企业提供服务支撑。通过服务管理的子模块管理，可以帮助企业整合服务团队，塑造企业形象并提升服务响应速度。

服务管理的各子模块功能如表11-4所示。

表11-4 服务管理模块中各子模块功能

子模块	主要功能	功能描述
服务请求	服务请求视图	服务请求视图可以由手动输入完成，也可以由网站、邮件等外部数据源直接获取到WiseCRM NBS服务请求视图中，快速有效的服务请求响应机制有助于客户满意度的提升
	服务请求活动	完整详细的服务处理过程记录，帮助企业了解客户每次服务请求的内容与解决方案，大大加快了服务请求再发生后的响应处理时间
	时间管理	服务请求过程中包含：服务请求响应时间、最后完成期限、服务请求解决时间，服务请求完成时间等时间节点；对时间节点的有效控制与数据分析有助于企业提升服务品质
	知识库	常见问题知识库，使得企业在处理服务请求时更加得心应手；同时，共享的知识库资源更加有助于发挥团队服务的优势
服务合同	服务合同视图	服务合同视图用以记录客户售后服务合同条款，适用于服务性行业，或者对售后服务有特殊要求的销售型企业使用
	服务到期提醒	可以设定合同到期时间提醒，帮助企业完成服务续费工作
	服务合同收费	每份服务合同都具有与之相关的收款记录
服务投诉	服务投诉视图	服务投诉处理是服务管理的主要工作；服务投诉视图的合理规划，有助于企业加快服务投诉响应时间
	工作流	根据服务投诉处理流程，WiseCRM NBS可以灵活定义投诉处理工作流，缩短处理时间，提升客户满意度
服务回访	回访提醒	WiseCRM NBS可以将已完成的服务请求或已处理的服务投诉记录自动共享给回访部门，并根据预定义的自动提醒，提示回访人员进行客户回访

（四）库存管理

库存管理将帮助企业明确了解产品库存以及企业相关账目，降低库存周期，为客户提供及时的产品提供。库存管理主要子模块及其功能如表 11-5 所示。

表 11-5　库存管理模块中各子模块功能

子模块	主要功能	功能描述
采购管理	采购订单	可以根据销售订单直接生成采购订单
	采购订单审核	使用 WiseCRM NBS 自定义审核流程工具，可以按需设置采购订单审批流程
	采购在途	已采购但尚未入库产品统计，便于企业控制产品库存
	采购付款	用于记录采购已付款及未付款金额
入库管理	入库单	产品、产品包入库单
	入库单审核	入库单审核
出库管理	出库单	产品、产品包出库单
	出库单审核	出库单审核
销售发货	销售发货单	可以根据销售订单直接生成销售发货单
	打印模板	发货单打印模板设置
	销售未发货管理	已销售但尚未发货统计，便于企业了解产品实际库存数量，避免因库存数量不足而带来的发货违约问题
产品存货	产品数量上下限管理	产品数量上下限管理有助于企业控制存货成本、保证销售业务的顺利进行

 四、德马格公司成功案例[①]

（一）公司介绍

德马格起重机械（上海）有限自 1994 年开始在中国开展业务，经过数十年努力，现在已在上海奉贤欧洲工业园区建立了全新的现代化工厂。新工厂以全部产品本地化为原则，采用最先进的德马格技术及工艺进行产品的生产、组装、调试及安装。这些起重机按照国际标准制造并符合国内行业规定，具有恒定的高品质。

---

① 资料来源：从企能公司网站信息整理得到。

（二）主要挑战

（1）需要采用更加灵活的 CRM 管理服务、销售、库存等数据代替相对老旧的 FSA 系统。

（2）需要采取以服务为主的销售模式，服务与销售部门间传递数据需要留有记录，并可以实时查看进度实现部门间的数据交互。

（3）需要实时记录服务人员当前工作状态，可以收到分派的工作及提醒，并能够量化服务人员的工作安排。

（4）需要一个实时系统来根据目标跟踪销售业绩以及基准，同时还要保留历史信息。

（三）解决方案

公司曾考虑过其他一些软件及解决方案，但在实际操作性、管理层的数据维护性能，以及经济划算的价格及后续的扩展和引用后，转而选择了 WiseCRM，在实施 WiseCRM 之后解决的主要问题体现在以下几个方面。

（1）自动生成的报表以及控制面板摘要可帮助销售量自动生成的报表以及控制面板摘要，可帮助有效地跟踪当前服务和销售量以及客户的签单率，并及时地掌握和了公司的运行状态。

（2）移动接入可允许员工从移动设备上查看和更新记录，签到服务更是可以记录服务人员的出现轨迹。

（3）自定义短信及邮箱提醒可以实时地让服务人员收到相关的派工提醒及工作安排，不必担心数据收不到而实时盯着电脑。

（4）以自定义实体管理定制出周报统计、索赔信息等实体，可以自定义在系统界面中嵌入符合相关条件的公式，自动计算相关公式，节省了人工统计的时间。

WiseCRM 作为部门的支柱，在销售、服务、库存管理和上层管理等职能部门中得到了广泛使用。

（四）实施成果

首先，系统的成功实施简化了数据输入、预测和报表，消除人工报表所需的管理负担，帮助现场人员将精力重新放到实现销售额的工作中，提高了可见性和工作效率。

其次，实现了全局化的流程控制，以数据的形式记录公司当前的工作状态。金牌支持帮助减轻管理员的负担，使其能够关注更深层的业务分析和未来设计需求。

最后，实现了快捷方便的移动化办公，避免了不能及时沟通造成的工作阻碍。

（五）模块结构图

如图 11-8 所示。

图 11-8　WiseCRM 模块结构图

本章小结

1. 介绍 CRM 系统产品的发展状况及 CRM 系统在中国的主要应用领域。目前中国客户关系管理应用的领域主要集中在金融、电信和互联网等经济实力较强、信息化程度较高的行业，实际的应用和实施处于导入期与起飞期，但应用市场和需求极其巨大。

2. 介绍我国 CRM 系统产品各大供应商产品特点的同时，有针对性地选择了两家供应商重点介绍了它们的中国用户及解决方案，同时对相关实施案例进行了分析。

中英文专业名词对照

1. Active Server Pages（ASP）　动态服务页面
2. Sales Force Automation（SFA）　销售自动化
3. Enterprise Application Integration（EAI）　企业应用集成

复习思考题

1. 举例说明 CRM 软件产品的主要功能模块及其作用。
2. 请查阅文献资料比较某一行业领域 CRM 产品的应用情况。

参考文献

[1] 马刚，李洪心，杨兴凯. 客户关系管理［M］. 3 版. 大连：东北财经大学出版社，2015.

[2] 邵兵家. 客户关系管理——理论与实践［M］. 2 版. 北京：清华大学出版社，2010.

[3] 雷轶，张丹平. 客户关系管理［M］. 上海：上海交通大学出版社，2012.

[4] 郭洪义. N 航空公司营销策略［D］. 哈尔滨：哈尔滨工程大学，2010.

[5] 田晖. 航空公司客户关系管理模式研究［D］. 上海：上海交通大学，2008.

[6] 庞昱玲，曹阳. 航空公司的 CRM 革命［J］. 互联网周刊，2003（34）：56-57.

[7] 陈米. 中国国际航空公司 CRM 应用研究［D］. 成都：四川大学，2003.

[8] 张峰琳. 航空公司管理体制的创新［J］. 中国民用航空，2009（2）：52.

[9] 范小军. 航空公司客户关系管理策略研究——以深航为例［J］. 南京财经大学学报. 2007（4）：73-76.

[10] 孙宏，文军. 航空公司生产组织与计划［M］. 西南交通大学出版社，2008.

[11] 王健聪. 基于客户关系管理的企业竞争力提升研究［D］. 武汉：华中师范大学，2008.

[12] 王永贵，马双. 客户关系管理［M］. 2 版. 北京：清华大学出版社，2021.

[13] 王霆，卢爽. 关系营销［M］. 北京：中国纺织出版社，2003.

[14] 何荣勤. CRM 理论、设计、实践［M］. 2 版. 北京：电子工业出版社，2006.

[15] 曹凤鸣. 客户关系管理在市场营销中的作用［J］. 中国科技产业，2004（1）：59-61.

[16] 刘敏文. 空运市场营销［M］. 3 版. 北京：人民交通出版社，2014.

[17] 里格斯·道格尼斯. 迷航——航空运输经济与营销［M］. 邵龙，译. 北京：航空工业出版社，2011.

[18] 陈鹏. 面向大规模定制的客户关系管理系统框架及方法研究［D］. 南京：南京理工大学，2008.

[19] 陈明亮. 企业和政府客户关系管理理论［M］. 杭州：浙江大学出版社，2009.

[20] 林杰斌，刘明德，陈湘. 数据挖掘与 OLAP 理论与实务［M］. 北京：清华大学出版社，2003.

[21] 路川,阎文丽,胡欣杰.基于数据仓库的航空客户关系管理研究[J].微计算机应用,2010(4):48-52.
[22] 覃征,谢国彤,李顺东,贾晓琳.电子商务体系结构及系统设计[M].西安:西安交通大学出版社,2006.
[23] 张国方,金国栋.CRM(客户关系管理)的应用与理论研究综述[J].科技进步与对策,2003(3):176-179.
[24] 陈卫华.多渠道整合战略在客户关系管理中的应用研究[J].商业研究,2010(7):68-71.
[25] 徐公达,石丽娜.航空旅客运输管理[M].北京:航空工业出版社,2003.
[26] 李明业.我国民航常旅客计划的发展与展望[J].中国民用航空,2001(6):26-28.
[27] 黄峰.西南航空公司常旅客系统的设计与实现[D].成都:电子科技大学,2003.
[28] 邵梅.基于客户关系管理的航空公司常旅客计划研究[D].成都:四川大学,2004.
[29] 谢立,田静.对我国航空旅客构成的调查与分析[J].四川国际航空,2000(2):52-54.
[30] 黄梯云,李一军,叶强.管理信息系统[M].6版.北京:高等教育出版社,2016.
[31] 魏鑫,郭建胜.OLAP和数据挖掘一体化的航空维修信息分析系统[J].微机发展,2003(13):47-49.
[32] Lewis P M,Bernstein A,Kifer M.数据库与事务处理[M].施伯乐,周向东,方锦城,等译.北京:机械工业出版社,2005.
[33] 彭涌,陈传波.航空公司常旅客系统的研究与实现[J].计算机应用研究,2000(11):77-81.
[34] 古琦,杨学良.民航常旅客管理信息系统的设计与实现[J].计算机辅助工程,2002(2):31-38.
[35] 王广宇.客户关系管理方法论[M].北京:清华大学出版社,2004.
[36] 张明立.顾客价值[M].北京:电子工业出版社,2007.
[37] 李小圣.如何进行客户关系管理[M].北京:北京大学出版社,2004.
[38] 常新功,贾伟.数据仓库技术在客户关系管理中的应用[J].山西财经大学学报,2001(6):106-108.
[39] 潘夏霖.基于合理市场定位的产品开发——民航应对高铁挑战的营销对策研究[J].中国民用航空,2010(9):22-23.
[40] 孙家广.国产ERP软件点评[J].计算机辅助设计与制造,2000(7):1-5.
[41] 张亮亮,韩梅.航空公司市场细分及服务差异化分析[J].中国民用航空,2010(12):51-53.
[42] 肯尼斯·E.肯德尔,朱莉·E.肯德尔.系统分析与设计[M].9版.施平安,等译.北京:机械工业出版社,2014.
[43] 万物.企业的ERP和因特网策略[J].软件世界,2000(5):56-58.

[44] 伯纳德·利奥托德，马克·哈蒙德．大数据与商业模式变革：从信息到知识，再到利润［M］．郑晓舟，胡睿，胡云超，译．成都：电子工业出版社，2015．

[45] 余长慧，潘和平．商业智能及其核心技术［J］．计算机应用研究，2002（9）：14-16．

[46] 暴志刚．产品生产周期管理背景下的客户关系管理若干关键技术研究［D］．杭州：浙江大学，2007．

[47] 斯蒂芬·萧．航空公司市场营销与管理［M］．邵龙，译．5版．北京：中国民航出版社，2007．

[48] 中国民用航空局．民航行业发展统计公报2010—2014［R/OL］．http://www.caac.gov.cn/XXGK/XXGK/TJSJ/index_1214.html．

[49] 中国民航网．2009年中国民用航空运输发展报告［EB/OL］．（2017-02-07）［2021-05-09］http://www.caacnews.com.cn/zk/zj/nianduminhangfazhanbaogao/201702/t20170207_1209164.html．

[50] 赵赫然．深圳航空公司网络直销策略研究［D］．北京：北京师范大学，2012．

[51] 李军．CRM在上海航空股份有限公司的研究与实践［D］．上海：上海交通大学，2002．

[52] 彼得·多伊尔．价值营销［M］．屈云波，郑宏，邵晶晶，译．北京：企业管理出版社，2008．

与本书配套的二维码资源使用说明

  本书部分课程及与纸质教材配套数字资源以二维码链接的形式呈现。利用手机微信扫码成功后提示微信登录，授权后进入注册页面，填写注册信息。按照提示输入手机号码，点击获取手机验证码，稍等片刻收到4位数的验证码短信，在提示位置输入验证码成功，再设置密码，选择相应专业，点击"立即注册"，注册成功。（若手机已经注册，则在"注册"页面底部选择"已有账号？立即注册"，进入"账号绑定"页面，直接输入手机号和密码登录。）接着提示输入学习码，需刮开教材封面防伪涂层，输入13位学习码（正版图书拥有的一次性使用学习码），输入正确后提示绑定成功，即可查看二维码数字资源。手机第一次登录查看资源成功以后，再次使用二维码资源时，只需在微信端扫码即可登录进入查看。